T0244184

El Acantilado, 467
LOS COMIENZOS
DEL JAZZ

GUNTHER SCHULLER

LOS COMIENZOS
DEL JAZZ

SUS RAÍCES
Y DESARROLLO MUSICAL

TRADUCCIÓN DEL INGLÉS
DE FRANCISCO LÓPEZ MARTÍN
Y VICENT MINGUET

BARCELONA 2023   ACANTILADO

TÍTULO ORIGINAL *Early Jazz: Its Roots and Musical Development*

Publicado por
ACANTILADO
Quaderns Crema, S. A.

Muntaner, 462 - 08006 Barcelona
Tel. 934 144 906
correo@acantilado.es
www.acantilado.es

© de la edición original, 1968 by Oxford University Press,
Inc, Nueva York, Estados Unidos
© de la traducción, 2023 by Francisco López Martín y Vicent Minguet
© de esta edición, 2023 by Quaderns Crema, S. A.

*Early Jazz: Its Roots and Musical Development was originally published in English
in 1968. This translation is published by arrangement with Oxford University Press.
Quaderns Crema S. A. is solely responsible for this translation from the original
work and Oxford University Press shall have no liability for any errors, omissions
or inaccuracies or ambiguities in such translation or for any
losses caused by reliance thereon.*

Early Jazz: Its Roots and Musical Development fue publicado originalmente en
inglés en Oxford University Press en 1968, Inc. Esta traducción se publica por
acuerdo con Oxford University Press. Quaderns Crema S. A. es la única responsable de la traducción de la obra original y Oxford University Press no será responsable de ningún error, omisión, imprecisión o ambigüedad en dicha traducción ni de cualquier problema derivado de la confianza
depositada en Quaderns Crema.

Derechos exclusivos de edición en lengua castellana:
Quaderns Crema, S. A.

ISBN: 978-84-19036-72-8
DEPÓSITO LEGAL: B. 17 369-2023

AIGUADEVIDRE *Gráfica*
QUADERNS CREMA *Composición*
ROMANYÀ-VALLS *Impresión y encuadernación*

PRIMERA EDICIÓN *octubre de 2023*

CONTENIDO

A Duke Ellington,
cuya música ha aportado tanta felicidad y belleza
a la vida de todos nosotros.

Además del empleo de números romanos para indicar los diversos grados de la escala, en los ejemplos con notación musical se han utilizado los siguientes signos:

o = acorde disminuido
+ = acorde aumentado
ø = acorde semidisminuido[1]
m = acorde menor

El resto de los acordes que no están modificados por uno de estos signos son acordes mayores.

[1] Leyendo el acorde de abajo arriba: dos terceras menores y una tercera mayor.

PREFACIO

Aunque los libros sobre jazz no escasean, muy pocos han intentado abordar la música en unos términos que no sean generales, impresionistas o descriptivos. La mayoría de ellos se han centrado en la leyenda del jazz, y con el paso del tiempo se ha ido acumulando un corpus textual que es poco más que una amalgama de crítica *amateur* bienintencionada y juicios admirativos. Que a esos libros se les permitiera pasar por trabajos eruditos y análisis serios es atribuible no sólo a los orígenes humildes y socialmente «inaceptables» del jazz, sino también a la idea, tan extendida, de que una música improvisada por intérpretes autodidactas y a menudo sin formación musical alguna no justificaba una investigación musicológica genuina. Pese a que numerosos compositores e intérpretes *serios* habían expresado un gran respeto por el jazz ya desde la década de 1920, las credenciales académicas del jazz apenas bastaron para crear un interés real en el análisis de sus técnicas y su contenido musical.

Incluso los textos de primera hora escritos por compositores como Aaron Copland, Edward Burlingame Hill, Constant Lambert, Darius Milhaud y Virgil Thomson, y por críticos como Alfred Frankenstein y Massimo Mila, que abordaron el tema con una disposición favorable, no acertaron a capturar la naturaleza elusiva del jazz o fueron víctimas de errores de concepción básicos. Por lo demás, hubo una avalancha de artículos y panfletos despectivos redactados por escritores respetados que fantaseaban sin cesar sobre la perniciosa influencia del jazz en la música y la moral. Asimismo, las declaraciones de muchos músicos de jazz cuando este estilo musical estaba dando sus primeros pasos animaron a otros a tratar el tema con ligereza.

Sin embargo, a partir de 1930 aparecieron algunos libros que no sólo abordaban favorablemente la materia y tenían un propósito serio, sino que además ponían de manifiesto que comprendían la naturaleza esencial del jazz: *Aux frontières du jazz* (1932), de Robert Goffin; *American Jazz Music* (1939), de Wilder Hobson; *Jazzmen* (1939), de Frederic Ramsey y Charles Edward Smith, y *The Real Jazz* (1942), de Hugues Panassié. No obstante, ni siquiera con ellos podía un músico interesado en el jazz como *lenguaje musical* entender realmente su sintaxis armónica y rítmica, su organización estructural, sus texturas y sonoridades, o por qué una interpretación era mejor que otra desde un punto de vista técnico. Además, esos autores tenían tal interés en propagar la primacía absoluta del jazz de Nueva Orleans, que sus libros distaban de ser estudios completos.

El primer libro que examinó con atención los materiales y la gramática del jazz fue *Jazz: Hot and Hybrid* (1946), de Winthrop Sargeant. Insatisfecho con el enfoque especulativo o impresionista de sus predecesores, Sargeant utilizó las herramientas del análisis teórico para definir el jazz y describir su anatomía musical. Nadie igualó el nivel alcanzado por Sargeant hasta que, diez años después, el escritor y compositor francés André Hodeir publicó *Jazz: Its Evolution and Essence*, en el que las herramientas analíticas se utilizaban incluso con mayor precisión, aprovechando plenamente la perspectiva proporcionada por las innovaciones de Charlie Parker y todo el movimiento del jazz moderno. Aparte de su valor intrínseco, los libros de Sargeant y Hodeir contribuyeron a fomentar nuevos niveles de excelencia en la crítica de jazz. Su influencia sobre Martin Williams, Nat Hentoff, Max Harrison, el autor de estas líneas y muchos otros escritores que han colaborado con revistas como *Jazz Review* es innegable.

Sin embargo, a comienzos de la década de 1960, el jazz no contaba todavía con una historia cabal y sistemática que abordara la música en detalle. Por una parte, estaba *The Story of Jazz* (1956), de Marshall Stearns, una compilación inteligente y bien documentada de datos históricos y opiniones generalizadas. Por supuesto, como el título «*the* Story *of Jazz*» señalaba con toda claridad, no pretendía ser más que eso. Se dirigía al lego y al lector corriente, y, como historiador y profesor de literatura inglesa, difícilmente cabía esperar que el señor Stearns aplicara las técnicas analíticas utilizadas por Sargeant y Hodeir. Por su parte, los libros de éstos no eran historias exhaustivas, como la de Stearns. Sumamente selectivos en cuanto a la clase y al número de los materiales analizados, sus textos ofrecían una perspectiva particular en la que había vacíos o incomprensiones críticas. La compleja topografía del jazz, en toda su amplitud y con sus innumerables individualidades, seguía, en gran medida, inexplorada.

Nuestra historia, en dos volúmenes, de los cuales éste es el primero, intenta, entre otras cosas, llenar algunos de esos vacíos explorando, por decirlo así, tanto las laderas como las cumbres del jazz. De hecho, este volumen se ha escrito a partir de la escucha, el análisis y, en caso necesario, el examen de prácticamente todas las grabaciones realizadas desde la aparición de los discos de jazz hasta principios de la década de 1930. No es posible ofrecer una valoración adecuada de un artista (o de un desarrollo musical concreto) sin hacer referencia a la totalidad de su obra y a su relación con sus contemporáneos. Escribir un *análisis* de la *Heroica* de Beethoven o de *West End Blues* de Armstrong sin hacer referencia a la historia musical o al desarrollo del estilo musical podría brindar cierta información factual, pero elaborar una *evaluación* plena sería una tarea evidentemente imposible sin considerar toda la obra de los autores y las de sus inmediatos predecesores, contemporáneos y sucesores. Por ejemplo, no es posible juzgar adecuadamente la obra de Johnny Dodds sin una escucha comparada de la de Sidney Bechet o Jimmie

Noone, como mínimo. De forma análoga, los historiadores del jazz que escriben sobre la Original Dixieland Jazz Band sin haber escuchado las grabaciones de James Reese Europe o Earl Fuller difícilmente pueden ofrecer una evaluación razonable de la ODJB.

Otro enfoque empleado en la presente obra ha sido el de concentrarse en los momentos, las interpretaciones y los músicos que, de un modo u otro, constituyen hitos innovadores en el desarrollo del jazz. En cierto sentido, esta obra es una respuesta en términos de detalles musicales específicos a una serie de preguntas interrelacionadas: ¿qué hace que el jazz funcione? ¿Qué lo diferencia de otras clases de música? ¿Por qué le resulta estimulante a tanta gente? ¿Cómo lo consiguió? Es como si yo estuviera sentado junto a un amigo que aún no se ha iniciado en los misterios del jazz, escuchando discos, respondiendo a la clase de preguntas que podría formular un músico y compartiendo con él la emoción y la belleza de esta música. Así pues, el libro procura combinar la investigación objetiva del historiador-musicólogo con el subjetivismo del intérprete-compositor y del oyente atento. En este sentido, el libro se dirige particularmente a los músicos o compositores con formación clásica, que tal vez nunca se hayan interesado en el jazz y que no son sensibles a la jerga de los iniciados y al ostensible entusiasmo de casi todos los textos sobre jazz. En la perspectiva que gobierna esta historia se halla implícita la idea de que el jazz es uno de los muchos lenguajes y culturas musicales a nuestro alcance a mediados del siglo XX y, tanto si se afirma de modo explícito como si no, el libro sitúa el jazz en ese contexto más amplio.

Desde luego, las explicaciones verbales y los ejemplos musicales anotados no pueden sustituir a la música misma. Si eso es cierto en el caso de las historias de la música «clásica», lo es todavía más en el del jazz, una música básicamente improvisada que desafía la notación y en la que el recurso a la partitura es imposible y —en el caso de que existieran partituras—irrelevante. Pese a las limitaciones de la notación musical, una partitura de Beethoven o de Schoenberg es un documento definitivo, un prototipo a partir del cual pueden derivarse diversas interpretaciones ligeramente distintas. Por su parte, una grabación de una interpretación improvisada de jazz es irrepetible, en muchos casos la única versión disponible—y, por lo tanto, la definitiva—de algo que nunca se pretendió que fuera definitivo. El hecho de que es y sólo puede ser algo definitivo—inspirado o no, ésa es otra cuestión, desde luego—es inherente a la propia naturaleza y definición de improvisación. Por lo tanto, el historiador de jazz se ve obligado a evaluar lo único de lo que dispone: la grabación. Podemos estar interesados primordialmente en la *Heroica* y sólo de manera secundaria en alguna de sus interpretaciones, pero en el caso del jazz, esa relación es la inversa. *West End Blues* nos interesa muy poco como melodía o como composición, pero la interpretación que de ella ofrece Armstrong suscita un gran interés. Asimismo, nos vemos obligados a evaluarla sobre la base de una sola interpretación que por casualidad se grabó en 1928, y no podemos sino especular acerca de los centenares de interpretaciones que ofreció del mismo tema, ninguna exactamente igual, algunas inferiores a la grabación y otras, tal vez, incluso más inspiradas. La improvisación de jazz constituye un *work in progress*, y eso debería hacer reflexionar al historiador de jazz sobre el hecho de que algunos artistas jamás ofrecieron su mejor interpretación de una pieza determinada en el estudio de grabación.

Aun así, en un arte improvisado, la grabación es lo único a lo que podemos acudir. Si el lector quiere sacar algún provecho de este libro, debe acompañar la lectura con la escucha de los discos analizados. Ni la descripción y el análisis de los hechos musicales ni la anotación de extractos de grabaciones sirven para ofrecer la experiencia completa. El lector también tiene que escuchar.

Desde luego, escuchar y analizar los cientos de miles de grabaciones de jazz que se han hecho desde 1917 es una tarea monumental. De hecho, puede llevar toda una vida. Hay que recordar que el análisis sonoro—en particular el de grabaciones antiguas o de mala calidad—es un proceso laborioso que exige mucho tiempo. A fin de cuentas, una página de una partitura es un objeto concreto; puede estudiarse al ritmo que uno quiera, igual que un cuadro; no desaparece. Sin embargo, la música interpretada, aunque esté grabada, sólo existe en el tiempo; pasa en un instante; está en movimiento y no puede congelarse en el tiempo, a diferencia incluso del fotograma de una película. Así pues, el análisis musical del jazz conlleva problemas muy especiales, sobre todo en relación con la percepción sonora, problemas que no se plantean necesariamente, por ejemplo, al analizar fugas de Bach.

La cantidad de material que hay que abarcar y escuchar en lo que pretende ser una historia exhaustiva de la música de jazz pronto puso de manifiesto la necesidad de dividir este estudio en dos volúmenes. Los cambios sociales y estilísticos acontecidos a comienzos de la década de 1930, la época de la Gran Depresión y el período de transición justamente anterior a la etapa del *swing* se plantearon como el punto de inflexión natural para establecer el límite de este volumen. Por consiguiente, este volumen empieza con la prehistoria del jazz, sus antecedentes y fuentes musicales, y estudia los diversos desarrollos estilísticos y conceptuales y las contribuciones individuales hasta 1932, aproximadamente; el punto de corte exacto depende de diversos factores, como la disponibilidad de grabaciones o la calidad de la contribución realizada por algunos músicos en aquel período. Así, por ejemplo, la carrera de Fletcher Henderson se estudia hasta mediados y finales de la década de 1930 (el último período es objeto de un análisis muy somero), mientras que el examen de otras tradiciones estilísticas (como el jazz «estilo Chicago») se detiene antes del cambio de década, casi siempre con vistas a analizarlas en el volumen II. Si lo más importante de la actividad de un grupo o de un solista determinados se sitúa en el período posterior a 1932, entonces me ocuparé de él en el volumen II. Eso explica, por ejemplo, la práctica omisión en el volumen I de figuras importantes como Jack Teagarden, Jimmie Lunceford, Chick Webb y muchos otros, cuyas carreras comenzaron en realidad a finales de la década de 1920. Ningún punto de corte, cualquiera que sea el margen de flexibilidad considerado, puede prescindir limpiamente de todas las corrientes históricas sobrantes que no se abarcan o que se superponen.

Un proyecto de esta magnitud no puede llevarse a cabo sin la ayuda de amigos, conocidos y entusiastas del jazz. Debo dar las gracias en especial a Frank Diggs, Martin Williams y Nat Hentoff, que tuvieron la generosidad de prestarme grabaciones que no figuraban en mi colección, muchas de ellas extremadamente raras. También estoy agradecido a Martin Williams por muchas sugerencias valiosas y a los numerosos músicos y escritores que me han dado ánimos a la hora de escribir este libro. Tengo una deuda de gratitud especial con las secretarias que trabajaron de manera valiente con mi ilegible manuscrito, en especial con Maureen Meloy.

Doy las gracias a George Morrison por ofrecerme su hospitalidad y concederme la entrevista que el lector encontrará en el Apéndice. El relato que cuenta en ella comprende muchos aspectos del jazz y de otras músicas, al tiempo que subraya de manera eficaz la premisa de esta historia: a saber, que el jazz debería entenderse no como el coto privado de un grupo de aficionados, sino en el contexto más amplio de todo el mundo de la música. Por último, quiero dar las gracias a Ed Beach y a la emisora de radio WRVR de la ciudad de Nueva York por ofrecer innumerables horas de escucha soberbia y por su infatigable entusiasmo, incorruptible gusto y modestos y precisos comentarios.

Este libro no existiría sin el impulso inicial brindado por Sheldon Meyer, de Oxford University Press, ni sin su atenta paciencia y ayuda editorial, desplegadas durante demasiados años. Y si este libro resulta presentable desde un punto de vista gramatical y estilístico, es gracias al ojo de lince y la meticulosidad de Mary O. Rohde, correctora de Oxford University Press.

Boston (Massachusetts),
27 de noviembre de 1967

LOS ORÍGENES

Durante la década de 1910, mientras el mundo luchaba su primera guerra *global* y la música europea se estaba revitalizando a fondo gracias a las innovaciones de Arnold Schoenberg e Ígor Stravinski y a los experimentos radicales de los futuristas y los dadaístas musicales, Estados Unidos estaba desarrollando de manera silenciosa, casi en secreto, un lenguaje musical autónomo al que se acababa de bautizar con un nombre decididamente poco musical: jazz. Siguiendo los esquemas que se habían dado durante siglos en la llamada «música culta», las novedades que se producían en Europa eran el fruto de la visión de algunos individuos, lo que el siglo romántico se complació en llamar la inspiración del *genio creativo*. Por su parte, en aquel momento el jazz no era el producto de unos cuantos innovadores estilísticos, sino una música hasta cierto punto sencilla y casi popular—una manifestación sociológica más que música en sentido estricto—que recientemente había fusionado media docena de fuentes tributarias para crear un idioma que, pese a ser aún anónimo en gran medida, ya resultaba reconocible.

Esta nueva música surgió de una variedad multicolor de tradiciones musicales llevadas al Nuevo Mundo desde África y desde Europa. En retrospectiva, parece casi inevitable que Estados Unidos, el gran crisol étnico, engendrara una música compuesta por elementos expresivos, sonoros, formales y rítmicos africanos y por usos armónicos y rítmicos europeos. Hasta el momento presente, esos antecedentes del jazz sólo se han examinado y documentado (en la medida en que la documentación ha sido posible) desde un punto de vista sociológico e histórico. Los grandes acontecimientos—desde la importación de esclavos negros a Estados Unidos y los rituales de la plaza Congo de Nueva Orleans hasta la difusión del «jazz» como una nueva música estadounidense—han quedado perfectamente establecidos, pero los detalles de este desarrollo histórico precisan una investigación y una documentación mucho más exhaustivas. Nuestro conocimiento de los vínculos existentes entre algunos acontecimientos importantes—como los bailes en la plaza Congo a mediados del siglo XIX y la aparición de la generación de músicos de jazz posterior a Buddy Bolden tras el cambio de siglo—está basado mucho más en conjeturas fundadas que en el manejo de datos concretos.

Tanto si el futuro inmediato nos ofrece más información histórica como si no, en la actualidad podemos determinar con bastante exactitud la relación entre el jazz y sus antecedentes sobre la base del *análisis musical*. Merced a tales estudios es posible establecer los vínculos musicales entre el jazz más temprano y las diversas fuentes musicales tributarias de África y de Europa.

Resulta tentador afirmar que este o aquel aspecto del jazz deriva en exclusiva de la tradición africana o de la tradición europea, y para muchos historiadores esa tentación ha sido irresistible. Los textos sobre jazz abundan en simplificaciones excesivas tales como que los ritmos del jazz proceden de África, mientras que sus armonías se basan exclusivamente en usos europeos, y cada nuevo libro perpetúa los viejos mitos e inexactitudes. No es posible esperar análisis más exactos de una crítica como la del jazz, en muchos casos basada en investigaciones de aficionados y en un entusiasmo bienintencionado. Sin embargo, en la actualidad es posible examinar la música en serio y arrojar una luz mucho más nítida sobre los antecedentes del jazz. Al hacerlo, los linajes africanos y europeos quedarán un tanto enmarañados, como resulta inevitable al estudiar un híbrido que evolucionó a través de muchas fases de polinización cruzada durante más de cien años.

La música nativa africana y el jazz estadounidense temprano tienen sus raíces en una visión global de la vida en la que la música, a diferencia de lo que sucede con la «música culta» europea, no constituye un ámbito social autónomo y separado. La música africana, como sus artes hermanas—la escultura, la pintura mural, etcétera—, está condicionada por los mismos estímulos que animan no sólo la filosofía y la religión africanas, sino toda la estructura social. En la medida en que no ha sido influida por costumbres europeas o estadounidenses, ni siquiera en la actualidad tiene la música africana una función abstracta y autónoma. No es de sorprender que en las lenguas africanas ni siquiera exista la palabra *arte*. Además, los africanos no dividen el arte en categorías separadas. El folclore, la música, el baile, la escultura y la pintura actúan como una unidad genérica total que está al servicio no sólo de la religión, sino de todos los aspectos de la vida cotidiana, y que abarca el nacimiento, la muerte, el trabajo y el juego.

La analogía con los comienzos del jazz, incluso en los términos más generales, va todavía más allá. En la forma de vida de los negros africanos, las palabras y sus significados se relacionan con el sonido musical. Los nativos africanos desconocen casi por completo la música instrumental despojada de funciones verbales, al modo de la música *absoluta* europea, salvo en la forma de breves preludios y postludios subsidiarios. (Por otra parte, numerosas pruebas demuestran que estos casos han surgido por influencias europeas o estadounidenses hasta cierto punto recientes). Básicamente, el lenguaje sólo funciona en conjunción con el ritmo. Toda la actividad verbal, tanto en la vida social cotidiana como en la religión y en la magia, está sometida al ritmo. Y no es una mera coincidencia que las lenguas y los dialectos de los negros africanos sean en sí mismos una forma de música, a menudo hasta el punto de que ciertas sílabas poseen intensidades, duraciones e incluso alturas específicas.[1]

---

[1] Resulta fascinante considerar los paralelismos con técnicas seriales y

A. M. Jones ha estudiado de manera exhaustiva los estrechos paralelismos que se dan entre las palabras y las alturas en las canciones africanas,[1] un aspecto que nosotros examinaremos más adelante con mayor detalle.

La extraordinaria riqueza sonora y tímbrica de esas lenguas tiene una musicalidad intrínseca, que no por casualidad se encuentra, aunque de forma más atenuada, en las letras *scat* y *bop* del jazz estadounidense. La relación recíproca entre la lengua y la música africana queda en mayor medida de manifiesto por el hecho de que formas puramente funcionales como las llamadas de caza, las canciones silbadas para la marcha y las baladas instrumentales (estas últimas influidas por usos europeos) son, sin ninguna clase de excepción, trasladables a palabras.[2] Sabido es que la percusión africana fue en su origen una forma de lenguaje de signos. Pero, al margen de eso, los esquemas rítmicos de la percusión, que en la música africana no se consideran simples ritmos sino *melodías*, se identifican mediante las llamadas «sílabas sin sentido». El jazz ha conservado una relación recíproca similar entre la lengua y la música en diversas manifestaciones, como cuando los instrumentos imitan palabras al responder a las líneas vocales en el *blues* o en la técnica *hablada* de alguien como Joe «Tricky Sam» Nanton, el gran trombonista de Duke Ellington. A la inversa, escuchamos la instrumentalización del jazz vocal en casi todas las notas cantadas por Billie Holiday, quien, de manera más o menos consciente, incorporó a su estilo la concepción instrumental de Lester Young y otros músicos; también se conserva, como una especie de primo lejano

---

experimentos actuales que utilizan sílabas y fonemas como elementos musicales puramente acústicos.

[1] A. M. Jones, *Studies in African Music*, 2 vols., Londres, Oxford University Press, 1959.

[2] Véase *Anthologie de la vie africaine*, Ducretet-Thomson 320 C 126 (disco 1), cara 1, pieza 16; cara 2, piezas 7 y 10; C 127 (disco 2), cara 1, piezas 1-4.

comercializado, en las versiones vocales realizadas por Jon Hendricks de solos instrumentales improvisados.

Así pues, en algunos aspectos músico-sociológicos fundamentales, el jazz representa una continuación de tradiciones musicales africanas indígenas trasplantadas a un nuevo suelo. Pero, lo que es más importante, esas tradiciones africanas sobreviven en una asombrosa gama de detalles musicales que abarcan todos los elementos y aspectos de la música, incluida hasta cierto punto la armonía misma, que por lo general se ha asociado con la rama europea del linaje del jazz.

RITMO

Como el ritmo y la inflexión son los elementos que de modo más evidente distinguen el jazz del resto de la música occidental, estudiarlos en relación con la tradición africana resulta sumamente revelador. Al examinar la naturaleza del ritmo del jazz, descubrimos que su carácter único procede de dos fuentes primordiales: una cualidad a la que los músicos de jazz dan el nombre de *swing* y la *democratización* general de los valores rítmicos. Ambas características proceden en exclusiva de antecedentes musicales africanos.[1]

Antes de poder examinar esas cualidades tenemos que definir nuestros términos. El *swing*[2] es un aspecto del ritmo que durante muchos años ha desafiado las definiciones. Aunque las palabras de Louis Armstrong, tantas veces citadas, sobre el *swing*—si no lo sientes, nunca sabrás lo que es—tienen

[1] Véase *Anthologie de la vie africaine*, Ducretet-Thomson 320 C 126 (disco 1), cara 1, piezas 11 y 16, y *History of Classic Jazz*, Riverside Records SDP 11, vol. 7, pista 1.

[2] En este contexto, la palabra *swing* no hace referencia al estilo semicomercial y vagamente definido de la década de 1930, asociado ante todo a bandas como las de Benny Goodman y Tommy Dorsey, sino a un sentimiento rítmico.

mucho de verdad, contribuyen muy poco a hacernos entender ese concepto. Ciertamente, una definición del *swing* tiene una relación tan vaga con el *swing* como la notación del jazz la tiene con la interpretación del jazz. Como la descripción de un color primario o el sabor de una naranja, la definición sólo cobra todo su sentido cuando la cosa definida se conoce por experiencia.

En su sentido más general, el *swing* hace referencia a un pulso regular y constante, «como el de un péndulo», como dice una definición del diccionario Webster. En un nivel más específico, designa el momento concreto en que una nota debe aparecer en un contexto dado. No obstante, si la definición se limitara a eso, podría decirse que la mayoría de la música *clásica*[1] tiene *swing*. Al analizar el elemento *swing* del jazz, descubrimos dos características que por lo general están ausentes en la música clásica: (1) un tipo específico de acentuación e inflexión con el que se tocan o se cantan las notas, y (2) una continuidad—o direccionalidad que impulsa la frase musical—que une cada uno de los sonidos entre sí. Considerado de otro modo, el *swing* es una fuerza musical que mantiene el perfecto equilibrio entre las relaciones horizontales y verticales[2] de los sonidos musicales; es decir, una condición que se da cuando tanto la verticalidad como la horizontalidad de un momento musical dado se representan en perfecta equivalencia y unidad. Esas dos características del *swing* están presentes siempre en el gran jazz; por otra parte, son atributos que no existen necesariamente en la gran música clásica.

---

[1] La expresión «música clásica» se emplea para definir la tradición europea ajena al jazz, ejemplificada por compositores como Bach, Beethoven, Brahms, Debussy, Schoenberg, etcétera. No existe un nombre general realmente apropiado para este corpus de obras musicales: el término *clásica* es simplemente más amplio y menos ofensivo que *sinfónica* o *seria*, que resultan demasiado limitados o engañosos.

[2] En el Glosario se explican este y otros términos musicales técnicos.

En la interpretación de la música clásica, por ejemplo, existe una jerarquía de relaciones elementales en la que la altura se considera más importante que el ritmo. Un músico clásico puede tocar—y con frecuencia se pide que lo haga— una serie dada de notas atendiendo tan sólo a la exactitud vertical, sin prestar particular atención a las exigencias horizontales del pasaje. A menudo basta con tocar las notas exactamente en el momento adecuado (el aspecto vertical) *sin* interesarse en las exigencias horizontales del pasaje. Desde luego, un buen músico clásico conectará las notas para producir una frase; esa exigencia es un mínimo que se da en toda clase de música. Pero frasear no es tener *swing*; e incluso una mínima cantidad de audiciones comparadas confirmará el hecho de que, en el fraseo clásico habitual, el impulso rítmico a menudo queda relegado a un papel secundario.[1] Así pues, la articulación rítmica del jazz y de la música clásica presenta como mínimo diferencias de grado, y a menudo incluso de tipo.

Por otro lado, para el músico de jazz la altura resulta inconcebible sin un impulso rítmico que al menos sea igual de fuerte; el ritmo forma parte de la expresión musical en la misma medida que la altura o el timbre, y posiblemente sea más importante.[2] Llamamos *swing* a esta dimensión suplementaria en el impulso rítmico de una frase de jazz.

[1] Este rasgo de la música europea resulta precisamente atribuible al hecho de que ya no se trata de una música con una función social (en el sentido primario de estar relacionada con actividades físicas) y, por lo tanto, ha desarrollado un enfoque más amplio y necesariamente estabilizado del sentir rítmico. En una cultura en la que la música no se emplea *primordialmente* en conexión con el trabajo, el juego, el ritual y la recreación, no hay una constante necesidad de contar con un impulso rítmico marcadamente identificable.

[2] La diferencia en las características interpretativas se vuelve forzosamente clara cuando los grupos de jazz introducen obras clásicas en su repertorio, y en especial cuando los músicos se resisten a la tentación de adaptar los clásicos al estilo del jazz. Dos ejemplos notables que cabe citar

Al hablar de «democratización» de los valores rítmicos nos referimos sencillamente al hecho de que, en el jazz, los llamados tiempos débiles (o las partes débiles de las unidades rítmicas) *no* reciben una menor acentuación, como sucede en la música clásica, sino que se los eleva al nivel de los tiempos fuertes, y a menudo incluso se les da una *mayor* acentuación que a éstos. El músico de jazz consigue tal cosa manteniendo, por una parte, una homogeneidad en la dinámica entre los elementos *débiles* y los *fuertes*, y por otra conservando una sonoridad plena en todas las notas, incluso en aquellas que se encuentran situadas en los tiempos o partes débiles del compás. (La única excepción a esta regla la constituyen las llamadas «notas fantasma», que reciben este nombre porque se sugieren sin que apenas lleguen a sonar). En virtud de esta concepción del ataque y el timbre, los músicos de jazz que tocan un instrumento de viento articulan casi todas las notas, incluso en los pasajes más rápidos, al margen de que el efecto pueda resultar el mismo que el de las notas ligadas. Un *legato* puro queda descartado, toda vez que no permite ejercer un control total sobre el ataque y la sonoridad.[1] No es mera casualidad que, cuando los músicos de jazz imitan su ejecución instrumental con la voz, utilicen sílabas cuya consonante inicial es sonora y oclusiva, como, por ejemplo, . En un contexto similar, un músico clásico habría utilizado las sílabas *da* y *di* pronunciando la *d* con mayor suavidad y las vocales con menor intensidad.

La diferencia entre la interpretación clásica y la jazzística de las notas situadas sobre tiempos y partes débiles puede apreciarse con claridad si comparamos los siguien-

---

son las interpretaciones de las *Invenciones* de Bach por el grupo de Lennie Tristano a finales de la década de 1940 y, algunos años después, las de Bach y algunos fragmentos de la *suite Mi madre, la oca*, de Ravel, realizadas por el Modern Jazz Quartet.

[1] Este factor también nos ofrece una clave sobre por qué ha resultado tan difícil incorporar al jazz los instrumentos de cuerda frotada.

tes ejemplos musicales. El ejemplo 1A es una conocida melodía escocesa que, por lo general, se interpreta del siguiente modo:

Ejemplo 1A. *The Campbells Are Coming*

V acentuación fuerte
▾ con relativamente poca acentuación

En el ejemplo 1B, más situado en el ámbito de la música clásica absoluta, es difícil evitar la monotonía que resulta de la acentuación de los tiempos fuertes. De hecho, el único modo de hacerlo consistiría en acentuar deliberadamente las corcheas.

Ejemplo 1B. Mozart, *Concierto para trompa núm. 3* (último movimiento)

Podría dar la impresión de que este problema sólo se plantea en música escrita en compás de subdivisión ternaria, pero el ejemplo 1C presenta ese mismo efecto de monotonía en el caso de un compás de subdivisión binaria, a menos que el intérprete lo compense acentuando las notas que recaen en los tiempos o partes débiles.

Ejemplo 1C. Brahms, *Sinfonía núm. 4* (primer movimiento)

Si se interpretaran a la manera del jazz, los tres ejemplos presentarían inevitablemente un fraseo más regular. De hecho, como ya he comentado, el fraseo del jazz a menudo conduce al extremo opuesto del fraseo clásico (ejemplo 2), y acentúa las notas que en principio deberían ser débiles, al tiempo que prolonga su duración al máximo.

Ejemplo 2. Dizzy Gillespie, *One Bass Hit*

Otro caso en el que se pone de manifiesto el mismo principio es el llamado *backbeat* o contratiempo de batería sobre el segundo y cuarto tiempo de un compás, especialmente en boga en el jazz moderno y el *rock and roll*. De manera similar, al contar los tiempos, el músico de jazz contará 1 - 2 - 3 - 4, pero emitiendo un chasquido con los dedos sobre el 2 y el 4, dotando así a estos pulsos habitualmente débiles de una mayor acentuación que el 1 y el 3. (¡Qué lejos nos encontramos aquí del 1 - 2 - 3 - 4, 1 - 2 - 3 - 4 de las marchas militares!).

Ahora veamos qué relación guardan esas características únicas del jazz con su herencia africana. Para ello, debemos examinar la naturaleza de los ritmos africanos nativos, un asunto vasto y complejo. Abordarlo de manera exhaustiva dentro de los límites de este capítulo no resulta posible, por lo tanto, será necesario limitar nuestro estudio a una serie de ideas básicas, descendiendo únicamente a los detalles cuando tengan relación con el jazz. Hasta la década de 1960, la música africana era fuente de desconcierto incluso para los musicólogos e investigadores especializados en el tema. La razón estriba en la propia naturaleza de la música, pues, por lo que respecta al ritmo, la música africana es incuestionablemente la más compleja de todo el planeta. Sólo desde la década de 1950 la comprensión de esta música por parte de los no africanos ha alcanzado un punto en el que, gracias a la tecnología moderna, se puede realizar un análisis preciso de la misma.

Arthur Morris Jones, un musicólogo inglés extraordinariamente cualificado, completó en 1956 el que sin duda es el estudio más exhaustivo y riguroso de la música africana, publicado en dos volúmenes con el título de *Studies in African Music*. Jones, que vivió en África durante una buena parte de su vida, dio pruebas, en este y otros libros, de ser un musicólogo y un escritor de gran altura. De todos los investigadores especializados en ese ámbito, él fue el único en comprender que los análisis basados en grabaciones de campo realizadas con los métodos fonográficos habituales eran inadecuados. Mediante la consulta con un «maestro» de tambores africano y el empleo de métodos de grabación más rigurosos y fiables, Jones reveló por fin al mundo la extraordinaria complejidad y belleza de la música africana indígena no europeizada.

Todos los intentos anteriores de comprender los usos rítmicos africanos habían cometido dos errores fatales: se abordaba la música africana desde la música europea, y no se consultaba con ningún africano experto que pudiera, de una u otra forma, verificar o refutar los resultados de los descubrimientos. Es importante advertir que en este caso el punto de vista europeo no conduce simplemente a un enfoque erróneo sobre el tema o a ligeras discrepancias factuales, sino que, como la organización rítmica de la música europea es del todo diferente, da lugar a «descubrimientos» diametralmente *opuestos* a los de los usos musicales africanos. Antes del trabajo de Jones, incluso las notaciones más cuidadosas de los ritmos africanos apenas tenían valor, dado que su orientación básica era errónea. Recuerdo, no sin cierta vergüenza, mis esfuerzos por transcribir ejemplos musicales africanos a partir de grabaciones, en los que intentaba ingenuamente que la música encajara dentro de los conceptos de la métrica europea, y recuerdo mi desconcierto ante la enormidad de los problemas de transcripción.

La característica más sobresaliente del trabajo de investigación de Jones ofrece la prueba inequívoca de lo que se ha sospechado durante mucho tiempo: la música africana, incluida la percusión, tiene un carácter plenamente contrapuntístico y está concebida ante todo en términos de relaciones polimétricas y polirrítmicas. Sin embargo, Jones también pone de manifiesto otros rasgos de la música africana que no se habían reconocido o que habían confundido a los musicólogos: (1) el ritmo africano se basa en principios de adición más que de división; (2) la música africana es música improvisada, pero sólo en una acepción muy particular del término, y (3) es música improvisada dentro de un conjunto sumamente complejo y riguroso de normas musicales. Los dos volúmenes de Jones desarrollan esas ideas mediante ejemplos y análisis musicales.

Cuando los europeos piensan en la idea de polirritmia, por lo general la conciben como dos o más líneas rítmicas simultáneas que, sin embargo, conservan la coincidencia vertical al principio y al final de la frase, en las barras de compás y en otros puntos estructurales. Por su parte, los africanos conciben sus polirritmias sobre una base de organización polimétrica mucho más amplia y compleja, en la que las frases rara vez—y en ocasiones nunca—coinciden en el plano vertical.[1] De hecho, lo que les interesa principalmente son los ritmos cruzados, mejor cuanto más sutiles y más complejos sean.

El conjunto africano básico consiste en un cantor solista al que responde un coro, uno o dos intérpretes a cargo de las campanas que marcan el *tempo* de base invariable, el coro,

---

[1] En la música clásica, hasta la década de 1950, cuando se hicieron importantes experimentos en esa dirección por parte de compositores como Cage y Stockhausen, el único precursor dentro de ese campo fue Charles Ives, quien, en una fecha tan temprana como 1906, compuso estructuras polirrítmicas y polimétricas que durante mucho tiempo han confundido a los intérpretes clásicos, pero que resultan ingenuas cuando se las compara con los logros de los músicos africanos (por ejemplo, la *Cuarta sinfonía* de Ives).

cuyos miembros baten las palmas al unísono, y un conjunto de tres o cuatro percusionistas. Este tipo de formación producirá un mínimo de siete líneas musicales y, con frecuencia, un máximo de once. Sin embargo, lo que llama la atención no es la cantidad de líneas, sino que—en el caso de un conjunto integrado por siete miembros—seis de esas siete líneas pueden presentar esquemas métricos diferentes, con unos tiempos fuertes que rara vez coinciden. Es más, dos de los percusionistas pueden tocar ritmos cruzados a lo largo de toda una ejecución, que puede prolongarse durante horas.

Dos ejemplos extraídos del segundo volumen de los *Studies* de Jones ilustrarán este enfoque en toda su potencia:

Ejemplo 3. Danza *Nyayito* (cc. 38-39)[1]

El ejemplo 3 corresponde a un extracto del cuarto «coro» de la danza *Nyayito*, una danza fúnebre de la etnia ewé, de

[1] A. M. Jones, *Studies in African Music, op. cit.*, vol. II, p. 24.

Ghana. Las abreviaturas del ejemplo y su significado son los siguientes: GANK. = *gankogui*, instrumento similar a una campana que instala un ritmo de base en un segundo plano; AXAT. = *axatse*, sonaja que acompaña al *gankogui*; PALMAS indica el batido de las palmas; ATSI. = *atsimevu* y KAG. = *kagan*, ambos en combinación con *sogo* y *kidi*, constituyen un conjunto de percusiones a cuatro partes.

Los tres pentagramas superiores de los compases 38 y 39 (campana, sonaja y batido de palmas) abarcan dos compases de 12/8. Pese a que las barras de compás coinciden, los tres esquemas son lo suficientemente diferentes para dar lugar por sí solos a un contrapunto rítmico de una gran riqueza, sobre todo porque las intervenciones de *axatse* con su frase de 2 + 3 + 4 + 3 (tomando como unidad la corchea) irrumpen en los diseños de 3 + 3 + 3 + 3 de sus compañeros.

Si dejamos de lado los tres pentagramas superiores, también desaparece toda coincidencia de las líneas divisorias y del fraseo en el plano vertical. Además de esto, en el plano horizontal, dos de las partes—el canto y el *atsimevu*—cambian constantemente de métrica.[1] El canto empieza con un compás en 3/4, pasa después a un compás de 3/8 y luego continúa con tres de 2/4 y un compás más de 3/8. La parte del *atsimevu* comienza con las tres últimas corcheas de un compás de 2/4 (que viene de la página precedente de la partitura), continúa con dos compases de 2/4, uno de 3/8, y a partir de este punto presenta una alternancia de 3/4 y 2/4. Podemos ver de inmediato que las barras de compás apenas coinciden en el plano vertical: lo hacen entre el compás cuatro del *atsimevu* y el compás

[1] Hay que señalar que los africanos no piensan en el compás en el sentido de la notación europea (no conocen la música impresa), sino que sienten las frases en unidades que corresponden a lo que nosotros, los europeos, llamamos «compases». Por lo tanto, la opción tomada por Jones a la hora de anotar las partituras de esa manera está completamente justificada. Quien dude de la relevancia y la eficacia de los métodos de notación de Jones encontrará una amplia defensa de éstos en el volumen I de *Studies in African Music*.

tres del *sogo*, el compás tres del *atsimevu* y el compás dos del *kidi*, el compás cinco del canto y el compás cuatro del *sogo*, y en dos puntos más entre el *atsimevu* y el *kagan*. Por lo tanto, de un total de veintiocho compases, la correspondencia vertical sólo se produce en cinco puntos. Otra forma de valorar ese hecho notable es advertir lo extremadamente difícil que resulta evitar la coincidencia métrica en un fragmento de música de unos seis segundos de duración. Si además tenemos en cuenta que este ejemplo se improvisa dentro de un marco muy estructurado, uno no puede por menos de sorprenderse de la connotación de *primitiva* que se suele dar a la música africana.

Si observamos el ejemplo 4 (también procedente de Ghana), constataremos que, pese a que los cinco pentagramas superiores—que incluyen la campana, la sonaja y los cinco motivos de batido de palmas—presentan algún tipo de relación entre ellos, no hay dos que sean iguales por completo. Una vez más, el resultado es de una gran riqueza contrapuntística que prácticamente no existe en la música europea. Las características ya comentadas en relación con el ejemplo 3 también son válidas en lo que respecta a los otros cuatro pentagramas.

Durante muchos años hemos sabido que la inflexión y el ritmo sincopado del jazz no procedían de Europa, pues en la «música culta» europea no encontramos ningún precedente. De hecho, los escasos ejemplos de sincopado con los que nos encontramos—y sólo en las formas más rudimentarias, por no decir primitivas, como en la *Sinfonía del Nuevo Mundo* de Dvořák o en *Golliwog's Cakewalk* de Debussy—proceden de simplificaciones de esta misma influencia africana, tal como la encontramos en la música popular estadounidense de finales del siglo XIX. Pero hasta el momento nos han faltado pruebas musicales documentadas de que el ritmo sincopado del jazz no es más que una corrupción idiomática, una mutación plana de lo que en tiempos constituyó el verdadero carácter polirrítmico de la música africana.

Ejemplo 4. Danza *Sovu* (cc. 32-35)[1]

[1] *Ibid.*, vol. II, p. 86.

Los historiadores, los etnógrafos y los antropólogos nos han brindado pruebas suficientes de que los negros africanos, sea como esclavos en Estados Unidos o como nativos dentro de la estructura social de la sociedad islámica (como en ciertas partes del África occidental y central), tienen una notable inclinación a acomodar sus creencias y costumbres a las de su nuevo entorno. En Estados Unidos, durante un período de unos ciento cincuenta años, el esclavo africano se ajustó en muchos aspectos a los patrones sociales y culturales del hombre blanco, algunos por la fuerza, otros mediante un proceso de aculturación pasiva. Tal vez los cambios de mayor alcance en las tempranas formas de vida afroamericana se dieran en la religión y la música, pero incluso en esos casos, como ya se ha dicho, no se trató simplemente de adoptar las convenciones de los blancos, sino más bien de permearlas, siempre que fuera posible, con características propias del medio negro.

Examinemos de nuevo los ejemplos 3 y 4. Lo que podemos ver en la notación, y lo que podemos escuchar si tenemos la capacidad de trasladar la notación a sonido, es el gusto africano por una música de grupo en la que coexisten de forma natural y autónoma muchos puntos de acento rítmico. Los intérpretes de cada parte, y de hecho todos los intérpretes, sienten los puntos marcados con * en el ejemplo 3 como puntos naturales de acentuación, es decir, el mismo sentimiento que nosotros, como «europeos», asociamos a un tiempo fuerte. El ajuste que el esclavo africano hizo de la música del hombre blanco consistió precisamente en integrar esos puntos de acentuación polimétrica y polirrítmica en la estructura monométrica y monorrítmica de la música europea. La síncopa, situada antes o después de un tiempo fuerte, fue el único compromiso factible para los afroamericanos:[1] les dejaba

---

[1] La concesión de los negros a la concepción musical occidental reside en el hecho de que la síncopa confirma la supremacía del tiempo fuerte, pues una síncopa es una modificación, un adorno de ese tiempo; no es

un vestigio de su pasión por el cruzamiento de los ritmos y la acentuación; al mismo tiempo, les permitía continuar esa tradición dentro de las estructuras musicales occidentales.

La síncopa es la manera más directa de la que dispone el músico para acentuar los tiempos débiles, al margen de la acentuación pura y simple. Al transformar en síncopas su talento natural para la acentuación a contratiempo, los negros consiguieron tres cosas: volvieron a confirmar la supremacía del ritmo en la jerarquía de elementos musicales, encontraron un modo de conservar la igualdad o *democratización* de los impulsos rítmicos y, al combinar esas dos características con su necesidad de concebir todos los ritmos como *melodías ritmadas*, mantuvieron en su música una continuidad en lo que respecta al impulso interno. En la medida en que se resistieron a otras influencias (que examinaremos más adelante), esas tres cualidades sobrevivieron en el jazz con el *swing*.

Estas *extrañas* características rítmicas confundieron incluso a los observadores sensibles de la música negra en el siglo XIX. Aunque las crónicas y las pruebas documentales de la época sobre este aspecto particular son escasas, las que existen, si se estudian a la luz del análisis musical que hemos ofrecido, son muy reveladoras, pues sustancian en términos descriptivos generales las pruebas ofrecidas por la investigación musicológica.

Tanto Fanny Kemble, la actriz y músico del siglo XIX, como los tres editores de *Slave Songs of the United States*, publicado en una fecha tan temprana como 1867, se refieren a esas características rítmicas, aunque no sin considerable perplejidad y asombro. En una entrada de su diario en

---

independiente de él. Los diseños polimétricos africanos, por otro lado, dan por supuestas una autonomía y una igualdad básicas de todas las notas acentuadas. También es interesante señalar que la síncopa en el sentido europeo resulta extremadamente rara en la música africana y sólo se da en los valores rítmicos más pequeños (semicorcheas).

la que escribe sobre una visita a una plantación de Georgia en 1839, Fanny Kemble confirma tanto el aspecto funcional de canción de trabajo de la música de los esclavos como sus «desconcertantes» cualidades musicales. Cuando habla de sus viajes diarios por el río hasta la plantación, escribe:

Nuestros barqueros [...] acompañan los golpes de sus remos con el sonido de sus voces. No he logrado descubrir ningún fundamento [familiar] para muchas [de las canciones] que he oído en los últimos tiempos, y que me han parecido extraordinariamente *salvajes e inexplicables*. [Las cursivas son mías].[1]

Y continúa elogiando «el admirable sentido del compás y la autenticidad de la acentuación» con que los esclavos ejecutaban los esquemas de llamada y respuesta de aquellas canciones.

La introducción a *Slave Songs of the United States* constituye un estudio notablemente pormenorizado y libre de prejuicios de la naturaleza de las canciones de esclavos.[2] Los editores admiten con toda franqueza su incapacidad para abarcar los extraños ritmos de esas canciones mediante la notación convencional. «Lo mejor que podamos hacer con papel y tipos de imprenta [...] no será sino una débil sombra del original [...] No es posible reproducir en papel la entonación y las delicadas variaciones incluso de un solo cantante». También hablan de las «melodías para remar». Charles P. Ware, uno de los editores, propietario de una plantación, indica que, tal como ha anotado «esas melodías, con cada golpe de remos se cantan dos compases, el primer compás acentuado por el comienzo del golpe, el segundo por el rui-

[1] Frances A. Kemble, *Journal of a Residence on a Georgian Plantation (1838-1839)*, Nueva York, Harper and Bros., 1864; reimp.: Nueva York, Alfred Knopf, 1961, p. 218.

[2] W. F. Allen, C. P. Ware y L. M. Garrison, *Slave Songs of the United States*, Nueva York, A. Simpson & Company, 1867; reimp.: Nueva York, Oak Publications, 1965.

do de los remos en los escálamos». (Fanny Kemble también se refiere al «ritmo de los escálamos» en su diario). A continuación, Ware explica que en los «botes de pasajes» los barqueros dan «entre dieciséis y treinta golpes de remo por minuto, veinticuatro de promedio».[1] Sin embargo:

Una característica perceptible en sus canciones para remar era que a menudo parecían cantarlas *con un poco de retraso respecto al tempo* [la cursiva es mía]; en *Rain Fall*, por ejemplo, «*Believer cry holy*» parece que ocuparía más de lo que le corresponde del golpe de remo [véase el ejemplo 5], de tal modo que la palabra *holy* se prolonga hasta el inicio mismo del siguiente golpe.

Ejemplo 5. *Rain Fall*

We all, Believer cry ho - ly! 1. Been back ho - ly, I must come slow - ly;

En una nota a pie sobre la canción *God Got Plenty o' Room* (ejemplo 6), William Francis Allen aclara lo siguiente:

Transcribimos esta canción tal como se cantó, con algunos compases en compás de 2/8, y otros en 3/8 y en 2/4. La irregularidad se debe sin duda a la omisión de los silencios, si bien *la restitución del compás correcto* nos pareció tarea imposible, de modo que estimamos una solución preferible transcribirla así, en todo caso como ejemplo característico del canto de los negros. [La cursiva es mía].

Las dudas de Allen al transcribir la canción en compases variables y sus disculpas por hacerlo así resultan perfectamente comprensibles cuando recordamos que los cambios de métrica de compás en compás eran casi desconocidos antes del cambio al nuevo siglo, y podemos entender los problemas de Allen al transcribir un lenguaje musical que sólo

---

[1] Esto equivaldría a un *tempo* aproximado de ♩ = 132.

puede anotarse de un modo parcial. En cualquier caso, lo que Allen había descubierto era la pasión de los negros por los esquemas métricos polirrítmicos irregulares y la polirritmia, tal vez por aquel entonces en una forma hasta cierto punto simplificada, aunque no necesariamente, ya que la música africana abunda en melodías que a nuestros oídos occidentales les parecen relativamente simples. Lo importante es que los esclavos siguieron conservando los tres cánones básicos de su tradición musical: (1) la base de una subestructura regular, en otras palabras, el pulso (en el caso de los barqueros, ofrecido por el sonido del acto de remar); (2) la superposición, acto seguido, de melodías improvisadas o casi improvisadas en compases y ritmos variables, y (3) un formato de llamada y respuesta sobre el que se articula el material musical.

Ejemplo 6. *God Got Plenty o' Room*

Irónicamente, el aspecto más caritativo de las actitudes culturales de los blancos llevó a la corrupción de la música africana en Estados Unidos, mientras que los aspectos opresivos contribuyeron a que los negros conservaran vestigios de su herencia africana. Es decir, como la religión y, en consecuencia, la música, hasta cierto punto, fueron las primeras formas de expresión permitidas a los negros, su conversión al cristianismo y, de forma más gradual, a los conceptos musicales europeos fue inevitable, dada su facilidad natural para la aculturación. Al mismo tiempo, el aspecto opresivo de las actitudes del amo blanco y el consiguiente ostracismo social de los negros respecto del mundo de los blancos los llevaron a preservar esas formas sancionadas de expresión con sus características propias. Evolucionando en un proceso continuo de asimilación musical, con el tiempo los ritmos de los negros se transformaron en los esquemas mucho más simples del jazz primitivo. A lo largo de ese camino, sobre todo después de la Emancipación, diversas reformas sociales y manifestaciones corolarias en rituales sociales o religiosos y en el entretenimiento popular dejaron su huella. La tradición de la banda de marcha de los inmigrantes italianos y alemanes se mezcló fácilmente con las procesiones fúnebres de los negros; los himnos angloamericanos se mezclaron con el canto monódico y diódico para formar el espiritual y su correlato secular, el *blues*. El desarrollo de los espectáculos de *minstrel* proporcionó al negro una salida en el ámbito del entretenimiento popular, absorbiendo en el proceso diversas formas de música popular procedentes de Europa—gigas, marchas, polkas, cuadrillas, etcétera—y finalmente engendrando un descendente pianístico: el *ragtime*. Todas estas formas contribuyeron de modo vital al desarrollo del jazz en todo su esplendor durante las primeras décadas del siglo xx. Para ilustrar de manera gráfica cómo se relaciona ese momento histórico con su génesis africana a través de cien años de transformación y simplificación, volvamos a uno de los ejemplos citados de música ewé.[1]

En la década de 1920, la música del ejemplo 4 se habría metamorfoseado en algo parecido al ejemplo 7, lo que autorizaría mi conversión del conjunto africano original en una instrumentación típica de dicha década. Aunque esta trans-

---

[1] Probablemente, podemos afirmar que, en líneas generales, los esquemas rítmicos africanos más simples sobrevivieron en el jazz, incluso en acentos cruzados transformados, porque podían adaptarse con mayor facilidad a concepciones rítmicas europeas. Algunos sobrevivieron, otros se desecharon a medida que la europeización avanzaba. Esto también podría explicar el hecho de que un esquema como ♪. ♪. ♪, tan habitual como motivo rítmico de base en la música africana, haya sido uno de los esquemas sincopados más útiles y frecuentes del jazz.

cripción entrañaba «saltar» no sólo de un continente a otro, sino también de una época a otra, puede apreciarse a simple vista que el contenido básico es el mismo y que se han necesitado muy pocos cambios para lograr esa transformación. La conversión instrumental se logró como sigue:

Ej. 4	Ej. 7	Ej. 4	Ej. 7
Gankogui	——	Palmas 4	Tuba
Axatse	Banjo	Palmas 5	——
Palmas 1	Bombo de batería y piano	Canto	Clarinete
Palmas 2	——	*Atsimevu*	Trompeta
Palmas 3	*Woodblock*	*Kidi*	Trombón
		Kagan	——

Ejemplo 7.[1]

[1] Todos los ejemplos musicales de este libro están escritos en alturas reales, es decir, sin atender a las transposiciones.

Las partes del *gankogui*, palmas 2, y el *kagan* se descartaron porque ya se encuentran prácticamente representadas en la parte del *axatse*-banjo y también por motivos de pureza estilística. El ritmo del *gankogui* del ejemplo 4 no es otro que el ritmo de samba sudamericano, que se encontraba en muchas versiones en el *ragtime* de Estados Unidos y emergería en última instancia como el componente rítmico de base del charlestón de 1923. Pese a que tanto la samba como el charlestón existían en el jazz de la década de 1920—el ritmo de samba encajaba dentro de la categoría de lo que Jelly Roll Morton denominaba «*the Spanish tinge*» [el matiz español]—, ninguno de estos esquemas rítmicos habría aparecido de forma simultánea con el sencillo ritmo de *stride* de dos tiempos bien marcados, tal como figura ejecutado por el bajo, el piano y la batería. El batido de palmas 5 se suprimió porque, hacia 1920, el jazz estadounidense ya no era capaz de mantener de forma simultánea los ritmos de batido de palmas 2 y 5, por no hablar del resto. Como ya he dicho, considero que, durante un período de varias décadas, la complejidad polirrítmica original de la música africana se simplificó por emulación de las prácticas europeas. Cuando el jazz empezó a ser conocido bajo ese nombre, ritmos como los del batido de palmas 2 y 5 ya no se usaban de forma simultánea, porque los ritmos del jazz fueron evolucionando más o menos sobre la base de una práctica basada en la *alternancia*. En mi transcripción he eliminado los tresillos de blanca del batido de palmas 5 porque eran (y siguen siendo) el esquema rítmico menos propenso a aparecer en la música de jazz. Puesto que el canto constituye la única parte escrita en alturas claramente determinables, he tratado de preservar su contorno melódico en la medida en que ha sido posible. No obstante, con el objeto de adaptar el ejemplo a la sencilla progresión de acordes que podría haber usado una banda de la década de 1920, me he visto obligado a alterar algunas notas (indicadas entre paréntesis) por lo que respecta a su altura, pero no a su figuración rítmica. Las partes de la trompeta y el trombón, al derivar de los esquemas rítmicos de los tambores, en los que la notación de las alturas no se puede considerar precisa (en el mismo sentido que las de la parte vocal), responden a transposiciones de altura libre de los ritmos del *atsimevu* y el *kidi*. Además, para no abandonar las prácticas del jazz de la década de 1920, he simplificado la parte del trombón (de ♫ | ♪ ♪ ♪ a ♫ | ♫ ♪).

Para hacernos una idea del extraordinario sentido del *tempo* que se necesita para interpretar estos cantos y danzas africanas—un sentido del *tempo* que los mejores músicos de jazz han conservado en cierta medida hasta nuestros días—basta comparar el ritmo del batido de palmas 2 y el 5. Me atrevería a afirmar que, al *tempo* indicado de ♩ = 128, muy pocos músicos serían capaces de ejecutar con exactitud estos dos esquemas rítmicos de manera simultánea. A lo largo de mi carrera como instrumentista he observado que la mayoría de los músicos, tanto en el ámbito del jazz como en el de la música clásica, son incapaces de ejecutar tresillos de blanca ♩ ♩ ♩ con precisión. Los músicos clásicos evitan en general el problema al convertir mentalmente en ♪♪♪♪, mientras que los músicos de jazz siempre interpretan ♪♪♪ como ♩ ♩ ♩. Comoquiera que sea, resulta obvio que la pequeña diferencia que hay entre la tercera nota del batido de palmas 2 y la segunda del batido de palmas 5 llevaría, en prácticamente todos los casos, a uno de los dos músicos a caer en la órbita rítmica del otro. Esto es algo que no ocurre cuando se trata de músicos africanos.

A. M. Jones se encontró con muchas diferenciaciones infinitesimales de este tipo en sus estudios, pero pudo demostrar una y otra vez que el músico africano con el que colaboraba en estos experimentos *definitivamente* podía sentir e ilustrar esas sutiles desviaciones rítmicas. Si consideramos que el tiempo transcurrido entre las dos notas en cuestión es de poco más de una doceava parte de un segundo, no podemos por menos de quedar asombrados ante el sentido del *tempo* del músico africano. (El descuadre que se da entre la quinta nota del batido de palmas 2 y la tercera del batido de palmas 5 resulta aún más sorprendente si cabe, ya que se trata exactamente de una veinticincoava parte de un segundo). El sentido rítmico de los africanos—al menos por lo que respecta a los mejores músicos nativos—es a todas luces exacto en un sentido absoluto. De ahí que no resulte extraña la afirmación de Jones de que «cuando los europeos pensamos que estamos marcando el compás con exactitud, los africanos no pueden más que sonreír ante la "imprecisión" de nuestro pulso».[1]

---

[1] A. M. Jones, *Studies in African Music, op. cit.*, vol. I, p. 38. Más adelante (pp. 113-114), Jones, al analizar el *Sovu*, una de las danzas rituales de los yeve, señala que su concepción, influenciada por la música europea, de cierto patrón rítmico se desviaba en dos puntos una fracción de un dieciseisavo y un treintaidosavo de segundo, respectivamente, si se la comparaba con la del tambor principal del grupo. Jones añade: «Nuestra versión era casi precisa por completo, pero cuando averiguamos lo que el africano estaba haciendo en realidad, descubrimos que era completamente incorrecta, pues se basaba ante todo en una concepción subyacente errónea. Cualquiera que sea el patrón que percibamos, siempre debemos descubrir cómo *pretende* el músico africano que sea el ritmo».

Como no soy africano, dudo en establecer comparaciones, pero apostaría a que hombres como Charlie Parker, «Dizzy» Gillespie, Thelonious Monk, John Lewis y Ray Brown tienen este sentido del ritmo, o algo muy parecido. En todo caso, lo importante no es si el sentido del ritmo de Charlie Parker era mejor que el del *tambor principal* de una aldea congoleña, sino más bien si ese sentido del ritmo, tal como existe en el jazz, es atribuible a la parte africana de la herencia del jazz, mientras que su debilitamiento ha sido el resultado de influencias europeas.

Ejemplo 8. Stan Getz, *Early Autumn*

V acentuación similar a la de un tiempo fuerte

Las ideas polimétricas sobreviven en abundancia en el jazz y, de hecho, se han convertido en un lugar común en las décadas recientes. De los muchos ejemplos llamativos que podría citar, uno de los más interesantes y conocidos es el famoso solo de saxo tenor de Stan Getz en la grabación que Woody Herman realizó en 1947 de *Early Autumn*, una composición de Ralph Burns. El solo en conjunto (el ejemplo 8 representa únicamente un breve extracto) refleja tres mane-

ras diferentes de abordar una estructura polimétrica: (1) la
superposición de figuras métricas *irregulares* dentro de una
pulsación regular de 4/4, (2) el descuadre de los esquemas de
frase *regulares* en relación con el pulso y (3) la combinación
de estos dos procedimientos dentro de una misma frase. El
ejemplo 8, que ilustra esta última posibilidad, es un extracto
de los compases finales del solo de Getz. La concepción original de la frase figura en el ejemplo 8A: dos grupos de cuatro semicorcheas seguidos de dos grupos de cinco. El ejemplo 8B muestra el desplazamiento inicial de la primera semicorchea y el posterior reajuste al que se han sometido las notas de la frase original en relación con la pulsación de base
de 4/4. Finalmente, el ejemplo 8C fue transcrito con el propósito de conservar a un tiempo la estructura original de la
frase y su nueva disposición en relación con la pulsación de
4/4 de la sección rítmica.

En el *ragtime* existe un determinado esquema rítmico
cuyo origen se halla sin duda alguna en los ritmos cruzados
africanos. Este esquema, en su forma más simple, ♫♪♫♪
o ♪♫♪,[1] aparecía también en diversas variantes, como
♫♫♪ y ♪♫♫, por ejemplo, o ♪♫♪♫. (Estos cinco esquemas se encuentran ya en una de las primeras y más memorables composiciones de *rag*, el *Maple Leaf Rag* [1899] de
Scott Joplin). Una vez más nos encontramos aquí con el enfoque polimétrico—o, en este caso, bimétrico—del nativo
africano, reducido al sencillo esquema de 2/4 de las marchas
europeas. Ernest Borneman señala, con acierto, que este esquema de 3 + 3 + 2[2] es «inconfundiblemente africano tanto por su origen como por su carácter», ya que «la división
del compás responde a un criterio *métrico* y no de acentua-

[1] Los lectores volverán a descubrir aquí un pariente cercano del esquema de *Sovu Gankogui* examinado con anterioridad (pp. 31-32).

[2] En *The Easy Winners* (1901), Scott Joplin empleó un esquema de 3 +
2 + 3: ♫♪♫.

ción» (la cursiva es mía).[1] Eso también conecta con la repetida comprobación de Jones de la teoría según la cual «las frases africanas se construyen a partir de los números 2 o 3, o de una combinación del 2 y el 3».[2] En este sencillo esquema de *ragtime*, los afroamericanos estaban afirmando una vez más un deseo irreprimible de mantener dos ritmos simultáneamente *dentro* del marco musical de los blancos.

Además, en el caso de los africanos, según todas las pruebas disponibles, su unidad rítmica básica es lo que nosotros llamamos una corchea, a diferencia de lo que ocurre en la música europea, en la que la unidad sería la negra. Posteriores investigaciones pueden contradecir esta evidencia, pero en el momento actual es posible decir que o bien piensan en corcheas o bien, si momentáneamente están pensando en negras, tienen la capacidad de sentir las subdivisiones en corcheas con la misma intensidad en cualquier momento de la pieza.[3] Por supuesto, esa circunstancia lleva a plantearse la interesante posibilidad de que la tendencia del «jazz moderno» a convertir la corchea en la unidad básica de medida se relacione de algún modo con la música africana. A estas alturas es de todo punto manifiesto que una de las innovaciones más perdurables de Charlie Parker fue precisamente la transformación del compás de cuatro tiempos en uno de ocho. ¿Estamos, como si se tratara de la aparición de un río

[1] Ernest Borneman, citado en Marshall Stearns, *The Story of Jazz*, Nueva York, Oxford University Press, 1956, p. 142.

[2] A. M. Jones, *Studies in African Music*, *op. cit.*, vol. I, p. 17. En cierto sentido, tal cosa puede decirse de toda clase de música, por supuesto. Los 5 y 7 de la música de Stravinski se descomponen en elementos de 2 y 3, por ejemplo. Sin embargo, la distinción de Jones, aunque es sutil, resulta crucial, dado que la música india o la música ceremonial japonesa, por citar dos ejemplos al azar, consiste a menudo en frases cuya longitud no resulta de una adición de 2 y 3, sino de unidades intrínsecamente más extensas.

[3] Las designaciones de corchea y negra son, por supuesto, términos arbitrarios, tomados de la música europea, y aplicados aquí a la música africana sólo por comodidad.

subterráneo, ante la reencarnación musical de impulsos subconscientemente recordados de generaciones anteriores que se hicieron patentes *sólo* cuando el portador de esa memoria hubo desarrollado su técnica instrumental hasta un punto que le permitió manejarlos? Una vez más, el hecho de que en la «música culta» europea no se haya desarrollado una tendencia comparable apoya esa teoría.

Con anterioridad he mencionado que uno de los ejemplos más simples del amor inherente al negro por la organización polirrítmica es la costumbre de dar palmas en los tiempos débiles del compás. De hecho, se trata de la transformación más completa del enfoque polirrítmico africano, que resulta posible dentro del simple marco del compás de 4/4. Estos dos tipos de pulsación compiten entre sí en su intento por dominar la continuidad rítmica. Este enfoque diametralmente opuesto es el elemento mismo que falta en la «música culta» europea y, al mismo tiempo, el que construye una base para el *swing*. La clase de jazz más temprana, más simple y más áspera proporciona el mejor ejemplo de este enfoque bimétrico. Y si escuchamos esa temprana grabación, podemos hacernos una idea ajustada de lo que los esclavos negros sentían en los primeros tiempos de la transición del ritmo africano a su descendiente europeizado, desplazando mentalmente al segundo tiempo del compás la acentuación que por lo general situamos en el primero. Esto puede apreciarse en una animada interpretación de cuatro cantantes de iglesia de la rural Alabama, que se acompañan a sí mismos con palmas, del tradicional *When the Saints Go Marchin' In*.[1] Si pensamos en nuestro 1 y 3 europeo mientras los escuchamos batir las palmas sobre el 2 y el 4, sentiremos el fuerte impulso de la música, el impulso que los africanos tienden a imprimir en su música y que sus parientes afroamericanos adaptaron de esta ingeniosa manera.

---

[1] *Been Here and Gone*, Folkways Records FA 2659 (*Music from the South*, vol. 10), cara 2, pista 1, pieza B.

Cuando hagamos este experimento, sentiremos la atracción de estas dos órbitas rítmicas con tanta fuerza que imaginaremos ser dos personas compitiendo entre sí, en una alternancia constante. Este sentimiento, emocionante incluso en esta forma primitiva, constituye un pálido reflejo de lo que el tambor principal de un grupo africano siente cuando participa mentalmente en las diferentes líneas rítmicas de su música.[1]

Si el lector desea tener más pruebas sonoras de los materiales presentados hasta ahora, las encontrará escuchando el *swing* y la *igualación* rítmica de la música africana en ciertas grabaciones. Se encuentran notables ejemplos en la *History of Jazz Anthology* de Riverside, volumen 1, pista 1, pieza 4, y en la ya mencionada *Anthologie* de Ducret-Thomson, disco 2, cara 1, piezas 4b y 11.

FORMA

Muchos legos (y demasiados músicos) creen que la forma es una preocupación fundamentalmente intelectual. Abunda el concepto erróneo—basado en la falsa idea de que la música africana es *primitiva* (es decir, no intelectual)—de que las formas del primer jazz no pueden haber derivado de los antecedentes africanos y, en consecuencia, tienen que haberse desarrollado en el entorno «ilustrado» de la civilización europea. Los hechos desmienten esa visión simplista. Descubriremos que, al estudiar la forma en el jazz, desenredar la confusa maraña de influencias que se remontan a *ambos* continentes es una tarea formidable. Pues aquí descubrimos un problema que no encontramos en nuestra investigación de

---

[1] Las partituras transcritas por Jones ofrecen una prueba indiscutible de que el tambor principal del grupo no sólo siente sus *propios* esquemas rítmicos, sino que está en estrecho contacto con los diferentes esquemas de los demás miembros del conjunto.

las derivaciones rítmicas: a saber, que las formas son una característica del lenguaje musical mucho más transitoria que el ritmo. Mientras que las prácticas rítmicas básicas persisten a menudo, como hemos visto, frente a obstáculos casi irresistibles, las formas son menos estables. En sus aspectos más elementales, la forma y la estructura son las consecuencias naturales de prácticas armónicas y/o contrapuntísticas. Pero, incluso a ese nivel, formas preeminentes como la sonata o la fuga han perdido su validez en la música de nuestro tiempo, dado que las funciones tonales armónicas que en origen las hicieron nacer han desaparecido.

En un nivel secundario, las formas menos importantes son, desde luego, todavía más perecederas, y a menudo no sobreviven más allá de una generación o dos. Estas formas efímeras, como, por ejemplo, cuadrillas, marchas, *ragtimes* y diversas formas de danza, ocupan un lugar importante en la aparición del jazz y complican el trabajo del historiador.

El primer error estriba en considerar que las formas musicales africanas son *primitivas*. La música africana, tanto por lo que respecta a sus grandes esquemas formales como a las pequeñas unidades estructurales que se dan dentro de ellos, está llena de conceptos sumamente *civilizados*. Una rápida ojeada a las partituras transcritas por Jones en su segundo volumen o la escucha distraída de grabaciones étnicas africanas confirmarán este hecho. Sin duda, esas formas no son formas artísticas abstractas en el sentido europeo, ni tampoco han sido concebidas desde un punto de vista intelectual. Están irrevocablemente vinculadas al trabajo diario y a funciones lúdicas. Además, algunos observadores han confundido su complejidad misma con una carencia de forma. Tal como ha demostrado nuestro limitado examen del ritmo, nada puede estar más lejos de la verdad.

Los elementos formales africanos que más nos interesan en relación con el jazz son: (1) el esquema de llamada y respuesta, (2) el concepto de estribillo repetido y (3) el formato de coro de la mayoría de las danzas recreativas y culturales. Estos tres elementos no sólo lograron transmitirse al jazz primigenio, sino que han sobrevivido hasta el presente en diversa medida. El esquema de llamada y respuesta permea toda la música africana, y por lo general adopta la forma de un coro que responde a un líder o solista. Incluso en los casos en que el esquema formal no está constituido por una llamada real con una respuesta específica, la música africana es, en esencia, antifonal. Eso también se observa en los tipos de canción más simples, como las nanas, en los que las palabras por lo general se ajustan a una especie de esquema de pregunta y respuesta, aun cuando ambas las cante la misma persona. En realidad, parece que el esquema de llamada y respuesta a menudo se solapa con el concepto de estribillo. Con frecuencia, el líder improvisará nuevas frases, mientras el coro reitera las mismas u otras muy similares. Asimismo, en las canciones cantadas por un solo individuo,[1] el estribillo tiene el efecto de una respuesta recurrente, un concepto que vemos perpetuado fundamentalmente en el *blues* y, hasta cierto punto, en los espirituales (ejemplos 9A y 9B).

Ejemplo 9A. Canto de la tribu Vili y su traducción libre.[2]

Yé, yé. Mi unu kwina mayaka mami	Sí, sí. Cuando preparo la mandioca,[3]
Bwal(a) bwa tiamuk(a) é,	Todo el pueblo acude apresurado.

[1] Que tales canciones probablemente revelan ya en ciertos aspectos una influencia europea no afecta en modo alguno a la cuestión del estribillo.

[2] *Anthologie de la vie africaine*, Ducretet-Thomson 320 C 126 (disco I), cara I, pieza 23. La traducción inglesa es una adaptación libre de la traducción francesa de H. Pepper, reimpresa en el texto que acompaña a la grabación. [En la presente edición, traducimos también de la edición francesa, donde se ve claramente que la protagonista es una mujer, Delphine. (*N. de los T.*)].

[3] Una planta, también llamada yuca, utilizada en diversas comidas y bebidas en los trópicos.

Yé, yé, yé —Nzambi!	¡Sí, sí, sí! ¡Dios mío!
Bwal(a) bwa tiamuka.	Todo el pueblo acude apresurado.
Yé mi kana yanika bi kwango	Cuando preparo la mandioca,
biami	
Bwal(a) bwa tiamuka.	Todo el pueblo acude apresurado.
Yé yé mwan(a) ma Delphine!	¡Me llaman la pequeña Delphine!
Bwal(a) bwa tiamuka.	Todo el pueblo acude apresurado.
Yé. Mi kwa mi unu ya nukina va	Sí, me dejan sola, durmiendo al
ntoto yé.	sol,
Bwal(a) bwa tiamuk(a) é	Todo el pueblo acude apresurado.
Yé. Mi mbasi be kala kwam(i)	Sí, estoy sola y sin amigos,
Bwal(a) bwa tiamuka.	Todo el pueblo acude apresurado.
Mi mvendu ami vana wu kala yi	Abandonaré este lugar ingrato.
kala kwami.	
Bwal(a) bwa tiamuka,	Todo el pueblo acude apresurado.
Yé, yé. Nzambi!	¡Sí, sí! ¡Dios mío!
Bwal(a) bwa tiamuka.	Todo el pueblo acude apresurado.
Etc.	Etcétera.

Ejemplo 9 B. *How Long, How Long Blues*[1]

How long, how long, has that evening train been gone?
How long, how long, baby, how long?

Standing at the station, watch my baby leaving town,
Feeling disgusted, nowhere could she be found.
How long, how long, baby, how long?

I can hear the whistle blowing, but I cannot see no train,
And it's deep down in my heart, baby, that I have an aching pain.
How long, how long, baby, how long?

[1] Cantada por Leroy Carr, Vocalion 1191; reimp. en Samuel B. Charters, *The Country Blues*, Nueva York, Holt, Rinehart & Winston, 1959, con permiso.

Sometimes I feel so disgusted, and I feel so blue,
That I hardly know what in the world just to do.
For how long, how long, baby, how long?
Etc.

[¿Cuánto tiempo hace, cuánto hace que partió el tren de noche? | ¿Cuánto tiempo hace, cuánto hace, cariño, cuánto hace? || En la estación vi partir a mi amor | Me siento abatido y no la encuentro en ninguna parte. | ¿Cuánto tiempo hace, cuánto hace, cariño, cuánto hace? || Puedo escuchar el silbato, pero no veo tren alguno, | Y en el fondo de mi corazón, cariño, tengo un dolor intenso. | ¿Cuánto tiempo hace, cuánto hace, cariño, cuánto hace? || A veces me siento tan abatido y tan triste | Que apenas sé qué diablos hacer en el mundo. | ¿Cuánto tiempo hace, cuánto hace, cariño, cuánto hace? | Etcétera].

El esquema de llamada y respuesta probablemente se conserva en su forma funcional más pura en los servicios religiosos de las iglesias baptistas, especialmente en esos asombrosos *sermones* que tienen más de música que de oratoria, y en los *field hollers* de los aparceros sureños, que están desapareciendo de modo gradual. El formato de llamada y respuesta persiste incluso en el jazz actual, en prolongaciones muy modificadas. En combinación con la estructura de estribillos repetidos del *blues*, se abrió paso hasta introducirse en el *marching jazz* de Nueva Orleans, y en esa forma empezó a conocerse como *riff*. Desde ahí se infiltró en todo el espectro del jazz, desde el solo improvisado hasta el arreglo para conjunto. En la grabación de 1929 para el sello Okeh de *Mahogany Hall Stomp*, Louis Armstrong, por ejemplo, repite un simple *riff* seis veces en uno de sus *chorus* a solo. El *riff* llegó a convertirse en un recurso estructural esencial del jazz marcadamente rítmico del Sudoeste, cuyo centro estaba en Kansas City y que desde allí se expandió gracias a la banda de Bennie Moten (véase el ejemplo 10) y, con posterioridad, a Count Basie, para convertirse en última instancia en un manido cliché de la era del *swing*. Mientras Moten incorporaba el *riff* en su jazz orquestal basado en el *blues*,

Fletcher Henderson estaba intentado prácticamente lo mismo en Nueva York, en el ámbito más *sofisticado* de la canción popular. A partir de ahí, la idea del *riff* fue asumida por Benny Goodman, quien adquirió gran parte de las partituras de Henderson; y cuando Goodman descubrió a Basie a mediados de la década de 1930, los dos linajes del *riff* convergieron y pasaron a convertirse en el denominador común de todos los arreglos de los conjuntos de jazz.

Ejemplo 10. *Toby. Esquema de riff* (orquesta de Bennie Moten, 1932)

(El *riff* se repite en todas las secciones A de la estructura A - A - B - A de cada *chorus*).

El uso excesivo pronto hizo que el *riff* perdiera su fuerza creativa como recurso orquestal. Sin embargo, sobrevivió en otras dos mutaciones: (1) la *melodía de riff*, que consta únicamente de *riffs* muy breves, apenas modificados para adaptarse a los cambios de acordes (el soberbio guitarrista Charlie Christian fue sin lugar a duda el creador más grande de melodías de *riff*), y (2) desde la época de Kansas City hasta el *bop*, en la estructura del jazz moderno conocida como *fours*, por medio de la cual los músicos que improvisan se pasan el relevo interpretando cada uno una frase de cuatro compases en alternancia o rotación constante en los *chorus* anteriores a la recapitulación final del tema. En las dos formas de jazz convencionales—el tema de treinta y dos compases y el *blues* de doce—, este recurso da lugar a diseños instrumentales interesantes cuando el número de músicos que improvisan *no* corresponde al número de secuencias de cuatro compases que integran la forma. En tales casos (como se puede observar en los ejemplos 11A y 11B), el intérprete se encontrará improvisando en un punto diferente de la estructura en cada *chorus*.

Ejemplo 11A. Distribución de los *fours* en el *blues* de doce compases

	Chorus de 12 compases											
Número de compases	4	4	4	4	4	4	4	4	4	4	4	4
Dos improvisadores	Tpt.	Sax.	Tpt.	Sax.	Tpt.	Sax.	Tpt.	Sax.	Tpt.	Sax.	Tpt.	Sax.
Cuatro improvisadores	Tpt.	Sax.	Tbn.	Pno.	Tpt.	Sax.	Tpt.	Pno.	Tpt.	Sax.	Tpt.	Pno

Ejemplo 11B. Distribución de los *fours* en una estructura de treinta y dos compases

					(puente)						
	A 8		A 8		B 8		A 8		A		A
Número de compases	4	4	4	4	4	4	4	4			
Tres improvisadores	Tpt.	Sax.	Tbn.	Tpt.	Sax.	Tbn.	Tpt.	Sax.	Tbn.	Tpt.	Sax. Tbn.

En una estructura de *blues*, consistente en un esquema ternario, dos músicos que improvisen tocarán el mismo fragmento cada *dos chorus*, mientras que, si se trata de cuatro solistas, el ciclo se completaría cada *cuatro chorus*. En una estructura típica de tema, que responde a un esquema binario, tres solistas (caso más frecuente) ejecutarían el mismo fragmento del tema al cabo de tres *chorus* completos. El *puente* da lugar a combinaciones particularmente interesantes. En este caso, por ejemplo, el saxofón toca la primera mitad del puente (sección B) en el primer *chorus*, la segunda mitad en el segundo *chorus* y ya no participa en el puente del tercer *chorus*. A partir de aquí, el esquema se repite. Lo interesante de esta estructura formal es el gran parecido que guarda con la predilección por los ritmos cruzados (esquemas cruzados en este caso concreto) que encontramos en la música africana. Esto quiere decir que los solistas que improvisan estas secuencias de cuatro compases del jazz moderno se hallan en una relación fluctuante con respecto a la estructura global práticamente idéntica a la que el percusionista africano logra en el marco de sus estructuras polimétricas variables.

La estructura de los *chorus* es preponderante en algunas categorías de la música africana. En este ámbito, las grabaciones de campo, habitualmente consideradas la fuente primordial para el estudio de la música de regiones remotas, han sido bastante engañosas, por la sencillísima razón de que, hasta que A. M. Jones inició sus trabajos, dichas grabaciones casi nunca recogían interpretaciones completas. Por lo tanto, no se podía estudiar el esquema estructural en su totalidad, dado que la mayoría de las grabaciones contenían tan sólo breves fragmentos de formas mucho más extensas. Durante siglos los viajeros nos han estado contando que las ceremonias y danzas africanas pueden durar horas y que a menudo consisten en una sola pieza. Sin embargo, a causa de la idea errónea de que tales danzas se improvisaban al azar y, por lo tanto, carecían de forma (en comparación con la idea europea de *formas cerradas*), nadie descubrió cómo lograban los africanos sostener su interés y el de su público por una sola danza que puede durar una hora o más. Jones ha encontrado la respuesta. Se trata, en realidad, de la estructura por secciones o *chorus* que nos resulta tan familiar en el jazz como procedimiento de base para la improvisación.[1]

Jones analiza siete danzas que emplean el conjunto instrumental africano en su integridad. Todas ellas tienen una estructura global común dividida hasta en cinco o seis *esquemas de base*, iniciados por el tambor principal del grupo y cuya longitud está determinada (dentro de ciertas reglas muy estrictas) por él.[2] Dentro de cada esquema pueden darse al-

---

[1] Una vez más, el concepto de *chorus* está ausente de la «música culta» europea, excepto en la *passacaglia* o la chacona, que significativamente nació como una forma de danza.

[2] El estrecho paralelo con las técnicas de la *forma extendida*, practica-

gunas variaciones, pero tal circunstancia no es habitual. En su lugar, cada esquema se concibe como una variante del anterior, bajo el supuesto de que todas las variantes deben adherirse al esquema rítmico básico propio de esa danza. Por lo tanto, tenemos un esquema estructural general basado en un principio de variación perpetua.

En realidad, estas formas de danza se rigen por tres niveles estructurales. Reflejan la estructuración celular fundamental de la propia naturaleza: la forma global se descompone en esquemas de base todavía relativamente extensos, que a su vez consisten en repeticiones de fragmentos de frase más pequeños, que pueden contener minúsculos esquemas celulares (ejemplo 12).

Ejemplo 12.

Forma global	————————————————————————			
Esquemas de base	————	————	————	————
Frases	— — — —	— — — —	— — — —	— — — —
Motivos	-- --- --- ---	-- --- --- ---	-- --- --- ---	-- --- --- ---

Como la danza ceremonial africana en su forma pura no utiliza la armonía—al menos en el sentido europeo de estructuras acórdicas verticales basadas en notas *fundamentales*—, el tambor principal no puede organizar sus *chorus* en términos de *cambios* de acordes, como hace el músico de jazz. En su lugar, se guía por la melodía vocal (el canto), cuya estructura ha de conocer perfectamente para no transgredir su orden básico. En este sentido, las restricciones impuestas al tambor principal para decidir *el momento adecuado* de los cambios de esquemas son tan formidables que dejan anonadada a la imaginación europea. De hecho, ponen significativamente en evidencia las ingenuas protestas formuladas por algunos

---

das, por ejemplo, por Charlie Mingus cuando dirige y controla las improvisaciones, resulta inequívoco.

puristas ante la excesiva complejidad que está adquiriendo la música de jazz. Las danzas africanas muestran que se puede lograr una complejidad casi increíble sin sacrificar el *swing*.

Hasta el momento hemos examinado algunos elementos africanos presentes en las estructuras formales del jazz. ¿Y qué hay de las influencias europeas? El jazz actual, incluso el jazz de comienzos de la década de 1920, casi no revela influencias formales europeas directas y *específicas* por la sencilla razón de que tales formas europeas ya estaban completamente asimiladas en 1920. Estas formas ejercieron más influencia en los precursores del jazz que en el propio jazz. En este sentido, cabe observar que el *ragtime*, cuya forma responde a estructuras de entre tres y cuatro partes—en contraste con las estructuras simples del tema de treinta y dos compases o del *blues*—, no fue más que una prolongación directa de las diferentes formas de marcha. Es engañoso afirmar, como ha hecho Marshall Stearns entre otros, que «el *ragtime* presenta un esquema propio de tipo rondó». Esa afirmación se deriva de la idea errónea de que este esquema «se parece más o menos a la forma rondó del minueto y el scherzo».[1] Al margen de que el minueto no es una forma rondó, la forma *ragtime* se desarrolló a partir de la marcha o del *quick-step*, no del minueto.

En un rondó clásico, el primer tema vuelve antes de cada nueva sección, como en la estructura A B A C A - Coda. Aunque un *rag* como *Euphonic Sounds*, de Scott Joplin, presenta en esencia la misma estructura (A A B B A C C A A), es peligroso llegar a la conclusión de que Joplin tenía en mente ese modelo europeo. La confusión proviene de la circunstancia de que tanto el minueto como la marcha tienen el mismo diseño formal; de hecho, la diferencia esencial entre ambos

[1] Marshall Stearns, *The Story of Jazz, op. cit.*, p. 141.

es que el minueto tiene un compás ternario y la marcha, un compás binario. Los dos constan de una primera parte con la forma A B A, seguida por un trío (C D en el minueto, C D o C D C¹ en la marcha),¹ y después una recapitulación de A B, lo que da una estructura total de A B A C D A B. De los treinta y tantos *ragtimes* de Joplin, sólo unos pocos emplean el formato A B A C A del rondó, y probablemente se trate tan sólo de una coincidencia. Al mismo tiempo, ninguno corresponde con exactitud a la forma de la marcha o del minueto resumida más arriba. La forma más común del *ragtime* consiste en un esquema A A B B A C C D D (*Maple Leaf Rag*, *Fig Leaf Rag*, *The Easy Winners*, etcétera), y a veces se elimina por completo la repetición de la sección A después de la B, como sucede en *Cascades*, el famoso *rag* de Joplin.

Aunque resulta difícil encontrar muchas correspondencias esquemáticas *exactas* entre las estructuras formales del *ragtime* y las de la marcha, las pruebas apuntan casi unánimemente al hecho de que la marcha es el progenitor formal del *ragtime*. Para empezar, el *ragtime*, como la marcha, tiene un compás binario, y la mayoría de los *rags*, como *Maple Leaf Rag*, de Joplin, llevan la indicación «*tempo di marcia*» o «en tiempo de marcha lento». De hecho, muchas de las primeras composiciones de *rag* se llamaban «marchas»: *Combination March*, *March Majestic* y *Antoinette*, de Joplin (algunas de ellas a la manera del *quick-step* francés en 6/8); *The Fascination* y *On the Pike*, de James Scott, y *Tickled to Death*, de Charles Hunter, subtitulada *Ragtime March and Two Step*.² Asimismo, el *ragtime* se desarrolló originalmente en el Medio Oeste, una región en la que las bandas de marcha siempre han sido muy populares. Inevitablemente también, las bandas de concierto como la de John Philip Sousa contribu-

---

¹ C¹ es una variación de C.
² Rudi Blesh y Harriet Janis, *They All Played Ragtime*, Nueva York, Alfred A. Knopf, 1958, apéndice I.

yeron en gran medida a la difusión del *ragtime*, aunque fuera en una forma un tanto pesada y diluida. Y si se necesitan pruebas formales internas, podemos descubrirlas en el hecho de que casi todos los *rags* modulaban, como la marcha, a la subdominante en el llamado trío (sección C); y un gran porcentaje de ellos, especialmente los más antiguos, conservaba la modulación en dos o cuatro compases que conducía al trío. Todos estos hechos, considerados en conjunto, indicarían de un modo bastante concluyente que el *ragtime*, como otra forma de música negra estadounidense que llevó hacia el florecimiento pleno del jazz, revela una estrecha afinidad estructural con la marcha europea.

Apenas se han conservado pruebas concluyentes sobre el origen del *blues*. Normalmente nos encontramos con afirmaciones muy generales relativas al hecho de que el *blues* procede del espiritual o del *field holler* o de ambos, y de que el espiritual es, en sí mismo, un cruce de melodía africana con himnos europeos (en su mayor parte ingleses). Todo eso está muy bien, pero nunca se ha determinado exactamente cómo y cuándo se produjeron esas asimilaciones. Ya hemos visto el modo en que los aspectos verbales o poéticos del *blues* perpetuaron el esquema africano de llamada y respuesta. Pero ¿qué hay de la perfección clásica del *blues* de doce o de ocho compases, su progresión acórdica y su esquema en tres partes? ¿Cómo y cuándo adoptaron los negros la progresión I - IV - V (tónica, subdominante, dominante) que ha llegado a ser la base formal y armónica del *blues*, una base que los esclavos negros ciertamente no se llevaron consigo de África?

Para encontrar la respuesta tenemos que remontarnos a los comienzos de la música negra en el continente americano. Durante los siglos XVII y XVIII, los barcos de esclavos descargaron a miles de negros en las ciudades costeras del sur de Estados Unidos. Los grupos tribales eran separados y los individuos llevados a diferentes plantaciones. Con ello, los propietarios blancos pretendían destruir cualquier vestigio de modelos culturales que los esclavos hubieran llevado consigo. Los propietarios de las plantaciones no podían saber que los estrechos vínculos existentes entre las tradiciones musicales de los negros y su vida cotidiana no podían romperse con tanta facilidad, ni adivinaban que los negros usarían sus ricas tradiciones musicales—principalmente la del canto—para comunicarse con sus compañeros esclavos. Como el lenguaje de los tambores indígenas, el canto era un medio de comunicación personal más o menos privado,[1] cuya exacta naturaleza no sólo desconcertaba a los blancos, sino que incluso los divertía de un modo condescendiente. Los negros también empezaron a apropiarse de parte de la música que oían en su nuevo entorno: un fragmento de un himno, algunas notas de una canción silbadas por un capataz, un fragmento de música oído en un baile, etcétera. Muy gradualmente, los negros de todo el Sur, cada uno a su manera y sin conocimiento de este proceso de aculturación musical en su totalidad, imbuyeron la música de los blancos de sus propios rasgos instintivos. En efecto, tal cosa llevó a una profusión de expresiones musicales asombrosamente rica. Aunque esa música mostraba su raíz común, la diversidad de sus detalles era tan grande como la variedad de la música tribal del continente africano. La situación social inevitablemente hermética de los negros, junto a los limitados medios de comunicación de largo alcance, hacían que los esclavos en Texas, por ejemplo, no tuvieran casi ningún contacto con sus compañeros de Georgia. Incluso en nuestra época un aparcero de Alabama por lo general pien-

---

[1] Hay que señalar que, hasta el día de hoy, muchos negros—quizá una mayoría—consideran que el jazz es un medio de comunicación personal, e incluso secreta, con su propio origen.

sa que ha viajado un poco si se ha alejado de su *condado* alguna vez en su vida.[1]

Con el paso de los años y los decenios, esta acumulación maravillosamente rica empezó a cristalizar en modos más concretos de expresión: el *field holler*, el espiritual, el *blues* rural, la canción de trabajo, el *ring-shout*; todos ellos estrechamente relacionados y solapados. El problema de rastrear el origen de esos desarrollos se complica sobremanera por el hecho de que se produjeron en muchos niveles diferentes en función del talento y, como ya he dicho, en toda clase de entornos, desde el ámbito rural hasta las zonas urbanas. No todo el mundo tenía (o tiene) el mismo talento musical, y las familias afroamericanas que vivían en alguna cabaña solitaria evidentemente cantarían una música distinta de la que cantarían quienes vivieran en un gran centro urbano o cerca de él.

Sin embargo, todas las pruebas disponibles dejan clara una cosa: hasta la época de la guerra civil, todas las formas de expresión mencionadas se interpretaban a solo o al unísono, *sin dar lugar* a la armonía, y en su mayor parte sin acompañamiento. Volveremos al asunto de las armonías del *blues* más adelante en este capítulo; de momento, nos interesa porque en el *blues*, tal como se desarrolló en última instancia, la forma estaba determinada por las funciones armónicas. Antes de ese momento, ni sus frases ni sus estructuras armónicas estaban fijadas y, por consiguiente, la forma específica era discrecional. Hay que recordar que el *blues* no era una «música culta», tenía muy poco en común con simples acordes y melodías; era un modo esencial de expresión, con el que una minoría podía expresar su sufrimiento.

Los primeros acompañamientos armónicos tal vez se llevaran a cabo con instrumentos rudimentarios de fabricación artesanal, como los banjos confeccionados con una piel cur-

---

[1] Folkways Records FA 2651-3 (*Music from the South*, vols. 2-4), interpretaciones de Horace Sprott y entrevistas con él.

tida de mapache tensada sobre una calabaza, con cuerdas hechas de alambre o incluso de crines de caballo. Es posible que empezaran inmediatamente después de la guerra de Independencia y que se inspiraran en el empleo de la guitarra como instrumento de acompañamiento, que con toda probabilidad muchos de los esclavos oyeran en las escalas realizadas en las islas del Caribe[1] o en la ruta desde África hasta el sur de Estados Unidos. En cualquier caso, la primera señal que tuvieron los blancos de estos desarrollos musicales fueron los espectáculos de *minstrels*, una forma de entretenimiento que surgió en la década de 1830. Aunque la mayoría de la música *minstrel* consistía en «*reels* irlandeses, *hornpipes* y danzas campesinas inglesas un poco disfrazadas», también había música «con extrañas armonías modales y una disonancia intensamente rítmica, como *Ole Dan Tucker, Jonny Boker*» y la famosa *Juba*, una danza *minstrel* para solista que se dice que procedía de las plantaciones.[2] La armonía se infiltró en la música negra casi imperceptiblemente, bien en la forma de sencillos acompañamientos al banjo, bien bajo la influencia de himnos angloamericanos en el canto a varias voces, modalidad que influyó en los espirituales. En cambio, el *blues*, como síntesis gradualmente emergente de los *field hollers*, las canciones de trabajo y las canciones de prisión, quedaba mejor servido por el banjo y la guitarra.

Los espirituales y los *ring-shouts*, como formas más o menos fijas, sin duda se desarrollaron antes que el *blues*. Después de la Emancipación, presumiblemente los negros pudieron desarrollar su propia música con la misma libertad que los blancos. En 1871, los Fisk Jubilee Singers, de la Universidad Fisk de Nashville, empezaron una serie de giras na-

---

[1] Algunas de esas escalas duraban mucho tiempo, a menudo varios años, según Ernest Borneman en «Creole Echoes», *The Jazz Review*, II, 8, septiembre de 1959, p. 15.

[2] Samuel B. Charters, *The Country Blues, op. cit.*, pp. 26-27.

cionales e internacionales de gran éxito, en las que presentaban espirituales en versiones para coro *a cappella* que estaban muy influidas por las sociedades corales blancas. A la hora de preparar esos programas, la tarea primordial del director del coro consistía en transcribir las melodías previamente improvisadas y proceder a su armonización. Era inevitable que buscara modelos en los himnos religiosos blancos, con sus sencillas formas y progresiones de acordes.

Sin embargo, no se permitió que este repentino florecimiento de la música negra como *forma artística* se difundiera. Cuando la época de la Reconstrucción se encaminaba a su caótico final y las tropas de *ocupación* del Norte se replegaron por las presiones políticas del Sur, los negros vieron que su camino a la libertad quedaba bloqueado por un núcleo fortalecido de ciudadanos blancos. Conforme los negros vivían la dura realidad de la segregación, los gritos de los campos y las canciones de trabajo volvieron a cobrar vida. Pero «sin capataces que obligaban a convertir la protesta musical en canciones "sin sentido", la música adquirió una nueva intensidad»,[1] y en los siguientes decenios se desarrolló una forma rudimentaria de *blues*, casi siempre sin acompañamiento, y con unas estructuras irregulares producto de la improvisación libre. Este tipo de *blues* estaba más cerca del modelo del *discurso cantado* que del canto propiamente dicho. Y es significativo que no haya quedado registrado ningún uso del término *blues*, ni como sustantivo ni como título, hasta el cambio de siglo, momento en el que el *blues* se había trasladado a las ciudades debido a los grandes desplazamientos de población causados por la industrialización del Sur. En las ciudades, el *blues* rural adquirió una tosca forma armónica acorde a la estrofa tripartita, la cual, como señala Marshall Stearns, es una forma «bastan-

[1] *Ibid.*, p. 29.

te rara en la literatura inglesa y que tal vez se originase con los afroamericanos».[1]

A partir de ese momento, el *blues*, con su extensión pianística, el *boogie-woogie*, quedó codificado en tres formas principales: un esquema de ocho compases (considerado por muchos la versión más temprana), una forma de doce compases y una forma de dieciséis compases. Con el paso del tiempo predominó el formato de doce compases; para empezar, fue el que se utilizó en las publicaciones de música de *blues*, a partir de los años inmediatamente anteriores a la Primera Guerra Mundial. En la década de 1920, el *blues* era ya una moda nacional y un elemento permanente del lenguaje del jazz.

Llegados a este punto, hay que subrayar que la forma de *blues* y sus parientes, los *field hollers* y las canciones de trabajo, sobreviven actualmente en muchos niveles, desde el *blues* rural más *primitivo* hasta el *blues* urbano y el *rock and roll* más *sofisticados*, incluso comercializados. Dejando aparte las cuestiones relativas al talento intuitivo y al entorno, puede decirse con certeza que las formas de esas distintas modalidades de *blues* varían en proporción exacta a su grado de urbanización.

¿Qué conclusiones podemos extraer a partir de esas observaciones? La estructura del *blues*, como el *ragtime*, era una mezcla de influencia africana (el esquema de llamada y respuesta) y de las estructuras formales europeas de base armónica. Sin embargo, a diferencia del *ragtime*, el *blues* era una música improvisada y, como tal, logró preservar en mayor medida los esquemas melódicos y originales de la música africana. El *blues* sigue siendo, incluso hoy en día, una expresión menos formalizada que el *ragtime*. Ofrecía una progresión armónica más simple en una forma más breve, mientras que el *ragtime* desarrollaba extensas estructuras tripartitas que incluían modulaciones y en las que cada parte con-

---

[1] Marshall Stearns, *The Story of Jazz, op. cit.*, p. 104.

sistía en una progresión armónica relativamente sofisticada. En tanto que el *blues* presentaba cinco acordes diferentes en el curso de doce compases, la música *ragtime* generalmente cambiaba de acorde en *cada* compás o, por lo menos, cada dos compases. Asimismo, los *tempi* más rápidos del *ragtime* apenas dejaban espacio para las libertades rítmicas y de fraseo conservadas en el *blues*. Un cantante de *blues* tenía al menos dos compases para delinear una frase, y todo ello sobre un único acorde. Así pues, aunque el *blues* quedó formalizado como una estructura de ocho, doce o dieciséis compases bajo la influencia europea del compás de 4/4, su simplicidad única dejó espacio suficiente para preservar cierto número de características rítmico-melódicas africanas.[1]

ARMONÍA

La armonía ya se ha mencionado como la base de la estructura del *blues* en sus fases posteriores de desarrollo. Pero la armonía desempeñaba otras funciones en la prehistoria del jazz. Una vez más, la escasez de documentación musical ha dificultado los intentos previos de evaluar la creciente importancia de la armonía en el desarrollo del jazz. Una cosa está clara: cualquier estudio sobre la armonía en el jazz y sus antecedentes debe empezar con la constatación de que, en sus orígenes, la música afroamericana no tenía armonía. Cuando la armonía aparecía era accidental y, en cualquier caso, no se trataba de la armonía diatónica funcional en el sentido europeo. En el testimonio dejado por Fanny Kemble en 1839 que ya hemos citado, los esclavos barqueros canta-

---

[1] En sencillos *blues* rurales cantados por músicos de *blues* itinerantes, no es raro encontrar trece compases, trece compases y medio u otras estructuras irregulares (véase la grabación de Memphis Slim, *The Saddest Blues*, United Artists UAL 3050, cara 2, pista 2).

ban «todos al unísono». Y Charles P. Ware, al escribir sobre las canciones de los esclavos casi treinta años después, afirma terminantemente: «no se da el canto a varias voces, en el sentido en que lo entendemos nosotros».[1]

De hecho, ¿por qué tendría que haber sido de otro modo? Las normas armónicas europeas son completamente desconocidas en la música tradicional africana. Por lo tanto, sería fácil concluir, como han hecho la mayoría de los estudios sobre jazz, que la armonía del jazz procede en exclusiva de las prácticas europeas. En un sentido básico, tal cosa es cierta, pero dicha conclusión parece ser una de esas simplificaciones excesivas en las que los historiadores caen con tanta facilidad cuando la documentación es escasa. En otro sentido—tal vez igualmente crucial—, las elecciones armónicas *particulares* hechas por los negros, una vez que adoptaron el marco de referencia armónico europeo, estaban dictadas completamente por su herencia musical africana. Existen considerables pruebas de que los negros sólo asimilaron las tendencias armónico-melódicas que permitían la integración de sus tradiciones africanas. Si eso es así, deberíamos poder descubrir un paralelismo lógico con el proceso de asimilación que hemos esbozado en relación con el ritmo.

En un sentido muy real, la armonía y la melodía tradicionales europeas son tan sólo dos caras de la misma moneda. Por decirlo de otro modo, una línea melódica contiene ciertas implicaciones definidas sobre todas las armonizaciones posibles; y, por supuesto, lo contrario también es cierto. Las melodías son, con frecuencia, proyecciones horizontales de un sustrato armónico, y las armonías son a menudo la síntesis en el plano vertical de segmentos melódicos. En cambio, la música africana es unilateralmente melódica, es decir, no tiene una estructura armónica. La *armonía*, cuando aparece,

[1] W. F. Allen, C. P. Ware y L. M. Garrison, *Slave Songs of the United States*, *op. cit.*, p. v.

es tan sólo un elemento concomitante de la línea melódica. A la inversa, las líneas melódicas no se entienden como surgidas de una progresión de acordes. En este sentido, la música africana no tiene esa interdependencia que se da entre melodía y armonía en la música europea. Pero esta dimensión suplementaria de la música europea desempeñó un papel decisivo en la temprana asimilación de la armonía por parte de los negros. De manera bastante lógica, adoptó las melodías más sencillas, las que se ajustaban a los tipos de melodías que trajeron consigo desde África. Asimismo, este repertorio melódico africano era predominantemente pentatónico. Es evidente que las melodías pentatónicas pueden encajarse con facilidad en esquemas armónicos diatónicos, mientras que lo contrario, ciertamente, no es verdadero. (Por lo tanto, es difícil afirmar con seguridad que una melodía dada es puramente pentatónica, porque la omisión del cuarto y del séptimo grado de la escala no es una demostración en sí de pentatonismo. Sin embargo, en última instancia, eso es irrelevante, dado que los músicos africanos no piensan en términos de un marco pentatónico o diatónico). Las melodías que no son estrictamente pentatónicas, desde luego, también existen en la música africana, aunque todas las pruebas de las que disponemos hasta ahora señalan que son menos habituales. En tales casos, la subdominante y la sensible se integran en la escala. Curiosamente, en el caso de muchas tribus del África occidental, cuando utilizan la sensible en el canto, ésta resulta más baja en términos de afinación que en la música europea. Esta práctica sin duda se perpetuó en la *blue note* del jazz, de la que nos ocuparemos más adelante (véase también el Glosario). Excepto por la sensible rebajada, esta escala africana no pentatónica es idéntica a la escala diatónica europea, e incluso contiene las mismas características por lo que respecta a la conducción melódica, como la alteración ascendente de la subdominante cuando se la utiliza en conjunción con la dominante.[1] Por supuesto, las melodías basadas en esas escalas encajan fácilmente en las progresiones de acordes diatónicos. Gracias a ello, los negros pudieron conservar una buena parte de su repertorio melódico nativo *dentro* del marco armónico de la tradición musical occidental.

Ya hemos señalado que la armonía occidental es ajena a la música africana. Sin embargo, existe algo parecido a una armonía, y en este punto hemos de referirnos una vez más a A. M. Jones, que señala dos ideas importantes a la hora de establecer esta conexión. La primera es que el canto coral africano es o bien al unísono o bien diódico, y en este último caso asume la forma de un *organum*. Es decir, en la categoría diódica, algunos cantantes del grupo producen *armonía* en lo que el oído occidental llama intervalos consonantes, y esa diodia se interpreta en intervalos paralelos. La segunda observación de Jones tiene que ver con la clase de intervalos utilizados en el *organum* paralelo. «La armonía africana—escribe—se canta en cuartas paralelas, quintas paralelas, octavas paralelas o terceras paralelas». «Cuando los africanos cantan en cuartas paralelas, la voz inferior siempre altera ascendentemente la subdominante, con lo que evita la cuarta de tritono».[2] En otras palabras, la *armonización* africana por cuartas no es otra cosa que la melodía cantada una cuarta justa más abajo. Tal cosa no es armonía en el sentido occidental, sino, como hemos dicho, diodia. Asimismo, cuando dobla la melodía a la quinta, los africanos que cantan la voz inferior entonarán la sensible más baja para obtener una quinta justa con la subdominante. Sin embargo, «si observamos las terceras paralelas nos encontramos ante una situa-

---

[1] Hay que dejar claro que la terminología e incluso las relaciones mismas entre tónica, dominante y subdominante, así como toda la jerarquía diatónica se desconocen en la música africana. Utilizamos aquí estos términos sólo como una forma conveniente de identificación para el lector formado en la tradición europea.

[2] A. M. Jones, *Studies in African Music, op. cit.*, vol. I, p. 217.

ción musical completamente diferente. Cuando los africanos cantan en terceras paralelas, la voz inferior no introduce ninguna alteración accidental», puntualiza Jones.[1] Así pues, en el *organum* por terceras, «la voz inferior ya no canta la misma melodía que la superior», ya que, obviamente, algunas de las terceras serán mayores y otras menores. Más notable aún resulta el hecho de que muchas tribus que cantan en terceras paralelas «lo hacen con total exclusión de cualquier otro intervalo». «Algunas tribus cantan en un continuo *organum* de cuartas. Jamás, ni por casualidad, cantan siquiera una tercera aislada».[2] Lo mismo es cierto de las tribus que cantan en quintas y en octavas. Jones concluye que, por lo que respecta a la armonía, la música africana puede dividirse en dos grupos etnomusicales distintos:

La experiencia en la escucha pone de manifiesto que las tribus de octavas, las tribus de quintas y las tribus de cuartas pertenecen a la misma familia armónica, a la que damos el sobrenombre de tradición «8-5-4». Así pues, la tipología de la armonía divide la música africana en dos corrientes distintas: las tribus de terceras y las tribus de 8-5-4 […] Tenemos la firme sensación de que la tradición 8-5-4 es la principal tradición armónica de África en su totalidad y probablemente la más antigua.[3]

Es evidente que los esclavos negros perpetuaron esas prácticas armónicas en su nuevo entorno. Una vez más, una de nuestras dos fuentes documentales estadounidenses primarias ofrece comentarios a este respecto. Al referirse a la ausencia de canto a varias voces en la música de los esclavos, Ware afirma: «y, sin embargo, no hay dos que parezcan cantar la misma cosa». Los miembros del coro a menudo cantan *«una nota extraña al acorde*, dando la sensación de una maravillosa complejidad y variedad, y todo ello sin desviarse en

[1] *Id.*   [2] *Ibid.*, p. 218.   [3] *Ibid.*, pp. 219 y 221.

absoluto del *tempo ni producir apenas disonancias*» (la cursiva es mía).[1] Dadas las circunstancias, se da un paralelismo notable con el fenómeno observado por A. M. Jones en África unos cien años después.

¿Qué les dicen esos hallazgos del señor Jones al historiador y el musicólogo de jazz? Tal vez no lo suficiente para establecer deducciones ciertas, pero sí para plantearse la existencia de distintas posibilidades por las que la adopción de la armonía occidental por parte de los afroamericanos progresó de un modo relativamente fluido, sin dejar casi huella de transformaciones drásticas.

Marshall Stearns, parafraseando a Richard Waterman, perpetúa una verdad a medias cuando dice, en *The Story of Jazz*, que la música de Europa y del África oriental se mezcló con tanta facilidad porque «a diferencia de otras músicas del mundo se parecen mucho».[2] Sería más preciso decir que, aunque la armonía europea y la armonía africana se basan en dos concepciones completamente diferentes, existen similitudes casuales y superficiales gracias a las cuales la transición (en términos de prácticas armónicas) desde África hasta el sur de Estados Unidos se efectuó prácticamente sin solución de continuidad.

Sin embargo, la cuestión va mucho más allá, y en este punto volvemos a las hipótesis planteadas con anterioridad. Una de las posibilidades siguientes parece razonable, o incluso ambas. Primero, que las tribus más sometidas al comercio de esclavos procedieran del África occidental, fundamentalmente del cinturón que se extiende desde Dakar, a través de la Costa del Oro y Dahomey, hasta Nigeria, parece

---

[1] W. F. Allen, C. P. Ware y L. M. Garrison, *Slave Songs of the United States*, *op. cit.*, p. v.

[2] Marshall Stearns, *The Story of Jazz*, *op. cit.*, p. 14. Stearns yerra incluso en mayor medida cuando, además, insinúa que la armonía africana es similar a la europea, y que esas similitudes no se encuentran en otras músicas del mundo.

revestir una importancia considerable.[1] A. M. Jones señala que la gran mayoría de estas tribus del África oriental pertenecían a las tribus de unísonos o de terceras, y casi ninguna a las de cuartas o quintas. A partir de ahí, cabe dar por supuesto que ni las tribus de unísonos ni los grupos de terceras tuvieron muchas dificultades para integrar sus melodías en la armonía occidental. En el caso del grupo de unísonos no había, para empezar, complicaciones armónicas. Análogamente, el grupo de terceras, el cual, debemos recordar, cantaba de un modo que coincide con el uso de terceras en el sistema diatónico, no encontró ninguna discrepancia *armónica* básica con su propia música. Esto parece tanto más inevitable si tenemos presente que, entre 1700 y 1900 aproximadamente, la tradición occidental se desarrolló exclusivamente conforme al principio triádico de construir los acordes por terceras.

Cabría aplicar una teoría alternativa a los esclavos que pertenecían a la tradición de «quintas y cuartas»: los cameruneses, algunas secciones del Congo, así como pequeños grupos de tribus del África occidental. Pese a que sus *armonizaciones* por quintas y cuartas al estilo del *organum* ponían el énfasis en los elementos pentatónicos, integraron sin problemas la armonía diatónica. Incluso la costumbre africana de alterar ascendentemente la subdominante parece sugerir, por extraño que parezca, la escala diatónica tal como se utiliza en Occidente. Al margen de eso, resulta de todo punto concebible que la progresión de acordes I - IV - I - V - I del *blues* representara una forma horizontalizada de los intervalos primarios utilizados por estas tribus de cuartas y quintas. Pero las tribus de terceras también encontraban aceptable la progresión del *blues*, porque preservaba la alternancia diatónica de terceras mayores y menores.

---

[1] Véase el mapa en A. M. Jones, *Studies in African Music*, *op. cit.*, vol. I, p. 230.

En resumen, podemos decir que los elementos armónicos de la prehistoria del jazz, antes que *derivarse* de fuentes musicales europeas procedían de tradiciones africanas. Casualmente, las tradiciones europeas y africanas se solapaban lo suficiente para no plantear profundos problemas de síntesis.

MELODÍA

Con anterioridad hemos indicado que, en muchos sentidos, la melodía y la armonía pueden entenderse como dos aspectos del mismo proceso musical. Por lo tanto, gran parte de lo que se ha dicho en la sección sobre la armonía también se aplica a la melodía, especialmente en lo que respecta a la superposición de la melodía africana en la armonía europea. Sin embargo, hay que considerar dos factores añadidos: la existencia de la escala de *blues* y la relación entre patrones lingüísticos y contornos melódicos.

La cuestión de la derivación de la escala de *blues* ha ocupado a muchos historiadores del jazz, pero, a causa de la documentación insuficiente y del amateurismo musicológico de la mayoría de los autores que han escrito sobre jazz, apenas se ha abordado el origen y el papel de la escala de *blues* en la prehistoria del jazz. Casi todos describen, y en ocasiones incluso analizan, la escala de *blues* y cómo se emplea, pero casi ninguno se ha aventurado a decir nada sobre cómo y por qué se desarrolló. El único autor que investigó esta cuestión con cierta profundidad fue Winthrop Sargeant en su notable libro (sobre todo para su época) *Jazz: Hot and Hybrid*.[1] De hecho, el señor Sargeant estaba perfectamente encaminado en sus capítulos «The Scalar Structure of Jazz» y «The Derivation of the Blues», pero no pudo encontrar las últimas pie-

[1] Winthrop Sargeant, *Jazz: Hot and Hybrid*, Nueva York, E. P. Dutton & Company, 1946; reimp.: Nueva York, McGraw-Hill, 1964.

zas del rompecabezas porque en aquella época no existía la voluminosa documentación de grabaciones de campo y los exhaustivos estudios (como los de A. M. Jones) que se han realizado con posterioridad.

Lo que el señor Sargeant reconoció con asombrosa seguridad fue que la escala de *blues*, tal como se utiliza en el jazz, se divide en dos tetracordios idénticos (ejemplo 13).

Ejemplo 13.

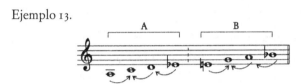

A continuación señala que en los temas de *blues*, sobre todo en los menos comercializados y de grabación más antigua (como los de Bessie Smith, por ejemplo), esos dos tetracordios se presentan de manera disjunta, es decir, se utiliza uno u otro, pero generalmente no los dos a la vez. En el jazz improvisado más sofisticado y/o instrumental, ambos tetracordios se usaban, por supuesto, ya en la década de 1920, pero en la mayoría de las piezas más simples o de los inicios del jazz el intérprete rara vez se aventuraba más allá de los límites de cuatro notas de uno de los tetracordios.

El señor Sargeant también analiza correctamente las funciones de los cuatro sonidos en relación con una nota central, la tónica do en el ejemplo 13A, y la dominante sol en el ejemplo 13B, con las flechas indicando la dirección en la que resuelve cada sonido de modo invariable. Aunque Sargeant sospechaba la procedencia africana de la escala de *blues*,[1] en aquella época no podía saber que su división en tetracordios idénticos deriva directamente de (1) la *armonía* por cuartas y quintas del canto africano y de (2) la tendencia de las melodías africanas a girar en torno a una nota central.

[1] *Ibid.*, p. 188.

Ya hemos abordado el primer punto con cierta amplitud en la sección dedicada a la armonía. También hemos señalado que, si bien la melodía africana suele subrayar el pentatonismo, el uso de la subdominante y la sensible dista de ser inhabitual. Si se incluyen estas dos notas—marcadas con una cruz en el ejemplo 14—, se obtiene la escala que en la música europea se conoce como diatónica:

Ejemplo 14.

Cuando los africanos pertenecientes a lo que Jones llama una tribu de octavas, quintas y cuartas *armonizan* las notas de esta escala en cuartas y quintas paralelas, obtenemos las siguientes escalas:

Ejemplo 15.

(Las notas que aparecen marcadas en negro corresponden a la armonización).

las cuales, al combinarse, se verá que contienen todas las notas de la escala de *blues*:

Ejemplo 16.

(Las notas cuadradas indican una *blue note*, cuya altura puede variar más de un semitono, tanto en sentido ascendente como en sentido descendente, en relación con la nota sin alterar que las sigue).

Llegados a este punto, hay que subrayar que, cuando los africanos cantan en quintas o cuartas paralelas, consideran que el valor y la función de estas notas alternativas son idénticos a los de la melodía inicial. Así, una melodía puede comenzar, por ejemplo, al unísono, y pasar a una armonización por cuartas en un inciso cadencial (ejemplo 17 A), o el coro puede responder al cantor con un pasaje armonizado (ejemplo 17 B),

Ejemplo 17 A. Canción de los remeros[1]

Ejemplo 17 B. Danza *Icila*[2]

en cuyo caso la melodía podría proceder por intervalos paralelos en el transcurso de un fragmento de mayor extensión. Pero, comoquiera que sea, ninguna de las dos notas opcionales prevalece sobre la otra en absoluto. Una no es más que una variante *armónica equivalente* de la otra.

Los africanos tampoco piensan en términos de un centro tonal. De hecho, al transcribir las canciones africanas empleando notación occidental, las armaduras no son sólo incorrectas, sino irrelevantes (aunque su empleo resulta de utilidad para el lector occidental). Una melodía que estuviera en la tonalidad de fa mayor podría anotarse también correctamente en la tonalidad de do mayor, dado que los africanos «no conocen

[1] A. M. Jones, *Studies in African Music, op. cit.*, vol. II, p. 9.
[2] *Ibid.*, pp. 220-221.

la organización [europea] de las escalas y las tonalidades».[1]

Cuando los negros hicieron sus primeras tentativas a la hora de combinar su herencia melódica africana con el sistema diatónico europeo, descubrieron que podían lograrlo con facilidad alternando, como hacían en su país de origen, las dos escalas de siete notas que ya conocían (véase el ejemplo 15). Al principio, esos intentos fueron un tanto cautelosos, pero a finales del siglo XIX se establecieron esquemas definidos en los que se utilizaban las *blue notes*. Con posterioridad, en la década de 1920, en una forma ligeramente más codificada pero pese a todo libre, estas alteraciones de tipo *blue note* se convirtieron en una condición *sine qua non* del jazz, difundidas gracias a las grabaciones de cantantes de *blues* rural y urbano como Bessie Smith, Blind Lemon Jefferson y Big Bill Broonzy, y de instrumentistas como King Oliver y Louis Armstrong.

En su análisis de grabaciones de *blues*, Winthrop Sargeant reparó en otros hechos, cuya importancia ha quedado más clara gracias a estudios posteriores de la herencia musical africana de los negros. Por ejemplo, Sargeant señala que «es inusual pasar del sexto grado de la escala al segundo».[2] Tal cosa se debe no sólo al discreto empleo de los tetracordios de *blues* por parte de los negros, sino también a que los saltos de quinta no se suelen dar en la melodía africana, ni siquiera en el contexto de una *armonización*. Sargeant también observa que, en las grabaciones de *blues* que ha estudiado, «el cuarto grado [de la escala] es el tono menos usado del tetracordio y, asimismo, el menos usado de toda la escala».[3] Esto coincide por completo con el trato similar que se da a la subdominante en la melodía africana. Sargeant continúa y añade que «cuando se lo utiliza [el cuarto grado], suele aparecer como una mera nota de paso accidental»,

---

[1] A. M. Jones, *Studies in African Music, op. cit.*, vol. I, p. 48.
[2] Winthrop Sargeant, *Jazz: Hot and Hybrid, op. cit.*, p. 165.
[3] *Ibid.*, p. 166.

una práctica que no es desconocida en la música africana.

Haremos bien en recordar que las grabaciones analizadas por Sargeant se realizaron en la década de 1920; dicho de otro modo, entre cincuenta y setenta años después de la época de los primeros contactos entre la melodía africana y la armonía europea. Es lógico dar por supuesto que, con el paso del tiempo, las propias prácticas armónicas empezaron también a influir en las elecciones melódicas. Ciertamente, en la década de 1920 esos dos elementos estaban interrelacionados en tal medida que sería imposible decir cuál de los dos, la armonía o la melodía, mandaba sobre el otro.

Una de las observaciones más atinadas de Sargeant tiene que ver con la utilización de la *blue note* sobre el tercer y el séptimo grados. Al respecto asegura: «En los pasajes de *hot jazz* de los que proceden los ejemplos anteriores había una cierta tendencia en todo caso a tocar la *blue note* del séptimo grado con una afinación algo más baja y un poco más estable que la del tercero»,[1] lo que vienen a confirmar una vez más las prácticas melódicas africanas. Ya hemos observado que la nota que solía rebajarse era la séptima (o sensible). La tercera *podía* rebajarse, pero sólo cuando se la utilizaba como equivalente armónico de la séptima; de lo contrario, se cantaba como una simple tercera mayor. Desde luego, con el paso del tiempo, y a medida que se fue estableciendo el concepto de la tonalidad *blues* en Estados Unidos, las tradiciones vocales inicialmente muy estrictas de los africanos se fueron relajando poco a poco y se adoptó la costumbre de utilizar tanto la tercera y la séptima menores como las mayores.

Al estudiar las grabaciones de campo de la famosa expedición Dennis-Roosevelt al Congo, Sargeant señaló que «la escala *blues*, que, como hemos visto, resulta característica de mucha música negra estadounidense, no existe tal como se la utiliza en Estados Unidos. En cambio, hay un frecuente uso

[1] *Ibid.*, p. 168.

76

de la séptima rebajada».[1] Sargeant no podía haber encontrado la escala de *blues* completa en grabaciones africanas, dado que no existe en esa forma en África, sino que se desarrolló a partir de prácticas melódico-armónicas propias tan sólo de la música africana, como hemos mostrado, en contacto con la armonía europea.

Ahora podemos entender fácilmente de qué manera la escala de *blues*, tras alcanzar una forma más o menos diferenciada, llevó al desarrollo de la clásica progresión de acordes del *blues*: constituía una selección de determinadas armonías y una determinada progresión procedente del repertorio armónico europeo, que no sólo encajaba con el *melos* del *blues*, sino que era su exacto corolario armónico.

La ambigüedad armónica (desde la perspectiva de la noción europea de centro tonal) que los afroamericanos trajeron desde África también contribuye a explicar la estructura y naturaleza del *riff*. Por supuesto, los orígenes de este recurso son muy posteriores, pero eso no debería llevarnos a concluir que su origen es blanco o que se puede rastrear hasta una herencia europea. Al contrario, no cuenta con precedentes occidentales. El *riff* incorpora varios elementos africanos básicos.

Podemos definir un *riff* como una frase relativamente corta que se repite sobre una progresión cambiante de acordes. En un principio, el *riff* se utilizaba como un recurso de segundo plano, aunque más tarde se convirtió en un elemento esencial de las llamadas melodías de *riff* de la era del *swing*.

Ejemplo 18A.

[1] *Ibid.*, p. 217.

El ejemplo 18A muestra un *riff* que descansa sobre los tres acordes básicos (I, IV, V) del *blues*. Con arreglo a la auténtica tradición del *riff*, éste permanece inalterado mientras van cambiando los acordes sobre los que se despliega. Sólo en los compases tercero y cuarto del ejemplo se aprecia una correlación diatónica completa entre el centro tonal de la melodía y el de la armonía. En los dos primeros compases, el único nexo de unión entre la melodía y la armonía lo constituye el mi bemol, que es la tercera de *blues* del acorde de do sobre el que descansa. En el quinto compás, el desajuste entre la melodía y la armonía es mayor si cabe, lo que da lugar, de hecho, a una especie de bitonalidad primitiva. Me apresuro a reiterar que los africanos y los afroamericanos (al menos en un principio) no lo concebían en esos términos diatónicos. Al contrario, los negros se limitaban a perpetuar su desconocimiento de la noción de centro tonal en el sentido europeo. Su ambivalencia armónica les permitía tocar una melodía, como el mencionado *riff*, sobre la base de cualquier centro tonal.

También estaban perpetuando otra de las características básicas que diferencian la música africana de la mayoría de las culturas musicales *primitivas*, incluidas las de todo el bloque indoárabe: a saber, el hecho de que la música africana se basa en la repetición, mientras que la música indoárabe se basa en la variación. La repetitividad del *riff* corresponde exactamente a la estructura repetitiva de las canciones y danzas africanas, sobre todo las canciones de trabajo y de juego. Por último, la relación tonal particular de un *riff* con la armonía que le sirve de base en un *blues*, por ejemplo, es atribuible a la preeminencia armónica de las cuartas y las quintas. Hemos visto que muchas tribus africanas pueden pasar a realizar armonizaciones de cuartas y quintas paralelas en cualquier momento. Sin embargo, en un mismo tema no suele haber quintas y cuartas paralelas, porque se trata de dos tradiciones distintas, si bien muchas veces una misma tribu canta determinadas canciones a la cuarta y otras a la quinta. Los negros podrían *armonizar* el anterior ejemplo de *riff* hipotético con las notas que se observan en el ejemplo 18B.

Ejemplo 18B.

En los compases tercero y cuarto cantarían las mismas notas que en el primero y el segundo (principio de repetición), adaptándolas al acorde de fa y concibiéndolas como una voz superior por movimiento paralelo a distancia de quinta (la armonización consistente en añadir una voz superior es bastante frecuente en África), o bien como un *organum* por movimiento paralelo a la cuarta inferior del motivo del *riff*, transportado a la tonalidad de fa mayor. En el quinto compás, el procedimiento se da a la inversa. Podemos considerar el *riff* como la voz organal superior por movimiento paralelo (de cuartas), o la voz inferior (en quintas) de su transposición. Todo esto puede parecer complicado en nuestra terminología musical occidental, pero en la práctica se puede constatar la facilidad con que los negros ejecutaban a la perfección estas transposiciones, vigentes durante siglos en la música africana. En este sentido, resulta evidente que los negros dotados de una destreza y un refinamiento rítmico admirables podían resolver con facilidad los problemas melódicos y armónicos menos complejos que se desprenden de la transferencia de su tradición musical africana a Estados Unidos.

La tendencia de las melodías africanas a girar alrededor de una nota central está estrechamente relacionada con este problema. El jazz emplea este recurso tanto en el *blues* como en el *riff*. Literalmente miles de ejemplos de *blues* y *riffs* corroboran el hecho de que estas melodías giran en torno a una nota central, por norma general dentro del ámbito reducido de una cuarta o de una quinta. Eso no significa necesariamente que dicha nota central defina la tonalidad, simplemente se considera un sonido central en torno al que giran el resto de los sonidos sin que ello implique que se pueda establecer una jerarquía de relaciones, como en la armonía diatónica europea. Así pues, en la melodía de jazz se preservó otra tradición africana: la tendencia de las melodías a desarrollar pequeños «remolinos melódicos», en expresión de Sargeant, dentro de un mismo tetracordio y en torno a una nota central. Tal circunstancia o bien coincidía directamente o bien estaba indirectamente relacionada con el principio diatónico europeo de la prioridad de la tónica. De nuevo, una tradición africana se perpetuó dentro de un marco musical europeo.

En última instancia, el *riff* también presenta una relación muy estrecha con el concepto de los esquemas rítmicos de los tambores tal como se practican en la música africana de conjunto. Hemos visto que los tambores repiten los esquemas rítmicos hasta que el tambor principal del grupo da la señal para cambiar a una nueva serie de motivos interrelacionados. En las secciones más extensas que resultan de este tipo de cambios, los diferentes esquemas rítmicos se van entrelazando y sincronizando. Pero también se puede dar el caso de que las líneas de la percusión no coincidan, desde el punto de vista de la métrica o de la duración, con los esquemas rítmicos del canto o de la campana (*gankogui*). Por ejemplo, puede darse el caso de que la duración total del conjunto de pequeños motivos rítmicos de la percusión no sea igual que la de la canción o la de los segmentos estróficos. De ahí que el esquema rítmico de la percusión en sus diversas repeticiones se vaya desplazando en relación con el del canto y el de las campanas.[1] El *riff* funciona prácticamente del mismo modo,

[1] Véanse numerosos ejemplos de este procedimiento en A. M. Jones,

aunque en la mayoría de las piezas de jazz las relaciones que establece son de una complejidad estructural mucho menor.

La respuesta a la pregunta sobre cuándo se desarrolló el *blues* es, sin duda, mucho más difícil. Dadas las circunstancias, un grupo minoritario oprimido y en gran medida analfabeto no está en posición de dejar tras de sí mucha documentación. Por lo tanto, tenemos que resignarnos a recoger pruebas minúsculas a partir de las escasas fuentes blancas inquisitivas y propicias que nos han llegado. Muchas de las canciones de la colección de *Slave Songs of United States* contienen ejemplos de séptimas rebajadas. Sin embargo, los editores sólo hacen una referencia velada a esta característica melódica. En la introducción se lee: «y lo que dificulta desenredar un hilo de la melodía en esta extraña red es que, como los pájaros, parece que con frecuencia emiten sonidos que no pueden representarse con precisión dentro de la escala diatónica». Esas palabras se escribieron en 1867 y evidentemente se refieren a las *blue notes*. En la primera edición de *The Cabin and Plantation Songs as Sung by the Hampton Students*, publicada en 1874, Thomas Fenner escribe en la introducción:

Otro obstáculo a la hora de anotar en papel la música de los esclavos es que con frecuencia se emplean sonidos que no podemos representar con nuestros caracteres musicales. Tal es el caso, por ejemplo, del que he indicado, tan aproximadamente como resulta posible, con la séptima rebajada en *Great Camp Meetin'*, *Hard Trials* y otras canciones.

Fenner prosigue diciendo que «esos sonidos [...] rara vez son discordantes y a menudo dan encanto a la interpretación», opinión compartida por casi todos los autores que escriben sobre jazz, tanto en el pasado como en el presente. Esas dos referencias bastarían para confirmar la opinión,

---

Studies in African Music, *op. cit.*, vol. II.

muy extendida, de que la escala de *blues* existía ya desde algún tiempo antes de la guerra civil. Y, de hecho, mi propia posición, tal como he señalado más arriba, es que la escala de *blues* existió *siempre*, de modo potencial, en la música negra norteamericana; simplemente, fue una de las tradiciones que trajeron consigo los negros desde África.

Hasta el momento sólo hemos examinado la séptima y la tercera rebajadas o de *blues*. ¿Y qué hay de la quinta, a la que los músicos de jazz se refieren como la *quinta disminuida*? Curiosamente, Sargeant descarta su existencia misma: «He llegado a oír la teoría sobre una "quinta de *blues*", aunque nunca he podido encontrar pruebas consistentes que la apoyen».[1] Lo cierto es que la quinta rebajada existe en numerosas grabaciones ya desde la década de 1920.[2] En cuanto a su relación con la tradición musical africana de los negros, sería prematuro extraer conclusiones. Sin embargo, hay varias hipótesis posibles que, incidentalmente, podrían constituir un campo fructífero para futuras investigaciones.[3]

Hay dos posibilidades. Una se basa en el hecho de que la alteración ascendente de la subdominante, como ya hemos señalado, se da bajo ciertas condiciones en la música africana. Así pues, no era por completo extraña a la sensibilidad auditiva de los afroamericanos. La cuestión de la diferencia entre una subdominante elevada y una dominante rebajada, o quinta disminuida, es irrelevante, dado que los africanos no piensan en términos de relaciones tonales internas. Y sal-

---

[1] Winthrop Sargeant, *Jazz: Hot and Hybrid, op. cit.*, pp. 169-170.

[2] Por ejemplo, Bubber Miley con la orquesta de Duke Ellington en *Animal Crackers* y *Black and Tan Fantasy* (véase el capítulo 7, ejs. 2 y 6).

[3] En efecto, en 1974, por ejemplo, se publicó un volumen titulado *The Music of Africa*, obra de Joseph Hanson Kwabena Nketia (1921-2019), etnomusicólogo y compositor ghanés, una de las grandes autoridades en los estudios de etnomusicología africanos. En esa publicación, y en otras posteriores, Nketia identificaba la quinta rebajada en la tradición musical africana. (*N. de los T.*).

vo que haya diferencias microtonales claramente estableci-
das entre estos dos grados enarmónicos, los negros no tendrían ningún problema para tratar las dos notas como si fueran la misma, sobre todo porque las *blue notes* en general se
ejecutan con un considerable grado de variación por lo que
respecta a la altura.

También es posible que el desarrollo de la quinta rebajada
se originara enteramente en el siglo xx. Podría ser el resultado de la combinación de dos tendencias. Una sería la creciente sofisticación y libertad con que los negros usaron el
sistema diatónico occidental y el desarrollo del cromatismo
en la «música culta» occidental, aunque esto último parece
una posibilidad menos probable. La otra tiene que ver con
el uso por parte de muchas tribus africanas, especialmente
del África occidental, de la tercera *armónica*. Tal vez la quinta disminuida fuera el resultado involuntario de la creación
de una línea de terceras paralelas.

Resulta muy significativo el hecho de que la quinta rebajada o de *blues* se utilice en jazz junto con la tercera de *blues*. Si
construimos un tetracordio que incluya ambos sonidos (las
notas negras del ejemplo 19) y que, por lo demás, sea idéntico a los otros dos tetracordios comunes (las redondas del
ejemplo), constataremos que el tetracordio que contiene la
quinta de *blues* se sitúa a una distancia intervática de tercera
mayor respecto del tetracordio superior (séptima de *blues*) y
a una distancia de tercera *menor* del tetracordio inferior (tercera de *blues*). Puesto que, tal como afirma Jones, tanto los
africanos como los europeos reconocen «la tercera mayor y
la tercera menor como elementos que comparten los atributos de las terceras»,[1] puede que la introducción de estos modelos paralelos que incluyen la quinta rebajada respondiera
a la sensibilidad propiamente africana.

---

[1] A. M. Jones, *Studies in African Music*, *op. cit.*, vol. I, p. 218.

Ejemplo 19.

Todavía queda la cuestión de la relación de las inflexiones del habla con los contornos melódicos. Cuando los escritores sobre jazz se han referido de modo ocasional a ella, sobre todo por lo que respecta al *blues*,[1] lo han hecho invariablemente en términos muy generales. Sin embargo, en los últimos años ha habido varios intentos de estudiar las relaciones entre el habla y los contornos melódicos en los nativos africanos.[2] Aunque los hallazgos realizados no siempre coinciden en todos los detalles, por lo general están de acuerdo en un hecho importante: las melodías africanas emplean un recurso al que se ha llamado un *cambio de centro*. Un segmento de melodía gira en torno a un *centro medio* de un modo que se relaciona estrechamente con las características extremadamente *melódico-tonales* del habla africana. En la práctica habitual, a este segmento lo seguiría otro cuyo *centro medio* cambia a una posición superior o inferior, pero en el que la melodía es siempre fiel a los contornos de la lengua hablada.

¿No es esto lo que tenemos en el *blues* vocal y, como consecuencia, en sus derivados instrumentales? Apenas es necesario insistir en la idea de que el *blues* vocal es más lenguaje cantado que canción como tal, y, en este sentido, sigue muy de cerca los contornos del habla. El *cambio de centro* africano se produce de forma muy natural en los compases quinto y noveno de un *blues* de doce compases. Tampoco es

[1] Bernard Heuvelmans, *De la bamboula au be-bop: Esquisse de l'évolution de la musique de jazz*, París, Editions de la Main Jetée, 1951, pp. 123-124.

[2] Marius Schneider, «Phonetische und metrische Korrelationen bei gesprochenen und gesungenen Ewe Texten», *Archiv fur Vergleichende Phonetik*, VII, 1, 1943-1944. También A. M. Jones, *Studies in African Music, op. cit.*, vol. 1, cap. 10, «Tone and Tune».

necesario que sea así, por supuesto, como atestiguan algunos *blues*, pero ese cambio de centro se da en la mayoría de los *blues*. Tal cosa quizá no sea obvia de inmediato para el oyente ocasional, ya que la melodía en sí puede permanecer en la misma tesitura, como sucede en el ejemplo 18A. El cambio de centro se da en términos de la relación armónica de la melodía con la armonía. Tal como se aprecia en el *chorus* final de *Cold in Hand Blues*, de Bessie Smith (véase el ejemplo 19 en el capítulo 5), si la melodía gira alrededor de la dominante de la tonalidad principal de la pieza—en este caso, la de si bemol—, en los compases quinto y sexto fluctuará alrededor de la supertónica (el segundo grado de la escala), para volver sobre la tónica en los compases noveno y décimo. El ejemplo 20 ilustra esta relación en notación musical. Al realizar este cambio, los negros pudieron conservar elementos africanos que, a simple vista, parecerían ser enteramente de procedencia europea.

Ejemplo 20.

El señor Jones analiza a fondo la relación entre lenguaje y melodía que se da en algunas canciones tribales de los ewé; remito al lector a ese estudio, que aborda con enorme meticulosidad las normas y excepciones a lo que, por lo demás, parece ser una relación paralela muy estrecha entre el habla y la melodía cantada, y, entre paréntesis, examina el amplio uso de la elisión en el habla africana.

La elisión, por supuesto, es una característica común del uso del inglés de los afroamericanos, y al margen de su inte-

resante musicalidad, esos hábitos del habla parecen estrechamente relacionados con los contornos melódicos. Respecto a
esta conexión, resulta interesante lo que dice W. F. Allen en
la introducción a *Slave Songs of the United States*:

Los negros mantienen a la perfección el *tempo* cuando cantan, y
no se dejan arrastrar por ningún tipo de obstáculo procedente del
texto. Adaptarán a cualquier melodía hasta las frases más enrevesa-
das de las Escrituras o los fragmentos procedentes de los himnos, y
acometerán con heroísmo el canto de una serie de versos yámbicos
adaptándolos a una melodía de ritmo trocaico con una habilidad
extraordinaria.[1]

Las canciones reproducidas en ese libro confirman esa observación de múltiples formas. En términos generales, cabe
concluir que la estrecha relación entre lenguaje y canto ob-
servada por Schneider y Jones en África se perpetúa en el
jazz, al menos hasta la invasión de Tin Pan Alley[2] y de la música popular comercial.

TIMBRE

El timbre suele ser el elemento musical menos estudiado del
jazz y, sin embargo, es probablemente la característica que,
por encima de todas, permite diferenciar al no iniciado entre la música de jazz y cualquier otra. Lo cierto es que este

[1] W. F. Allen, C. P. Ware y L. M. Garrison, *Slave Songs of the United
States*, *op. cit.*, p. iv.
[2] Nombre que recibió la industria de editores, productores musicales y
compositores de canciones de Nueva York que dominó el sector de la música popular desde la década de 1890 hasta la de 1950. Por asociación, el
nombre se utilizó tanto en Estados Unidos como en Europa para referirse
a la industria de la canción hasta la aparición de la figura del cantautor, en
la década de 1960. (*N. de los T.*)

hecho ha sido la causa principal de la confusión existente en la mente del público entre el verdadero jazz y derivados comerciales que emplean su instrumentación y su timbre. Incluso compositores como Stravinski, Milhaud y Ravel en la década de 1920 cometieron el error de considerar la instrumentación y la sonoridad del jazz como sus ingredientes *primordiales*, y pasaron completamente por alto aspectos como la improvisación o la inflexión y el *swing* del jazz. Incluso en la actualidad, cuando, por ejemplo, el trompetista sinfónico promedio toca con una sordina en una obra sinfónica, casi de modo automático empezará a tocar con lo que da por supuesto que es un *vibrato de jazz*. Simplificaciones y malentendidos como éstos y como otros similares relativos al timbre del jazz probablemente sean inevitables, pues la mayoría de las formas del arte nuevo atraen la atención popular en virtud de sus aspectos más aparentes.

Por lo general se ha considerado que la instrumentación de jazz y su sonoridad resultante proceden de sus raíces africanas, aunque no se ha ofrecido una explicación satisfactoria de esa conexión. Además, el sonido de jazz se ha considerado, de manera errada y por razones que no resultan enteramente explicables, «estridente», «áspero» e incluso «metálico». En la literatura del jazz, tanto en la de tipo crítico como en la de ficción, abundan comentarios como el de Sargeant, según el cual los comienzos del jazz «debieron de producir un tipo de música más bien cruda, chillona y armónicamente pobre».[1] Por el contrario, a las bandas comerciales o melosas de las décadas de 1920 y 1930 a menudo se las caracterizaba como poseedoras de un sonido rico y pleno. Es posible que haya algo de verdad en ambos puntos de vista, pero en conjunto esas reacciones parecen representar una ilusión más que la realidad. Por ejemplo, la orquesta de Paul Whiteman pudo crear en gran parte del público la ilusión de ofrecer una

---

[1] Winthrop Sargeant, *Jazz: Hot and Hybrid, op. cit.*, p. 225.

cualidad rica y tersa en virtud de su trabajo de conjunto, en extremo eficiente y virtuoso, por no decir impecable, y también, en ciertos períodos, por el tamaño mismo de la formación. Por otra parte, un grupo de jazz más pequeño, con una instrumentación de Nueva Orleans, que no tocara con tanta perfección, sin duda habría resultado «crudo, chillón y armónicamente pobre» a los mismos oyentes. Las deficientes condiciones acústicas con las que el jazz se interpretaba y se grababa también pudieron contribuir a esas impresiones sesgadas. Sin embargo, para oídos imaginativos y sensibles, incluso en una antigua grabación acústica, el sonido de la banda de King Oliver, por ejemplo, en su apogeo resultaba extremadamente hermoso, rico y pleno, de un timbre sedoso como un buen vino. Todos los grandes intérpretes, desde Louis Armstrong, pasando por Coleman Hawkins, Ben Webster, Charlie Parker, Dizzy Gillespie, hasta llegar a Sonny Rollins y más allá—sí, incluso Lester Young—se caracterizan por tener un sonido y una proyección descomunales; por no mencionar conjuntos como la orquesta de Duke Ellington en las décadas de 1930 y 1940 o la banda de Count Basie. A la inversa, el sonido individual de los músicos de Art Hickman o de Guy Lombardo en la década de 1920, o incluso la mayoría de los intérpretes de Stan Kenton en las décadas de 1940 y 1950 difícilmente podrían considerarse poseedores de un sonido potente o pleno, pues la suavidad o el volumen de la interpretación no puede igualarse automáticamente con la opulencia sonora.

La sonoridad del jazz genuino emana directamente de los cantos africanos e, indirectamente, del habla y el lenguaje africanos. Cuanto más nos alejamos del núcleo de esta tradición africana, sea por la influencia que sea, europea o de otra clase, más nos alejamos de la concepción original de la sonoridad del jazz. (Señalemos, dicho sea de paso, que eso no significa que el valor *compositivo* intrínseco de una obra de jazz de esas características sea necesariamente inferior; por el momento tan sólo nos estamos refiriendo a consideraciones *tímbricas* o *sonoras*).

El habla, el canto y la ejecución instrumental africanos se caracterizan por un sonido abierto y una gran naturalidad. En este sentido, están más cerca de la tradición europea y occidental que de la islámica, caracterizada por una sonoridad tenue, nasal y fluctuante. La tradición islámica resulta reconocible por la cualidad nasal y fibrosa de la voz, y su instrumentación está, por consiguiente, dominada por instrumentos de cuerda o de lengüeta doble. Una vez más, aquí encontramos no sólo una refutación de las teorías de Ernest Borneman ya mencionadas sobre los orígenes hispano-árabe-mediterráneos del jazz, sino también, claramente, al menos una razón fundamental por la que instrumentos como el oboe, el fagot y los instrumentos de cuerda más agudos no han encontrado fácil acomodo en el jazz.

La instrumentación africana refleja las características vocales del habla de las lenguas africanas. Es algo que podemos apreciar en la resonancia profunda de los cuernos de marfil africanos, el timbre penetrante del xilófono y la marimba o incluso el timbre relativamente oscuro que resulta de la manera de tocar la flauta en África, aunque lo que destaca por encima de todo es el conjunto de tambores de múltiples sonoridades, sin el cual la mayoría de la música africana no podría funcionar. Un conjunto africano típico está compuesto por una gran variedad de tambores minuciosamente afinados antes de cada ejecución en función de una serie de alturas preestablecidas con una precisión extrema. Así, un conjunto formado por cuatro tambores no sólo produce las ricas estructuras polirrítmicas comentadas anteriormente en este capítulo, sino también una polifonía pantonal de sonidos situados en el registro grave. La sonoridad de este tipo de agrupación no resulta «tan brusca al oído como lo sería una serie de acordes, pues los sonidos de los tambores no son lo suficientemente precisos para producir este

efecto».[1] Pese a todo, como atestigua cualquier grabación
de tambores africanos, estamos ante una rica subestructura
percusiva que es algo más que mero ruido de fondo, y que
se ha preservado de una forma más sencilla en el concepto
de sonoridad de los mejores baterías de jazz (por ejemplo,
Sid Catlett, Kenny Clarke, Elvin Jones, Max Roach y Dan-
nie Richmond).

Ya nos hemos referido a la identificación silábico-vocal de
los esquemas de la percusión, un corolario evidente de los
lenguajes de tambores de la comunicación tribal africana.
También hemos visto que, en muchas lenguas africanas, cada
sílaba y cada palabra llevan asociada una entonación específica y, por consiguiente, el significado de la palabra cambia
con las variaciones de la altura. Y también advertimos que
la correlación entre la altura con que se canta una palabra y
el sentido de ésta se preservó de forma bastante pura en el
blues, pese al traspaso a la lengua inglesa. Uno de los grandes atractivos del jazz es que ha preservado la variedad tonal y la sonoridad natural típicamente africanas. Algunos se
han referido a esta cualidad como *desenvoltura* o *belleza de
sonido*, mientras que otros la consideraron basta y vulgar, ya
que carece de los sonidos *refinados* de la «música culta» europea. Sin embargo, en términos puramente acústicos de pureza y amplitud, la naturalidad y la variedad tonal del habla
y el canto africanos aparecen en la forma de interpretar de
todos los grandes innovadores estilísticos del jazz, en el canto de Bessie Smith, Billy Eckstine, Sarah Vaughan e incluso
Frank Sinatra, o en la ejecución y el fraseo de pianistas como
Art Tatum, Erroll Garner y Thelonious Monk, o de un contrabajista como Ray Brown; y también hubo de ser una cualidad que contribuyera a convertir a Buddy Bolden en una
figura legendaria en torno al año 1900. Asimismo, el carácter africano de la sonoridad del jazz se puede apreciar en la

---

[1] A. M. Jones, *Studies in African Music*, *op. cit.*, vol. II, p. viii (nota).

individualidad y la inflexión personal del sonido del músico de jazz. El suyo no es, en esencia, el sonido cultivado y estudiado de la «música culta» occidental, ni el sonido que se compra en la tienda de música con el instrumento. La fuerza y el poder comunicativo del jazz radican en esa singularidad que viene del interior del intérprete; de hecho, si un músico de jazz carece de esa cualidad individual, no es un músico de jazz en sentido estricto.

En cambio, el músico de una orquesta sinfónica tiene otra función, para la que poseer una gran personalidad no sólo no es un requisito indispensable, sino que, al contrario, puede ser un lastre, salvo en el caso de algunos solistas, y sólo de una forma moderada, dado que la improvisación y el compromiso creativo no forman parte del mundo de las orquestas sinfónicas. En función de las circunstancias, los rasgos de una individualidad extrema han de refrenarse y ponerse al servicio del estilo del compositor que se interpreta. En cambio, el músico de jazz debe desarrollar su personalidad a partir de sus propias ideas, no de las de otro compositor. Esta diferencia crucial entre los dos idiomas con frecuencia es malinterpretada por las dos partes.

Así pues, este elemento de individualidad es otra característica africana que se ha transmitido al jazz. Resulta tan poderoso que ha sobrevivido, pese a que el jazz se desarrolló casi por entero con instrumentos procedentes de la tradición de la «música culta» europea. Estamos ante uno de los milagros del jazz, aunque nunca se le otorga la importancia que merece.

IMPROVISACIÓN

La improvisación es un elemento del jazz que no encaja en ninguno de los aspectos que hemos examinado hasta ahora, aunque, por supuesto, los permea todos. La improvisación de numerosas líneas de manera simultánea es un concepto típicamente africano, y se conserva en muchas de las primeras manifestaciones del jazz, una música marcada, por encima de todo, por la *improvisación colectiva*. Con la aparición del arreglo (una influencia indudablemente *blanca*) y la incorporación del solo a un contexto que por lo demás ya estaba establecido o al menos parcialmente predefinido, el carácter multilineal que caracterizaba al jazz en sus inicios se abandonó hasta finales de la década de 1950. La yuxtaposición de los solos y la música de conjunto es también una característica básica de la música africana; se manifiesta en todo tipo de estructuras basadas en el esquema de llamada y respuesta, y específicamente en la relación entre el cantor y el coro. Pero las secciones corales o de conjunto de esa música africana se basan en principios de organización muy estrictos, en gran medida sustentados en la repetición. Las técnicas de variación existen, pero no se emplean más que en determinados tipos de música e, incluso en esos casos, se reservan casi por completo al cantor guía o al tambor principal.

La improvisación es el corazón y el alma del jazz. Pero lo mismo podría decirse de innumerables músicas populares o folclóricas. Por lo tanto, resulta un tanto imprudente insinuar, como han hecho algunos escritores sobre jazz, que los negros se encontraron con parte de su propia herencia en la música española del sur de Estados Unidos, sobre todo en la *música flamenco improvisada*. Para empezar, el flamenco posiblemente fuera el menos exportable de todos los estilos regionales españoles, y no es probable que fuera preponderante en Nueva Orleans, por ejemplo. Asimismo, incluso en el caso de otros estilos musicales españoles que se trasladaron al Nuevo Mundo, las concepciones estructurales subyacentes eran tan distintas de la música africana que no es posible que se diera una asimilación fluida. Basta con señalar que, aunque *algunas* músicas españolas y *algunas* músicas africanas tienen un carácter improvisado, la naturaleza de esas improvisaciones es completamente diferente. Las técnicas de improvisación españolas atañen a la elaboración y a los adornos, más que a la variación en sentido estricto. Esas elaboraciones pueden contener elementos de variación, pero su propósito fundamental consiste en adornar, ornamentar y dotar de mayor complejidad una melodía más simple. Comparemos esto con los conceptos de variación africanos. En una variación realizada por un tambor principal africano, por ejemplo, lo que constituye el material de base (lo que Jones define como «esquema germen») de entrada puede ser de una relativa complejidad, pero además se somete a variaciones, manipulaciones, aumentaciones, disminuciones, fragmentaciones y se reagrupa para dar lugar a nuevas variantes. Y todo ello, sin el menor rastro de ornamentación. Al contrario, la habilidad del percusionista como improvisador se juzgará por su capacidad de utilizar con un máximo de variedad el material motívico básico de un esquema determinado, todo ello, insistimos, dentro de unas reglas y tradiciones sumamente estrictas.[1] También hay que señalar que la música africana, a diferencia de la árabe, en lo fundamental no tiene una estructura microtonal.

En cambio, la música árabe (norteafricana y española) es básicamente una música microtonal, homofónica y construida sobre el principio de la variación, que no presenta la yuxtaposición entre solista y conjunto. Este hecho valdría para refutar la importancia que Ernest Borneman concede a la influencia de la cultura hispanoárabe en el jazz.[2] Es verdad que la primera tuvo una considerable influencia en la música criolla, que sin duda forma parte de la prehistoria del jazz. El carácter basado en la variación y determinado por el solista de la música criolla es indiscutible, pero su papel en el desarrollo del jazz es mani-

[1] A. M. Jones, *Studies in African Music, op. cit.*, vol. I, pp. 174 y ss.
[2] Ernest Borneman, «Creole Echoes», *The Jazz Review*, II, 8, septiembre de 1959, pp. 13-15; II, 10, noviembre de 1959, pp. 26-27.

fiestamente limitado, como veremos en capítulos posteriores.

Ernest Borneman defiende con el mayor empeño otra teoría, según la cual el jazz estadounidense se desarrolló primordialmente a partir de la música criolla de Nueva Orleans, que a su vez era una *música latinoamericana*, surgida de una mezcla de influencias africanas y españolas en las Indias occidentales y las islas caribeñas. Los comerciantes de esclavos utilizaban el Caribe como escala entre África y Sudamérica. Aunque la teoría de Borneman lo conduce a la posición insostenible de que el único jazz verdadero es el de influencia española o latinoamericana, algunos aspectos de su teoría merecen investigarse con mayor detenimiento. Por supuesto, es cierto que muchos esclavos entraron en contacto con la música española en las semanas, meses o años que pasaban en el Caribe. También es probable que los esclavos descubrieran en la música de «los colonos españoles y portugueses similitudes [con la música africana] por lo que respecta al manejo del ritmo y el timbre».[1] Pero sospecho que dichas similitudes eran en gran medida superficiales y fortuitas, pues es indiscutible que los ritmos africanos y los ritmos árabe-islámicos-españoles son completamente distintos: el carácter de los primeros es polirrítmico, mientras que el de los segundos es, en esencia, monorrítmico. Así pues, el señor Borneman parece apresurarse al concluir que «la música criolla tuvo primacía en el desarrollo de los espirituales, el *blues* y otras formas de música angloafricana».[2]

Borneman pisa también terreno inestable cuando intenta desarrollar una teoría según la cual la música africana ejerció una fuerte influencia en la música árabe ya en la Edad Media, aun cuando las investigaciones musicológicas, por lo que sabemos, distan de confirmar esta hipótesis.[3] Según la

[1] *Ibid.*, II, 8, p. 14.   [2] *Id.*
[3] Véase, por ejemplo, A. M. Jones, *Studies in African Music, op. cit.*, vol. I, pp. 207 y 208.

esmerada teoría de Borneman, en la música de España había toda clase de corrientes africanas, que los esclavos negros, al llegar al Caribe, reconocieron de inmediato como una especie de primas segundas musicales. Borneman, por ejemplo, comete el error de interpretar la semejanza fortuita entre el familiar ritmo hispanoportugués ♩ ♩ ♩ y el esquema idéntico que se encuentra en las canciones y danzas africanas[1] como una identidad genérica. A decir verdad, en la música española este ritmo se utiliza en base a una concepción rítmica de carácter divisivo, mientras que en la música africana es el fruto de un esquema de carácter aditivo, lo que implica una diferencia crucial y fundamental.

Pese a todo, sería provechoso investigar en mayor medida la idea de que los casi ochocientos años de dominio árabe en el norte de África y en España permitieron que algunas influencias islámicas llegaran hasta el Nuevo Mundo gracias a los colonos españoles y portugueses, y que allí encontraron aceptación entre los esclavos africanos no porque reconocieran en ellas corrientes africanas, sino porque descubrieron algunos elementos musicales idénticos a los de su propia tradición.

Por lo que respecta a la música española y su relación con el jazz, se ha formulado la teoría—en apariencia carente de una base sólida—de que existe una relación misteriosa entre la música flamenca andaluza, en especial el cante jondo, y el *blues*. Esa teoría sólo se sostiene a partir de algunas pruebas secundarias y fortuitas. Por ejemplo, es interesante, aunque no necesariamente productivo, considerar que, según algunos filólogos, la palabra *hondo* (o *jondo*) significa 'alma' en el idioma sindhi, una de las lenguas del pueblo mahometano en la India. De inmediato nos viene a la cabeza la idea de un vínculo entre el cante jondo (o, dicho de otro modo, el *canto del alma*) y la reciente proliferación de la llamada música

---

[1] Ernest Borneman, «Creole Echoes», *The Jazz Review*, II, 8, p. 14.

soul en el jazz, pero el salto de una cultura a otra, separadas por ocho mil kilómetros y dos mil años, no resulta tan sencillo. Aún se sigue especulando con la posibilidad de que la música hindú sea la *madre de la música europea*, lo que, a su vez, lleva a formular teorías aún más ambiciosas que establecen un vínculo entre la música hindú y el jazz merced a la influencia de la antigua India en las culturas islámico-españolas y tal vez incluso africanas. Hay quien ha concedido importancia al hecho, observado entre otros por el célebre compositor español Manuel de Falla,[1] de que algunas clases de música hindú y casi toda la música flamenca se acompañan con el batido de las palmas, el zapateado, el golpeteo de palos y bastones y el chasquido de dedos, que los gitanos, al parecer, prefieren al uso de las castañuelas. Sin embargo, se trata de similitudes superficiales, sobre las que priman diferencias más fundamentales. Para empezar, la música flamenca se basa en una progresión de acordes muy variable que resulta *completamente* distinta a la del *blues*; además, en su declamación emplea una combinación de recitativo y técnicas de variación que no son una característica esencial del *blues*, o en todo caso del *blues* en sus orígenes, no europeizado, poco sofisticado y nada comercial.

Por lo que respecta a esa conexión, vale la pena mencionar que la música indo-pakistaní se divide en seis modos principales, tres de los cuales—los modos vespertinos—no son sino la escala de *blues*. Establecer un posible vínculo histórico entre esos modos y la escala de *blues* de los afroamericanos podría ser un proyecto interesante para un futuro estudioso del jazz.

A. M. Jones ha señalado que *todos* los esquemas rítmicos de los tambores de la música africana se acompañan de *sílabas sin sentido*. De hecho, así es como se anotan los esque-

---

[1] Citado por Aziz Balouch en *Cante Jondo*, Madrid, Ediciones Ensayos, 1955.

mas de los tambores, siempre que tal cosa es necesaria (ejemplo 21, también los ejemplos 3 y 4).

Ejemplo 21. Danza *Nyayito* (cc. 47-48)

También es así como se enseñan esos esquemas rítmicos. Otro asunto para futuras investigaciones consistiría en determinar en la memoria colectiva de los negros la relación que puede establecerse entre esas sílabas sin sentido y el canto *scat* del jazz, otro fenómeno prácticamente sin precedentes en la música europea.[1]

---

[1] Por lo que respecta a esta conexión, remito al lector a A. M. Jones, *Studies in African Music, op. cit.*, vol. I, pp. 183-187, donde se reproduce un *poema* compuesto por once estrofas de sílabas sin sentido que corresponden a la transcripción en notación musical de las variaciones de los tambores sobre un esquema de base, improvisadas y después anotadas por el tambor principal, el señor Tay, que asesoró al señor Jones en la redacción de su libro. Como dice Jones, el resultado es «un poema espontáneo, pero organizado con firmeza, de sonido puro», en el que, asombrosamente, cada

Por todo lo dicho, resulta obvio que las tradiciones músico-sociales africanas alimentan directamente muchos más aspectos del jazz de lo que hasta ahora se ha dado por supuesto. Muy pocos estudios sobre la prehistoria del jazz han ido más allá de simplistas generalizaciones según las cuales el ritmo del jazz procede de África, mientras que la melodía y la armonía proceden de Europa. El estudio analítico realizado en este capítulo muestra que *todos* sus elementos musicales—el ritmo, la armonía, la melodía, el timbre y las formas básicas de jazz—tienen, en lo esencial, raíces africanas. ¿Y por qué habría de ser de otro modo? Al fin y al cabo, tradiciones centenarias que no son meros refinamientos artísticos, sino que forman parte inseparable de la vida cotidiana, no se abandonan tan fácilmente. Hubo un proceso de aculturación, pero sólo hasta el punto en que los negros permitieron que algunos elementos europeos se integraran en su herencia africana. Hasta la década de 1920 únicamente aceptaron los ingredientes europeos necesarios para la supervivencia de su música. Así pues, podemos afirmar que, dentro del marco flexible de la tradición europea, los afroamericanos pudieron preservar un núcleo importante de su herencia africana. Y es ese núcleo lo que ha convertido al jazz en un lenguaje único y fascinante.

---

variación, pese a ser improvisada, tiene la forma de pareados.

2

LOS INICIOS

Es imposible delimitar la fecha exacta en la que el jazz surge como una música diferenciada y autónoma. Algunos historiadores recurren al año 1895 como fecha de trabajo; otros prefieren 1917, en el que la palabra *jazz* parece haber empezado a estar vigente y la Original Dixieland Jazz Band realizó lo que por lo general se consideran las primeras grabaciones de jazz; y también hay quienes optan por alguna fecha situada entre esas dos. Sin embargo, al margen del año que se elija, es seguro que, en términos puramente musicales, el jazz más antiguo representa una reducción primitiva de la complejidad, la riqueza y la perfección de sus antecedentes africanos e incluso europeos. Una vez que dejamos atrás las fascinantes historias y leyendas del primer jazz, una vez que vamos más allá del jazz como reflejo de ciertos cambios cruciales en la evolución social de los afroamericanos, nos queda una música que, en la mayoría de los casos, sólo puede mantener nuestra atención como una reliquia de museo. Las cualidades puramente musicales, escuchadas sin atender a sus connotaciones históricas y sociales, han perdido para nosotros su significado particular, casi local; y, como estructuras musicales, en su interpretación y su concepción, la mayoría del jazz de los primeros tiempos suena ingenuo, rudimentario o anticuado.

Eso no quiere decir que no podamos o no debamos escuchar el jazz de aquellos años en el contexto y con el aura de su pasado histórico. De hecho, si tenemos presente su interés histórico, sin duda podemos disfrutar de él al margen de lo que permiten sus cualidades puramente musicales. El examen objetivo del jazz de los primeros años resulta tanto más difícil cuanto que no existe un cuerpo importante de grabaciones. El problema de evaluar la calidad del jazz en sus comienzos se complica por el hecho de que las grabaciones existentes anteriores a 1923 (o incluso las que se cree que existen) no pueden considerarse siempre jazz en el sentido más estricto. La mayoría de esas grabaciones fueron realizadas por orquestas que tocaban para los bailes de sociedad, bandas de *novelty* o grupos de jazz a los que las compañías discográficas obligaban a tocar piezas de *novelty* o una elegante música de baile.

Los comienzos del cine coinciden aproximadamente con los del jazz. Sin embargo, en 1915 el cine ya había creado a su primer gran artista, D. W. Griffith. En el jazz—hasta donde podemos juzgar por las pruebas discográficas—tenemos que esperar a las grabaciones de King Oliver y Louis Armstrong para encontrar un logro comparable. Desde luego, podemos dar por supuesto que King Oliver tocaba casi tan bien en 1916 como en 1923, y que intérpretes como Jelly Roll Morton, Freddie Keppard, Bunk Johnson y Buddy Petit estaban produciendo un jazz de calidad superior a la media una década antes de que las grabaciones de jazz empezaran de verdad. Pero nos faltan pruebas al respecto. Las desafortunadas circunstancias que establecían una barrera social entre los intérpretes de color y las discográficas blancas nos han privado de esas pruebas para siempre.

Sin embargo, aun cuando pudiéramos encontrar ejemplos aislados de gran jazz perdurable en este período formativo, aún tendríamos que admitir que los comienzos del jazz representan, desde un punto de vista estrictamente musical, un momento hasta cierto punto flojo en la historia musical de los negros. De hecho, ¿cómo podría haber sido de otra forma? Circunstancias como la segregación y los prejuicios raciales extremos forzaron a la música a ser lo que era. Que fuese todo lo que era y que tuviese vigor suficiente para sobrevivir primero y para crecer después hasta convertirse en una música de importancia mundial constituye una prueba fehaciente de su fuerza y su belleza potenciales.

A partir de ese nadir, el jazz se fue desarrollando de modo gradual no sólo en términos de calidad, sino también por lo que respecta a su concepción y propósitos básicos. Los músicos que lo producían estaban experimentando algunos cambios sociales muy profundos, y su música evidentemente tenía que reflejar esa circunstancia. Muchos aficionados al jazz aceptan la necesidad de esos cambios sociales, pero no están dispuestos a aceptar los cambios en la propia música, que aparecen como consecuencia de los primeros. Esa postura contradictoria es, ni que decir tiene, insostenible. En los siguientes capítulos rastrearemos los desarrollos musicales que condujeron desde los humildes comienzos del jazz en las primeras décadas del siglo XX hasta la década de 1930.

Empecemos reconociendo la dificultad de saber cómo sonaba en realidad el jazz en sus comienzos. Pese a ella, podemos dar algunas cosas por supuesto. Desde la publicación de *Jazzmen*, en 1939, se han llevado a cabo muchas investigaciones valiosas.[1] Dichas investigaciones han confirmado que mucha de aquella música no era jazz, e incluso que ni siquiera aspiraba a ello. Es posible que incorporara a su estilo algunas características del jazz, pero el hecho de que éstas se hubieran desarrollado en la música negra no convierte automáticamente a esa música en jazz (decir lo contrario equi-

[1] Editado por Frederic Ramsey, Jr., y Charles Edward Smith, Nueva York, Harcourt, Brace and Company, 1939; disponible como Harvest Book HB-30, en rústica. Entre los libros valiosos publicados con posterioridad se incluyen Samuel B. Charters, *Jazz, New Orleans, 1885-1957*, Jazz Monographs n.º 2, Belleville, Nueva Jersey, Walter C. Allen, 1958; Samuel B. Charters y Leonard Kunstadt, *Jazz: A History of the New York Scene*, Garden City, Nueva York, Doubleday & Company, 1962; Nat Shapiro y Nat Hentoff (eds.), *Hear Me Talkin' to Ya*, Nueva York, Rinehart & Company, 1955; Leonard Feather, *The Book of Jazz*, Nueva York, Horizon Press, 1957.

valdría a afirmar que *toda* la música negra es jazz). Las investigaciones también han mostrado que el jazz de los primeros tiempos surgió, por lo que respecta tanto a sus características esenciales como a sus manifestaciones periféricas, en muchas partes de Estados Unidos, y no sólo en Nueva Orleans.

En el «Prefacio del editor» a la monografía de Samuel Charters sobre los músicos negros de Nueva Orleans de aquellos primeros años, Walter C. Allen escribe lo siguiente: «Muchos de esos hombres no eran músicos de jazz; muchos tenían una estricta formación clásica o legítima».[1] Charters corrobora esta afirmación en un centenar de ocasiones a lo largo del texto.

En *The Book of Jazz*,[2] Leonard Feather publica una entrevista con William Christopher Handy, compositor de *St. Louis Blues* y otros importantes temas de jazz, en la que, pese a las preguntas un tanto sesgadas del entrevistador, Handy no dice nada que demuestre que él o los músicos a quienes conocían fueran músicos *de jazz*. De hecho, las palabras *novelty* y *minstrel* figuran de modo más prominente y se emplean de manera más constante que la palabra *jazz*. Cuando se le pregunta por su interpretación de la palabra *jazz*, Handy soslaya la cuestión y en su lugar afirma lo siguiente: «He tocado con muchos músicos de *novelty*. Incluso en los días del *minstrel* tocábamos música parecida al jazz, pero no la llamábamos jazz». Y no era jazz. La música *minstrel* era, como mucho, una fuente tributaria del jazz, y Handy fue primordialmente un músico de *minstrel*, solista de corneta y director de banda. En su libro *Father of the Blues: An Autobiography*,[3] Handy cuenta que en 1896, cuando viajaba mucho con su banda, a menudo contratando músicos en las

[1] Samuel B. Charters, *Jazz, New Orleans, 1885-1957*, *op. cit.*, p. iii.
[2] Leonard Feather, *The Book of Jazz*, *op. cit.*, pp. 23-25.
[3] William Christopher Handy, *Father of the Blues: An Autobiography*, Nueva York, The Macmillan Company, 1941.

ciudades que visitaba, «los músicos de Nueva Orleans tenían estudios y tocaban a los clásicos». En Denver tuvo en su banda a un intérprete inglés de clarinete, y en otras ocasiones tocó con mexicanos y alemanes. También afirma que «no lograba encontrar a un buen clarinetista negro». Asimismo, es elocuente que, cuando el joven Handy, natural de Alabama, viajaba por todo el Sur, nunca oyera mencionar a Bunk Johnson o a Buddy Bolden. Para Feather eso significa que Bolden y Johnson no eran tan famosos como afirman los historiadores que defienden la idea de que el jazz fue desplazándose río arriba desde Nueva Orleans hasta Chicago, pero también puede indicar que la gran brecha social que separaba el mundo de los cabaretuchos de Nueva Orleans y el de las bandas de los espectáculos de *minstrels* hacía improbable que Handy conociera a Bolden. Por otra parte, cabe poner en tela de juicio las credenciales de Handy como músico de jazz, dado que el *blues* que publicó en 1912 con el título de *Memphis Blues* en realidad no era tal, sino algo que se parecía sobre todo al *cakewalk*.

En otras partes del capítulo de Feather, el jazz se equipara a menudo con el *ragtime*. Pero, cuando Eubie Blake, por ejemplo, cuenta a Feather que estaba interpretando *ragtime* antes de 1898, lo que dice es simplemente que interpretaba *ragtime*, no jazz. El guitarrista Danny Barker recuerda que «el entretenimiento musical más emocionante [de Nueva Orleans] no eran las bandas de jazz, sino las bandas de viento-metal».[1] Alphonse Picou, el veterano clarinetista de Nueva Orleans, afirmaba rotundamente que la música que él oía en el cambio de siglo no era *ragtime*, «sino marchas, marchas para viento-metal, música para desfiles».[2] Y Edmond Hall, un colega suyo que empezó a tocar en Nueva Orleans hacia 1915 siendo joven, añade que en los primeros años de

---

[1] Nat Shapiro y Nat Hentoff (eds.), *Hear Me Talkin' to Ya*, *op. cit.*, p. 15.
[2] *Ibid.*, p. 18.

las bandas de viento-metal, en la década de 1890 e incluso antes, «casi toda la música se escribía en partituras; estoy hablando de la clase de banda en la que tocaba mi padre. La improvisación fue creciendo con el paso del tiempo».[1] Y a eso cabe añadir el interesante comentario de Buster Bailey sobre sus interpretaciones al clarinete en 1917 y 1918: «Yo… ornamentaba la melodía. En aquella época desconocía lo que quería decir "improvisar". Pero "ornamentar" sí que lo entendía».[2]

El excelente *They All Played Ragtime*, de Rudi Blesh y Harriet Janis, intenta demostrar que el *ragtime* era una música distinta al jazz. En un sumario «Epílogo» leemos que «el *ragtime* se encuentra *en* las canciones y en el jazz de los negros».[3] Con el tiempo, el *ragtime* pianístico se impregnó en otros instrumentos y sus síncopas un tanto rígidas de notas iguales o sus estructuras formales no improvisadas se fueron flexibilizando cada vez más hasta ser absorbidas por la corriente principal del jazz.

Garvin Bushell, que vivió en su ciudad natal, Springfield (Ohio), hasta 1919, recuerda que

el piano de *ragtime* fue la mayor influencia en esa parte del país [...] El cambio [al jazz] empezó a producirse entre 1912 y 1915, cuando el banjo de cuatro cuerdas y el saxofón entraron en escena. Los músicos comenzaron a ornamentar las líneas melódicas, mientras que la armonía y el ritmo siguieron siendo los mismos.

Bushell añade: «En Springfield, la música de desfiles la tocaban estrictamente bandas de marcha, pero en las salas de baile había *ragtime*—e improvisación—instrumental». Refiriéndose al mismo asunto, Bushell dice, al hablar de la música en Nueva York a comienzos de la década de 1920:

---

[1] *Ibid.*, p. 22.   [2] *Ibid.*, p. 78.
[3] Rudi Blesh y Harriet Janis, *They All Played Ragtime*, *op. cit.*, p. 269.

El *blues* y el verdadero jazz sólo podían oírse en los cabarets más sórdidos a los que acudían las clases bajas. Normalmente no te dejaban tocar *blues* ni *boogie-woogie* en las casas negras de clase media. Se suponía que esa clase de música sugería algo de naturaleza inferior.[1]

En esos años de grandes cambios, mientras varios estilos musicales se fusionaban en uno que, con el paso del tiempo, se conocería como jazz, el *blues* fue la única fuente tributaria del jazz que pareció permanecer constante. No es probable que el *blues* cambiara en sus rasgos básicos entre la década de 1880 y principios de la década de 1920. Y podemos tener la certeza de que cuando Bunk Johnson afirma que de niño «sólo tocaba *blues*»[2] en los bares de negros de Nueva Orleans, fundamentalmente estaba tocando el mismo *blues* instrumental que se propagó como el fuego en los *race recordings* de la década de 1920 o, remontándonos más atrás en el tiempo, que había oído tocar a Buddy Bolden en la década de 1890. La permanencia del *blues* queda corroborada en una afirmación hecha por George Morrison, importante músico y director de banda de Denver. En una extensa entrevista grabada con el autor en 1962, Morrison dijo por iniciativa propia: «Oh, el *blues nunca* cambió» (véase la entrevista en el Apéndice, p. 497).

La entrevista con Morrison ofrece la misma clase de información que hemos proporcionado hasta ahora; y, de hecho, la historia de su vida es tan típica de la generación de músicos negros a la que pertenece, que merece la pena relatarla. Con ello, además, será posible reparar el injusto olvido de un buen músico. Aunque el abuelo y el padre de Morrison habían sido violinistas de *square-dance* y *coon-song*, el joven

[1] Nat Hentoff, «Garvin Bushell and New York Jazz in the 1920's», *The Jazz Review*, II, 1, enero de 1959, pp. 11-12.

[2] Nat Shapiro y Nat Hentoff (eds.), *Hear Me Talkin' to Ya, op. cit.*, p. 7.

George tenía la intención de ser violinista de concierto. Llegó a ser tan bueno que todo un maestro como Fritz Kreisler, tras oírle tocar su pieza *Tambourin Chinois* en 1920 en el Carlton Terrace, en Broadway y la calle 100 de Nueva York, se presentó ante él y le ofreció darle seis clases gratuitas sobre algunos aspectos técnicos y de manejo del arco. Sin embargo, pese a todo su talento, por aquel entonces un negro no podía tener una carrera como violinista de orquesta o concertista. Morrison se dirigió a los ámbitos en los que podía ganarse la vida como violinista, pero primero tocó la guitarra en un conjunto de cuerda en los campamentos mineros cerca de Boulder (Colorado), un grupo parecido a la famosa banda Six and Seven-Eighths de Nueva Orleans y a los cientos de agrupaciones de cuerda similares que en aquel momento había en todo el país. Entonces, hacia 1911, Morrison se convirtió en violinista-líder de varios tríos en los burdeles de Denver, trabajó de modo ocasional en hoteles, estudió en Chicago mientras tocaba en el famoso Panama Cabaret y con la orquesta de Dave Peyton en el Grand Theatre, y finalmente volvió a Denver para formar otro trío, que al cabo de pocos años se convirtió en una orquesta con once miembros, la más popular de todo el área de Denver. Durante los once años que trabajó en el hotel Albany, el segundo más grande de Denver, Morrison tuvo en su banda a músicos de jazz tan famosos como Andy Kirk, Jimmie Lunceford, Jelly Roll Morton y Alphonse Trent. En la década de 1920, unos cazatalentos de la Columbia Record Company oyeron a Morrison, lo invitaron a Nueva York y lo grabaron en la cara B de un disco de Ted Lewis, con piezas no elegidas por el propio Morrison. Por razones que no están del todo claras, éste no volvió a grabar, pero mientras estaba en Nueva York ayudó a Perry Bradford a lanzar la carrera de Mamie Smith y recomendó a un colega suyo blanco de Denver, Paul Whiteman, a la discográfica Victor Company. Incluso esta breve biografía revela una tónica típica en la carrera de centenares de músicos negros: una serie de oportunidades fallidas a causa, sobre todo, del color de la piel.

Los recuerdos de Morrison de la música que tocaba en las primeras décadas del siglo corroboran lo que hemos dicho hasta ahora. Entre 1901 y 1911 aproximadamente, cuando estaba tocando en una agrupación de cuerda de cinco músicos que formó con su hermano y su cuñado, su repertorio consistía en valses como *After the Ball*, baladas populares sentimentales como *Darling, I Am Growing Old* y marchas como la famosa *Double Eagle*. Asimismo, según Morrison, las tocaban «sin muchas florituras. No sabíamos improvisar, nunca aprendimos a hacerlo. Nos conformábamos con tocarlas tal cual». Cuando tenía suficiente edad para tocar en el barrio de los prostíbulos de Denver, la situación venía a ser la misma, pues las casas decentes no toleraban música grosera o vulgar. La elegancia estaba por encima de todo y, por lo tanto, lo habitual era tocar al violín la *Humoresque* de Dvořák o dos *chorus* de alguna melodía popular, doblados por la corneta y con el acompañamiento de sentimentales arpegios de piano. Al parecer también se evitaban las melodías rápidas.

Cuando el trío de Morrison se convirtió en un quinteto, después en un septeto y finalmente en una banda con once componentes que tocaba en los bailes del hotel Albany, Morrison emuló el estilo de la orquesta blanca más famosa del Oeste, la de Art Hickman. Aunque entonces las melodías estaban más cercanas al jazz (*Dardanella*, *Ja-Da*, *Royal Garden Blues*), Morrison dice que sus músicos tocaban más o menos lo que estaba escrito en la partitura, mientras él «improvisaba» al violín.

Cuando la era del jazz comenzó de verdad, Morrison naturalmente también cultivó el jazz, pero su orquesta, que tocaba sobre todo para los bailes de sociedad de los blancos, nunca abandonó por completo el estilo *sweet*. La banda sólo tocaba música en compás de dos, y Morrison recuerda entre risas que no le gustaba el estilo a cuatro tiempos del jazz cuando éste se popularizó. Le parecía «un ritmo demasiado apresurado». Donde antes había dos tiempos tranquilos, ahora se hallaban cuatro tiempos frenéticos al doble de *tempo*.

Morrison todavía podía tocar, con más de setenta años de edad, en todos los estilos exigidos por su carrera. Así se lo demostró al autor en una cinta magnetofónica, tocando sucesivamente breves improvisaciones a partir de *Sweet Blues*, *Darktown Strutters' Ball* y un *blues* improvisado, así como sus propias composiciones para violín y piano de estilo clásico, influenciadas por los espirituales.

Como ya hemos dicho, la historia de George Morrison y su desarrollo musical se ha repetido cien veces. Citemos las carreras de Wilbur Sweatman, Noble Sissle, Will Marion Cook, W. C. Handy, Erskine Tate, Eddie Heywood, Sr., Garvin Bushell, incontables músicos criollos de Nueva Orleans y muchos otros innominados, como Morrison, en quienes no ha reparado la historia del jazz. La imagen que ofrecen todas esas carreras permite afirmar que la música interpretada dependía casi por entero del público ante el que se tocaba. La música interpretada por un negro que tocaba en bailes de sociedad blancos era diferente de la exigida en un vulgar cabaret del Sudoeste, y ambas eran diferentes de la que interpretaban las orquestas de *novelty* de Nueva York, como la de Earl Fuller, o las mejores orquestas de baile, como la de Art Hickman y Paul Whiteman. La propia ciudad de Nueva Orleans ofrecía dos clases de jazz: la música más tosca, con tintes de *blues*, de las afueras, y la música criolla más pulida del centro.

Buster Smith, que influyó en Charlie Parker, confirma esta diversidad de estilos:

Por supuesto, la mayoría de nosotros tocábamos aquella música melosa de vez en cuando. Todo dependía del público que tenías. No podías tocar nuestra clase de música en algunos de los lugares importantes, en los bailes «de postín». No, querían la música que se tocaba en los hoteles. Descubrimos que la nuestra les resultaba demasiado ruda.[1]

Existen numerosos indicios de que, a medida que se acercaba la era del jazz y los estilos del jazz se restringieron a una especie de temprano *mainstream*, las bandas más pulidas se acercaron al estilo *hot* y las bandas de estilo *hot* adoptaron un tono más pulido. Parece que Edmond Souchon tiene toda la razón cuando compara el estilo temprano de King Oliver en el Big 25 de Storyville, el barrio de los prostíbulos de Nueva Orleans, con dos períodos posteriores de la carrera de Oliver:

En la época en que Oliver tocaba en los bailes del liceo Tulane, había adquirido una técnica que era mucho más delicada y [...] su banda cada vez se adaptaba en mayor medida a los bailes de los blancos. En el Big 25 era contundente, tosca pero efectiva, llena de fuego e impulso. Pulió su estilo para agradar a los distintos clientes de los bailes de los liceos [...] En la época en que Oliver había llegado a Chicago y alcanzado la cumbre de su popularidad, su sonido no era el mismo. Era una banda diferente, un Oliver distinto y más pulido, un Oliver que había perdido por completo su sonido de Nueva Orleans.[2]

Si examinamos cuidadosamente esos testimonios y otros cientos, en ocasiones contradictorios, pronto advertimos que no *toda* la música interpretada por músicos negros en Nueva Orleans o en otras zonas era jazz. Una parte de aquella música lo era; otra contenía elementos que, en fases pos-

[1] Don Gazzaway, «Conversations with Buster Smith, Part II», *The Jazz Review*, III, 1, enero de 1960, p. 12.

[2] Edmond Souchon, «King Oliver: A Very Personal Memoir», *The Jazz Review*, III, 4, mayo de 1960, p. 11. Mutt Carey corrobora esa afirmación (citado en Nat Shapiro y Nat Hentoff [eds.], *Hear Me Talkin' to Ya, op. cit.*, p. 42): «Le diré algo sobre los discos de Joe. No he oído uno solo que se parezca ni remotamente a Joe tocando en persona».

teriores de desarrollo, se convirtieron en ingredientes esenciales del jazz; y el resto no era jazz en absoluto. La mayoría de aquellas piezas eran una especie de música fronteriza que estaba a punto de convertirse en jazz, pero averiguar cuáles eran jazz y cuáles no, especialmente sin contar con suficiente documentación grabada, es tan inútil como intentar determinar en qué punto la lluvia se convierte en aguanieve y el aguanieve, en nieve.

La única generalización que podemos permitirnos es la de que la música que llegó a conocerse como jazz existió durante muchos años como una música polifacética cuyo carácter dependía fundamentalmente de la disposición geográfica y de la composición social y racial del público. Pero dado que con anterioridad al auge de los *race records* de principios de la década de 1920 los principales consumidores eran los blancos, e incluso la mayoría de los negros de clase media rehuyó el *blues* y otras formas más toscas pero más auténticas de jazz, no es difícil deducir a qué elementos estilísticos e inventivos se daba prioridad.

Por lo que respecta a cualquier otro período del jazz, podemos identificar las grabaciones importantes e innovadoras y evaluarlas de manera objetiva desde el punto de vista de su contribución. Evidentemente, tal cosa no es posible para la época anterior a 1923. Casi todos los grandes músicos que tocaban jazz genuino antes de la década de 1920 realizaron sus primeras grabaciones años más tarde. King Oliver, Freddie Keppard, Louis Armstrong, Jelly Roll Morton, Sidney Bechet y la orquesta de Bennie Moten empezaron a grabar en 1923, el mismo año que Bessie Smith grabó sus primeros temas de *blues* (después de que Mamie Smith hubiera desatado la fiebre del *blues* en 1921). Sería temerario dar por sentado que todos estos músicos tocaban en 1923 igual que en 1915 (o, en los casos pertinentes, que en fechas anteriores);

como mínimo no en términos de calidad, y probablemente ni siquiera por lo que respecta al estilo general. Cuando el jazz se hubo convertido en un producto de entretenimiento diferenciado en ciudades como Chicago, Nueva York, Los Ángeles y Kansas City, y cuando los discos de la Original Dixieland Jazz Band empezaron a tener unas ventas enormes, los acontecimientos se sucedieron muy deprisa. Los intérpretes alcanzaron un éxito repentino, pero declinaron a la misma velocidad, algunos al cabo de unos pocos años. A muchos de los músicos de Nueva Orleans les encantaba el dinero y la fama que adquirieron en Chicago, pero en el fondo sentían nostalgia de su hogar. En muchos casos no supieron cómo afrontar el frenético ritmo de vida del Chicago de los tiempos de la ley seca. Los altibajos, a veces violentos, sufridos en sus carreras se reflejaban en la música. Por lo tanto, no podemos dar por supuesto que el King Oliver de 1923, por ejemplo, era el mismo hombre y tocaba la misma música que había encandilado a los clientes del Big 25 ocho años antes. Al contrario, sería más prudente suponer (como el Dr. Souchon) que el carácter y la calidad de la música de Oliver habían cambiado, como ocurrió, de un modo todavía más drástico, a finales de la década de 1920.

Dadas las circunstancias, lo mejor que podemos hacer es conjeturar que los rasgos *estilísticos generales* de la forma de tocar de Oliver en 1923 probablemente fueran los mismos, pero que si el fuego y el impulso, el «sonido rebosante de alegría de Nueva Orleans»,[1] sobrevivieron no fue gracias al propio Oliver sino a su discípulo, Louis Armstrong. Cuando escuchamos grabaciones de Armstrong tan tempranas como sus escasos solos con la Creole Jazz Band de Oliver o *Railroad Blues* (1924) con Trixie Smith, la elegancia sin esfuerzo de *Mandy, Make Up Your Mind* (1924), el cinismo de las *blue*

---

[1] Edmond Souchon, «King Oliver: A Very Personal Memoir», *op. cit.*, p. 11.

notes y los efectos *wah-wah* en *Countin' Blues* (1924), de Ma Rainey, y en *I Ain't Gonna Play No Second Fiddle* (1925), con Perry Bradford, probablemente estemos escuchando una versión un poco más fogosa y avanzada de lo que King Oliver, Bunk Johnson y otros intérpretes estaban tocando en los años de la guerra.

Salvo por los trabajos en los barcos fluviales, Armstrong no salió de Nueva Orleans hasta 1923. Allí el ritmo era más pausado; las tradiciones musicales estaban bien ancladas y no era probable que cambiaran tan rápidamente como en el Norte. En 1923, todavía estaban por llegar los años del apogeo de las grabaciones de jazz, que iban a contribuir de una forma tan importante a la rápida diseminación y al crecimiento del jazz. Aun sin contar con pruebas grabadas del trabajo de Louis como segundo corneta en la Creole Jazz Band de Oliver, podemos dar por supuesto que el Armstrong de los años 1923-1925, es decir, justo antes de su primera madurez en el período de los Hot Five, todavía conservaba en gran medida el puro estilo de Nueva Orleans de sus predecesores inmediatos. Se ha escrito que durante la guerra, cuando Armstrong aún no había cumplido los veinte años, trompetistas de Nueva Orleans más veteranos, como Chris Kelly, Buddy Petit y Kid Rena, aún podían *aventajar* a Louis,[1] pero probablemente en 1923 o 1924 éste había empezado a igualarlos o a superarlos. Esos músicos iban a menos, o en todo caso sus habilidades se mantuvieron constantes, mientras que Louis sin duda iba a más. En algún punto de aquellos años, los senderos estilísticos de todos esos músicos se cruzaron.

Sin embargo, Armstrong era un talento muy especial, e incluso en sus primeras etapas se notaba su originalidad y su calidad innovadora. En este sentido, tomarlo como ejemplo del estilo clásico de Nueva Orleans no es del todo fiable. Un ejemplo más digno de confianza del estilo puro y tempra-

---

[1] Samuel B. Charters, *Jazz, New Orleans, 1885-1957*, *op. cit.*, p. 62.

no de corneta puede oírse en la grabación en la que Bunk
Johnson relata algunos de sus recuerdos y hace una demostración del estilo de Buddy Bolden. Hablando, silbando y
tocando, Bunk intenta devolver a la realidad la concepción
precisa del estilo que tenía Bolden unos treinta y cinco años
antes. Nadie puede juzgar con absoluta certeza la exactitud
de la recreación de Bunk. Las alteraciones de la memoria y
las influencias inconscientes recibidas a lo largo de los años
podrían haberle jugado una mala pasada. Sin embargo, un
análisis detallado de su demostración sugiere que Bunk se
acerca mucho a la concepción de Bolden o, como mínimo,
a su *propio* primer estilo, que, como el propio Bunk ha ad-
mitido, estuvo influido de modo directo por Bolden. Es posible que existan algunas divergencias, pero probablemente
sean ínfimas. Así lo indica el hecho de que las diversas variaciones que hace Bulk sobre una de las melodías *adaptadas* de
Bolden se ciñe no sólo a la melodía, sino también a un estilo
muy específico y a una tradición muy estricta.[1] Por supuesto, esa cohesión estilística era un rasgo esencial del puro estilo de Nueva Orleans. Que las variaciones de Bunk se acer-
can mucho a la forma de tocar de Bolden queda asimismo
demostrado por las características *rítmicas* de su estilo; las
incursiones en una concepción rítmica más moderna son notablemente escasas. Los ritmos presentan un leve *swing*, casi
como si se tratara de un trote, con los típicos motivos rítmicos regulares repletos de vigor.

Ese estilo también se parecía mucho al *ragtime*. De hecho, los motivos que se mantienen más inmutables durante
las numerosas variantes de la melodía ingeniadas por Bunk

---

[1] En esa demostración notablemente informativa, Bunk interpreta en
total cinco versiones de la melodía: dos silbadas, tres a la corneta y las cinco con varios *chorus* cada una, lo que ofrece excelentes posibilidades de
comparación y verificación. *This Is Bunk Johnson Talking*, American Music 643.

son una síntesis excelente de fraseos de *ragtime* y de marcha, dos géneros que, como ya hemos visto, estaban íntimamente conectados. La herencia del *ragtime* en la imitación de Bunk resulta incluso más clara si comparamos su interpretación con la de su acompañante, la pianista de Nueva Orleans Bertha Gonsoulin. Muchos de los motivos son los mismos, aunque las diferencias entre la sonoridad del piano, en esencia percusiva, y el fraseo *legato* que resulta posible en un instrumento de viento-metal, más el hecho de que el *ragtime* era una música concebida para el piano, hace que la melodía fluya con mayor suavidad en la corneta de Bunk. Este ejemplo nos permite observar el proceso de adaptación del *ragtime* pianístico a otros instrumentos y cómo aquel modo de tocar los temas *con rag*, a la manera relajada de Nueva Orleans, llevó al estilo clásico de esa ciudad. La demostración de Bunk también nos recuerda que ese estilo no permitía la improvisación en el sentido más estricto del término. Consistía más en ornamentar una melodía que en improvisar sobre acordes, y en mucha repetición exacta. Por supuesto, aquí se ve la diferencia entre el estilo de Nueva Orleans y estilos posteriores. La interpretación de Bunk ciertamente demuestra hasta qué punto eran estrictos los cánones de la tradición de Nueva Orleans. Tal vez sea un reflejo del singular espíritu de clan que reinaba en Nueva Orleans, a menudo citado por músicos e historiadores.[1] El carácter sumamente disciplinado de esta música fue el factor más importante que contribuyó a su conservación durante tanto tiempo. Sólo el talento de un Louis Armstrong, que se desató al mismo tiempo que una importante revolución social (producida por el gran desa-

---

[1] Véase, por ejemplo, Garvin Bushell en *The Jazz Review*, II, 3, abril de 1959, p. 17. Se aprecian también otros indicios de este carácter cerrado en Alan Lomax, *Mister Jelly Roll: The Fortunes of Jelly Roll Morton, New Orleans Creole and «Inventor of Jazz»*, Nueva York, Duell, Sloan and Pearce, 1950; reimp.: Nueva York, Grove Press, 1956.

rrollo industrial de la posguerra), logró romper esas cadenas.

Otro testimonio fiable del estilo de Nueva Orleans en sus comienzos son las grabaciones realizadas por Kid Ory en San Francisco en 1921 para el sello Sunshine, entre las que se cuentan *Ory's Creole Trombone* y *Society Blues*. El primer título es un ejemplo claro, aunque ingenuo, de la clase de mezcla entre *ragtime*, marcha y espectáculo de *minstrels* que constituía la mayor parte del repertorio del jazz de los primeros tiempos. La pieza resulta anticuada, repetitiva y trillada, y Ory nunca realiza ninguno de los *breaks* que le dan sentido. Pero la grabación nos interesa por la maestría de Mutt Carey, un corneta notable que nunca ha recibido el reconocimiento que merece, probablemente porque sólo hizo una grabación cuando estaba en su mejor momento.[1] La interpretación que ofrece aquí da credibilidad a la opinión expresada por Armstrong, Bunk Johnson, Danny Barker y otros, según la cual en Nueva Orleans había muchos trompetistas excelentes, al margen de los nombres famosos que se han conservado gracias a las grabaciones y los libros de historia. La manera de tocar de Carey en 1921 demuestra una seguridad, una elegancia y una inventiva extraordinarias. Su sonoridad es plena, su concepción rítmica resulta moderna y relajada, y su técnica es impecable, o en cualquier caso proporcional a sus ideas, que distan de ser corrientes. En esas grabaciones parece casi el Rex Stewart de la famosa banda de Duke Ellington de la década de 1930. Ciertamente, confirman la opinión que Preston Jackson, un trombonista de Nueva Orleans, tenía de Carey: «Mutt poseía un sonido muy aterciopelado y un increíble *swing* [...] No era

---

[1] El registro de 1921 para Sunshine se ha reeditado, salvo una de las caras (*Ory's Creole Trombone*), en Folkways FJ 2811A, una rareza de coleccionista. Carey grabó con frecuencia en la década de 1940, pero entonces tenía ya más de cincuenta años, había dejado atrás su mejor momento y había estado inactivo en el mundo de la música desde hacía unos veinte años.

un trompetista de notas agudas. Le faltaba la fuerza de un Armstrong o de un Joe Oliver».[1] Todas las pruebas grabadas corroboran esa afirmación y además indican que Carey daba lo mejor de sí cuando tocaba como parte de un conjunto en improvisación colectiva. No era un intérprete virtuoso y torrencial como Armstrong, pero no hay duda de que representa el estilo de Nueva Orleans anterior a 1920 en su máxima pureza y elocuencia.

Otro ejemplo tristemente olvidado del antiguo estilo de Nueva Orleans puede escucharse en las grabaciones realizadas en 1927 por la Sam Morgan's Jazz Band. El grupo estaba formado por nueve miembros que sonaban de maravilla y que, con muy pocas excepciones, se habían quedado en Nueva Orleans después del gran éxodo a Chicago a principios de la década. La banda estaba liderada en el momento de la grabación por Sam Morgan, uno de los mejores trompetistas de jazz de Nueva Orleans, y entre sus integrantes se contaban dos de sus hermanos, Isaiah y Andrew, trompeta y saxofón respectivamente. En su monografía sobre el jazz de Nueva Orleans, Samuel Charters afirma que los ocho registros realizados por este grupo son «las únicas grabaciones de una banda de primera clase [de Nueva Orleans] realizadas casi en su mejor momento» en la década de 1920.[2] Y, si las escuchamos, estaremos completamente de acuerdo con esa opinión. *Bogalouse Strout*, una de las mejores grabaciones de la banda, no sólo está bien interpretada, sino que rezuma ese sentimiento cálido y alegre que marca la mejor música instrumental de Nueva Orleans del período. Sin embargo, la Sam Morgan's Jazz Band apenas aparece mencionada en los libros más conocidos sobre jazz, y ni siquiera figura en la famosa discografía de Charles Delaunay.[3]

[1] Nat Shapiro y Nat Hentoff (eds.), *Hear Me Talkin' to Ya*, *op. cit.*, p. 40.
[2] Samuel B. Charters, *Jazz, New Orleans, 1885-1957*, *op. cit.*, p. 134.
[3] Charles Delaunay, *New Hot Discography: The Standard Directory of*

En 1927 probablemente no hubiera otra gran ciudad aparte de Nueva Orleans—salvo, quizá, Kansas City—donde ese estilo aún fuera floreciente. Chicago y Nueva York ya estaban impulsando al jazz en direcciones muy distintas. Pero los hombres de la generación de Morgan (n. 1895) que se quedaron en la zona de Nueva Orleans no habían perdido el espíritu y el estilo de la música de su propia juventud, y no pudieron cambiar, o decidieron no hacerlo. Por una mera casualidad, Columbia Records capturó este maravilloso anacronismo, afortunadamente en grabaciones posteriores a las del período acústico.

Lo primero que llama la atención cuando se escucha a la Sam Morgan's Jazz Band es su *swing* a la antigua y una sensación, por decirlo así, de «exuberancia tranquila y sin complicaciones». Esto se debe en gran parte a la sección rítmica, que produce este efecto con su ritmo de 4/4 alegre y exuberante. Sobre esta base, el resto de la banda—integrada por dos cornetas, trombón con sordina y dos saxofones—produce una interesante textura polifónica. Pese a que los saxofones constituyen una excepción a la formación tradicional de clarinete, trompeta y trombón, los dos saxofonistas se muestran completamente impregnados del estilo y la sensibilidad requeridos. Sin embargo, el hecho de utilizar saxofones provoca un interesante cambio en el fraseo: a diferencia de lo que ocurre con el clarinete, la tesitura del saxofón no le permite realizar líneas melódicas *por encima* de la voz principal de la corneta. De ahí que, en los dos primeros *chorus*, el saxofón alto y la corneta toquen juntos la melodía, mientras que en los siguientes *chorus* colectivos los dos saxofones articulan frases fluidas en arpegios que se entrecruzan con las líneas más regulares de la trompeta. El equilibrio de planos sonoros de la grabación nos permite escuchar

Recorded Jazz, ed. Walter E. Schaap y George Avakian, Nueva York, Criterion, 1948.

mejor a uno de los saxofones—el alto de Earl Fouché—, de modo que sus intervenciones aparecen en un primer plano, dando lugar a un efecto admirable, casi tridimensional, como si se observara un paisaje lejano a través de un varaseto. No menos destacables resultan las frases sencillas pero llenas de energía de la corneta de Sam Morgan en los *chorus* extremos, algunas de ellas con efectos de *growl* y de sordina *wah-wah*, y el incremento de intensidad de la banda en el último *chorus*, en el que la sección rítmica aumenta el volumen sonoro y el batería, «Shine» Nolan Williams, marca con contundencia el segundo y cuarto tiempos del compás en el plato suspendido.

Algunos de los siete registros restantes están casi al mismo nivel. *Steppin' on the Gas* presenta una polifonía orquestal rica y densa, con un auténtico tapiz sonoro en cuyo seno las voces individuales se alzan por momentos sobre el conjunto de manera inesperada e impredecible antes de fundirse nuevamente en el tejido polifónico del grupo. El compás responde siempre a un 4/4 y la atención con que los músicos se escuchan entre sí constituye un verdadero placer para el oído. En el transcurso de las dos sesiones, la banda grabó tres himnos, que representan un ejemplo interesante de la superposición y la fusión que se dio entre la música sacra y la música secular de los negros. Desde el punto de vista de la estructura, estos cánticos nada tienen de especial, puesto que las melodías de los himnos nunca se llegan a fusionar del todo con la estructura rítmica de base del jazz: se trata simplemente de dos tipos de músicas que suenan de forma simultánea. Sin embargo, *Over in the Gloryland* resulta cuando menos una pieza interesante por el fervor devocional que se desprende de la manera de tocar de la banda, así como por su estructura armónica de veinticuatro compases, muy similar a la del *blues* clásico (ejemplo 1):

Ejemplo 1. *Over in the Gloryland*

Grado del acorde	I	IV	I	I	V	I	IV	I	I	V	I
Número de compases	4	2	2	2	2	4	2	2	1	1	2

Con anterioridad hemos indicado que la banda de King Oliver de 1923, aunque era excelente, reflejaba ya cierta pérdida de la intensidad expresiva propia de tiempos anteriores. Eso era el resultado no sólo de cambios de concepción graduales provocados por el auge de músicos más jóvenes y la erupción del jazz como una moda nacional, sino también de la interpretación sumamente disciplinada, muy personal y estricta que hizo el propio King Oliver sobre lo que el estilo de Nueva Orleans significaba para él. La extraordinaria unidad de la Creole Jazz Band se lograba a costa de renunciar a toda clase de progreso estilístico. Representa la última defensa del estilo de Nueva Orleans ante el mundo y, al mismo tiempo, su florecimiento más pleno. Pero ya había indicios de derrumbe. Al cabo de pocos años, la claridad de la concepción de Oliver desapareció por completo, y nunca volvió a adoptar una forma tan pura. La gloria de la Creole Jazz Band es que resume—en los términos un tanto personales de Oliver, sin duda—todo lo que entrañaba la forma de hacer música típica de Nueva Orleans: su alegría, su calidez expresiva, su encanto prebélico propio del Viejo Mundo, su complejidad polifónica, su *swing* natural y relajado, tan embriagador como una calurosa noche de verano en Nueva Orleans, sus maravillosas texturas instrumentales y su lógica y disciplina. Así pues, la visión musical de Oliver contenía las semillas de su propia desaparición: al perfeccionar y ritualizar los ideales de una época recién llegada a su fin, escribió su propia sentencia de muerte. Louis Armstrong, quince años más joven que su mentor, tomaría los mismos elementos y, contemplándolos a través de una personalidad completamente distinta, los usaría para provocar la primera gran revolución del jazz.

La Creole Jazz Band de Oliver representa uno de los mayores logros del jazz. Merece que la estudiemos con atención, no sólo por sus propios méritos, sino también por las lecciones que todavía puede enseñarnos. Por ejemplo, demostró que la planificación, la organización y la disciplina no son incompatibles con la expresividad del jazz, pero también que no deben convertirse en procedimientos autocráticos y rígidos, incapaces de asimilar nuevas ideas.

No es una simple coincidencia que Louis Armstrong dejara la banda de Joe Oliver en 1924. Como segundo corneta en una organización dominada por la personalidad de su líder, Louis tenía demasiado poco espacio para sus ideas nuevas y audaces. Por otra parte, ¿no era Oliver «el Rey» el mentor de Armstrong al que derrocar? Era evidente que Louis tenía que marcharse para abrirse su propio camino, porque el de Oliver estaba constriñendo al protegido, que en aquel entonces contaba veinticuatro años. Por su parte, Oliver intentó aferrarse en vano a su reino musical del único modo en que podía: manteniendo la disciplina colectiva propia del estilo de Nueva Orleans. El jazz tuvo que esperar algunos años más para descubrir (en las primeras grabaciones de los Red Hot Peppers de Jelly Roll Morton y de Duke Ellington) que el liderazgo dominante de un solo individuo no tenía por qué ser incompatible con la participación colectiva.

A medida que las grabaciones realizadas por Oliver en 1923 van hundiéndose en el pasado, es indudable que a cada nueva generación le será más difícil apreciarlas. Cuarenta años aproximadamente de jazz protagonizado por solistas hacen que a la gente le resulte difícil comprender la concepción colectiva del hecho musical que representaba la Creole Jazz Band y, por supuesto, el sonido antiguo de las viejas grabaciones acústicas de Gennett, Okeh y Paramount resulta extraño para los oídos modernos. Para mi gusto, tienen un maravilloso sonido propio, tan nostálgico y personal como el sonido de un Ford Modelo T. Por otra parte, es innegable que el sonido resulta acústicamente infiel y que las técnicas de grabación de la época eran inadecuadas para captar las sutilezas polifónicas de aquella música.

Sin embargo, incluso el oyente medio puede adaptarse, mediante escuchas repetidas, a esta mala representación acústica. No obstante, la capacidad de aprehender en su totalidad una estructura sonora multilineal, opuesta a la de recoger partes aisladas de ella, es una capacidad que no tiene todo el mundo. Ahora bien, la particular belleza del estilo de Nueva Orleans estriba precisamente en esa polifonía, de modo que la imposición de técnicas de separación estereofónicas a los ejemplos contemporáneos de improvisación colectiva, sean intentos de recuperación de dicho estilo o no, despierta algunos recelos. La textura multifacética de la Creole Band crea una belleza especial que la concepción solista, tan distinta en sus propios fundamentos, nunca podrá lograr. La filosofía que hay detrás del enfoque de Oliver se basa en la perfecta ejecución de un resultado completamente predecible. La emoción de la interpretación procede de la perfecta ejecución de algunos recursos y esquemas tradicionales. En el peor de los casos, este enfoque conduce a una especie de psicología de ejercicio circense y envejece con rapidez: o bien el ejercicio ha de ser cada vez más asombroso, o bien hay que crear un número enteramente nuevo. Y, desde luego, Oliver no hizo ni lo uno ni lo otro. Por otra parte, en lo que tiene de más positivo da como resultado grandes momentos de música, dentro de ciertos límites y normas prescritas. Las únicas sorpresas verdaderas que se toleraban en el estilo de Nueva Orleans eran los *breaks*,[1] especialmente los que Oliver y su joven protegido realizaban a dúo. Esos *breaks* contaban con una larga tradición dentro de dicho estilo y eran lo que esperaba todo oyente interesado. Es incuestionable que la popularidad del *break* y la emoción que

[1] Véase el Glosario.

generaba contribuyeron en gran medida a la expansión que con el paso del tiempo llevó del *break* solista al solo de jazz.

Para el intérprete, el concepto estrictamente controlado por Oliver del estilo de Nueva Orleans significaba un máximo de libertad dentro de un formato global diseñado por el líder. Este enfoque todavía funcionaba en 1923 porque ninguno de los intérpretes—ni siquiera Armstrong o Johnny Dodds, y desde luego no Honoré Dutrey o Kid Ory—tenía la capacidad necesaria para cargar con todo el peso musical, técnico y emocional que exige un solo de jazz. Ser un diente de una rueda más grande encajaba perfectamente con su talento limitado. De hecho, la simplicidad—y a menudo la ingenuidad—de sus líneas individuales hace que resulte factible lograr la complejidad relativa de una polifonía a cuatro voces. Si hubieran tenido más personalidad, más contundencia y más complejidad individual, el resultado habría sido caótico. En el mejor de los casos, las diferentes líneas melódicas se habrían anulado entre sí. Por otra parte, era inevitable que adquirieran más fluidez y habilidad instrumental, y ya sólo por esa razón el estilo polifónico colectivo estaba condenado a la extinción. En el momento en que un solo intérprete podía mantener la atención del oyente, la improvisación colectiva se volvió innecesaria. Aunque podemos lamentar la práctica extinción del ideal colectivo en el jazz, era inevitable e inherente a la naturaleza sumamente individualista de la expresión del jazz.

Aun así, podemos maravillarnos en la actualidad con el 4/4 regular, controlado y sólido de interpretaciones como *Canal Street Blues*, *Froggie Moore* y *London Café Blues*. La emoción que experimentamos no es sensacional, sino tranquila y constante, y nos conmueve por la unanimidad de la concepción reflejada en el sentimiento rítmico de los músicos.

También podemos maravillarnos por el modo en que los papeles individuales se integran en el concepto que Oliver tiene de la banda, a la que considera un solo instrumento. Los intérpretes rara vez interfieren entre sí, y cada uno de ellos, en su registro y función particulares, suma su aportación a un rico tejido armónico-melódico de conjunto. Pero no demos por supuesto que dicha unanimidad era una conclusión ineludible. Basta comparar la Creole Band con otros grupos de la época. En los Blue Five de Clarence Williams, por ejemplo, que también entraron en el estudio de grabación en 1923, hay una continua duplicación superflua de notas y líneas, pese a que la banda contaba con un instrumento de viento menos. Es como si en la banda de Oliver escucháramos una expresión moderna de la disciplina de grupo del conjunto de tambores africanos, con Oliver como el líder o tambor principal, y Armstrong, Dodds y Dutrey como los músicos subalternos que actúan sólo como complemento del líder. Por lo que respecta a ese vínculo, el talento de Armstrong y el dominio arraigado del estilo de conjunto se ponen de manifiesto en el hecho de que uno de los solistas más explosivos que ha conocido el jazz encajara en la estructura de semejante banda.

Tampoco podemos por menos de maravillarnos ante el sentido de la forma y la progresión que encontramos en las mejores grabaciones de la Creole Jazz Band. La integración vertical de la que hemos hablado se combina con un sentido de la progresión horizontal tanto más extraordinario cuanto que se trata de una progresión polifónica a cuatro voces. No sólo cada *chorus* desarrolla variaciones o adornos del tema de la composición, sino que de *chorus* a *chorus* aparece un auténtico sentido de progresión dentro de una estructura general. Tal cosa resulta especialmente cierta en el caso de la interpretación del propio Oliver, como Martin Williams ha mostrado en su excelente monografía sobre King Oliver.[1] Aquí la palabra clave es *tema*. En todas las interpretaciones antiguas del estilo de Nueva Orleans, la composición original desempeñaba un papel predominante en la *improvisación*. Los músicos más jó-

---

[1] Martin Williams, *King Oliver*, col. Kings of Jazz, Nueva York, A. S. Barnes and Company, 1961.

venes, como Armstrong, Sidney Bechet y Johnny Dodds, gradualmente se apartaron del concepto de improvisación sobre un tema, y a partir de mediados de la década de 1920 la improvisación a solo pasó a significar, con escasas excepciones, improvisar sobre acordes y no sobre melodías. Sin embargo, incluso Armstrong, en sus ocasionales solos con Oliver, a menudo se mantenía próximo a la melodía, como en su solo en *Froggie Moore* (una composición de Jelly Roll Morton).

Oliver era un maestro de esta clase de improvisación referencial.[1] El ejemplo 2 presenta los tres últimos *chorus* de *Mabel's Dream* (en la versión Paramount, matriz n.º 1622/1). La letra A muestra una exposición más o menos literal del tema del trío. Pero en la B, Oliver «quiere darle *swing* al tema», como señala Martin Williams, y para conseguirlo debe «rediseñar la línea melódica». Si comparamos A y B, se observará que nueve de los dieciséis compases son idénticos, mientras que los otros siete presentan distintos tipos de ornamentación o de notas de relleno. La finalidad de todas estas variantes no es otra que la de añadir más *swing* a la melodía. En el tercer compás de la sección B, una frase con cierto aire de *blues* refuerza el efecto, anticipando una interpretación del tercer *chorus* (letra C) que le imprime ese carácter de *blues* aún en mayor medida. Sólo seis de los compases del último *chorus* son idénticos a los de la melodía original del trío. Se añaden, además, cinco *blue notes* (señaladas con una x en el ejemplo)—mientras que en el tema no había ninguna—y, «para llevar a cabo esta variación final, la más drástica de todas, [Oliver] utiliza su sordina *wah-wah*», transformando de este modo la ingenua melodía inicial «en un *blues* melancólico, pero de una gran nobleza».[2]

---

[1] André Hodeir, en su libro *Jazz: Its Evolution and Essence* (trad. David Noakes, Nueva York, Grove Press, 1956), ha llamado *paráfrasis* a este tipo de improvisación.

[2] Martin Williams, *King Oliver, op. cit.*, p. 47.

Ejemplo 2. *Mabel's Dream* (versión de Paramount)

Sin embargo, Oliver no está interpretando un solo en sentido estricto. Con la excepción del clarinete de Dodds, todo el conjunto lo acompaña. El equilibrio de planos sonoros de la grabación es tan pobre, que no podemos escuchar todos los contracantos de Louis a la segunda corneta, ni los *obbligati* de Dodds cuando entra en los dos últimos *chorus*. Pero se escucha lo bastante para afirmar que Armstrong está a la altura del liderazgo de Oliver en cuanto a estilo y carácter. En la sección A, Armstrong dobla la línea melódica de Oliver con terceras y sextas, respetando la armonía. A medida que Oliver se toma más libertades, Armstrong hace lo propio. La sorprendente capacidad de éste para crear líneas musicales coherentes dentro de la armonía—una tarea compleja, si tenemos en cuenta las normas restrictivas de la conducción diatónica de las voces—puede escucharse con claridad en la nueva versión de *Mabel's Dream* para el sello Okeh, grabada seis meses después de la versión de Paramount.

¿Tenía Louis una reputación de tal magnitud que los ingenieros de grabación de Okeh querían escucharlo tan claramente como a Oliver (o incluso más)? ¿O fue una mera casualidad lo que hizo que la corneta de Louis se escuchara por encima de la voz principal? ¿O el tremendo impulso y la intensidad de Louis se proyectaron por encima de King Oliver, como afirma Lil Hardin?[1] En cualquier caso, esa circunstancia nos ofrece una oportunidad de oír con claridad el trabajo de Armstrong a la segunda corneta. Casi podemos llegar a sentir que las notas se salen de sus costuras, por decirlo así, poco satisfechas de quedar confinadas a un papel secundario (ejemplo 3). En su simplicidad—exigida y lograda—se trata de una interpretación asombrosa. Mientras Oliver sigue el tradicional esquema en tres *chorus* para distanciarse gradualmente del tema, Louis va transformando su interpretación

---

[1] *Satchmo and Me*, Riverside 12-120.

hasta adquirir un *vibrato* más amplio y un *swing* más intenso, casi como si quisiera llevar el peso de la banda, no desde
la línea melódica principal, sino a partir de las voces «inte-
riores», hasta el punto de que uno casi se inclinaría a pensar
que él es el responsable del *tempo* más rápido (¿con carácter
de baile?) de la versión del sello Okeh.

Ejemplo 3. *Mabel's Dream* (versión de Okeh)

Oliver ofrecía a veces espacios para los solos de Louis. Éstos indican que, pese a que Armstrong todavía no podía (o
no quería) despojarse por completo del estilo de conjunto de
su mentor, empezaba a afirmar su propia personalidad, y comenzaban a aparecer diferencias entre los estilos de ambos.
El primer solo que Louis grabó con Oliver es el de *Chimes
Blues* de 1923. Era un solo inusual para la Creole Jazz Band,
porque no contaba más que con el acompañamiento de la
sección rítmica. Sin embargo, es un solo únicamente en el
sentido de que tiene lugar sin los demás instrumentos; ni su
carácter ni su concepción son los de un verdadero solo. Podría haber sido con facilidad una parte de un *chorus* de improvisación colectiva que se hubiera desgajado de su fondo.
Pero desde luego apunta a la dirección de un solo, y *no* es
una variación temática. Es digno de señalar que únicamente
en los dos *chorus* de Armstrong se ejecuta de manera correcta el cambio armónico en el sexto compás. Louis pasa a un
acorde disminuido de fa sostenido, cuando con anterioridad
el conjunto se había ceñido con obstinación a un acorde de
fa menor, ¡mientras la pianista, Lil Hardin, continuaba des-
preocupadamente en fa *mayor*! Desde luego, el jazz en sus
comienzos está repleto de miles de semejantes discrepancias
armónicas, y la banda de Oliver sin duda no era una excepción. También hay otros errores, como los del dúo de cornetas en los *breaks* de la versión de *Snake Rag* grabada para
Gennett, que fueron solventados dos meses después cuando volvieron a grabar el tema en el sello Okeh; el trombón
desafinado de Dutrey en *Southern Stomps*; o los frecuentes
problemas de Lil Hardin con los cambios de acordes (por
ejemplo, en *Snake Rag*, *Chimes Blues* y *Just Gone*); el *tempo*
pesado y las armonías melosas de *Sweet Baby Doll*; la irregular sección rítmica de *Camp Meeting Blues*; o la vacilante
ejecución que hace Dodds del famoso *obbligato* de clarinete en *High Society*.

No obstante, hay que contraponer esas deficiencias a las

numerosas delicias que ofrecen esas grabaciones. Tomemos, por ejemplo, la impresionante luminosidad que se desprende de la disposición de las voces en la progresión de acordes de séptima por movimiento paralelo que encontramos en el inicio de *Froggie Moore* (ejemplo 4).

Ejemplo 4. *Froggie Moore*

En la partitura no se aprecia, pero la calidez de Dodds y Dutrey proporciona el brillo justo, mientras que el hecho de que el intervalo más importante de los acordes, la séptima, aparezca siempre en la parte grave del registro central del piano confiere una fascinante cualidad incorpórea a esta progresión ascendente.

Después están los logrados *breaks* a dúo de Oliver y Armstrong en *Riverside Blues*; la variedad de dinámicas y texturas en *Chimes Blues* y *London Café Blues*; las líneas de *walking bass* en el banjo de *Canal Street Blues*; la excitación y el *swing* torrencial de la mayoría de los registros para Okeh y del *Alligator Hop* de Gennett; y, por último, el solo justamente famoso de Oliver en las dos grabaciones de *Dipper Mouth Blues*. En este caso, la versión de Okeh destaca por su textura, bastante densa, bien equilibrada y capturada a la perfección por los ingenieros; y su gran *swing* debía de tener en directo un efecto abrumador en 1923.

A partir de ese año, el jazz experimentó un desarrollo prodigioso desde el punto de vista del virtuosismo instrumental y de la variedad tímbrica y dinámica. Así pues, resulta tanto más asombroso que aún podamos escuchar con interés a la Creole Jazz Band, dado que esas características prácticamente no existen en sus grabaciones. Con algunas excepciones que ya hemos citado, la densidad polifónica se mantiene idéntica a lo largo de cada pieza, y cada instrumento conserva su tesitura prescriptiva: Dodds [♪]; Oliver [♪]; Armstrong [♪]; Dutrey [♪]. De modo que la extensión total siempre es la misma: [♪]. Cada pieza es como un bloque sonoro sólido que se desplaza horizontalmente a una velocidad constante y con la misma densidad. Y, sin embargo, el resultado nos fascina, porque los detalles lineales y verticales *en el interior* de ese bloque sonoro varían en su mayor parte de manera continua, como un caleidoscopio. En ocasiones, la complejidad lineal roza lo caótico, hasta el punto de que sólo se salva por la gran simplicidad del sustrato armónico sobre el que se apoya el resto de las líneas. El entrelazamiento accidental y el cruce de líneas instrumentales convierten estas melodías y progresiones de acordes inofensivas en una experiencia auditiva cautivadora, que se ve reforzada precisamente por los accidentes de la conducción de las voces, que con facilidad podrían considerarse erróneos en otro contexto (sobre todo en uno clásico), tales como las notas *falsas*, los paralelismos fortuitos y la convergencia de líneas, y su dislocación polimétrica. La capacidad que tiene el estilo de improvisación colectiva de Nueva Orleans para dar cabida a esos resultados fortuitos es una de sus cualidades más atractivas, una gran fuente de fascinación y efectividad. Pero debemos volver a señalar que, cuando las armonías y los ritmos se volvieron más complejos, el enfoque polifónico o heterofónico se volvió inviable. Sólo con la llegada de la atonalidad al jazz ha vuelto a ser posible someter la verdadera polifonía a una nueva investigación.

El estilo de Nueva Orleans, en su forma original y pura, no sobrevivió como tradición *mainstream* a la década de 1920. Incluso King Oliver y Jelly Roll Morton sucumbieron a las presiones de los cambios de estilo, y sus grandes grabaciones de esa década representan tanto el final de una época como el comienzo de otra. Algunas orquestas se quedaron en Nueva Orleans y lucharon por mantener el estilo puro. Lograron sobrevivir económicamente hasta el final de la década, pero para entonces los efectos del nuevo estilo solista y las influencias de las bandas comerciales y melosas habían pasado factura, con lo que, en 1930, los grandes conjuntos en el estilo de Nueva Orleans se habían convertido en una reliquia.

Por supuesto, la influencia de Oliver impregna la historia del jazz, no sólo porque su orquesta ejemplifica el conjunto típico de Nueva Orleans, sino porque él mismo fue un gran modelo para dos importantes trompetistas a los que debemos las dos principales maneras de tocar la trompeta que han llegado hasta nuestros días. El diagrama de la página siguiente ilustra de modo gráfico esa influencia.

Mientras que Chicago y Nueva York se convertían en los centros de la actividad del jazz, Nueva Orleans cayó prácticamente en el olvido. Algunos músicos, como Oscar Celestin, Kid Shots Madison, los hermanos Marrero, A. J. Piron, Sam Morgan, Chris Kelly y Punch Miller, así como muchos intérpretes menores, se esforzaron en conservar la tradición genuina, y unos pocos tuvieron la fortuna de entrar en el estudio de grabación. Pero para mediados de la década de 1920, los cazatalentos de las grandes discográficas de Nueva York ya no buscaban las bandas de Nueva Orleans más adscritas al estilo *hot*. Cuando, por accidente, algunas de estas orquestas entraban en el estudio de grabación, a menudo se les pedía que ofrecieran su repertorio más elegante. Asimismo, el verdadero enfoque y el impulso del conjunto de Nueva Orleans había quedado atrás, y muchos de los intérpretes, que tocaban para un público blanco por razones de supervivencia económica, se vieron forzados a subrayar los clichés más chabacanos y anticuados del estilo. Sin embargo, ejemplos como *Careless Love* y *Original Tuxedo Rag* (1925), interpretados por la Tuxedo Jazz Orchestra de Celestin, y los ocho registros realizados por la banda de Sam Morgan son representativos de la esencia del estilo, aunque no en todos los casos constituyan sus mayores logros artísticos.

GENEALOGÍA DE LA TROMPETA

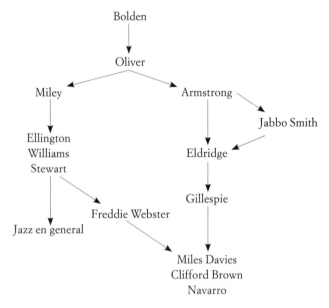

Era inevitable que una música tan joven y vigorosa como el jazz se desarrollara de modo rápido y positivo. Incluso sin Louis Armstrong, un mundo que cambiaba con rapidez probablemente habría introducido cambios en la música. Los veteranos de Nueva Orleans intentaban preservar lo que en esencia era una tradición musical «romántica» propia del siglo xix, manteniéndola a salvo de los enormes cambios musicales y estilísticos que se estaban produciendo. Sin embargo, uno de los suyos cortaría esos lazos de modo irreversible. Gracias a Louis Armstrong y a su influencia, el jazz se convirtió realmente en un lenguaje del siglo xx. Y ya no perteneció sólo a Nueva Orleans, sino al mundo entero.

3

EL PRIMER GRAN SOLISTA

Cuando, el 28 de junio de 1928, Louis Armstrong desplegó las espectaculares frases en cascada de la introducción de *West End Blues*, estableció la dirección estilística general que seguiría el jazz durante varias décadas. Asimismo, esa interpretación dejaba bastante claro que el jazz nunca podría volver a ser tan sólo música de entretenimiento o música *folk*. El toque de rebato de *West End Blues* demostró que el jazz tenía la capacidad potencial de competir con el rango más elevado de la expresión musical previamente conocida. Pese a nutrirse del grosero entretenimiento y el mundo de clubes nocturnos de los tiempos de la ley seca, la música de Armstrong trascendía ese contexto y sus implicaciones. Era música por el placer de la música. Esa actitud no resultaba una novedad en el jazz, desde luego, pero nunca se había manifestado de una forma tan brillante e inequívoca. Las bellezas de esa música eran las de cualquier experiencia musical grande y fascinante: fervor expresivo, intenso compromiso artístico y sentido intuitivo de la lógica estructural, combinados con una habilidad instrumental superior. La música de Armstrong cumplía los requisitos para ajustarse a cualquier definición que se pueda dar del arte: abstracto, sofisticado, virtuoso, emocionalmente expresivo, estructuralmente perfecto. Como cualquier innovación con hondura creativa, *West End Blues* resumía el pasado y predecía el futuro. Pero esos momentos de la historia de la música, a causa de su propio esplendor, tienden a dejar en segundo plano los muchos pasos preparatorios que llevaron a la obra maestra. Sin duda, *West End Blues* no carece de antecedentes. No surgió de repente y de forma completamente desarrollada de la cabeza de Armstrong. Su concepción se fue gestando, fragmento a fragmento, durante un período de cuatro o cinco años, y resulta en extremo instructivo estudiar el proceso en el que Armstrong fue acumulando su estilo personal, su *mochila*, como dirían los músicos de jazz.

Armstrong grabó con tal frecuencia entre 1926 y 1929 que la tarea del analista de jazz resulta al mismo tiempo sencilla y complicada. Por una parte, las grabaciones ofrecen una documentación exhaustiva, poco menos que diaria, del progreso de Louis. Por otra parte, la tarea de lograr una visión íntegra de sus registros resulta, ya sólo en términos puramente estadísticos, formidable: tal es la proliferación de sus grabaciones de un material muy variado, realizadas en circunstancias muy distintas, bajo presiones muy diversas y con el desenfreno indiscriminado que sólo puede permitirse un genio. Lo más extraordinario es que Armstrong, al margen de lo que grabara o con quién lo hiciera, mantuvo un nivel asombrosamente alto de inventiva e integridad musical, al menos hasta comienzos de la década de 1930, cuando sucumbió ante el peso de su éxito y sus consiguientes presiones comerciales.

En la Creole Jazz Band de Oliver ya hemos observado al corneta de veintitrés años moviéndose con habilidad por la fina línea que separa las exigencias funcionales de ser segundo corneta de King Oliver y sus crecientes tendencias solistas. Incluso en estas primeras grabaciones de Armstrong empiezan a aparecer y repetirse minúsculos fragmentos de frase que, considerados en retrospectiva, se convirtieron en los recursos habituales de sus solos. Con eso no pretendo decir que fueran meros clichés utilizados de manera mecánica. En su mayor parte surgieron con Louis (algunos parecen proceder de Bunk Johnson y Oliver), y eran manifestaciones esenciales de su particular lirismo. Se convirtieron en las piedras angulares sobre las que se construía un solo y, con el paso de los años, su función y alcance expresivo fueron ampliándose, hasta que fue posible construir solos enteros a partir de estos fragmentos.[1]

[1] El proceso de desarrollar un estilo personal a partir de unos pocos rasgos motívicos se puede observar en todo gran artista de jazz, trátese de

El surgimiento de Armstrong como solista coincide con el momento en el que se unió a la banda de Fletcher Henderson en Nueva York. Allí Louis pudo poner a prueba sus habilidades creativas e instrumentales en un contexto menos restrictivo que el proporcionado por la orquesta de Oliver. De hecho, Henderson—que ya era uno de los responsables de la creación del estilo de jazz posterior a Nueva Orleans, con su énfasis en los solistas y los arreglos, en ocasiones bastante sofisticados—contrató al joven Louis específicamente para que fuera su principal solista. Fue una oportunidad perfecta para que Louis desarrollara su identidad musical, eliminase lo que fuera de calidad secundaria o imitativa y refinara los ingredientes principales de su estilo, que ya iba madurando.

Al escuchar las grabaciones realizadas por la banda de Henderson entre octubre de 1924 y octubre de 1925, asombra la diferencia de calidad que separa el trabajo superior de Armstrong y el de sus colegas en el grupo. Incluso los solos más conservadores de Louis son triunfos comparativos de estilo y creatividad. Esa circunstancia resulta aún más impresionante si pensamos que entre sus colegas se contaban músicos como Coleman Hawkins, Charlie Green y Buster Bailey, y que la banda estaba formada por los mejores músicos de jazz que podían conseguirse con dinero. Y, aun así, el nivel de inspiración se eleva cuando Armstrong entra con un solo y decae cuando vuelve el conjunto. Ese hecho resulta particularmente lamentable cuando los solos de Louis se yuxtaponen de modo abrupto con las intervenciones de la primera trompeta de Elmer Chambers o Howard Scott (como, por ejemplo, en *Mandy, Make Up Your Mind*). La calidad ligera, aérea y franca de los solos de Louis, la elegancia del sonido y el *swing* fluido de su ritmo se congelan repentinamente para transformarse en ritmos rígidos, pesados

---

Armstrong, Parker, Monk o Lester Young. También remito al lector al capítulo 7, sobre Ellington.

y espasmódicos dentro de una sonoridad gris y deslucida.

¿Qué distingue a Louis de los demás? ¿Por qué destaca un solo de Armstrong como la cima de una montaña sobre las colinas que la rodean? Hay cuatro características destacadas; ninguna de ellas, en mi opinión, tiene prioridad sobre las otras, sino que todas son elementos inseparables de una sola concepción global: (1) su acertada elección de las notas y el contorno resultante de sus líneas melódicas; (2) su timbre incomparable; (3) su igualmente incomparable sentido del *swing*, es decir, la seguridad con que las notas se hallan colocadas en la trama rítmica y la sorprendente variedad de su fraseo por lo que respecta a los ataques y la articulación, y (4), lo que constituye tal vez su contribución más personal, el repertorio cuidadosamente variado de *vibratos* y trinos con los que Armstrong moldea y ornamenta cada una de las notas. Nunca se insistirá demasiado en la importancia de esto último, ya que otorga al solo de Armstrong esa peculiar sensación de impulso interior y fuerza propulsora. A Armstrong le resultaba imposible tocar sin *swing*. Incluso si aislamos una negra del contexto de una frase, podemos oír con claridad el impulso propulsor de esa nota, en el que reconocemos la inconfundible personalidad de Armstrong. Es como si esas notas quisieran escapar de los confines de su entramado rítmico. Desean hacer más de lo que puede hacer una sola nota; desean expresar la exuberancia de una frase entera. Una vez más, resulta muy revelador comparar la vida palpitante de una nota de Armstrong y la falta de vida de una nota en un contexto similar cuando la tocan sus colegas en la banda de Henderson.

Lo que resulta asombroso es que los cuatro ingredientes de la concepción estilística de Armstrong estén ya tan claramente formados incluso en los primeros solos con la banda de Henderson. Se trata de solos sencillos y naturales que en la actualidad no resultan particularmente llamativos. Y, sin embargo, superan en tal grado las interpretaciones de los demás músicos y presentan un diseño tan sencillo e impecable—pese a basarse en muchas ocasiones en los materiales más sentimentales y banales de Tin Pan Alley—que despiertan nuestra atención. Dos solos de finales de 1924 ilustran esa idea. Armstrong convierte *Mandy, Make Up Your Mind*, una melodía de Irving Berlin típica del período, en un pegadizo solo de jazz. Si comparamos la melodía original y la improvisación de Armstrong a partir de ella, podemos aprender muchas cosas sobre sus métodos en aquella época (ejemplo 1).[1]

Ejemplo 1. *Mandy, Make Up Your Mind*[2]

---

[1] Transcritos sobre el papel, los solos de jazz suelen parecen rígidos, aunque no lo son. La notación no puede captar los sutiles matices de timbre, ritmo, ataque y fraseo. Así pues, los ejemplos aquí transcritos deben considerarse junto a las grabaciones.

[2] *Mandy, Make Up Your Mind*, de Grant Clarke, Roy Turk, Geo. W. Meyer y Arthur Johnston, © 1924 Bourne Co., nuevo copyright. Reproducción autorizada.

Siguiente secuencia de la melodía original

Desde las primeras notas de Armstrong, no cabe ya duda de que nos encontramos ante lo que va a ser un solo de jazz. El contraste con el remilgado *tutti* anterior es sorprendente desde el momento en que se produce la entrada de Louis, que surca el primer compás con unas síncopas llenas de *swing*. En los compases cuarto y séptimo, Armstrong se las arregla para evitar el obsoleto diseño rítmico de corcheas del original, y si analizamos cómo lo logra, encontraremos un factor interesante: sus frases van un compás por delante. El tema de Berlin se halla estructurado en fragmentos de frase de dos compases, de tal modo que se pueden agrupar los compases uno y dos, tres y cuatro, cinco y seis, etcétera. Sin embargo, el fraseo de Armstrong no coincide con las divisiones de la acentuación natural de la melodía, sino que agrupa el compás de anacrusa con el primero, el segundo con el tercero, el cuarto con el quinto y el sexto con el séptimo. En el compás ocho coinciden más o menos la melodía original y la improvisación (pese a la obstinación de Armstrong por atenuar la rigidez intermitente del original). En los compases nueve y diez, Armstrong retoma inmediatamente su tarea de reformulación del tema y desplaza una vez más la acentuación de las frases. En esta ocasión, el desplazamiento ya no es de un compás, sino de un tiempo. Las notas sincopadas acentuadas (la natural, si bemol, la bemol y re bemol) reciben el máximo peso. Lógicamente, eso era algo del todo imprevisible y, de hecho, debió de causar más de un problema a la sección rítmica de la banda, que seguía tocando su sencillo acompañamiento de *stride*. Además de desplazar la pulsación, los compases nueve y diez de Armstrong resultan un tanto disonantes. Puesto que cada una de las notas acentuadas, tal como las toca Louis, se prolonga ligeramente sobre el primer y el tercer tiempo del compás (en el ejemplo queda indicado mediante una ligadura que se prolonga sobre los silencios de corchea), ello da lugar a pequeñas disonancias por retardo. El la natural de Louis choca con el acorde de mi bemol; su si bemol, con el acorde de la bemol, y sus la bemol y re bemol, con los acordes de sol bemol y de fa, respectivamente. A partir de aquí, la improvisación vuelve a conectar con la melodía y sólo se vuelve a desviar de ésta en el último compás.

Es interesante observar que la tesitura de Armstrong en esta pieza y en otros solos del mismo período se amplía hacia el extremo superior. Al no verse obligado a mantenerse en el registro medio del instrumento, Louis podía desplazarse de un extremo al otro del registro de la trompeta, y en la siguiente década ampliaría de modo progresivo su extensión hasta llegar a un mi bemol sobreagudo. El solo de *Mandy* también contiene uno de los tres o cuatro motivos absolutamente característicos y propios de Armstrong: la línea melódica descendente del cuarto compás seguida por un intervalo de séptima ascendente. Este diseño melódico descendente, formado por un arpegio que despliega el acorde de novena de fa, fluía a la perfección de los dedos de Armstrong, porque se trataba precisamente del tipo de frase que empleaba una y otra vez en sus actuaciones como segunda trompeta con la orquesta de Oliver (véase el ejemplo 3 en el segundo capítulo, *Mabel's Dream*, versión de Okeh, compás doce). El solo de *Mandy* también resulta excepcional porque no incluye ninguna *blue note*. Esto no fue una mera casualidad. Existen numerosas pruebas de que Armstrong, sobre todo en aquellos años, dividía el repertorio de manera intuitiva en dos categorías diferenciadas: por un lado, las canciones comerciales de Tin Pan Alley, en las que las *blue notes* no eran imprescindibles y habrían estado probablemente fuera de lugar, y, por otro lado, los estándares de *blues* y de Nueva Orleans, en los que las *blue notes* resultaban del todo apropiadas.

El segundo solo de este período en concreto, *Go 'Long Mule*, guarda una gran similitud con *Mandy* en su concepción general. Contiene otro rasgo distintivo de Armstrong: el sencillo motivo rítmico de ♩♩♩ o ♩♩♩𝄽 (ejemplo 2, compases uno, cinco y nueve). Este motivo aparecía en muchas de sus improvisaciones y fue imitado por trompetistas más jóvenes como Johnny Dunn y Bubber Miley. Con sus dos notas cortas y una larga—esta última ornamentada por lo general con un ligero *shake*—, el motivo resultaba eficaz para instaurar una sensación de *swing* tranquila y apacible. Este mismo motivo de tres notas aparece otra vez en *How Come You Do Me Like You Do* (ejemplo 3, compás 2), un solo que incluye otro de los rasgos de Armstrong: el célebre motivo 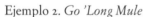, con su *rip* característico hacia la nota aguda (compases cuatro y dieciséis del solo). Volvemos a encontrar este recurso en muchos otros solos de Armstrong, y algunos de sus *breaks* más formidables se basaban esencialmente en este pequeño motivo o en otros muy similares (por ejemplo, *Potato Head Blues*, *Muggles* o *The Last Time*).

Ejemplo 2. *Go 'Long Mule*

〰 indica un ligero shake

Ejemplo 3. *How Come You Do Me Like You Do*

(El fa del séptimo compás debería ser lógicamente un fa ♯).

En *Texas Moaner*, un *blues* que Armstrong grabó con los Blue Five de Clarence Williams, no sólo tenemos uno de los diseños de arpegio descendente (ejemplo 4, tercer compás, nótese que siempre terminan con la séptima del acorde), sino también uno de los primeros *breaks* a *tempo* doble (ejemplo 4, compases siete y ocho), que incluye el característico *rip* inicial. Aquí la pulsación interna es de corchea, el doble de rápida que la pulsación habitual de negra. La libertad rítmica y la variedad de este solo tal como lo tocó Armstrong desafían todo intento de transcripción exacta, al igual que su ligero *accelerando* hacia la mitad del *break*.

Ejemplo 4. *Texas Moaner*

Uno de los solos más formidables y con mayor impulso de este período lo encontramos en *I Ain't Gonna Play No Second Fiddle,* un disco muy poco conocido de los Jazz Phools de Perry Bradford (ejemplo 5). El empuje irreprimible de la ejecución de Armstrong y el descaro casi arrogante con que su trompeta emerge del *tutti* anterior fueron únicos en su época (finales de 1925). En este ejemplo el *tempo* es bastante rápido (♩ = 184) y en el séptimo compás (de nuevo con un arpegio descendente que termina con la séptima) Armstrong toca a la máxima velocidad que podía alcanzar un trompetista anterior a Roy Eldridge y Dizzy Gillespie, con la única excepción de Jabbo Smith.

Ejemplo 5. *I Ain't Gonna Play No Second Fiddle*

Durante ese período, Armstrong empezó a elaborar uno de los elementos técnicos más importantes de su estilo y su sonido: su *vibrato.* Comprendió muy pronto que el *vibrato* podía ser un ingrediente esencial a la hora de dar impulso rítmico a sus interpretaciones. Entendió de modo instintivo que el *vibrato*—su velocidad, su intensidad, su amplitud— es un elemento sumamente personal y que no es algo que se añade *al* sonido, que se le superpone, sino «un elemento interno del sonido que le otorga movimiento. Ha de ser algo que logre que el sonido se proyecte *hacia delante*, y no *hacia arriba y hacia abajo*».[1] El *vibrato* de Armstrong era de los que transmiten movimiento. De hecho, podemos decir que, a causa de su particular *vibrato*, incluso una única nota en un solo de Armstrong tiene *swing*. Era un toque personal que sin duda adquirió a partir de sus técnicas vocales (o de las de otros).

Al *vibrato* pronto se añadieron otras dos características distintivas de Armstrong, el *shake* y el *vibrato terminal*.[2] El *shake* era simplemente una manera más extrema de animar y dar *swing* al sonido. El *vibrato* terminal solía utilizarse en las notas más largas, que comenzaban más bien *planas* y poco a poco se *soltaban* hasta terminar con un *vibrato* amplio, un *shake* o a lo sumo un *rip*. El ejemplo 6 ilustra gráficamente el *vibrato* terminal.

Ejemplo 6.

En los siguientes años, Armstrong hizo un uso creciente de esos recursos, que en la década de 1930 llegaron a resultar excesivos. Gracias a él se convirtieron en una técnica esencial de la trompeta y, por extensión, de los instrumentos de viento-metal.

En noviembre de 1925, Armstrong dejó a Henderson y volvió a Chicago. Su mujer, Lil, se había quedado en Chicago liderando una banda en el Dreamland, y la ciudad todavía era el centro del jazz, donde los músicos de jazz encontraban un trabajo más variado y lucrativo. Estas circunstancias desembocaron de modo indirecto en uno de los proyectos de gra-

---

[1] Gunther Schuller, *Horn Technique*, Londres, Oxford University Press, 1962, p. 71.

[2] Esta expresión fue utilizada por primera vez por André Hodeir en *Jazz: Its Evolution and Essence*, *op. cit.*, pp. 66-67, en un capítulo sobre el trombonista Dickie Wells.

bación a largo plazo más destacables de la historia del jazz: los famosos Hot Five y Hot Seven de Louis Armstrong. Las grabaciones con los músicos reunidos bajo esos nombres no sólo dieron fama internacional a Armstrong, sino que probablemente contribuyeron más que cualquier otra serie de grabaciones a dar celebridad al jazz y a convertirlo en una música merecedora de respeto.

Lo notable es que los Hot Five nunca existieron como banda fuera de los estudios de grabación. Sus integrantes, sin embargo, tocaban juntos en la banda del Dreamland y en otros clubes y salas de baile. Como ha dicho Kid Ory: «Habíamos trabajado juntos durante años y conocíamos perfectamente nuestros respectivos estilos musicales».[1] De hecho, Armstrong conocía a Ory desde 1918, cuando había tocado en la Brownskin Band de éste. Probablemente había conocido a Johnny Dodds en Nueva Orleans cuando era un muchacho, y en cualquier caso había trabajado con él en la banda de Oliver durante dos años, igual que Johnny St. Cyr y Lil Hardin, que entonces era la mujer de Armstrong. Los vínculos musicales y personales entre los Hot Five eran muy estrechos desde un principio, y se fortalecieron todavía más con el liderazgo y la creciente fama de Armstrong.

Louis era una famosa personalidad musical cuando empezó a grabar con los Hot Five, al menos a los ojos del público negro, prácticamente el único que compraba discos de jazz en aquellos tiempos. Así pues, el éxito de las grabaciones de los Hot Five resultaba casi predecible. Aunque en 1925 y 1926 Armstrong aún no estaba en su apogeo y el nivel de sus cuatro colegas a menudo dejaba mucho que desear y nunca estaba a la altura del de Armstrong, la calidad de los Hot Five se hallaba muy por encima de la media. El grupo estuvo de inmediato en boca de los músicos y del público negro.

La primera sesión, el 12 de noviembre de 1925, no produ-

[1] Nat Shapiro y Nat Hentoff (eds.), *Hear Me Talkin' to Ya*, *op. cit.*, p. 110.

jo jazz trascendental, aunque sin duda Armstrong estaba en excelente forma, con su sonido dúctil y bien proyectado, sus ideas interesantes, su ritmo seguro y variado. La banda tocó en un estilo de Nueva Orleans modificado en gran medida, moviéndose entre un estilo orquestal en parte tibiamente mantenido y en parte descartado, y un estilo solista que aún no estaba definido del todo. Salvo en el caso de Armstrong, los solos individuales no eran todavía lo bastante sólidos para sustentar la nueva concepción. Aunque la música resultaba en cierto sentido más «avanzada» que la de Oliver, también era menos compleja y aún no había cuajado en un todo unificado. A mediados del siglo XVIII se había producido una situación parecida entre la compleja música de Bach y la de sus sucesores, supuestamente más sofisticados y «avanzados». Los defensores de Telemann, Christoph Graupner, Michael Haydn y otros músicos, que malinterpretaban las obras maestras polifónicas de Bach al calificarlas de «anticuadas» cuando las comparaban con las nuevas formas homofónicas, eran incapaces de escuchar y ver la audaz inventiva de la música de Bach. De forma similar, las primeras grabaciones de los Hot Five, consideradas de forma retrospectiva y objetiva, no salían favorecidas si se las comparaba con lo mejor de la Creole Jazz Band de Oliver, pero representaban la *novedad*, celebraban la nueva fiebre por el baile que siguió al fenomenal éxito del charlestón y, en general, armonizaban con la concepción de la vida optimista y desinhibida que prevaleció en la era del jazz a mediados de la década de 1920.

El segundo grupo de sesiones, tres meses después, estuvo un poco más logrado desde un punto de vista musical y, además, produjo *Heebie Jeebies*, el primer éxito discográfico de los Hot Five. Sin embargo, por lo general, el grupo seguía buscando su propio camino. Aparte de algunos solos bochornosos—especialmente los de Lil Hardin (*Cornet Chop Suey*, por ejemplo)—y la intromisión de ideas más propias del vodevil y del cine que del jazz (Ory en *Oriental Strut*, Lil

Hardin en su canción *You're Next*), como mínimo el quinteto intentaba explorar una gama expresiva más amplia, siempre impelido por la trompeta resuelta e infatigable de Louis. Pero el esfuerzo que eso implicaba se nota, incluso, en las interpretaciones de Armstrong. Al escuchar esas grabaciones, podemos oírlo buscando la nota inesperada, la línea inusual, el toque de intensidad añadida, y apreciar que unas veces lo consigue y otras no. Las frecuentes «pifias», la elección en ocasiones poco afortunada de las notas (incluido el cambio armónico completamente erróneo en el compás trece de su *chorus* en *Muskrat Ramble*), la evidencia de no conocer lo bastante bien el material (como en *Oriental Strout*), la ligera tensión añadida, todo da testimonio de unas mayores dificultades por parte del grupo. Por otra parte, están los extensos e innovadores *chorus* en *stop-time* y los *breaks* de *Cornet Chop Suey*, que anuncian *West End Blues* y *Weather Bird*.

En conexión con la ya mencionada *Heebie Jeebies*, el famoso *scat* vocal de Armstrong, hay que decir unas palabras sobre la forma de cantar de Louis. Para el oyente familiarizado con el canto clásico, la voz de Louis, con su técnica áspera y completamente heterodoxa, por lo general produce una completa conmoción. A menudo la reacción consiste en dejar de lado la voz, considerándola primitiva y ordinaria. En realidad, la forma de cantar de Louis es un correlato vocal de su forma de tocar, igual de natural e inspirada. En su forma de cantar podemos apreciar todos los matices, el fraseo y la facilidad natural de su forma de tocar, incluidas las inflexiones y los portamentos, el *vibrato* y los *shakes*. La forma de cantar de Louis es única y se justifica a sí misma. Ha añadido una nueva escuela o técnica de canto a la música occidental, pese a que su orientación es completamente africana en origen.

El 28 de mayo de 1926, Louis participó en dos sesiones de grabación lideradas por Erskine Tate y Lil Hardin Armstrong. El hecho de que esos dos registros no se realizaran bajo su liderazgo explica sin duda que los críticos y los historiadores de jazz suelan pasarlos por alto. Sin embargo, merecen que les prestemos atención, no sólo porque ofrecen interesantes comparaciones con las grabaciones de los Hot Five, sino también porque los registros realizados con la orquesta de Tate son el único ejemplo de Armstrong actuando en un contexto de *big band* en 1926.

La importancia de la Vendome Theatre Orchestra de Erskine Tate nunca se ha valorado lo suficiente, desde el punto de vista de sus propios méritos intrínsecos o del papel que desempeñó en la vida de Armstrong. A menudo se ha pasado por alto que Armstrong abandonó Nueva York y a Henderson para tocar con dos orquestas de Chicago, las de Erskine Tate y Carroll Dickerson, en el Dreamland. La orquesta de diez músicos de Tate era el mejor grupo de grandes dimensiones de Chicago y, en muchos aspectos, el correlato de la banda de Henderson en esa ciudad. Armstrong estuvo con Tate varios años y siempre habló elogiosamente de aquella asociación, refiriéndose a esa excelente orquesta de foso como la «Orquesta Sinfónica del profesor Erskine Tate». Otros músicos también han hablado de ese singular grupo con el máximo respeto y admiración, y son pocos los que no aspiraron a tocar en él.

Tate era violinista, como muchos directores de orquestas teatrales, y recibió una formación musical bastante completa en diversos conservatorios de Chicago. Su primera gran orquesta en el Vendome en 1918 acompañaba números de danza y vodevil, evidentemente interpretaba en su mayor parte clásicos ligeros y por las noches ofrecía conciertos de una hora en el foso. Con la aparición del jazz, el repertorio de Tate se amplió para incluir esa nueva clase de música, aunque sin descartar los clásicos. Al formar una temprana orquesta de la llamada «tercera corriente», al menos en potencia, todos los músicos de Tate tenían que leer música muy bien. Algunos, de hecho, eran músicos formados. Al mismo tiempo, la lista de nombres del jazz que en algún momento tocaron con Tate incluye a Earl Hines, Teddy Weatherford, Fats Waller, Freddie Keppard, Jabbo Smith, Buster Bailey, Darnell Howard y Omer Simeon, además de Armstrong. Y era una banda formidable, a juzgar por los únicos dos registros que realizaron y por crónicas de la época: «[Tate] había reunido a los mejores músicos y podía interpretar a la perfección cualquier clase de música, desde clásica hasta jazz».[1] Algunos intérpretes tocaban más de un instrumento de viento-madera, incluido un tal Alvin Fernandez, que tocaba el oboe en las oberturas clásicas y el clarinete y el saxofón en las obras de jazz.

Los dos registros realizados en 1926, *Static Strut* y *Stomp Off*, son piezas de jazz y ofrecen solos extraordinarios de Armstrong y Teddy Weatherford, el legendario pianista que abandonó Chicago a finales de la década de 1920 y se pasó el resto de su vida en el Lejano Oriente. Dado que Weatherford probablemente fuera el músico que más influyó en Earl Hines, y puesto que sólo grabó otros cuatro temas con una banda,[2] sus solos con Tate revisten un considerable interés histórico. Sin embargo, su valor no se limita a eso, pues presentan un marcado estilo rítmico, a medio camino entre el *ragtime* que lo precedió y el posterior «estilo de trompeta», un cruce entre James P. Johnson y Earl Hines. Su ausencia de la escena del jazz estadounidense ha convertido a Weatherford en uno de los muchos músicos de jazz injustamente olvidados, y no nos extraña que la crónica contemporánea citada antes dijera que «estaba por delante de todos los pianistas de su tiempo. Era en verdad sensacional y todos los pianistas, incluido Earl Hines, copiaron su estilo».

En esa sesión, Armstrong también estaba en buena for-

---

[1] *Ibid.*, p. 107.

[2] En la década de 1930 realizó algunas grabaciones solistas y a trío en París y Calcuta, pero para aquel entonces el estilo avanzado de otros pianistas había superado el de Weatherford. Es evidente que su aislamiento de la competitiva escena del jazz estadounidense hizo que su talento no se desarrollara.

ma, sobre todo en *Static Strut*, a la que contribuyó con un solo extenso, explosivo y exuberante que incluye un *break* modulante y un espectacular salto de novena en el *break* anterior al puente. En conjunto, es el solo más llamativo e inventivo registrado por Louis hasta ese punto. Tanto la banda como el arreglo son extraordinarios y resultan actuales, con una muy sólida sección rítmica (piano, banjo, tuba y batería) y un *swing* endiablado, en todo caso para la época. Las dos grabaciones presentaban el nuevo estilo de gran ciudad del Norte: un ritmo *hot* absolutamente bailable. Incluso el *tutti* lleno de fuerza del *chorus* final de *Stomp Off*, que en términos generales apunta al estilo de Nueva Orleans, presenta un aspecto incisivo y duro propio de las orquestas de Chicago que King Oliver habría deplorado y con seguridad censuró.

Las otras dos grabaciones a las que nos hemos referido se hicieron bajo el nombre de Lil's Hot Shots, aunque los integrantes eran los mismos que los de los Hot Five. Por lo tanto, es sorprendente que los dos temas, *Georgia Bo Bo* y *Drop That Sack*, sonaran completamente distintos a los de los Hot Five. Como desconocemos las circunstancias exactas relativas a esa sesión y el punto en el que entonces se encontraban las relaciones personales entre los músicos, nos resulta difícil explicar por qué el estilo de los pasajes orquestales recuerda mucho más al antiguo estilo de Nueva Orleans, por qué los solos de Louis son en general de inferior calidad (ni siquiera toca ninguno en *Georgia Bo Bo*) y por qué Ory y Dodds, por su parte, ofrecen solos sencillos pero efectivos, ciertamente superiores a los de su trabajo bajo el liderazgo de Armstrong. Todo ello conduciría a corroborar la teoría, propuesta con frecuencia, según la cual, por razones personales o musicales, Ory y en especial Dodds se sentían intimidados en las sesiones de los Hot Five.

Podemos pasar por alto la siguiente sesión de los Hot Five, que en su mayor parte presentaba temas casi *novelty* de Lil Hardin Armstrong. Nada añadieron a la talla del grupo y revisten escaso interés, dado que suponen (junto con *King of the Zulus*) cl nadir de la actividad de los Hot Five en los estudios de grabación. Sin embargo, en las siguientes dos sesiones, el 23 de junio y el 16 de noviembre, las grabaciones de los Hot Five empezaron a tener un *swing* más sistemático. La pura fuerza y el impulso rítmico de la interpretación de Armstrong—aunque todavía no su inventiva—empezaron a ejercer su influencia en los otros cuatro músicos. Cuando está tocando Louis, las ideas, el *swing* y el ritmo parecen ocupar de modo automático el lugar que les corresponde; cuando Louis deja de tocar, es como si el motor de una máquina se hubiera desconectado. Y en ese momento, con una regularidad asombrosa, invariablemente aparece el desvaído piano de Lil Hardin Armstrong.

En ese momento de su carrera, Armstrong está consolidando sus experimentos de los años precedentes. Comparemos su interpretación en *Sweet Little Papa* con cualquiera de sus solos con Henderson (como los de *Mandy* o *Copenhagen*). Mientras que sus solos anteriores tenían una estructura claramente lineal, en *Sweet Little Papa* explota toda la tesitura de la trompeta con grandes líneas melódicas ascendentes y descendentes, que a veces cambian de dirección sin previo aviso. Los ritmos apacibles de las anteriores improvisaciones presentan aquí un carácter más marcado, un contraste mucho mayor y un *swing* más intenso. Asimismo, abundan los *breaks* al doble de *tempo*. Las líneas melódicas y la base rítmica se combinan para dar lugar a unos contornos más impactantes. Por supuesto, todo eso era el resultado no sólo de la creciente habilidad técnica de Armstrong, sino también de su mayor musicalidad, para la que el solo de jazz no era una melodía popular más o menos adornada, sino una progresión de acordes que generaba un máximo de originalidad creativa. La concepción solista de Louis se desarrolló en proporción exacta al grado en que sus solos se alejaban del tema original. Sus solos posteriores ignoraban casi por completo la melodía original y partían exclusivamente de su estructura armónica. Como ya hemos señalado, los detalles de esas improvisaciones utilizaban ciertas ideas o recursos más breves concebidos por Armstrong o típicos de él. En sus *chorus* en *Sweet Little Papa* encontramos el motivo ♩♩♩, los arpegios descendentes, la nota de anacrusa en *frullato* (recurso que no le era desconocido a Oliver) antes de un nuevo *chorus* o de un fragmento de ocho compases de éste, los *breaks* que comienzan con un *rip* sobre una nota aguda (en el *chorus* final y la coda), los *shakes* ornamentales, etcétera. Pero a diferencia de los solos anteriores, donde estos giros expresivos destacaban en el marco de una interpretación por lo demás plana, ahora participan de una concepción completa y unificada.

El modo en que esos rasgos personales impregnaron sus improvisaciones se puede ver claramente en el solo más notable de los que grabó en 1926, *Big Butter and Egg Man*. Su interpretación de esa anticuada melodía resulta soberbia de principio a fin. Su *chorus* a solo asombra en especial y ya ha sido objeto de elogio por parte de André Hodeir.[1] Merece la pena volver a examinarlo, ya que resume perfectamente la capacidad creativa de Armstrong en esa fase de su trayectoria. El solo refleja su sentido innato de la lógica y la continuidad musical, así como una formidable capacidad inventiva en las variaciones.[2] En primer lugar, obsérvense las sutiles alteraciones de la altura y el ritmo de las notas del motivo inicial, que se repite tres veces en el curso de los cinco primeros compa-

---

[1] André Hodeir, *Jazz: Its Evolution and Essence, op. cit.*, pp. 56-58.

[2] Las capacidades de Armstrong a este respecto deberían poner fin a la extraña idea, compartida por muchos músicos y entusiastas del jazz, de que la lógica estructural, o lo que es lo mismo, la conciencia de la variación y el desarrollo, es una preocupación intelectual incompatible con la verdadera creatividad del jazz. Louis Armstrong nunca fue y nunca será un intelectual, pero es indudable que su música procede no *sólo de las tripas*, sino también de una mente que *piensa* en términos e ideas musicales.

ses (ejemplo 7). Hodeir comenta al respecto: «Esta entrada, por sí sola, ya es una obra maestra; resulta imposible concebir algo más sobrio y equilibrado».[1] Cabría añadir además que ningún compositor, ni siquiera Mozart o Schubert, ha compuesto nunca algo de semejante naturalidad y con una inspiración tan sencilla. Señalemos también el empleo repetido del motivo rítmico-melódico ♪♩ (que por lo general se presenta en diseño descendente desde el segundo grado hasta la tónica), en los compases siete, nueve, quince y diecinueve, y su variante rítmica en el compás diez. Lo interesante es que la frase se completa de un modo diferente en cada caso. La diversidad se combina con la identidad y la repetición.

Ejemplo 7. *Big Butter and Egg Man*

[1] André Hodeir, *Jazz: Its Evolution and Essence*, op. cit., p. 57.

El puente es sin duda la cúspide creativa de este solo. Armstrong repite la nota do en el compás dieciséis valiéndose en un primer momento del efecto que producen las digitaciones alternativas en los instrumentos de viento-metal, para prolongar después el motivo con tresillos de negra. La progresión de acordes nos conduce al de si bemol, pero en el compás veinte Louis vuelve de modo inesperado sobre el mismo do con que había comenzado el puente, convertido ahora en la novena del acorde, e inicia una línea cromática descendente sincopada a la perfección, que dirige a su vez el solo hacia su punto culminante: la frase de enlace que comprende el clásico *break* que se da entre el final del puente y los últimos ocho compases. En el extraordinario *swing* y las semicorcheas *fantasma* de la frase que empieza con ♫, Armstrong «parece haber anticipado lo que serían las concepciones modernas del ritmo», tal como sugiere Hodeir con perspicacia.[1] Desde luego, tenemos los elementos indescriptibles de la interpretación de Louis, su timbre suntuoso y de una pureza absoluta, y la sencilla perfección de su *swing*, que surca el tiempo sin esfuerzo a la vez que conserva la precisión rítmica de una manera espléndida.

En la misma sesión, Armstrong grabó un fragmento de *scat* sin sentido escrito junto a su mujer y titulado *Skit-Dat-De-Dat*. Es una interpretación interesante, ya que está formada en gran medida por *breaks* de dos compases, lo que nos brinda una oportunidad excelente para comparar a los tres solistas del grupo. El contraste entre Louis, por una parte, y Dodds

---

[1] *Id.*

y Ory, por la otra, es llamativo; *Skit-Dat-De-Dat* confirma indiscutiblemente que no estaban a la altura de Louis. Como en docenas de otras grabaciones, en sus solos de *Skit-Dat-De-Dat* su *tempo* y entonación son malas, y sus ideas, chabacanas.[1] La nostalgia y la lealtad por los viejos maestros de Nueva Orleans puede llevarnos a querer pasar por alto esas faltas, pero una evaluación musical que no se base en un análisis objetivo sería inválida o irrelevante. ¿De verdad puede quedar alguna duda sobre la diferencia de calidad entre los *breaks* de Dodds y Ory y los de Louis en ese tema, especialmente si consideramos el inventivo *break* introductorio que realiza éste al comienzo? ¿Acaso tiene la apariencia de un *break* para una pieza en do mayor (ejemplo 8)? Si la tonalidad de do mayor ya se hubiera confirmado antes del *break*, el si bemol, mi bemol y la bemol se escucharían como *blue notes* o como notas alteradas, sin más. Pero como la pieza comienza con el *break* sin acompañamiento, nuestro oído percibe la melodía en mi bemol mayor (o incluso en do menor), de ahí que lo que suena extraño en el tercer compás sea precisamente la tonalidad principal de do mayor. No nos consta la existencia de ejemplos de semejante ambivalencia tonal en el jazz hasta el famoso *break* *fuera de tono* de Dizzy Gillespie en *I Can't Get Started* (en la grabación no suena muy impactante, pero en las ejecuciones en vivo solía ser mucho más espectacular).

Ejemplo 8. *Skit-Dat-De-Dat*. *Break* introductorio

---

[1] No obstante, André Hodeir fue injusto con Dodds, dado que su evaluación, bastante negativa, se basaba en una parte pequeña y de escasa calidad de la actividad de éste en los estudios de grabación (*Jazz: Its Evolution and Essence*, *op. cit.*, pp. 59-61).

Armstrong participó como «acompañante» en dos sesiones en abril de 1927.[1] Ninguna de las dos resultó brillante, como si Louis estuviera esperando el momento propicio, reservando sus energías creativas para el futuro, mientras que Dodds volvió a tocar mejor bajo su propio liderazgo que bajo el de Armstrong. Sin embargo, la sesión con Dodds resulta destacable por dos circunstancias que, cada una a su modo, desempeñarían un papel cada vez más importante en la vida de Louis. Una fue la primera aparición de Earl Hines en una grabación junto a Armstrong; la otra, el primer encuentro de Louis—en el transcurso de sus propias grabaciones—con el mundo sentimental y almibarado de Tin Pan Alley, en la forma de *Melancholy*, un tema de gran éxito de Rube Bloom. Aquí podemos escuchar las primeras señales del «estilo de trompeta» dulce y romántico que se convertiría en el pan de cada día de Armstrong al cabo de unos años.

Para la siguiente sesión bajo su liderazgo, Armstrong amplió la banda a siete integrantes, añadiendo tuba y batería, y, en un lapso de ocho días, grabó los famosos discos de los Hot Seven. Aunque estaban muy por encima del promedio y sirvieron para apuntalar la fama de Armstrong, tan sólo produjeron una interpretación verdaderamente destacable (de las once realizadas), y por lo general se han sobrevalorado. ¿Es posible que la carga del fenomenal éxito personal de Armstrong empezara a dejar huella? ¿Estaba intentando llegar a cotas que quedaban fuera de su alcance? ¿Preparó los registros con menos cuidado? Todas esas preguntas vienen una y otra vez a la mente cuando escuchamos esas grabaciones con espíritu crítico. En cierto sentido, las interpretaciones son mejores que las anteriores. La incorporación de la batería y la tuba sin duda contribuyó a restar importancia al papel de Lil Armstrong, y Johnny Dodds tocó notablemente mejor que

---

[1] La primera con los Washboard Wizards de Jimmy Bertrand, la segunda con los Black Bottom Stompers de Johnny Dodds.

antes. Pero, conforme la banda se iba alejando del estilo de Nueva Orleans e intentaba abarcar formatos más sofisticados y solos más extensos, la presión empezaba a notarse. Se trata de algo natural en un trabajo pionero, y semejante evaluación no pretende ser puramente desaprobatoria.

De hecho, Armstrong es mucho más ambicioso en esas grabaciones, y en ocasiones se extralimita. Los solos suelen ser más extensos, su registro agudo se amplía hasta llegar en alguna ocasión al do y al re bemol, sus ideas son más complejas y los *breaks* están casi todos al doble de *tempo*, a veces con un cierto carácter nervioso. En su último *break* en *Keyhole Blues*, Armstrong se pasa de ingenioso y el resultado no es del todo bueno. En *Alligator Crawl* falla en el interesante intento de saltar entre octavas en una frase cromática (compás diecisiete del solo de Louis), con lo que únicamente cabe describir el final del *break* como endeble. Su solo de *Weary Blues* comienza mal, al fallar de manera estrepitosa una línea cromática (un cliché que, de todos modos, no era propio de Armstrong). Logra recuperar el control, pero, a la desesperada, empieza a tocar fragmentos de *Twelfth Street Rag*, una de las piezas que se habían grabado aquel mismo día.

En *S. O. L. Blues*, Louis está mucho más acertado y nos ofrece un interesante anticipo de lo que será *West End Blues*. Las cinco frases descendentes empiezan con un si bemol agudo y reflejan ya la intensa calidad y convicción características de esta última pieza. Cuando al día siguiente volvió a grabarse el mismo *blues*, pero a un *tempo* más rápido y bajo el título de *Gully Low Blues*, parte del fulgor de la inspiración ya se había desvanecido. El solo de Louis es algo más mecánico y su canto menos espontáneo. (En cambio, parece que la intervención final del *tutti*, que tan mal había salido el día anterior, ¡se había ensayado a conciencia en el transcurso de las dos sesiones!). La comparación de estas grabaciones, en las que un mismo tema suena completamente distinto con sólo veinticuatro horas de diferencia entre ambas tomas, nos da una imagen clara de la naturaleza efímera del jazz. ¿Cuántos solos espléndidos ejecutaría Louis fuera de los estudios de grabación, tal vez apenas unas horas antes o después?

La interpretación más brillante de Armstrong, a la que ya nos hemos referido, es su famoso *chorus* en *stop-time* en *Potato Head Blues*. A diferencia de lo que ocurre en la mayoría de las piezas que grabó con los Hot Seven, en este caso el *tempo* es perfecto, y salta a la vista que Louis se sentía preparado para este *chorus*. Resulta imposible imaginar nada más equilibrado y perfecto que la primera frase, con el desplazamiento sobre la sexta en el segundo compás (si descontamos el compás de anacrusa)—que casualmente presenta el motivo tan familiar de ♩♩♩ —al que le sigue una atrevida síncopa en el tercero. Más adelante (en el compás doce), sobre un acorde de séptima de re, aparece un inesperado re bemol que resuelve en un do. Y luego, en el compás veinticinco, tiene lugar una de las frases más memorables de Armstrong (ejemplo 9), que la intensidad palpitante de su sonido y su *vibrato* contribuyen a hacer todavía más inolvidable.[1] Estos son algunos de los aspectos más destacables de un solo que, desde la primera hasta la última nota, muestra la extravagante riqueza de la fértil imaginación de Armstrong.

Ejemplo 9. *Potato Head Blues*

etc.

---

[1] Siempre me ha parecido que Hoagy Carmichael debía de conocer ese pasaje. Los compases tres y cuatro de *Stardust* contienen exactamente las mismas notas y el acorde (a *tempo* de balada, por supuesto) que los primeros compases del ejemplo de Armstrong (ejemplo 9). *Stardust* se escribió en 1927 y Hoagy Carmichael formaba parte del círculo de íntimos de Bix Beiderbecke, cuyo héroe era Louis Armstrong.

Ahora bien, aunque este solo en *stop-time* resulte extraordinario, también adolece en cierta medida de los conflictos que encontramos en las otras diez grabaciones de los Hot Seven. En ciertos momentos del solo se percibe una ligera tensión que contrasta con la serenidad absoluta de *Big Butter and Egg Man*, y que nos lleva a experimentar la curiosa sensación de dudar si lo logrará, sobre todo a partir del compás diecisiete. Tenemos la impresión de que a Armstrong le cuesta seguir los cambios de acordes del puente, y en varios pasajes a lo largo de los últimos dieciséis compases se perciben momentos de ligera vacilación (a los que la banda se adapta). En varias ocasiones sus dedos y su cabeza no estaban perfectamente sincronizados, y parece que Louis no se relajó hasta los dos últimos compases del *chorus*. De todos modos, y habida cuenta de los riesgos asumidos en este solo, es bastante comprensible que sintiera una cierta desazón.

Curiosamente, las interpretaciones de Dodds son mucho mejores en los registros con los Hot Seven. Sin duda, se sentía más a gusto con el material de *blues* que predominaba en ellos, y tal vez el refuerzo de la sección rítmica le ayudó a mantener el *tempo* (por no mencionar que el batería era su propio hermano, Baby Dodds). En cualquier caso, toca de una manera mucho más controlada, y los solos de *Wild Man Blues* y *S. O. L. Blues* (y de *Gully Low Blues*, la segunda versión de la anterior) son bastante buenos, aunque ciertamente resulten conservadores en comparación con los de Louis. Sin embargo, a veces advertimos lo desagradable que resultan el mal gusto, la entonación descuidada y el *tempo* inestable del trombonista. (Hasta hace poco se daba por supuesto que el trombonista era Kid Ory, pero ahora sabemos que no es así. A falta de confirmación, yo diría que el trombonista era Honoré Dutrey, que estaba trabajando con la banda habitual de Louis, compuesta por diez músicos, en el Sunset Café).

En las fechas de los registros con los Hot Seven, Armstrong grabó *Chicago Breakdown*, de Morton, con esa banda de diez miembros. La interpretación contrasta enormemente con las grabaciones de los Hot Five y los Hot Seven porque recupera en parte el viejo estilo de las *big bands* de Nueva Orleans. De hecho, en los pasajes orquestales recuerda mucho a grabaciones realizadas en dicha ciudad en la década de 1920 por parte de Sam Morgan, los New Orleans Owls y la Original Tuxedo Orchestra de Celestin, particularmente a *Original Tuxedo Rag*, interpretada por esta última banda. Puesto que las sesiones con los Hot Seven y con los Red Hot Peppers apenas distan unos días, es evidente que Louis tocaba una música más tradicional para bailar en el Sunset, mientras que utilizó las grabaciones con el grupo más pequeño para experimentar con un estilo más avanzado y una concepción más propia de un solista.

Chicago Breakdown también nos interesa porque ofrece uno de los primeros solos de Earl Hines. A consecuencia del revolucionario «estilo de trompeta» de Hines, tan directamente relacionado con el de Armstrong, toda la banda adquiere un impulso rítmico que el blanduzco piano de Lil Armstrong nunca podría haberle proporcionado. Sin duda, el estilo de Hines no estaba desarrollado del todo en aquel momento, pero ya se hallaban presentes sus características esenciales. La grabación también permite, una vez más, establecer comparaciones interesantes entre Louis y sus colegas, en este caso el saxofón soprano Boyd Atkins (famoso por ser el compositor de *Heebie Jeebies*, el primer gran éxito comercial de Armstrong) y Stump Evans al saxofón bajo. La brusca forma de tocar de esos dos músicos, carente de *swing*, está muy alejada de la concepción moderna de Louis.

A finales de 1927, unos siete meses más tarde, el estilo de Armstrong había logrado una mezcla poco menos que perfecta de relajación y tensión, como demuestran los seis registros espectaculares, todos con los Hot Five, grabados en diciembre. Cuatro temas cuentan con el gran guitarrista Lonnie Johnson como atractivo añadido. ¡Y cómo se nota la diferencia! Ya no son cuatro frente a uno, sino que Armstrong cuenta con un poderoso aliado. El *swing* del sostén rítmico de Johnson y la calidad de sus *breaks* de dos compases, que se alternan con los de Armstrong, constituyen sin duda uno de los puntos culminantes del jazz clásico. La influencia de Johnson también afecta a Dodds y Ory, que ofrecen su mayor contribución a Armstrong hasta ese momento, e incluso Lil Armstrong mejora. Si a eso se añade que, por una u otra razón, el registro grave del piano está mucho mejor grabado (lo que otorga por primera vez a los Hot Five *algún* tipo de bajo), el resultado son unos discos de una calidad mucho más consistente, desde un punto de vista musical, que la de todas las sesiones anteriores.

Put 'Em Down Blues y *Ory's Creole Trombone*, grabadas en septiembre, habían logrado mantener un ligero *swing* de conjunto, que muy rara vez obtuvieron en las grabaciones anteriores y que nunca conservaron. Y Ory, con ese estilo deliciosamente penetrante y curtido que lo caracteriza, interpreta bien su propia composición, aunque todavía no dominaba los cambios de acordes, sobre todo en el puente. Armstrong tiene algunos problemas al principio de su *break*, pero por lo demás está en plena forma. En *The Last Time*, grabada también en septiembre, Ory vuelve a caer en su inflexible rutina repleta de notas falsas, un cliché que había superado por un instante en la interpretación de su propia pieza, mientras que Armstrong realiza uno de sus *breaks* más espectaculares.

En las grabaciones de diciembre las cosas fueron aún mejor. En *Struttin' with Some Barbecue* podemos escuchar un brillante solo de Armstrong con unas curvas extravagantes que desbordan vitalidad. Los diversos *breaks*, un recurso que suele exigir valores de nota más breves que el resto del solo con el objeto de crear una sensación de rapidez y virtuosismo, se suceden en tresillos a una velocidad asombrosa. (Armstrong parece haber pasado por una fase de «tresillos», como demuestran casi todos sus *breaks* de este período). Su solo comienza casi con las mismas notas con que terminaba el solo de Ory y está lleno de notas agudas extraordinarias. Además, los ritmos cruzados y las notas fantasma llenas de *swing* de los compases veinticinco y veintiséis están particularmente logrados. *Got No Blues* es un buen ejemplo del sentido de la continuidad motívica de Armstrong. Los motivos de tresillos que escuchamos al final de su *break* reaparecen de nuevo en el siguiente *break*, con el que concluye su solo, para modular a una nueva tonalidad (ni la repetición de un motivo ni la modulación eran procedimientos habituales en aquella época). Con *Hotter Than That* y *I'm Not Rough* llegamos casi a la cúspide de la evolución de Armstrong como innovador estético y técnico. Aquí también nos encontramos, por primera vez, con un sentido de la forma muy desarrollado y una variedad de texturas casi del nivel de la obra de Jelly Roll Morton.

Hotter Than That es una interpretación destacable, en la que la incorporación de Lonnie Johnson desempeña un papel crucial. Los solos y los pasajes orquestales tienen un *swing* que deja perfectamente claro por qué se acuñó la expresión *hot jazz*. Al margen de eso, el esquema formal es interesante, porque presenta un mayor grado de variedad tanto en la estructura global como en el interior de sus secciones de treinta y dos compases (ejemplo 10). Evidentemente, los constantes *breaks* de dos compases contribuyen en gran medida a crear la variedad de texturas que se aprecia en la interpretación. Digamos de paso que el *break* de Armstrong (en A¹) es el primer ejemplo, hasta donde yo recuerdo, de un *break* de trompeta que no es un final de frase, sino una conexión con el siguiente segmento improvisado. A medida que disminuye el número de instrumentos que intervienen—desde el *tutti* inicial de la introducción hasta llegar a la voz y la guitarra solas, pasando por dos *chorus* a solo (con el único acompañamiento de la sección rítmica)—, los *breaks* de dos compases de los primeros tres *chorus* llevan, en buena lógica, a un medio *chorus* formado por una sucesión ininterrumpida de esos *breaks*. A partir de este punto, y del interludio de piano que le sigue, la instrumentación se amplía de nuevo hasta alcanzar el *tutti* con la banda al completo en el *chorus* final, inteligentemente dividido en segmentos, que termina con un recuerdo de los precedentes *breaks* alternos de dos compases entre la trompeta y la guitarra.

Este andamiaje estructural está lleno de momentos fascinantes, como la invención rítmica de Armstrong en el puente de su *chorus* vocal (A^3 en el ejemplo 10). A partir de una variante del ritmo de charlestón, Louis ejecuta una sucesión de veinticuatro negras con puntillo. Si dejamos de lado el incomparable *swing* que lo caracteriza, el pasaje resulta innovador por dos razones. En primer lugar, cada dos negras con puntillo equivalen a tres tiempos. Armstrong, por lo tanto, improvisa básicamente en compás de 3/4 sobre el acompañamiento de Johnson en 4/4. (Huelga decir que una cosa así era tan poco común en 1927 como lo es en el jazz moderno). Por consiguiente, la estructura polimétrica resultante está formada por doce compases en 3/4 contra nueve compases en 4/4. En segundo lugar, esta serie de síncopas rebasa el esquema habitual de ocho compases al que los solistas (sobre todo en la década de 1920) se solían ceñir de una manera invariable. Armstrong no abandona el 3/4 hasta el inicio del compás veintiséis del *chorus*, introduciendo de este modo un toque de asimetría moderna que muy pocos de sus contemporáneos osaron intentar, salvo como resultado de un error no intencionado.

Ejemplo 10. *Hotter Than That*

Secciones	Introd.	A¹		A²	
Instrumentación	*Tutti*	Tpt. _____ (acomp. sec. rítmica)	Cl. _____	(acomp. sec. rítmica)	Voz __
Número de compases	8	14 + 2 + 8 + 6 + (*break*)	2 (*break*)	14 + 2 + 8 + 6 + (*break*)	2 (*break*)
		32		32	

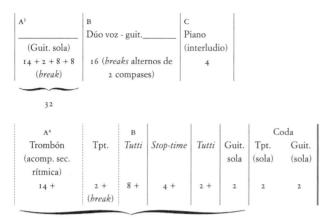

A³	B	C
_____	Dúo voz - guit._____	Piano
(Guit. sola)		(interludio)
14 + 2 + 8 + 8	16 (*breaks* alternos de	4
(*break*)	2 compases)	

32

A⁴	Tpt.	B					Coda	
		Tutti	*Stop-time*	*Tutti*	Guit.	Tpt.	Guit.
Trombón					sola	(sola)	(sola)
(acomp. sec.							
rítmica)							
14 +	2 +	8 +	4 +	2 +	2	2	2
	(*break*)						

32

La talla de Lonnie Johnson puede medirse por la autoridad con que se alterna con Louis y lo imita en los *breaks* de dos compases (en B, ejemplo 10). Después del solo de Ory, un *break* brillante y descarado de Armstrong introduce el retorno de la orquesta al completo. Pero Louis no ha jugado todavía su última carta: vale la pena escuchar cómo surca de una manera imponente los cuatro compases en *stop-time* del *chorus* final (compases veinticinco a veintiocho), rememorando por un instante el motivo de negras con puntillo en 3/4 de su *chorus* vocal.

El *blues* lento *I'm Not Rough* es asimismo todo un logro. También aquí se desarrolla una interesante estructura formal (ejemplo 11). Lonnie Johnson dota a la interpretación de una sonoridad inusual al introducir (en A¹) un trémolo de guitarra similar a una cítara, que confiere a la pieza una singular intensidad, así como interés y variedad tímbrica. En A², en cambio, predominan las secciones de *tutti* con notas tenidas, incluso en el *break* de dos compases de Dodds, que comprende una única nota situada en el centro del *chorus*. En general, los pasajes orquestales predominan en esta interpretación, no sólo en términos de cantidad sino también de calidad. Recuperan—al parecer, de manera inesperada, en medio de lo que después de todo fue una revolución estilística en plena vigencia—el verdadero espíritu de las bandas de Nueva Orleans, ese sentimiento extraordinario que sólo puede describirse como algo a caballo entre la risa y el llanto. En los cuatro compases centrales del último *chorus* tiene lugar un momento asombroso. Justo cuando Armstrong lleva a la banda a doblar el *tempo* de una manera endiablada, Ory decide tocar un *glissando* ascendente de dos compases, la antítesis misma del ritmo. El contraste resultante aquí constituye uno de esos afortunados accidentes de la intuición que pueden ocurrir en el contexto de una improvisación colectiva inspirada.

Resulta interesante señalar también que el esquema de llamada y respuesta en miniatura que encontramos en los primeros cuatro compases de la pieza (entre trompeta y trombón en A¹) se conserva en dos de los tres *chorus* sucesivos de la banda: A³, trompeta y guitarra; A⁶, clarinete y trombón. También es elocuente que las sesiones de los Hot Five de septiembre y diciembre incluyeran más pasajes orquestales que ninguna de las anteriores. Los intérpretes de menor talento ya no tuvieron que centrarse en los solos extensos, que dejaron en manos de los músicos que mejor podían manejarlos: Armstrong y Johnson.

Ejemplo 11. *I'm Not Rough*

Secciones	Introd.	A¹	A²	A³	A⁴
Instrumentación	*Piano* (solo)	*Tutti*	*Tutti* (*Break* de cl. en cc. 7-8)	Tpt._ (acomp. *Tutti*)	Guit. (acomp. banjo solo)
Número de compases	4	12	12	12	12

A⁵	A⁶			Coda
Vocal._ (Guit. contracanto) (Banjo acomp.)	Cl._ (Sec. rítmica completa)	*Tutti* _ (*Tempo* doble)	(*Tempo* inicial)	
12	4	4	4	4

Los dos registros restantes son logros de menor fuste. *Savoy Blues*, de Ory, consiste fundamentalmente en una serie de solos con algunas intervenciones destacadas de Louis. De las tres secciones de *tutti*, dos están arregladas (de una manera un tanto simple), y sólo una es resultado de la improvisación colectiva. En *Once in a While* encontramos un interesante *chorus* final en *stop-time* a cargo de Louis sobre un motivo rítmico de dos compases ♩♪♪♩♪♪♩♪, derivado por aumentación del ritmo de charlestón, que a su vez proviene de los cuatro compases iniciales del tema (ejemplo 12). Armstrong no se siente del todo cómodo con este esquema irregular—ni tampoco Ory, que falla una de las entradas—y su *chorus* muestra signos de tensión, con un final más bien brusco, como si de repente se hubiera dado cuenta de que habían transcurrido los tres minutos. Éste y otros finales flojos similares, con pifias y defectos varios, parecen confirmar las palabras de Ory, según el cual los Hot Five y los Hot Seven realizaron muy pocas tomas suplementarias.[1]

Ejemplo 12. *Once in a While*

Medio año después (el 27 y 28 de junio de 1928), Louis volvió a llevar a los Hot Five al estudio de grabación, aunque en esta ocasión sus integrantes eran completamente nuevos. Las razones de ese cambio nunca han quedado aclaradas de manera inequívoca por los protagonistas. Sin duda, una razón importante hubo de ser que las extraordinarias transformaciones estilísticas de esos años, iniciadas en gran parte por el propio Armstrong, necesitaban cambios en la plantilla que reflejaran esas nuevas concepciones. El perío-

[1] Nat Shapiro y Nat Hentoff (eds.), *Hear Me Talkin' to Ya*, *op. cit.*, p. 110.

do comprendido entre 1926 y 1929 no sólo marcó el mayor apogeo de las grabaciones hasta ese momento, sino que también fue testigo de la formación de centenares de bandas pequeñas y grandes, todas las cuales hicieron del jazz un campo sumamente competitivo. Cualesquiera que fuesen las razones que influyeran en su decisión de deshacer los antiguos Hot Five, sin duda Armstrong estaba convencido de que los hombres con quienes trabajaba en la banda de Carroll Dickerson estaban mucho más próximos a sus ideas en aquellos momentos. Esas ideas estaban ya muy alejadas del antiguo estilo orquestal de Nueva Orleans, y multitud de discípulos, imitadores y competidores (así como innovadores ya completamente apartados de las influencias de Nueva Orleans, como Duke Ellington, por ejemplo) no cesaban de irrumpir en la escena. Y Louis debía de pensar que Dodds, Ory y St. Cyr estaban demasiado marcados por la tradición antigua para cambiar. Aparte de eso, sabía o intuía que cada vez se necesitarían más arreglos para que sus solos destacaran, y debió de advertir que el nivel de lectura musical de Ory y Dodds era demasiado limitado. Eso no quiere decir que esos músicos no supieran leer una partitura, sino que no sabían hacerlo lo bastante bien para enfrentarse a arreglos más complejos; y, en cualquier caso, no se sentían realmente cómodos en un medio más sofisticado. La «gran» banda de Dickerson, compuesta por diez músicos, abrazó la causa del nuevo estilo a base de arreglos, con sus connotaciones de espectáculo, sus melodías populares de Tin Pan Alley (opuestos al jazz auténtico o al repertorio de Nueva Orleans) y su halo general de sofisticación comercial. La fama de Armstrong era tal que había de seguir el ritmo de los cambiantes tiempos, una lección que King Oliver, por su parte, no había aprendido.

La decisión de Armstrong fue correcta desde un punto de vista histórico; sin embargo, eso no quiere decir que los cambios de músicos supusieran una mejora inmediata. Sin duda, así fue en el caso de Earl Hines, y probablemente en el de Zutty Singleton, el batería. Pero los primeros intentos de Fred Robinson (trombón), Jimmy Strong (clarinete) y Mancy Cara (banjo) no fueron mejores que el irregular trabajo de sus predecesores, y con frecuencia resultaron incluso peores. Aunque Dodds y Ory desafinaban, se equivocaban de notas o no tenían *swing*, al menos eran personalidades musicales poderosas, y algo de ello siempre traslucía. No ocurría lo mismo con sus sustitutos. Cuando lo hacían mal, nada podía aducirse en su favor. Como resultado, las sesiones de los Hot Five de junio de 1928 son muy irregulares en cuanto a calidad global, y van desde la magistral *West End Blues* de Armstrong hasta una versión inepta de *Squeeze Me*, un tema compuesto en 1919 por Fats Waller. Estas grabaciones se parecen a las del 27 de mayo en que, de nuevo, la banda intenta llegar demasiado lejos, esta vez en la búsqueda de efectos exteriores.

Sin duda, *West End Blues* es el gran logro de esa sesión y tal vez de todas las grabaciones de Armstrong, en parte debido a que es casi en exclusiva un vehículo para él. El sencillo *blues* de King Oliver queda a salvo de los anticuados clichés empleados en los arreglos que arruinan las otras grabaciones de este período. Su cadencia introductoria a un *tempo* del todo libre fue durante cierto tiempo uno de los solos de jazz más imitados. Hizo célebre a Armstrong y, para muchos europeos, era la máxima expresión del jazz.

La introducción de Louis (ejemplo 13) entrañó, sin lugar a duda, una innovación sorprendente, puesto que combinaba dos ideas—el *break* inicial que ya se había usado en alguna ocasión (por ejemplo, en *Skit-Dat-De-Dat*) y el *chorus* extendido en *stop-time*—en una cadencia a un *tempo* libre. Sin embargo, pese a las libertades del *rubato* y considerada en retrospectiva, la introducción está claramente al doble de *tempo* que el resto de la pieza.

Ejemplo 13. *West End Blues* (introducción)

Louis había encontrado el correlato jazzístico perfecto a los centenares de cadencias populares de corneta que eran parte esencial de la tradición musical estadounidense. En este aspecto concreto, la trompeta de jazz había vuelto a sus orígenes como la estrella de esas bandas de viento-metal y de marcha que contribuyeron en primer lugar a hacer del jazz una música instrumental.

La introducción de Louis a *West End Blues* consta únicamente de dos frases (A y B). Como ya se ha comentado, por sí mismas estas dos frases sintetizan casi por completo el estilo de Armstrong y su contribución al lenguaje del jazz. La primera frase nos sorprende por el impulso y la fuerza extraordinaria de sus primeras cuatro notas. De inmediato advertimos su tremendo *swing*, pese a que las cuatro notas caen *a* tiempo, es decir, no están sincopadas, y no contamos todavía con un marco rítmico de referencia (el solo carece de acompañamiento). Las personas que no entienden la diferencia entre el jazz y las otras clases de música, o las que ponen en duda la originalidad del elemento *swing*, deberían escuchar estas cuatro notas. Tal como las toca Louis—y no como están escritas en la partitura—constituyen la lección más instructiva de *swing* que el jazz puede ofrecer. La manera de atacar las notas, la calidad y la duración exacta de cada una de ellas, la forma de atenuar el sonido y la posterior fracción de silencio que separa cada nota de la siguiente—dicho de otro modo, todo el esquema acústico—hacen de la interpretación de Armstrong una especie de síntesis de las características esenciales del fraseo del jazz. A este respecto, es interesante observar que el fa sostenido del primer compás se mantiene una fracción de tiempo más larga que las tres notas anteriores. No se trata de una casualidad, en la medida en que ese fa sostenido lleva a cabo tres funciones distintas: (1) junto con las siguientes dos notas (sol y si bemol) constituye el inicio del tema de Oliver; (2) como *blue note* más cercana por debajo del sol confirma definitivamente la tonalidad de mi bemol mayor (recordemos que estas notas carecen de acompañamiento y, sobre el papel, podrían pertenecer también a la tonalidad de do menor, por ejemplo), y (3) es la nota más penetrante e impactante de toda la primera frase (basta con sustituirla por cualquier otro sonido posible desde el punto de vista armónico—si bemol, mi bemol, sol, do, o incluso la bemol—para apreciar la excelente elección que implica). En el tercer compás, Armstrong lleva a cabo una proeza rítmica, algo que en estos últimos años hemos dado en llamar *modulación métrica*:[1] un cambio de *tempo*. Pero no lo cambia de cualquier manera, sino que establece una relación rítmica precisa con el *tempo* precedente: las corcheas de tresillo del tercer compás equivalen a las corcheas del compás dos. Al *tempo* de los dos primeros compases, los tresillos de corchea del tercer compás resultarían desde luego mucho más rápidos, y los tresillos de negra serían, en cambio, más lentos de lo que Armstrong ciertamente ejecuta. De manera intuitiva, Louis reparó en que la primera opción habría dado como resultado un pasaje demasiado rápido, incluso para sus supe-

---

[1] La expresión *modulación métrica* se asocia sobre todo con algunas composiciones de Elliott Carter en las que se explotan relaciones específicas comunes a diversos *tempi*. Véase el Glosario.

riores capacidades técnicas, mientras que la segunda habría sido más bien demasiado lenta.

La primera y la tercera notas del compás tres resultan muy interesantes en este sentido. Armstrong parece no haber decidido todavía si continuaría en corcheas o no. No hay acentuación de ningún tipo que confirme el tresillo de mi bemol, fa y fa sostenido, y puesto que el ritmo, como ya hemos comentado, correspondía a las corcheas del compás anterior, parece que en un principio tenía la intención de continuar simplemente en corcheas. Aquí tenemos un ejemplo de cómo el contexto armónico implícito (mi bemol mayor) influyó y fue determinante en la elección rítmica de Armstrong. Cuando llega al sol (cuarta nota del tercer compás), visualiza la figura rítmica del tresillo al mismo tiempo que la resolución en do menor del arpegio de mi bemol. Pero dado que la velocidad de las primeras tres notas del tercer compás ya tocadas no se correspondía con lo que sería un tresillo en el *tempo* de los compases iniciales, a Armstrong se le presentaban dos opciones: o bien continuar con un motivo de tresillos de corchea más lentos en otro *tempo*, o bien abandonar por completo la idea del arpegio en tresillos. Su elección fue sin duda la acertada, aunque implicó un procedimiento poco ortodoxo en el jazz: un cambio de *tempo*. La audacia y, en la misma medida, la sencillez de esta decisión intuitiva es extraordinaria. No deja de ser una prueba más de que un gran improvisador de jazz siempre encuentra una buena solución para enmendar algo que en su origen era un error o un momento de indecisión.

La segunda frase (B) es una de esas melodías descendentes que terminan sobre la séptima que hemos visto muchas veces con anterioridad en las interpretaciones de Armstrong. En *West End Blues* encontramos una excelente versión ampliada de esta idea, que se desarrolla por medio de una progresión y de la repetición variada (marcadas como C^1-C^2 y D^1-D^2). Una vez más, el impulso abrasador y el *swing* de la frase inicial se relajan poco a poco hasta llegar a un estado de reposo propicio para una tranquila exposición del tema.

Después de la espectacular introducción de *West End Blues*, el tema (ejemplo 14) resulta doblemente inquietante, tanto por la sencillez de la armonización como por su extrema simplicidad. Pero a partir del compás siete comienza a redefinirse una vez más, se amplían sus contornos y aumenta la intensidad, hasta que, en los dos últimos compases del *chorus*, Louis emprende una espiral de tresillos de corchea en arpegio, una variante del tercer compás de la introducción. En la siguiente entrada escuchamos la voz de Louis improvisando frases alternas junto al clarinete (al principio en canon, luego de una manera más libre) sobre un esquema que, salvo por algunos pequeños detalles, parece haber sido claramente perfilado por Armstrong y Strong antes de la grabación.

Ejemplo 14. *West End Blues* (tema)

Pese a que, hasta este punto, la interpretación general de la pieza resulta extraordinaria, el *chorus* final de Louis (ejemplo 15) constituye el broche perfecto, tanto sobre el plano estructural como desde el punto de vista expresivo. Su carácter sólo puede describirse como extático. Comienza con un largo si bemol agudo, que se prolonga durante casi cuatro compases, en los que Louis desarrolla una tensión extraordinaria. Toda la tensión acumulada por esta nota tenida se libera en una frase repetitiva y apasionada, casi titubeante, que parece flotar por encima del acompañamiento, completamente desvinculada del ritmo.

Ejemplo 15. *West End Blues* (*chorus* final)

Este *chorus* reúne las condiciones estructurales de un clímax con una sensación de lógica ineluctable que resulta sin duda asombrosa para tratarse de una improvisación. Los cuatro *chorus* de Louis en esta pieza trazan por sí solos una línea estructural perfecta, desde la brillante introducción hasta el apasionado final, pasando por los *chorus* intermedios más discretos. Los solos intercalados de Robinson y Hines (aunque el de Hines es excelente) no tienen el grado de exaltación que presentan los de Louis y restan valor al nivel general de la interpretación.

Por lo que respecta al resto de estas grabaciones, Armstrong no está al mismo nivel. *Skip the Gutter* es irregular, contiene un *break* trillado que no es digno de él (en mitad del solo de clarinete) y varias pifias, pero también un brillante intercambio de frases de dos compases entre piano y trompeta. *Fireworks* es un número animado que parece una imitación del estilo jazzístico de Chicago. Robinson cobra vida en un breve solo, y Hines, tras un precario primer solo, logra deslizar un *break bitonal* muy inteligente al final de su segundo solo. En *Sugar Foot Strut*, el solo en *stop-time* de Louis, pese a desprender un sentimiento general de felicidad y dinamismo, no está demasiado logrado. Aquí, como en *Two Deuces* y en *Squeeze Me*, Louis y la banda intentan ser demasiado vistosos, demasiado modernos. Buscan el efecto llamativo y, con frecuencia, no hacen sino un gesto casi vacuo. Eso conduce a toda clase de trampas: el *tutti* al doble de *tempo* completamente injustificado hacia la mitad de *Two Deuces*; el flojo número vocal de *Squeeze Me*, en que imita a Bing Crosby y los Rhythm Boys (uno de los raros momentos en que Louis canta desafinado); los pasajes de *tutti*, fruto de unos rígidos arreglos que sólo buscan impresionar al público en *Don't Jive Me*, y los afectados finales de casi todas las piezas. Y, lo que es todavía peor, la absoluta falta de coordinación armónica entre banjo y piano en *Skip the Gutter* y *Don't Jive Me* sólo pueden explicarse por la incompetencia de Cara o por una falta de preparación antes de la grabación. Los solos de clarinete de Strong siempre están desafinados y no demuestran una inspiración especial, mientras que Robinson toca tantas notas equivocadas y se coloca tan a menudo en posiciones imposibles, que uno empieza a preguntarse cómo es posible que Louis pudiera tolerarlo. Tal vez no le preocupara. Una vez que la música había dejado atrás la concepción orquestal, la labor de sus acompañantes era, en muchos sentidos, menos crucial; no se reflejaba en Louis ni en el conjunto (dado que era muy poco lo que quedaba de él), sino sólo en el individuo mismo.

Queda el extraordinario Earl Hines. Aparte de los registros con los Black Bottom Stompers de Johnny Dodds (de hecho, un grupo similar a los Hot Seven) y de *Chicago Breakdown*, interpretado por la *big band*, las grabaciones de junio de 1928 con los Hot Five fueron los primeros discos importantes de Hines. Con su concepción pianística radicalmente nueva y su estilo lineal, ligero y claro, Hines dotó al conjunto de una nueva textura y un mayor sentido del *swing*. Su interpretación es muy consistente y no deja lugar a duda de que, por primera vez, Armstrong había encontrado a un colega que lo entendía y estaba casi a su altura.

El contraste con prácticamente el resto de los pianistas del período es elocuente, y no hay la menor duda de que la formación en piano clásico recibida por Hines en su infancia tuvo una influencia duradera en su capacidad técnica y en la originalidad de su concepción. Hines era mucho más que un competente pianista que sabía utilizar las dos manos por igual. Fue uno de los primeros[1] en desarrollar un estilo que asignaba funciones diferentes a la mano izquierda y a la mano derecha. A ello contribuyó su formidable dominio del teclado y la variedad de sus formas de pulsación. En esencia, su concepción del piano unificaba el papel de acompañamiento rítmico de la mano izquierda de los pianistas de *ragtime* y sus sucesores (James P. Johnson, Luckey Roberts, etcétera) con una nueva concepción melódico-lineal en la mano derecha. Las interpretaciones al piano de Hines, que evolucionaron sobre todo en el contexto de diversos grupos liderados por Armstrong y que revelan muchos paralelismos con el estilo de éste—un ataque y brillantez casi propios de la trompeta, los frecuentes pasajes a *tempo* doble, una semejanza en la forma de las líneas melódicas—, se caracterizarían de modo inevitable como «estilo de trompeta». Estas características básicas de Hines pueden apreciarse ya en sus primeros solos con los Hot Five, especialmente en *West End Blues*, un solo dotado de una asombrosa fluidez general, si tenemos en cuenta que vacila en la mano derecha entre el «estilo de trompeta» y ciertas figuras arpegiadas pianísticas, a las que el supremo control de la articulación y del *tempo* demostrado por Hines impide caer en meros clichés.

Skip the Gutter incluye un formidable dúo de Hines y Arm-

---

[1] El ya mencionado Teddy Weatherford (1903-1945) probablemente fuera el primero en pensar en el piano en términos no orquestales y, de hecho, fue una de las influencias tempranas de Hines.

strong (sólo superado por el famoso *Weather Bird*, que grabaron seis meses más tarde). En los *breaks*, Louis sigue a Hines,
de tal manera que éste lanza el desafío y es Louis quien le responde. El resultado refleja una variedad extraordinaria, además de una gran coherencia. La estructura formal responde
al siguiente esquema: 𝄆 ²₋²₋²₋⁶₋² 𝄇. Hines comienza con una
frase de dos compases que está casi al borde del *tempo* doble
y Armstrong le toma el testigo en su respuesta. A continuación, Hines se instala en un apacible *swing* de tresillos que
Armstrong imita a la perfección, con unas notas del todo diferentes y, sin embargo, complementarias. Consciente de que
Louis no lo imitará en los siguientes seis compases, Hines se
lanza a toda velocidad sobre un pasaje de dos compases realmente pianístico que habría resultado intocable en la trompeta. A continuación adopta un estilo más propio de un instrumento de viento en un pasaje en el que interviene Armstrong, quien a su vez se encarga de terminar la frase (com-
pletando a un mismo tiempo los seis compases de Hines y la
secuencia de dieciséis compases del *chorus*). Louis lo hace re-
pitiendo una sola nota, dotada de un hermoso *swing* y llena
de inflexiones, que ejecuta con las válvulas y en tresillos con
acentos cruzados. Cuando Louis termina, Hines entra con un
arpegio de acorde disminuido, pero lo hace con una entrada
sorpresa en el cuarto tiempo, de modo que por un instante
parece haberse saltado un tiempo. Pero, al prolongar un tiempo el arpegio (lo que da lugar a una frase de cinco tiempos),
Hines vuelve a coincidir con el compás de 4/4, no sin dar lugar a una disonancia sincopada sobre el primer tiempo del
compás siguiente (compás dieciocho del dúo de treinta y dos
compases). Después de que Louis le responda de un modo similar, Hines ejecuta dos pasajes al doble de *tempo* que Louis
no puede superar. Estos dos *breaks* de Hines son en su mayor
parte idénticos, si bien uno es una variante del otro. Pese a
que la variación consiste tan sólo en desplazar las décimas de
la mano izquierda, sacándolas de los tiempos fuertes y con-

virtiéndolas en síncopas al situarlas entre éstos, el resultado no deja de ser sorprendente. De hecho, el oyente desprevenido tendrá la molesta impresión de que, una vez más, Hines se ha saltado medio tiempo de alguna manera. En cambio, si *pensamos* el *break* al doble de *tempo*, la precisión rítmica de Hines resulta evidente. Estos dos compases (ejemplo 16) son característicos del vocabulario de Hines y a menudo aparecen otros similares. Con su contrapunto rítmico, el estilo del pianista alcanzó una complejidad y una independencia de manos que probablemente nunca antes se había escuchado en el jazz. Cuando Hines regresa al *tempo simple*, su mano derecha vacila por un instante; es el único defecto de su ejecución en toda la pieza. Pero se recobra de inmediato, y Louis termina el dúo con un rápido pasaje cromático descendente en tresillos, cuyo carácter e inflexión constituyen el corolario de su *break* sobre el pedal del compás dieciséis. Este sorprendente *tour de force* es un ejemplo ilustrativo de cómo el espíritu improvisador del jazz desafía al impulso creativo y hace posible un diálogo en términos musicales que resulta tan natural como una conversación.

Ejemplo 16. *Skip the Gutter*

Los demás solos de Hines tienen un nivel sistemáticamente alto. Rara vez baja la guardia. Cuando eso ocurre (como en *Don't Jive Me*, justo después de un pasaje de *tutti* de *siete* compases) es en los pasajes más banales, arreglados en exceso. Tampoco son de especial interés los dos acompañamientos a base de trémolos, al estilo de la música de bar que Hines proporciona en *West End Blues* (para Robinson) y en *Two Deuces* (para Louis). Una vez más, el soberbio control de las dinámicas y la pulsación dotan de un refinamiento clásico a un recurso chabacano.

A partir de aquí, Armstrong y Hines comparten honores en la mayoría de los registros. Una semana después de la sesión de *West End Blues*, Louis grabó otras tres piezas: una con los Hot Five y dos con la banda de Carroll Dickerson, formada por once músicos. Hines y Armstrong dominan por completo esos registros de los Hot Five, como queda perfectamente claro cuando comparamos sus interpretaciones con las de los otros solistas, Robinson y Strong (al saxofón tenor). Tal vez no sea del todo justo culpar a Strong del carácter absurdo de sus solos, la falta de inspiración a la hora de elegir las notas y la absoluta carencia de *swing*; en resumen, por su completa banalidad. Así era como se tocaba el saxofón en aquellos tiempos. Incluso Coleman Hawkins estaba atrapado en esos estrechos confines estilísticos en aquella época. Las dos grabaciones con la *big band* de Dickerson son típicamente «sofisticadas» e «ingeniosas», y presentan lo último en modulaciones por tonos enteros y finales sorpresa, tan de moda. Armstrong y Hines están a la altura de la situación. Consideremos, por ejemplo, la absoluta autoridad con la que Louis empieza su solo en *Symphonic Raps* (ejemplo 17):

Ejemplo 17. *Symphonic Raps*

O comprobemos la variedad rítmica del solo de Hines en *Savoyager's Stomp* (ejemplo 18):

Ejemplo 18. *Savoyager's Stomp*

Observemos sus tresillos de negras en los dos primeros compases, el vacío del tercero y el cuarto, el abandono del *stride* de la mano izquierda hasta la mitad del compás seis, el asombroso pasaje cromático ascendente de la izquierda, que se opone a los saltos en síncopas de la mano derecha (los compases nueve y diez no aparecen en el ejemplo). Toda comparación con cualquier otro pianista de la época no hace más que poner de manifiesto la superioridad de Hines.

La siguiente serie de grabaciones tuvo lugar en diciembre de 1928. Una vez más produjeron dos o tres registros excepcionales, pero en términos generales la calidad fue irregular, aunque en esta ocasión por un motivo distinto. Si bien las interpretaciones de la banda por lo general fueron mejores técnicamente y ofrecieron una mayor cohesión inventiva, muchas de las grabaciones se resintieron de unos arreglos rígidos (o tocados con rigidez), toques de sentimentalismo y materiales de escasa calidad. El comercialismo estaba empezando a manifestarse de forma sutil, presagiando el declive de Louis Armstrong como fuerza innovadora.

Los grandes logros son *Weather Bird* y *Muggles*, considerados por muchos aficionados el cénit de los primeros años de la carrera de Armstrong. *Weather Bird*, la famosa composición de Oliver, se convierte en una pieza de virtuosismo para Hines y Armstrong, que tocan solos, sin acompañamiento. La conexión entre ambos resulta extraordinaria. Hines no es un mero acompañante de Louis, sino que participa por completo en el toma y daca de la improvisación. Conforme los intérpretes se retan mutuamente e intentan superar al otro, alternan entre la completa unanimidad y la completa independencia rítmica y melódica. En casos extremos de esta última, con los dos músicos enfrascados en unas frases sincopadas independientes y cruzadas, la pulsación en vigor queda momentáneamente suspendida. Aquí los dos maestros están años por delante de los demás músicos de jazz, y Armstrong en particular ofrece todo un repertorio de giros melódicos que los trompetistas seguían explotando y convirtiendo en clichés al cabo de diez años (como en el ejemplo 19).

Ejemplo 19. *Weather Bird* (trompeta)

Los dos músicos anticipan aquí por un momento el futuro del jazz; no los estorba la incesante y regular pulsación de la sección rítmica y proyectan rotundas estructuras melódicas que dan impulso a la música: ritmos y líneas aéreas y abruptas, que incluso entonces ya apuntaban hacia las líneas *bop* de la década de 1940. Básicamente, Armstrong y Hines se atienen al formato original tripartito de *ragtime* de la pieza, tal como la grabó la Creole Jazz Band de Oliver en 1923 (con Louis a la segunda corneta), limitándose a expandir la forma A^1 - B - A^2 - C^1 - C^2 - C^3 de Oliver a A^1 - B^1 - B^2 - A^2 - C^1 - C^2 - C^3 - Coda. Sin embargo, el contenido experimenta una transformación fundamental. Armstrong y Hines transforman las estructuras polifónicas compactas de la versión de Oliver, interrumpidas sólo por los *breaks* de dos compases y sin rastro de desarrollo orgánico alguno entre los diferentes *chorus*, en una nueva forma en la que cada *chorus* se construye sobre el precedente y se alimenta de él. Los medios que emplean son de dos tipos: el recurso a la técnica de la variación, combinada con una fragmentación gradual de las estructuras originales de dieciséis compases en unidades cada vez más pequeñas.

Estos dos procedimientos son empleados siguiendo una progresión gradual. Las secciones A^1 y B^1 tienen un carácter expositivo y en ellas se presenta el tema mediante unas amplias líneas melódicas de una continuidad ininterrumpida. Hines es el primero en insinuar la disolución progresiva de la continuidad rítmica. En B^2 y A^2 se aparta cada vez más del ritmo regular del *stride*. Armstrong retoma los acentos y las síncopas resultantes, pero sólo de manera esporádica. El interludio (antes de C^1) presenta una gran libertad rítmica, fruto de la disolución de la pulsación (ejemplo 20) y anuncia, en efecto, el tratamiento reservado a los *chorus* de la sección C.

Ejemplo 20. *Weather Bird* (interludio)

(La parte de piano figura sólo en su perfil rítmico).

Después del solo de Hines (C^1) se suceden tres *chorus* más, en los que el *break* original de dos compases de la composición se convierte en el elemento a través del cual la forma se descompone de modo progresivo. El esquema del ejemplo 21 ilustra este desarrollo, que termina con los intercambios finales de un compás de la coda.

La evolución de la estructura entrañaba inevitablemente una disolución análoga del material temático. Esto significa que, para llegar a las frases breves de uno y dos compases de los últimos *chorus*, había que extraer algún fragmento motívico breve del original. Para ello, Armstrong recurrió a una combinación del original *break* cromático que había tocado a dúo en la banda de Oliver y variantes de las notas iniciales de los temas A y C (ejemplo 22: A, B, C, D, E y F).

Ejemplo 21. *Weather Bird* (esquema del final)

Secciones		C¹	C²		C³	
Instrumentación		Piano solo	Tpt. (*break*)	Dúo	Tpt. (*break*)	Dúo	Piano (*break*)	Dúo
Número de compases		16	2	6	2	6	2	6

		Coda								
Piano (*break*) (E ♯)	Dúo	Tpt.	Piano	Tpt.	Piano	Tpt.	Piano	Tpt.	Piano	Tpt. Piano *ritard.*
2	6	2	2	2	2	1	1	1	1	

Ejemplo 22. *Weather Bird* (variantes del tema)

A) Tema A   B) Tema C   C) Desarrollo del tema A

D) C²   E)   F)

A medida que Hines se va sintiendo progresivamente más libre en sus acentuaciones cruzadas y desviaciones armónicas—por ejemplo, la aparición repentina del largo unísono de mi natural (en la tonalidad de la bemol) en el compás nueve de c^3 (véase el ejemplo 21)—, resulta lógico que el diálogo musical desembocara en una mayor libertad de *tempo* en los intercambios de un compás de la coda y la disolución final, con la subida en *ritardando* de Armstrong hasta el do agudo.

La cohesión de esta interpretación está a un nivel que por lo general atribuimos a las composiciones pensadas a conciencia. Cuando advertimos que es el resultado de una creación espontánea, nacida del momento pasajero, no podemos por menos de maravillarnos ante la musicalidad demostrada. Y nos recuerda una vez más que el jazz, en las manos de semejantes maestros, es un arte, y que en esas ocasiones está muy lejos de la visión arbitraria, puramente visceral, del jazz que tienen muchos de sus entusiastas.

Si *Weather Bird* se resuelve en empate para los dos músicos, en *Muggles* gana Armstrong con claridad; de hecho, se trata de uno de sus mayores logros imaginativos. Su solo, que ocupa todo el último tercio de la interpretación, resulta especialmente llamativo, situado, como está, detrás de los dos monótonos solos de Robinson y Strong. Cuando Louis entra en los últimos dos compases del lento *chorus* de *blues* de Strong, doblando el *tempo* de una manera brusca, la frase se eleva como un pájaro repentinamente sacado de su nido. El impacto de la entrada de Louis constituye uno de los momentos más gozosos de la historia del jazz, e incluso intérpretes jóvenes que no tienen una gran afinidad con el estilo de Armstrong se quedan impresionados por la audacia y la modernidad de este pasaje.[1] Sin duda, eso se debe a su intensa articulación rítmica, cuyo carácter se parece, una vez más, al *bop*. Este solo es casi completamente rítmico, poco menos que sin melodía. Sus primeros veinte compases giran alrededor de la nota central,

---

[1] Este solo se encuentra transcrito en dos libros de Leonard Feather: *The Book of Jazz, op. cit.*, p. 217, y *Encyclopedia of Jazz*, Nueva York, Horizon Press, 1960, p. 70.

do, y ocho de ellos no contienen, literalmente, ninguna otra. Y todo ello se logra con tan sólo una repetición rítmica directa. La primera parte del solo de Louis en *Muggles* se aparta por completo de la idea de un trasfondo de improvisación colectiva. De hecho, su abrumador efecto dramático se debe, en parte, a que lo despliega sobre un acompañamiento de acordes ininterrumpidos. Las notas tenidas del trombón y el clarinete, los trémolos de Hines y la repetida acentuación a cuatro tiempos de Cara se combinan para crear un telón de fondo estático que constituye el marco perfecto para las puntuaciones rítmicas de Armstrong, las cuales, a su vez, contrastan de modo soberbio con el resto de su solo. Cuando vuelve al *tempo* original, Louis acomete una de sus intervenciones más apasionadas. Sencillo, lastimero, profusamente declamatorio y anclado con firmeza por las *blue notes*, es el epítome del *blues* instrumental, urbano y sofisticado.

La colaboración de Armstrong y Alex Hill en *Beau Koo Jack* resulta casi igual de extraordinaria. El grupo se amplió a siete al sumarse Don Redman, un músico con el que Louis había coincidido cuando tocaba en la banda de Henderson y que en aquel lapso de cuatro años había ganado fama por sus arreglos. Sin embargo, *Beau Koo Jack* estaba escrita por Alex Hill y, por lo tanto, el arreglo era de éste. Hill fue uno de los mejores arreglistas de los primeros años del jazz, pero, curiosamente, no ha obtenido entre los críticos y los historiadores el reconocimiento que merece, posiblemente porque, como ha propuesto Hugues Panassié, sus mejores trabajos nunca se grabaron. Comoquiera que sea, el arreglo de *Beau Koo Jack* revela una gran habilidad e imaginación, y es uno de los mejores de toda la carrera de Armstrong. Es comprensible que el resultado sea uno de sus solos más perfectos (ejemplo 23), económicamente estructurado y soberbiamente ejecutado, pese al *tempo* ligero. A juzgar por la relativa claridad de la ejecución y la plenitud sonora del conjunto, Hill era la clase de arreglista con el que los músicos se sentían cómodos y sonaban bien.[1] También es un arreglo interesante desde el punto de vista de la relación entre el solo improvisado y el telón de fondo arreglado. Hill explora varios grados o proporciones de interrelación:

a. pasaje orquestal completamente arreglado
b. pasaje orquestal arreglado con un intérprete improvisando (u ornamentando la línea melódica) *dentro* del conjunto, es decir, sin que se trate de un verdadero solo
c. pasaje orquestal arreglado como telón de fondo para el solista
d. alternancia de pasajes orquestales completamente arreglados y *breaks* a solo, de dos compases cada uno
e. pasaje orquestal de improvisación colectiva
f. solos únicamente con acompañamiento rítmico (sin arreglar)

Ejemplo 23. *Beau Koo Jack* (solo de trompeta)

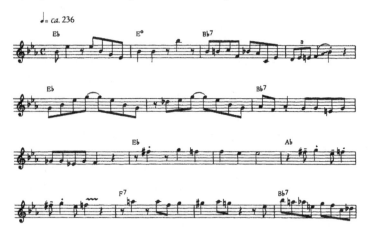

---

[1] El gran parecido de la idea inicial de la melodía con cierta frase del *Concierto para piano* que compuso Gershwin en 1925 lleva a plantearse si Hill, que probablemente habría conocido a Gershwin en Hollywood, conocía también el concierto.

Asimismo, esas asociaciones no se aplican meramente en un esquema de sucesivos *chorus*. Por el contrario, rara vez utiliza en un *chorus* sólo uno de los seis enfoques combinatorios, sino que puede desplegar de modo sucesivo a, b y e, o bien a, c y b. En vista de la complejidad de la forma total resultante, la interpretación constituye un pequeño milagro. Gran parte del mérito ha de atribuirse a Redman, arreglista como Hill, quien probablemente se sintió desafiado por el contexto esquemático ofrecido por éste: además de contribuir con un buen solo, se mueve con enorme habilidad por la delgada línea que separa el solo y la improvisación colectiva.

De hecho, en su asociación con Armstrong, Redman consigue mejores resultados como intérprete que como arreglista. En *Save it, Pretty Mama*, Redman es tanto el compositor como el arreglista, pero, con la excepción de un solo para piano de un virtuosismo llamativo que Hines solventa rapidísimamente, como si fuera una escala de do mayor, la interpretación resulta apática. La agradable atmósfera (cuyo carácter no es muy diferente al de *Mood Indigo* de Ellington, dos años posterior) por desgracia no se conserva tras los doce compases iniciales. *Hear Me Talkin to Ya'* tampoco muestra la cara más distinguida de Redman y no está a la altura de su trabajo como arreglista para Henderson y los Cotton Pickers de McKinney.

Tanto *No, Papa, No* como *Basin Street Blues* están logradas, aunque no sin ciertas reservas. En *No*, otro *blues*, Armstrong está en buena forma y juega (en el cuarto *chorus*) con las repeticiones de frase como un gato con un ratón. Pero el clarinete y el trombón son flojos y trastabillan, mientras que el acertado solo de Hines se ve lastrado por un piano desafinado. *Basin Street Blues*, llena de pasajes arreglados, queda arruinada por un conjunto vocal con un equilibrio deficiente y un poco desafinado, y también por una introducción y una coda con celesta que, aunque sofisticadas e ingeniosas, están fuera de lugar en un tema cercano al *blues*. Por la parte positiva, Armstrong hace una entrada indescriptiblemente impetuosa (como en *Muggles*, sobre un acompañamiento de notas tenidas) que causa tanto más efecto cuanto que sigue a la insípida interpretación vocal. Louis intenta otra vez tocar el cielo, con unas atrevidas incursiones hacia el registro agudo y pasajes a toda velocidad al doble de *tempo*. La intensidad crece en su segundo *chorus* y alcanza su apogeo en un *break* repleto de unos si bemol agudos literalmente desbordantes de *swing*. En ese momento, por primera vez, la banda entera se viene arriba. Durante cuatro o cinco compases vuelve la poderosa mezcla de Nueva Orleans, compuesta por música triste y alegre. La frase luego adquiere un carácter más apacible, y Armstrong simplifica con habilidad su improvisación hasta que enlaza con la disolución final de los dos compases de coda de la celesta.

Tanto *St. James Infirmary* como *Tight Like This* son comparativamente inferiores y presentan diversos problemas. Ambas están en tonalidades menores, ofrecen muy poca variedad armónica y, por lo tanto, no se prestan a solos de calidad, al menos con estos solistas.[1] Los arreglos de Don Redman,

---

[1] Existe una correlación fascinante entre la calidad de los solos de jazz y la *capacidad nutritiva* de los cambios de acordes, especialmente en las etapas iniciales del jazz. En cualquier caso, hubo que esperar hasta finales de

que suenan como piezas escénicas de club nocturno, no contribuyen a mejorar las cosas. Por último, en *Tight Like This* se aprecia la tendencia a lo comercial ya señalada, ahora en un estado más avanzado, que se manifiesta en un sentimentalismo cada vez más empalagoso y en un *chorus* final grandilocuente y repleto de notas agudas.

A principios de 1929, Armstrong y su representante, Joe Glaser, habían encontrado la fórmula comercial perfecta para sacar partido a los talentos de Louis: a partir de entonces tocaría al frente de varias *big bands* (las de Carroll Dickerson, Luis Russell, Les Hite y Chick Webb) que explotarían las melodías comerciales del momento y proporcionarían acompañamientos para sus piezas de exhibición. Esas grabaciones caen en estereotipos y no es necesario detenerse en ellas. Sin embargo, hay una excepción: *Mahogany Hall Stomp*. Además de ser una de las mejores interpretaciones de Armstrong, es única en varios aspectos. Es la primera grabación que Armstrong realizó con un contrabajo tocando en *pizzicato* y, como tal, exhibe un *swing* más avanzado que el de cualquiera de sus registros anteriores, todos sin bajo o, a lo sumo, con una tuba. Paradójicamente, las líneas de bajo de Pops Foster, junto con los acompañamientos semi-improvisados de los primeros dos *chorus* de dieciséis compases, vuelven a capturar por completo la textura y el sentimiento cálido de las *big bands* de Nueva Orleans de la década de 1920 (en particular, de algunas grabaciones de Sam Morgan, como *Bogalousa Strut*). No podemos dejar de preguntarnos si la orquesta, que acababa de grabar una insípida versión de *I Can't Give You Anything but Love*, sintió alivio al abordar un viejo estándar de Nueva Orleans. Además, *Mahogany Hall Stomp*

---

la década de 1930 y a las improvisaciones *extendidas* de Miles Davis a finales de la de 1950 para que se desarrollaran de manera consistente unos planteamientos basados en un reducido número de acordes y en tonalidades menores.

probablemente inspirara más que un poco de nostalgia en al menos seis de los intérpretes procedentes de Nueva Orleans: Armstrong, Albert Nicholas, Pops Foster, Paul Barbarin, Lonnie Johnson y Luis Russell, entre los que se incluían las cuatro quintas partes de la sección rítmica. Más aún: Armstrong, Nicholas, Barbarin y Russell habían tocado juntos en la misma banda en Nueva Orleans, en el Anderson's Annex. Así pues, la sesión que tuvo lugar en Nueva York en 1929 tenía el carácter de un reencuentro, y la banda capturó perfectamente el verdadero espíritu de Nueva Orleans, en lo que tal vez fuera uno de los últimos intentos de lograr ese objetivo que hubo antes del resurgimiento del estilo de Nueva Orleans, una década después.

Grabaciones como *West End Blues*, *Muggles*, *Weather Bird*, *Potato Head Blues* y *Beau Koo Jack* mostraban a Louis Armstrong en plenitud de facultades. Aunque la tentación del éxito comercial no hubiese sido tan fuerte, evolucionar más allá de ese punto no estaba al alcance ni siquiera de un talento como el suyo. Que Armstrong no quedara completamente ahogado por esas limitaciones comerciales da la medida de su grandeza. Sobrevivió a la década de 1930 mucho mejor que la mayor parte de su generación, mucho mejor de lo que, por ejemplo, su mentor, Joe Oliver, sobrevivió a la década de 1920. De hecho, la resistencia de su talento era de tal calibre que, incluso con más de sesenta años, su forma de tocar y de cantar seguían siendo técnicamente perfectas. Y, pese a los años de excesos teatrales, fanfarronadas nocivas para sus labios, histrionismo y payasadas, su arte era indestructible. En su vuelta a los escenarios a principios de 1964 puso de manifiesto una profundidad y una elocuencia inauditas incluso en los materiales musicales menos inspirados.

Sin embargo, los años de los Hot Five representaban una cumbre que difícilmente podía superarse. Las grabaciones de la siguiente década, aunque fueron numerosas y le reportaron éxito comercial, nada añadieron a la estatura de Armstrong como uno de los grandes innovadores y gigantes musicales del jazz. No obstante, contribuyeron a su fama como trompetista. Sus concepciones, exploratorias en la década de 1920, quedaron fijas y firmemente integradas en su cabeza y sus labios, por decirlo así, mediante la repetición constante y la eliminación de todas las fórmulas que no fueran infalibles. Desde un punto de vista puramente instrumental, la trompeta de Armstrong se mantuvo inmune ante los estragos del comercialismo y del tiempo.

En los primeros dos o tres años de este período (1929-1931), Louis amplió todavía más hacia el agudo la tesitura de sus solos, añadiendo otro escalón hasta el re sobreagudo en *Some of These Days* y el mi bemol en *My Sweet* y otros temas. Por chabacano que fuera el material, su tono era firme y brillaba con una calidad incandescente que se manifestaba incluso con las antiguas técnicas de grabación. Aunque para entonces sus ideas estaban repletas de clichés y en gran medida constituían repeticiones del período de los Hot Five, Armstrong las ejecuta con perfecta seguridad. Por ejemplo, los *breaks* al final de *Ain't Misbehavin'* están bien tocados, pero repiten casi nota por nota los de la interpretación de 1926. El *rip* ascendente sobre la primera nota de un *break*, el arpegio descendente con que procede después de éste, el retorno ascendente que termina sobre un motivo de ♩♩♩—todos los sellos distintivos del fraseo de Armstrong que ya hemos señalado desde sus primeras grabaciones—se convirtieron a partir de entonces en fórmulas y clichés con los que el público podía reconocerlo de inmediato. Hasta qué punto eran formularios los arreglos hechos a medida para Armstrong se pone de manifiesto en el hecho de que prácticamente *todas* las grabaciones realizadas con la banda de Dickerson siguen el mismo esquema formal, tan académico como una forma de sonata de manual: trompeta, voz, breve *break* a cargo del saxofón alto (lo que permite a Louis volver a coger su instrumento) y *chorus* finales de trompcta. Pese a ello, las grabaciones realizadas a principios de la década de 1930 ofrecen muchos momentos memorables en los que Louis se eleva con holgura sobre los esclerotizados arreglos. Realmente, dirigía a las diversas bandas como un auténtico solista de trompeta (y vocalista), con lo que preparó el camino para todos los Harry James y Ziggy Elman del futuro. Pero ninguno de ellos, ni siquiera quince años después, logró reproducir el *sonido genuino* y la profundidad de las interpretaciones de Louis en *Some of These Days*, *Ding Dong Daddy*, *Lazy River*, la segunda grabación de *Stardust*, *Between the Devil and the Deep Blue Sea* y su tremendo *break* en *Shine*, por citar sólo unas pocas. Tampoco es posible decir menos en relación con su magnífico *scat* en *Lazy River* y *Ding Dong Daddy*. Esas grabaciones, que prácticamente sólo resultan placenteras cuando está tocando Louis, hacen olvidar empeños de menor calibre, como la vodevilesca *Dear Old Southland*, apenas mejor que la interpretación de *Eli, Eli*, que hizo famosa Ziggy Elman en docenas de solos de trompeta en la década de 1930, o *My Sweet*, en la que el arreglo se pega tanto a Louis que le resulta imposible liberarse de él.

Lo demás es un erial de saxofones que gimotean al estilo de Guy Lombardo, vibráfonos y guitarras hawaianas, violines empalagosos, melodías anticuadas de Tin Pan Alley y arreglos trillados. De vez en cuando, el elegante trombón de un Lawrence Brown (que por aquel entonces tocaba en la banda de Les Hite) traspasa el laberinto de la música comercial. Ocasionalmente, la banda acompañante tiene *swing*, como en *Shine* o *Ding-Dong Daddy*, pero se trata de meras excepciones. Armstrong había hecho su contribución, había *cubierto su cuota* y, como me dijo en cierta ocasión uno de sus amigos, ahora quería disfrutar de los beneficios. No es una opción desconocida en los anales de las artes.

4

EL PRIMER GRAN COMPOSITOR

El jazz es fundamentalmente un arte de intérpretes e improvisadores; ha producido un número muy escaso de compositores (en el sentido más estricto de la palabra). A la luz de los recientes cambios habidos en el jazz, es posible que el énfasis vaya recayendo en la composición, pero esto es tan sólo una conjetura. Si continuara la preferencia por las composiciones originales, tal como en la actualidad la ilustran las creaciones de, digamos, Charles Mingus o George Russell,[1] podría predecirse con seguridad que esa tarea compositiva tendría muy poca influencia estilística directa en los intérpretes del futuro, pues es poco menos que axiomático que cada nuevo estilo de jazz se ha nutrido de las concepciones de la generación de intérpretes, y no de compositores, inmediatamente anterior. (Por supuesto, en la música clásica ocurre justo lo contrario).

En el jazz, la línea divisoria entre compositor e intérprete es delgada y está sujeta a una considerable superposición, en el sentido de que *todos* los intérpretes de jazz pueden considerarse compositores, dado que, en efecto, componen al improvisar. Sin embargo, la gran mayoría de los músicos de jazz son compositores sólo en este sentido; su tarea compositiva está íntimamente relacionada y se encuentra determinada por su papel como instrumentistas e intérpretes. Aun cuando compongan una pieza de una manera más calculada, la mayoría de los músicos son poco más que compositores de

---

[1] En el momento de escribir este capítulo, se trata de una cuestión razonable, a causa del enorme influjo de algunas concepciones musicales surgidas fuera del jazz, como los procedimientos aleatorios, la influencia de John Cage e incluso la tercera corriente.

melodías basadas en formas y progresiones de acordes convencionales. Con esto no pretendo menospreciar esta clase de actividad compositiva; al fin y al cabo, constituye el grueso del repertorio de jazz. Lo importante es que representa una *categoría* diferente de composición, y la composición en sentido estricto ha desempeñado hasta ahora un papel curiosamente menor en el desarrollo del jazz.

Es evidente que los avances estilísticos y conceptuales básicos habidos en el jazz han estado determinados por sus grandes instrumentistas-improvisadores: Louis Armstrong, Earl Hines, Coleman Hawkins, Lester Young, Charlie Parker, Dizzy Gillespie, Miles Davis, John Coltrane y Ornette Coleman, y no por Jelly Roll Morton, Duke Ellington, Thelonious Monk, John Lewis, George Russell y Charlie Mingus. Los intérpretes pueden admirar y respetar el trabajo de estos últimos e incluso pueden estar influidos por ellos en ciertos aspectos secundarios, pero no es a ellos a quienes emulan en sus instrumentos. Las razones son evidentes: un instrumentista no puede reproducir en su totalidad una concepción compositiva que se basa en el esfuerzo colectivo de cierto número de intérpretes (como en el caso de Ellington y Mingus).[1] En segundo lugar, la mayoría de los compositores mencionados o bien no son músicos virtuosos al estilo de un Parker o de un Armstrong, o bien tocan de una manera tan heterodoxa que excluyen la emulación, dado que en esos casos el resultado sólo puede conducir a la *imitación*. Al emular a un Parker o a un Armstrong, el músico se enfrenta a un problema mucho más sencillo. Aunque en la raíz de los estilos de esos músicos hay una concepción casi compositiva, el énfasis se pone claramente en el instrumento y la interpretación.

[1] Para apreciar el problema en toda su amplitud, el lector sólo necesita imaginarse a un trompetista, por ejemplo, tratando de imitar a Ellington y toda la variedad estilística y compositiva que representa ese nombre.

Estas reflexiones nos llevan hasta la legendaria figura de Ferdinand Joseph «Jelly Roll» Morton, pianista, jugador, proxeneta y autoproclamado *inventor del jazz*, pero, por encima de todo, el primero de esa apreciada elite del jazz que conforman los compositores. En realidad, Morton cumple los requisitos para entrar en las dos categorías de compositores que acabamos de mencionar. Ciertamente compuso un número impresionante de *melodías* que se convirtieron en clásicos del repertorio inicial del jazz, temas como *King Porter Stomp*, *Wolverine Blues*, *Milenburg Joys*, *Georgia Swing*, *Chicago Breakdown* y *Wild Man Blues*. Pero la mayoría de ellas no eran más que simples melodías de treinta y dos compases o *blues* de doce compases. Se trataba de originales estructuras formadas por diversos temas que encarnaban (como la mayoría de los *ragtimes*) una concepción compositiva detallada y definida, que la interpretación debía conservar en mucha mayor medida de lo que resulta habitual en el jazz.

Sin embargo, Morton era también un arreglista notablemente creativo. Sus mejores arreglos no eran meras orquestaciones, sino estructuras organizadas con mimo, en las que todos los detalles de la instrumentación, de las relaciones tímbricas y del contrapunto rítmico y armónico se entendían como elementos inherentes a la composición. Sus *arreglos* se parecían más a recomposiciones, y sus elementos *compuestos* eran tan limitados como las estructuras formales en las que se basaban. Esos ingredientes, sumados a las habilidades únicas de Jelly Roll como director de banda—al menos con los músicos de Nueva Orleans que lo respetaban—, dieron como resultado una serie de grabaciones realizadas en 1926 bajo el nombre de Jelly Roll Morton and His Red Hot Peppers, que muchos consideran «los mejores discos de música de Nueva Orleans nunca registrados».[1]

---

[1] Alan Lomax, *Mister Jelly Roll: The Fortunes of Jelly Roll Morton, New Orleans Creole and «Inventor of Jazz»*, *op. cit.*, p. 193. Ese libro, escrito a

Al intentar separar la realidad y la ficción en la vida de Jelly Roll Morton, el historiador se enfrenta a dificultades poco menos que insuperables. Movido por sus frustraciones musicales y personales, Morton, uno de los músicos más extravagantes y extrovertidos que ha conocido el jazz, adornaba la verdad tan libremente como parecía exigir la ocasión, al menos en sus declaraciones públicas. Sin embargo, sus muchos talentos indiscutibles, sus verdaderas contribuciones al jazz como intérprete y compositor, y las declaraciones de muchos de sus colegas arrojan una imagen global que tiende a hacer que incluso sus afirmaciones más hiperbólicas resulten verosímiles. Cuando, por ejemplo, Jelly Roll dijo que escribió sus primeras melodías de jazz en 1902, o que cantaba *scat* en una fecha tan temprana como 1907, no sólo no existen pruebas de lo contrario, sino que sus considerables logros constituyen en sí mismos una corroboración razonable. Como Omer Simeon, su clarinetista, declaró en cierta ocasión, Jelly Roll «podía respaldar todo lo que *decía* con lo que podía *hacer*».[1] Y eso es algo que demostró de manera bastante concluyente en sus grabaciones de la Biblioteca del Congreso.

De creer los relatos de Morton, su carrera como compositor empezó en los primeros años del siglo XX, con la composición de *New Orleans Blues* (1902 o 1903), *King Porter Stomp* (fechada unas veces en 1902 y otras en 1905), *Jelly Roll Blues* (1905) y *Wolverines*, que Johnny St. Cyr recuerda haber escuchado en una fecha tan temprana como 1906. Morton también recordaba haber escrito *Alabama Bound* e *Indian Blues* hacia 1905, pero al parecer esas piezas nunca alcanzaron mucha popularidad.[2] Morton se marchó en 1907

---

partir de las grabaciones que Morton realizó en la Biblioteca del Congreso, ofrece un relato conmovedor, sensible y definitivo de la vida de Morton.

[1] *Ibid.*, p. 220.

[2] En cualquier caso, *Alabama Bound* es, como muchos de los *blues* que

de Nueva Orleans, a la que jamás regresó, y parece que reco-rrió la mayor parte de Estados Unidos en sus diversas carre-ras como tahúr del billar, *profesor* de clubes de lujo, jugador, actor de vodevil y propietario de clubes nocturnos. Sin em-bargo, *siempre* tocó el piano como parte de esas ocupaciones o como modo de ganarse la vida mientras cambiaba de traba-jo y ciudad. En 1922 se estableció durante cierto tiempo en Chicago. Bunk Johnson recuerda que se encontró con Mor-ton «en Gulfport, Misisipi, en torno a 1903 y 1904».[1] En 1911, James P. Johnson lo escuchó tocar, en Nueva York, *Jelly Roll Blues*. Un amigo de Morton, el editor Reb Spikes, se encon-tró con él en 1912 en Tulsa (Oklahoma), y más adelante, ese mismo año, se quedó durante un breve período en San Luis, donde al parecer realizó sus primeros arreglos escritos. Por fin, según Jelly, su arreglo de *Jelly Roll Blues* se publicó en Chicago en 1915, lo que probablemente lo convierta en una de las primeras—si no la primera—orquestaciones de jazz ja-más publicada. Con posterioridad, a mediados de la década de 1920, tras el inmenso éxito de *Wolverines*, que para irri-tación de Morton los editores rebautizaron como *Wolverine Blues* («no es un *blues*»), la Melrose Brothers Music Com-pany of Chicago publicó en forma simplificada más de una docena de orquestaciones de Morton.

Debería ser evidente que la carrera de Morton fue tan va-riada como él afirmaba, si bien, como todas las personas que tienen sentimientos de inferioridad y frustración, era dado a agrandar la realidad cuando lo atacaban o ridiculizaban. Sin embargo, especialmente en lo tocante a asuntos musi-cales, no sólo poseía una memoria certera (como sin duda demuestran las grabaciones de la Biblioteca del Congreso),

---

Handy solía anotar y publicar, difícilmente atribuible a un solo composi-tor. Se trata de un tipo de canción muy común en todo el Sur.

[1] Alan Lomax, *Mister Jelly Roll: The Fortunes of Jelly Roll Morton, New Orleans Creole and «Inventor of Jazz»*, *op. cit.*, p. 113n.

sino también una capacidad para establecer distinciones atinadas que resulta propia de un compositor. Por esa razón, sus testimonios sobre otros músicos y sobre los primeros años del jazz en general resultan muy valiosos. No sólo nos dicen muchas cosas sobre sus contemporáneos, sino también sobre Morton y su música. Como criollo, sentía un obvio desdén por los «negros de piel oscura» y su música, que inunda sus comentarios musicales. La circunstancia es digna de señalarse porque, paradójicamente, ofrece una de las claves de fondo para la grandeza de las grabaciones de los Hot Peppers; de hecho, sus prejuicios inequívocos contra los negros de las afueras y su música fueron la causa tanto de los mayores logros de Morton como de su declive final como uno de los referentes del jazz. El orgullo sin límites que sentía por la música que defendía (y que, de hecho, afirmaba haber creado) lo llevó a producir el mejor tributo grabado a la música de Nueva Orleans que se ha realizado, pero también fue la causa de la obstinada arrogancia de sus últimos años, que le impidió entender que la música de Nueva Orleans y sus propias innovaciones, que para entonces contaban ya treinta y cinco años a sus espaldas, habían quedado superadas hacía mucho.

Cuando distinguimos entre los comentarios musicales de Jelly Roll y su contexto general, la imagen de la clase de músico que era Morton se nos presenta con considerable claridad y detalle. Su mentor y primer compañero musical fue Tony Jackson, el legendario pianista, quien, incluso según Morton, era «el mejor del mundo para montar un espectáculo por sí solo», opinión confirmada unánimemente por otros músicos de la época. Sin duda, parte de la admiración de Morton procede del hecho de que Jackson era un «hombre de mil canciones»: «No había música de ninguna ópera o de ningún espectáculo de ninguna clase que estuviera *escrita en papel* y Tony no pudiera tocar» (las cursivas son mías).[1] Para ser más explícitos, Jackson tenía evidentemente la capacidad de interpretar cualquier cosa, desde extractos de ópera hasta *blues*, lo que tal vez no fuera algo inusual en el políglota clima musical de Nueva Orleans. Pero es evidente que, en todos estos aspectos, Tony Jackson era el ídolo de Jelly, y la importancia que concedía a la notación de su música, la planificación de sus sesiones de grabación por adelantado y la publicación de sus orquestaciones, así como su amor por los extractos de ópera y la música *ragtime* son en gran medida atribuibles a la influencia de Tony Jackson.

Resulta significativo que Jackson fuera casi el único músico «de piel realmente oscura» al que Morton reverenciaba. Sus prejuicios a este respecto son, por desgracia, manifiestos, y sin duda influyeron en su opinión sobre otros músicos. Ciertamente explica por qué valoraba mucho más a Freddie Keppard que a Armstrong y Oliver,[2] por qué se rodeó de músicos criollos en Chicago y por qué, de hecho, la mayoría de los músicos de Nueva Orleans que había en Chicago lo consideraban sobre todo un intruso. Los prejuicios de Morton arraigaron a edad temprana y no lo abandonaron en toda su vida. Sin embargo, para ser justos, hay que señalar que esa postura no era tanto un prejuicio individual como una distinción de clase rígidamente mantenida tanto por los criollos

[1] *Ibid.*, p. 43.

[2] La posibilidad de que Keppard fuera tal vez realmente superior a Louis Armstrong no puede negarse por completo, dado que las grabaciones de Keppard se realizaron en sus años de declive, cuando se dio a la bebida hasta los límites del suicidio, consumiendo «entre dos y tres litros de whisky al día». Por supuesto, una de las ironías trágicas de la historia del jazz—y, una vez más, el resultado de las actitudes tribales de algunos criollos—es que Keppard rechazara en 1917 una oferta para realizar la que habría sido la primera grabación de jazz por miedo a que otros trompetistas le robaran «su material», lo que propició que fuera una banda blanca, la Original Dixieland Jazz Band, la primera en entrar en un estudio de grabación, véase *ibid.*, pp. 154n y 155n.

del centro como por los negros de las afueras. Las entrevistas realizadas por Alan Lomax en la década de 1940 a viejos músicos de Nueva Orleans, presentadas y evaluadas en *Mister Jelly Roll*, resultan de todo punto claras a ese respecto. Morton nació lo bastante temprano (probablemente en 1885) para haber crecido en un ambiente en el que estas distinciones sociales y étnicas aún no se habían disipado gracias a la confluencia de música criolla y música negra en Storyville, el barrio de los prostíbulos de Nueva Orleans.

Sin embargo, en la primera década del siglo, Morton aún podía establecer distinciones musicales muy claras entre el jazz y el *ragtime*.[1] «El *ragtime* es cierto tipo de ritmo sincopado y sólo algunas melodías pueden tocarse de ese modo. En cambio, el jazz es un estilo que puede aplicarse a toda clase de melodías».[2] Morton añadió que había empezado a utilizar la palabra *jazz* en 1902 para «mostrar a la gente la diferencia entre el jazz y el *ragtime*». Para demostrar su argumento, Morton hacía música de jazz con cualquier clase de melodía: piezas de *ragtime*, extractos operísticos como el «Miserere» de *Il Trovatore*, cuadrillas francesas, una de las cuales Morton afirmaba haber transformado en *Tiger Rag*, melodías francesas como *C'été'n aut' can-can, payé donc*, el famoso clásico mexicano *La Paloma* o incluso marchas de Sousa. El relato biográfico de Morton deja claro desde el principio hasta el final que el jazz, el *ragtime* y el *blues* eran en aquel tiempo

---

[1] Véase el capítulo 2, pp. 103-105.

[2] Alan Lomax, *Mister Jelly Roll: The Fortunes of Jelly Roll Morton, New Orleans Creole and «Inventor of Jazz»*, op. cit., p. 62. Otra «razón para intentar adoptar algo que se diferenciara realmente del *ragtime*—escribió Morton a su amigo Roy J. Carew—era que todos mis colegas músicos eran mucho más rápidos a la hora de realizar adaptaciones [...] que yo y no me parecía que estuviese a su altura» (rara demostración de modestia por parte de Morton). Extracto de una carta reproducida parcialmente en Orrin Keepnews y Bill Grauer, Jr., *A Pictorial History of Jazz: People and Places from New Orleans to Modern Jazz*, ed. rev., Nueva York, Crown Publishers, 1955, p. 60.

tres categorías musicales distintas. De esas tres, al parecer pensaba que el *ragtime* y el *blues* eran tradiciones inalterables y duraderas (es elocuente que no afirmara haber inventado ninguna de las dos). Para Morton, como compositor, el *ragtime* y el *blues* no sólo eran estilos musicales, sino formas musicales específicas: el primero, una estructura consistente en diversos temas; el segundo, una forma monotemática de ocho, doce o dieciséis compases, con una sucesión de acordes predeterminada. Se trataba de formas tan bien definidas como la de la sonata para un compositor clásico, y Morton las aceptó como activas y persistentes.

Llegados a este punto, las afirmaciones de Morton en las que se declara el *creador del jazz* empiezan a resultar verosímiles. A su juicio, y quizá también en la realidad, Morton había aislado como *jazz* un ámbito que no abarcaban ni el *blues* ni el *ragtime*. Puesto que aplicaba un ritmo sincopado más apacible y con más *swing*, y que improvisaba con una gran libertad sobre diversos materiales musicales, como el *ragtime*, la ópera y canciones y danzas populares francesas y españolas, la afirmación de Morton de que él inventó el jazz ya no resulta tan temeraria. Como dijo sucintamente sobre su transformación de *La Paloma*: «La diferencia está en la mano izquierda, en el ritmo sincopado, que [...] cambia el color de *rojo a azul*» (las cursivas son mías).[1]

Para irritación de los músicos a quienes no caía simpático, Jelly Roll nunca se cansó de subrayar su habilidad inigualable como pianista y el hecho de que, salvo en sus últimos diez años, nunca dejara de trabajar en las mejores salas de espectáculos del país. Pero en este caso, una vez más, sus palabras quedan confirmadas por testimonios de otros músicos y contemporáneos suyos. Bunk Johnson, por ejemplo, le dijo a Alan Lomax: «Era un pianista realmente bueno.

---

[1] Alan Lomax, *Mister Jelly Roll: The Fortunes of Jelly Roll Morton, New Orleans Creole and «Inventor of Jazz»*, op. cit., p. 62.

Trabajó mucho en el Great Southern Hotel tocando valses y *rags* para los blancos».[1] Louis «Big Eye» Nelson, un mentor de Sidney Bechet que sin duda no sentía un gran afecto por Jelly Roll, admitió a regañadientes que Morton «llegó a ser un pianista francamente bueno».[2] En la entrevista de Nelson con Lomax, también confirmó en numerosos detalles el análisis del jazz realizado por Morton y su diferencia respecto del *ragtime*. Sin embargo, dejó claro que sus simpatías estaban del lado del jazz, por ser una «música de todo punto racional». Su última observación—que establecía con claridad la línea divisoria entre la música del centro y la música de las afueras, y presumiblemente entre hombres como Morton y él mismo—identificaba una diferencia crucial para él: «Tienes que tocar con el corazón. Picou [...] es un músico bastante bueno, pero ellos»—y aquí se estaba refiriendo a los músicos del centro, que leían partituras—«*ellos* no tocan con el *corazón*».[3] Leonard Bechet también pensaba así: «Picou es un clarinetista muy bueno, pero toca sin pasión».[4] Músicos como su hermano Sidney Bechet y como Morton entendieron esa diferencia y mezclaron el estilo del centro, más controlado desde un punto de vista técnico, con el estilo flagrantemente emocional y *hot* de los negros de las afueras.

En el primer encuentro de Jelly Roll con W. C. Handy se pone de manifiesto una disparidad extrema de concepciones. Cuando Morton conoció a Handy en 1908 en Memphis, pidió a la banda de éste que tocara un *blues*, pero Handy contestó que «una banda no podía tocar *blues*».[5] Tal cosa no es de sorprender, ya que la banda de Handy se parecía más a una banda de concierto o de circo. Según Jelly, Handy y (para el caso) Memphis escucharon por primera vez *blues* instrumental y orquestal cuando Freddie Keppard y su banda llegaron de gira y tocaron *New Orleans Blues*, de Morton.

---

[1] *Ibid.*, p. 113n. [2] *Ibid.*, p. 88. [3] *Ibid.*, p. 93.
[4] *Ibid.*, p. 98. [5] *Ibid.*, p. 141.

Rememorando un período posterior, probablemente 1912, el entonces mejor pianista de Texas, George W. Smith, admitió con franqueza que Morton «en aquellos tiempos podía superar a cualquiera», incluido él mismo. Y lo que Smith más recordaba eran sus interpretaciones de *blues*, por encima de todo su especialidad, *Jelly Roll Blues*.[1] Otro pianista magistral, James P. Johnson, ofreció años más tarde una confirmación de la calidad y el carácter de las interpretaciones pianísticas de Jelly Roll de aquellos tiempos al declarar a Alan Lomax: «Vi a Jelly por primera vez en 1911. Cuando vino a Nueva York, tocó aquel *Jelly Roll Blues* suyo [...] Desde luego, Jelly Roll no era un pianista como lo somos algunos de nosotros. Nosotros estábamos más cerca de la teoría clásica de la música».[2] Estas palabras confirman lo que Morton decía siempre: que no tocaba el típico *ragtime*, sino *jazz*. Lo que Johnson no sabía era que Morton podía tocar en cualquier estilo de la época, incluso los que estaban «más cerca de la teoría clásica de la música», como lo demuestran, más allá de toda duda, las grabaciones de Morton en la Biblioteca del Congreso.

Tal vez el cuñado de Morton, Bill Johnson, un contrabajista, fuera quien confirmara de un modo más sucinto que Jelly Roll estaba tocando «algo diferente» en aquellos años en Nueva Orleans: «Podías pasar por una casa en la que Jelly Roll estaba tocando y sabías que era él porque nadie tocaba igual».[3]

Por supuesto, no dependemos solamente de los testimonios de sus contemporáneos para descubrir cómo era la música de Jelly. Aparte de sus propias reconstrucciones y afirma-

[1] *Downbeat*, abril de 1938, citado en Alan Lomax, *Mister Jelly Roll: The Fortunes of Jelly Roll Morton, New Orleans Creole and «Inventor of Jazz»*, *op. cit.*, p. 145n.

[2] *Ibid.*, pp. 143-144n.

[3] *Ibid.*, p. 160n.

ciones bastante explícitas al respecto, sus comentarios sobre sus colegas completan el cuadro. Una vez más, asombra la perspicacia de sus afirmaciones y la finura de sus distinciones, sólo al alcance de un músico superior. «George Baquet fue el primer clarinetista *de jazz*»[1] (las cursivas son de Morton), o «Buddy Bolden, el gran trompetista *de ragtime*» (las cursivas son mías).[2] «Bud Scott fue, sin duda, el gran guitarrista, aunque Gigs Williams y Buddy Christian podían dar el pego *cuando la música no era demasiado exigente*» (las cursivas son mías).[3] O estas palabras sobre Keppard, muy reveladoras, que reflejan la tendencia del propio Morton a utilizar un gran número de ideas: «se le ocurrían ideas sin parar; podía tocar un *chorus* de ocho o diez maneras diferentes».[4] Tenía «una gran imaginación [...] Si la partitura presentaba algún fragmento en blanco, por pequeño que fuera, él lo llenaba de notas al instante».[5] O lo que dijo sobre el jazz posterior de las *big bands*, cuando se lamentaba: «Es genial tener recursos de un extremo a otro, pero resulta terrible tener esos recursos sin el conocimiento apropiado sobre cómo utilizarlos».[6] Sin embargo, el comentario más florido de Morton y, en cierto sentido, el más conmovedor fue el que hizo sobre Albert Cahill, su colega pianista en Storyville: «Cahill, con su perfección extrema, la dulzura, delicadeza y serenidad de las notas de paso y sus armonías extrañas, o su estilo apacible y colectivo [¿o acaso quiso decir "contenido"?]».

Los músicos de Harlem que se burlaban de Jelly Roll en la década de 1930 lo hacían en parte porque los hostigaba vanagloriándose del pasado y en parte porque pensaban que era un *paleto* anticuado. Sin embargo, no entendieron que, en al-

---

[1] *Ibid.*, p. 124.   [2] *Ibid.*, p. 60.
[3] *Ibid.*, p. 125.   [4] *Ibid.*, p. 126.
[5] Nat Shapiro y Nat Hentoff (eds.), *Hear Me Talkin' to Ya*, *op. cit.*, p. 90.
[6] Alan Lomax, *Mister Jelly Roll: The Fortunes of Jelly Roll Morton, New Orleans Creole and «Inventor of Jazz»*, *op. cit.*, p. 181.

gunos aspectos, Morton estaba aún por delante de ellos. Jelly Roll tenía una concepción total del jazz que trascendía los detalles externos del estilo. Una música «llamativa y descarada», carente de contrastes y variedad, no era para Morton más que música mala y jazz pobre, por avanzada que fuera estilísticamente. Pero lo más lamentable de todo era que sus detractores ni siquiera parecían saber de lo que hablaba. El único músico que en principio debería haberle comprendido era Duke Ellington; sin embargo, la enemistad persistente, de origen desconocido, entre los dos hombres impidió cualquier entendimiento mutuo, como mínimo en público. En cuanto a los demás, muy pocos entendieron sus finas distinciones cualitativas. Y es que Morton fue el primer teórico, el primer intelectual que produjo el jazz, y el jazz nunca ha sido comprensivo con los intelectuales.[1]

La visión que Morton tenía del jazz entrañaba contraste y variedad: en la elección de los instrumentos, el timbre, y las texturas; en suma, en la estructura. En sus mejores grabaciones materializó esa visión, abrazando todos los componentes esenciales del arte de la composición. La concepción del jazz que tenía Jelly Roll Morton, que entendía como una música diferente del *ragtime*, se reveló en sus primeras composiciones, *Jelly Roll Blues* y *New Orleans Blues*. Inmediatamen-

---

[1] Sería fácil dar la vuelta al cuidado catálogo de opiniones contrapuestas que Leonard Feather ha compilado en *The Book of Jazz, op. cit.*, pp. 31-35, en el que confronta las opiniones de «los críticos» partidarios de Morton con las opiniones de un nutrido grupo de «músicos» que no abogan por él. Esa clase de polémica, basada en la estadística, sólo sirve para avivar la llama de la controversia que rodea a Morton, y semejante táctica nunca ha sido un sustituto válido del estudio y el análisis objetivos. Por ejemplo, el brillante y definitivo ensayo de Martin Williams presenta a Morton bajo la luz apropiada («Jelly Roll Morton», en: Nat Hentoff y Albert J. McCarthy [eds.], *Jazz*, Nueva York, Rinehart & Company, 1959, pp. 59-81).

te se plantea la cuestión de si las grabaciones que realizó en 1923 y 1924 de esas piezas y sus recreaciones posteriores en la Biblioteca del Congreso pueden considerarse representativas de su concepción *original*, veinte y treinta y cinco años anteriores, respectivamente. Morton sostuvo con tenacidad sus ideas tan personales sobre el jazz hasta sus últimos días, a pesar de los avances estilísticos y las burlas de los músicos más jóvenes. Sin embargo, es posible que la prueba más llamativa al respecto la ofrezcan las grabaciones de la Biblioteca del Congreso. No sólo se parecen a las grabaciones de la década de 1920 en los aspectos esenciales, sino que la serie entera pone de manifiesto la extraordinaria capacidad de Morton para distinguir entre las diversas clases de música y estilos de sus años juveniles.

Basta con dedicar algunos momentos a una escucha comparativa con cualquier grabación de *ragtime* de los primeros tiempos para apreciar la marcada diferencia entre el estilo de jazz de Jelly Roll y el *ragtime*, más rígido y conservador. Por superficial que sea la escucha, es evidente que Morton se ha alejado de la rigidez de la mano derecha de la técnica clásica y del estilo de marcha de la izquierda.[1] Incluso James P. Johnson, que sin duda era uno de los pianistas más avanzados de *ragtime*, siempre mantenía la sensación original de cuadratura en compás de 2/4, una rigidez rítmica que Jelly suavizó y subsanó desde los inicios de su carrera. Morton logró esa innovación haciendo de la improvisación, sobre todo en la mano derecha, la clave de su estilo pianístico, con lo que se opuso directamente al *ragtime*, una música en gran medida escrita. Mediante sus métodos de improvisación, Morton

---

[1] El propio Morton ofrece una ilustración gráfica de esa diferencia en sus dos versiones grabadas de *Maple Leaf Rag* de Joplin, la primera al puro estilo *ragtime*, la segunda «en sintonía con la creatividad del jazz». (The Library of Congress Recordings, *Jelly Roll Morton*, vol. III: *Discourse on Jazz*, Riverside RLP 9003, cara 2, piezas 1 y 2).

pudo horizontalizar la música, por decirlo así, y suprimir el énfasis vertical, armónico, del *ragtime* y otras formas musicales. Esa horizontalización fue una adición crucial sin la que, ni desde la perspectiva de Morton ni desde la de intérpretes posteriores, no podía haber jazz. Hizo posible el impulso rítmico, condición *sine qua non* del *swing*. (Una vez más, las distintas cuadrillas, tangos, marchas y extractos de ópera que Morton transforma en clave de jazz y *ragtime*, y que encontramos en las grabaciones de la Biblioteca del Congreso, hacen que esa diferencia resulte extraordinariamente clara). Sin embargo, las improvisaciones de Morton que aún mantienen un vínculo estrecho con el *ragtime* se basaban en el tema de la composición o lo ornamentaban. No eran improvisaciones sobre una mera estructura de acordes, como ocurriría en el jazz posterior. Esas «manipulaciones» improvisadas con la mano derecha eran el mayor orgullo de Jelly, y gracias a ellas podía otorgar a sus líneas melódicas un sentimiento mucho más libre y suelto que el que el *ragtime* hubiera conocido nunca.[1] Sin embargo, también proporcionaban una nueva sensación de continuidad y una concepción formal que entrañaba la eliminación de las estrictas repeticiones e imitaciones del *ragtime*, sustituyéndolas por procedimientos de variación que se prolongaban a lo largo de diversos esquemas similares al *chorus*, con varias partes que daban lugar a estructuras de nivel superior. Se trataba de una innovación radical, que ni siquiera instrumentistas de *ragtime* de los primeros tiempos como Bolden y Bunk Johnson adoptaron del mismo modo. Además, era una innovación que sólo haría un compositor que pensara en términos estructurales más amplios.

A partir de su interés en una continuidad más extendida y libre, Morton desarrolló—al parecer en una fecha muy tem-

---

[1] Hasta qué punto podían llegar a ser libres lo demuestra el séptimo *chorus* de *New Orleans Joys* (véase el ejemplo 8 de este capítulo).

prana—un esquema estructural general en el que la efervescencia rítmica del *stomp* final siempre contrastaba con una sección precedente más delicada y tranquila. Por supuesto, esta última era casi siempre el trío del viejo *ragtime* o, al menos, procedía de él. Lo importante es que Morton, con su agudo sentido de los contrastes estructurales y dinámicos, conservó precisamente ese aspecto del *ragtime* o de las viejas cuadrillas que otorgaba variedad a sus composiciones. Lo que tanto molestaba a Morton en los estilos de jazz posteriores era la falta de contraste dentro de una pieza dada, una falta de contraste que, de hecho, era poco menos que una obsesión del jazz hasta tiempos más o menos recientes. Es digno de señalar que un hombre al que se consideraba tan ególatra entendiera que tocar fuerte de manera continuada e incesante probablemente sea más un ejercicio de ostentación que una muestra de arte.

Aunque el marco estructural y los esquemas rítmicos sincopados del *ragtime* constituyeron un punto de partida para la mayor parte de la música de Morton, el *blues* era un elemento igualmente importante. De hecho, para decirlo de una forma un tanto generalizada y esquemática, Morton, al combinar *ragtime* y *blues*, mezcló dos conjuntos de opuestos: el *ragtime* convencional se basaba en la repetición estricta de frases y básicamente no tenía un carácter improvisado, mientras que el *blues*, sobre todo en el cambio de siglo, era, en esencia, improvisado[1] y, como tal, no presentaba repeticiones exactas, sino sólo aproximadas o medio recordadas, como máximo. Esta forma proporcionó la libertad de improvisación y la expresividad emocional que exigía una parte del carácter de Jelly Roll. De este modo, aprendió a aplicar a un material básicamente diatónico—modificando su afinación temperada en el proceso—la libertad de afinación y de

---

[1] El primer *blues* no se anotó y se dio a la imprenta hasta 1912, cuando W. C. Handy publicó *Memphis Blues*.

expresividad de las *blue notes*. No se trataba sólo de rebajar las terceras y las séptimas, sino también de repensar la música que tocaba como un lenguaje melódico-armónico que no existía en la música occidental, un lenguaje en el que las *blue notes*, al igual que ocurre con los cuartos de tono ornamentales de la música india y asiática, dotaban a la música de una libertad expresiva, supeditada no obstante a los principios relativamente estrictos que rigen la conducción de las voces, las funciones armónicas y las combinaciones rítmicas. En el *blues*, Morton encontró la sustancia melódica con la que atenuar el flujo lineal de la música, y, fiel a sí mismo, no identificó los impulsos liberadores de la improvisación con las improvisaciones de forma libre del *blues* primitivo, sino con los procesos un tanto restrictivos de la variación. Se trataba de una improvisación en el sentido en que la entendía el músico barroco del siglo XVIII, es decir, una ornamentación o una improvisación sobre un material temático dado, dentro de un contexto armónico relativamente fijado.

No es probable que Morton escuchara improvisaciones *barrocas*, pero oyó los vestigios de esa técnica tal como se conservaban en la ópera italiana y francesa. Sabemos que Morton asistió en su juventud a representaciones ofrecidas por la French Opera House, pero no habría sido necesario que así fuera para que hubiese estado familiarizado con clásicos operísticos populares, conocidos por todos los músicos criollos con una formación completa y por la sociedad blanca para la que tocaban. Por esa vía, el joven Ferdinand absorbió mucho de lo que después se abriría camino en su propia música. Aprendió a apreciar la unidad formal que caracterizaba a las grandes arias de ópera, muchas de las cuales, significativamente, eran formas simples en dos o tres secciones, no muy distintas de las piezas de *ragtime* desde un punto de vista estructural. Morton también oyó que Verdi, Massenet y Donizetti variaban o adornaban sus melodías mediante repeticiones e introducían nuevos materiales en la forma de contracantos, motivos contrastantes en el acompañamiento y líneas de discanto. Morton aprendió a valorar el sentido de enriquecimiento y complejidad aportado por esos contracantos, que subrayaría, en la teoría y en la práctica, a lo largo de toda su vida. Muchos de los momentos culminantes de las grabaciones de los Hot Peppers pueden atribuirse a la excepcional habilidad de Morton para tejer la idea o la línea secundaria adecuada—muy a menudo un *riff*—en el curso de una improvisación a solo.

Aunque un *riff* no es una variación motívica en sentido estricto, proporciona una variante melódica alternativa para un contexto armónico dado. Como tal, el uso que Morton hacía de los *riffs* era otro medio de ofrecer contraste y variedad, como su explotación casi obsesiva del *break*. Le gustaba decir que «sin un *break* no tienes jazz» y que el *break* «no surgió hasta que él creó la idea de jazz». Probablemente nunca sea posible precisar con exactitud cuándo empezó a utilizarse el *break*, pero existía ya en forma embrionaria en algunos *rags* antiguos (como *Easy Winner*, compuesto por Joplin en 1901). Algo parecido sucede en la ópera, cuando los cantantes aprovechan las fermatas que los compositores a menudo situaban en las notas agudas o en los finales de frase, sostienen la nota *ad libitum* o interpolan cadencias breves. Esta última práctica difiere del *break* en que distorsiona y prolonga la duración total de la frase, mientras que el *break* tiene lugar *dentro* de la frase de ocho o dieciséis compases. Del mismo modo, aunque el tiempo se suspende en un *break*, la pulsación de base se mantiene implícita, mientras que, en una fermata de ópera o en una cadencia, no se aprecia ni la pulsación ni el *tempo*. Además, como el «*break*» operístico está escrito, carece del elemento de sorpresa que tiene el *break* improvisado en el jazz. Pese a esas diferencias, siempre me ha sorprendido que el *break* de dos compases de los comienzos del jazz de Nueva Orleans consistiera con frecuencia en una sola nota o contuviera una nota sostenida casi lo bastante para ocupar los dos compases enteros. La música de Morton está llena de tales *breaks* (*Kansas City Stomps*, *Big Fat Ham*) y así eran también los primeros *breaks* para clarinete de Dodds y Bechet, así como de muchos otros intérpretes de Nueva Orleans, antes de que Armstrong hiciera del *break* a *tempo* doble un rasgo de virtuosismo permanente del jazz. Los *breaks* de Morton consistentes en una nota tenida o en una sola nota resultan especialmente efectivos en las piezas más rápidas y con mayor carácter de *rag*, en las que la repentina *suspensión* del tiempo constituye una sorpresa y un contraste absolutos. Tanto si Morton inventó el *break* como si se limitó a adaptarlo a partir de la ópera o de otra fuente, «probablemente sea el único hombre, músico o crítico» que lo haya convertido en una «norma».[1] Podría añadirse que, además, lo convirtió en un arte, dado que lo empleaba como un sutil clímax, no como un mero truco sin relación con lo que precedía o lo que seguía. Morton condimentaba con *breaks* todas sus interpretaciones al piano y con orquesta, pero fue aún más lejos, ya que los escribió directamente en sus composiciones, con lo que los músicos debían utilizarlos al tocarlas. Una vez más, se trata de la clase de paso consecuente que sólo daría un compositor, y Morton fue, sin duda, el primer músico de jazz que insistió en la inclusión de ciertos detalles compositivos en una interpretación por lo demás improvisada. El temprano *Jelly Roll Blues* tenía ya dos de esos *breaks* integrados en la composición de la pieza, así como una sección en *stop-time* de dieciséis compases.

Otra de las primeras piezas, *New Orleans Blues*, contiene un ejemplo de escritura melódica del bajo en la segunda sección que presenta la forma de un *break* (ejemplo 1). Una vez más, la necesidad de introducir cambios en la continuidad estimula la inspiración de Morton.

---

[1] Martin Williams, en Nat Hentoff y Albert J. McCarthy (eds.), *Jazz*, *op. cit.*, p. 68.

Ejemplo 1. *New Orleans Blues*

Los motivos que buscan imitar al trombón abundan en su música y nos recuerdan que, incluso en sus piezas para piano, las líneas melódicas del bajo se esfuerzan constantemente por adquirir un relieve lineal y contrapuntístico (por ejemplo, las líneas del bajo cromáticas de *King Porter Stomp*), apartándose de la típica mano izquierda que avanza a zancadas. Estamos en deuda con Alan Lomax por ser el primero en recalcar que estos motivos del bajo son atribuibles no sólo al hecho de que Morton «jugara» de vez en cuando con el trombón, sino también a que su padre, Ed La Menthe, «tocaba el trombón de varas» y «podía interactuar bastante bien en una banda».[1] Lomax añade que «en casi todas sus composiciones, Jelly Roll escribió unas líneas para el bajo a base de melodías muy sonoras y explosivas, con el fraseo a la manera del trombón como su marca característica». Todo ello también explicaría por qué las composiciones de Morton contienen tantos *breaks* escritos de modo expreso para el trombón.

Esa inclinación por las melodías de trombón es una muestra del enfoque básicamente orquestal que tenía Jelly Roll tanto del piano como de la composición en general, y una vez más sirve para diferenciar el jazz de Morton y el *ragtime* de los demás. Para tratarse de un pianista, sus piezas contienen relativamente pocos *breaks* pianísticos y bastantes instrumentales. Los trinos del primer *break* de *Jelly Roll Blues* están sin duda inspirados por el clarinete y Morton siempre los orquestó de ese modo. La primera parte de *Chicago Breakdown* contiene dos *breaks* que nada tienen de pianís-

---

[1] Alan Lomax, *Mister Jelly Roll: The Fortunes of Jelly Roll Morton, New Orleans Creole and «Inventor of Jazz»*, *op. cit.*, p. 34.

tico: uno, sin duda para trombón, y el otro para clarinete o corneta; los *breaks* en el registro agudo en *Big Fat Ham* son para clarinete. La sección en do menor de *Wild Man Blues* tiene lo que sólo puede ser un *break* para trombón, mientras que el trío de *Grandpa's Spells* contiene una serie de acentos en notas cuya altura no se precisa, pensados obviamente para la batería.[1] Sería fácil ampliar la lista, pero esos ejemplos indican la gran distancia existente entre las concepciones instrumentales de Morton y el enfoque estrictamente pianístico de sus contemporáneos dedicados al *ragtime*. Jelly Roll llevó tan lejos esa concepción orquestal que llegó a permear su forma de tocar el piano, y es evidente que intentaba imitar el sonido de una banda al completo en la rica sonoridad de los *chorus* en estilo *stomp* con los que siempre acababa sus interpretaciones al piano.

Creo que Morton hubo de quedar muy impresionado por el modo en que compositores como Verdi y Donizetti lograron organizar sus grandes números de conjunto. Y muchos de ellos son maravillas de inventiva que satisfacen tanto las exigencias dramáticas del argumento como la necesidad de que un conjunto vocal mixto y una orquesta sean musicalmente inteligibles. De hecho, números de conjunto como el sexteto de *Lucia di Lammermoor* o el cuarteto de *Rigoletto*, en los que a cada voz se le asigna una función claramente establecida, no están tan alejados del jazz orquestal de Nueva Orleans como cabría pensar. Los paralelos estructurales son evidentes. Ya hemos visto que se daba una disposición idéntica de *voces* en la Creole Jazz Band de Oliver (en la que las melodías que Armstrong improvisaba a la segunda corneta son similares al papel que Verdi asigna a la contralto Maddalena).

---

[1] Viene a la memoria otro gran *innovador* estadounidense, Charles Ives, quien también, inspirado por las bandas de marcha de su nativa Danbury (Connecticut), incorporó imitaciones de los acentos del bombo y del plato de la batería a sus obras para piano.

Sin embargo, los ejemplos más perfectos de esta clase de organización de improvisación colectiva son los de Jelly Roll y sus Red Hot Peppers, en los que las líneas melódicas contrastantes de cada uno de los músicos alcanzan un grado de complejidad y unidad desconocido hasta entonces para el jazz.

Sin embargo, es posible que la cualidad más excepcional de Morton como músico de jazz fueran sus continuas investigaciones sobre la forma musical, íntimamente relacionadas con su deseo innato de ofrecer la mayor variedad posible de contenido musical. En ese aspecto, combinaba dos ideas principales: las formas en dos o tres secciones, con sus modulaciones e interludios, heredados del *ragtime*, y el concepto de variación perpetua. Dentro de este marco general, aplicado en casi todas las interpretaciones de Morton que han llegado hasta nosotros, introdujo nuevos niveles de variedad y contraste mediante la yuxtaposición imaginativa, dentro de una sola pieza, de polifonía, armonía, solo, contracantos y fragmentos en *stop-time*, todos ellos utilizados como elementos estructurales individuales.

Resulta instructivo situar las ideas de Morton sobre esas cuestiones en su contexto histórico. El jazz experimentó numerosos cambios en la década de 1920. Quedó sintetizado en un lenguaje único y reconociblemente diferenciado; también proliferó y se dividió, como mínimo, en dos grandes orientaciones a finales del decenio; produjo a varios artistas de primer orden y, de ese modo, se elevó al rango de forma artística pujante, aunque aún un tanto errática. Sin embargo, lo importante para nuestro examen de la figura de Morton es que, en este período, el jazz pasó por importantes transiciones en lo tocante al estilo, a la posición social, a la relocalización geográfica (de Nueva Orleans a Chicago y de Chicago a Nueva York y Kansas City) y, por último, a los materiales compositivos.

La década de 1920 también fue testigo de las primeras incursiones de la música popular en el jazz, y es significativo que eso ocurriera en los comienzos de la historia del jazz. Era como si la música popular y los intereses comerciales hubiesen estado esperando entre bastidores, dispuestos a lanzarse sobre esa música bisoña. Uno tras otro, los grandes artistas de jazz, incluso los que estaban directamente conectados con los materiales de jazz más puros y esenciales que se desarrollaron en Nueva Orleans, sucumbieron a la influencia de las canciones populares de treinta y dos compases y las fueron incorporando a su repertorio. Incluso el *blues* como forma se vio amenazado, aunque un número suficiente de los grandes solistas y conjuntos (en especial los negros) mantuvieron un estrecho contacto con la forma genuina. Probablemente puede afirmarse que, si ese contacto no se hubiera mantenido, el jazz, como forma musical diferenciada, no habría sobrevivido a la década de 1930. Tampoco fue por entero destructiva la influencia de los materiales de la música popular. El jazz no sólo tuvo la capacidad de absorber al intruso—tal como había absorbido muchos elementos divergentes incluso en sus primeros períodos formativos—, sino que ese material le sirvió de estímulo para alcanzar nuevas cimas, como se aprecia ya en la obra de Louis Armstrong desde finales de la década de 1920.

Considerado en este contexto, el rechazo de Morton, no sólo en la década de 1920 sino a lo largo de toda su vida, de la temprana mezcla de *ragtime* y *blues* se oponía a la corriente imperante. Aquí encontramos la respuesta más elocuente a la doble cuestión de por qué Morton se convirtió en una figura anacrónica a mediados de su carrera y de por qué su música y sus concepciones tuvieron muy poca influencia directa en sus grandes contemporáneos o sucesores. La música de Morton representa el final de una línea (al margen de los intentos posteriores de resucitarla). Algunos de los ingredientes de la concepción de Morton reaparecerían de nuevo—ligeramente transformados, por supuesto—en las variadas y extensas formas de Ellington, en la tradición del *riff* de Kansas City, en la cohesión clásica (que no «de la música clásica») del Modern Jazz Quartet, etcétera. Pero en ninguno de esos casos podemos hablar de una influencia directa por parte de Morton. Lo cierto es que, cuando Morton llegó a su apogeo con las grabaciones de los Red Hot Peppers, la clase de material que empleaba y muchas de las formas en que lo utilizaba resultaban anticuadas y ya no interesaban a los jóvenes músicos de vanguardia de la década de 1920.[1]

Para Morton, uno de los requisitos de la buena música era que contara con una forma sólida, interesante y variada. El formato de tema-solo-tema del jazz posterior le aburría, tal vez no tanto como intérprete, pero sí como compositor. Innovadores como Armstrong y Hawkins no eran compositores en el sentido de Morton, y tendían a evaluar cualquier material, nuevo o antiguo, por su potencial para la interpretación. Morton era un purista a este respecto.

Así pues, aunque Morton no logró difundir su evangelio de la forma, es decir, su insistencia en la variedad y el contraste, aún podemos disfrutar retrospectivamente de los esplendores formales de su obra como el último gran florecimiento

---

[1] Martin Williams, en su minucioso ensayo sobre Morton (en Nat Hentoff y Albert J. McCarthy [eds.], *Jazz, op. cit.*), intenta defender que la influencia de Morton fue mayor y cita a Andy Kirk, Jimmy Rushing, Don Redman y otros músicos del Sudoeste que admitieron haberse *inspirado* en su música. Sin embargo, no cabe duda de que ni siquiera estos pocos músicos comprendieron por completo las implicaciones que se desprenden de las partituras de Morton. En cualquier caso, ninguno de ellos era un intérprete importante, y los intérpretes han sido siempre los principales motores del jazz. Williams hila más fino cuando afirma que *King Porter Stomp* de Morton se conservó inalterada como un estándar del jazz hasta principios de la década de 1940 y, gracias al famoso arreglo de Henderson, influyó en toda la generación de arreglistas de la etapa del *swing*. Sin embargo, eso no lo convierte en una influencia de primer orden, como las de Armstrong o Parker.

de una tradición ya moribunda y superada. En todo caso, no podemos estudiar y apreciar el trabajo de Morton sin admitir el carácter excepcional de sus ideas sobre la forma y el principio de la variación que permean tan profundamente todo su trabajo. Las piezas basadas en un único tema son muy escasas (*Jungle Blues*, *Hyena Stomp*), mientras que abundan las piezas que presentan dos y hasta tres temas; y cuando la composición carecía del suficiente contraste formal, Morton intercalaba *chorus* de *blues* en los momentos apropiados. Mediante un efectivo equilibrio entre repetición, cuasi repetición y variación, Morton logró obtener formas sofisticadas que a menudo recordaban a la forma rondó y, en ocasiones, incluso la superaban en complejidad. La repetición estricta de temas enteros es extremadamente inusual y aparece sobre todo en sus primeras grabaciones de conjunto, como *Big Fat Ham*. Pero si comparamos esa grabación con la versión orquestal de *Grandpa's Spells*, que incluso en sus contornos más amplios resulta formidable (Introducción A - A^1 - B - B^1 - A^2 - C^3 - C^1 - C^2 - C^3 - Coda), nos haremos una idea no sólo de la sofisticación de Morton, sino también de hasta qué punto se diferenciaba de sus contemporáneos.

Los mejores ejemplos sobre cómo se adaptaron las diversas influencias mencionadas más arriba a la concepción sumamente individual que Morton tenía del jazz son las grabaciones que éste realizó para el sello Victor con los Red Hot Peppers a finales de la década de 1920. Hemos visto que las grabaciones de Armstrong con los Hot Five y los Hot Seven maduraron durante un período de varios años, marcadas por la estrategia de ensayo y error y por diversas distracciones comerciales, pero que, en última instancia, dieron lugar a los extraordinarios logros que influirían en el curso del jazz a lo largo de varias décadas. De forma parecida, las grabaciones que Morton realizó en 1926 para Victor no surgieron repentinamente de su cabeza, sino que se desarrollaron a lo largo de un período de tiempo y se basaban en una tradición ya venerable y bien comprendida. La evolución de Morton dista de estar tan bien documentada como la de Armstrong. Su carrera en los estudios de grabación fue mucho más errática que la de Armstrong, lo que impidió la experimentación casi diaria, deliciosa tanto en sus fracasos como en sus logros, de la que pudo disfrutar éste. Lo que es más, tengo la fuerte sospecha de que la concepción orquestal de Morton estaba bien articulada, aunque no madura todavía, varios años *antes* de que realizara sus primeras grabaciones de conjunto en 1923. Así lo demuestran claramente los tempranos registros para Paramount y Gennett, el primero con un grupo *ad hoc*, el segundo con los New Orleans Rhythm Kings (NORK). Desde luego, las dos grabaciones para Paramount, *Big Fat Ham* y *Muddy Water Blues*, no exhiben la extraordinaria variedad estructural, rítmica y sonora de las grabaciones posteriores para Victor. De hecho, son bastante repetitivas, desde un punto de vista formal, para lo que es habitual en Morton, pero muestran algunos de sus rasgos estilísticos y musicales—sobre todo en los ritmos de tresillo distendidos y rebosantes de vida de *Muddy Water* y en los acompañamientos pianísticos del propio Morton, notablemente melódicos y coherentes desde el punto de vista de la horizontalidad—que se aprecian en los tres *chorus* solistas. En la historia del jazz no encontramos nada comparable hasta los sutiles acompañamientos melódicos de John Lewis en el Modern Jazz Quartet. Sin duda, a Morton no le satisfacían los típicos acompañamientos de tipo *oom-pah* del *ragtime* y los primeros años del jazz. Sin embargo, llegó más lejos que todos sus contemporáneos, incluso los más excepcionales, al atreverse a acompañar un solo o incluso un *tutti* con contracantos en la mano derecha, que eran en sí mismos temas perfectamente estructurados, en ocasiones incluso con variaciones. De hecho, a menudo esos acompañamientos improvisados son de una belleza fascinante, muy superior a la de los solos a los que ostensiblemente sustentan. Las antiguas grabaciones acústicas hacen que los solos de Morton resulten difíciles de distinguir, pero merece la pena escucharlos, pues casi siempre apoyan, embellecen, completan y nutren la parte del solista principal.

Sus acompañamientos en *Muddy Water* nos interesan en especial porque son las primeras grabaciones de Morton. En ellos no encontramos huella alguna de incertidumbre o experimentación, sino el trabajo de un músico experto, con pleno dominio técnico y seguro de su función como pianista y director del conjunto. Resulta especialmente interesante el modo en que Morton utiliza uno de sus recursos favoritos de la mano derecha, que en un pianista de menor calibre y con menos sentido de la forma no sería sino un cliché. No se trata más que de una simple apoyatura que Morton solía emplear para dotar de brillo e impulso a sus melodías en el registro agudo. En *Muddy Water* se sirve de este pequeño detalle para asegurar la continuidad de la pieza. Después de algunas apariciones diseminadas en los *chorus* anteriores, Morton termina por condensarlo durante el *chorus* a solo de la trompeta, dando lugar a una cadena de dieciséis repeticiones directas, una especie de pedal en el registro agudo, lo que le sirve para preparar y señalar de manera efectiva el regreso de la banda al completo.

Esas grabaciones también revelan la habilidad de Morton para sacar lo mejor de sus intérpretes. Los tres *chorus* improvisados de *blues* que forman la sección central de *Muddy Water* son sin duda solos que se encuentran por encima del nivel medio para ese período. Son humildes y están cortados por el mismo patrón estilístico, lo que no es un logro menor si tenemos en cuenta que los tres solistas en cuestión—Arville Harris al saxo contralto, Wilson Townes al clarinete y (presumiblemente) Natty Dominique a la corneta—eran unos jóvenes hasta cierto punto desconocidos en 1923.

Morton se aleja del típico formato de Nueva Orleans, el de una primera línea formada por tres músicos, al añadir un saxofón.[1] Aunque el saxofón había empezado a utilizarse por extenso en el jazz ya en 1920, muchos de los músicos formados en Nueva Orleans seguían oponiéndose a él. A lo largo de la década de 1920, Morton experimentó de vez en cuando integrando un saxofón en una orquesta del tipo de Nueva Orleans con un éxito desigual. En esta ocasión el intérprete, Arville Harris, fue una buena elección, y su sonido y su *swing* se mezclaron sorprendentemente bien con el grupo.

En julio de 1923, tanto Morton como los New Orleans Rhythm Kings llegaron—probablemente nunca sepamos si por accidente o a propósito—a los estudios de Gennett en Richmond. Se reunieron para registrar cinco temas, en los que la influencia de Morton sobre lo que con frecuencia era un grupo rítmicamente rígido, estéticamente errático y formalmente burdo puede discernirse con claridad incluso mediante una comparación superficial entre las sesiones de los NORK a solas y las sesiones con Jelly Roll.[2] Morton logró relajar al grupo lo suficiente para producir algo parecido a una sensación apacible de *swing*. Tal cosa resulta particularmente notable en *Clarinet Marmalade*, una pieza derivada de la marcha y con un cierto carácter de *ragtime* que había hecho famosa la Original Dixieland Jazz Band y que se prestaba fácilmente al vaivén de una pulsación a dos tiempos. Morton suavizó la continuidad rítmica y la textura introduciendo numerosos *breaks* de dos compases, variando la instrumentación de los diferentes *chorus* y mediante sus propios acompañamientos imaginativos al piano. También utilizó uno de

---

[1] Las bandas típicas de Nueva Orleans estaban integradas por una primera línea de instrumentos melódicos, habitualmente la corneta o trompeta, el clarinete y el trombón, y por una segunda línea cuya función era la de una sección rítmica, integrada por el piano o el banjo, el contrabajo o la tuba y una batería. (*N. de los T.*).

[2] La comparación es fácil de hacer gracias al disco Riverside RLP 12-102.

sus recursos favoritos para los finales, consistente en atacar el último *chorus* orquestal con una frase introductoria de dos compases y a continuación rematar el *chorus* final con un enérgico contratiempo de la batería.

Mr. Jelly Lord destaca por otro procedimiento típico que Morton perfeccionaría en grabaciones posteriores de temas como *Smoke House Blues*: el cambio al *tempo* doble. Sin embargo, Morton no lanza a toda la banda sobre el *tempo* doble sin antes iniciarlo él mismo al piano en su acompañamiento del solo de clarinete de Leon Rappolo, que toca al *tempo* inicial. La estructura que Morton da a la frase es interesante porque responde a una construcción asimétrica. En las dos frases de ocho compases en cuestión, Morton discurre en tresillos ♪ ³ ♪ durante los cinco primeros compases; a continuación, en el sexto compás, pasa a un ritmo al doble de *tempo* ♫♫, proporcionando así un marco ideal para el pesado *break* de la tuba de los compases siete y ocho, para luego volver al *tempo* doble durante dos compases más y recuperar finalmente el ritmo original de tresillos. De este modo, Morton prepara el camino para el cambio al *tempo* doble de la banda al completo, que a su vez constituye el vehículo perfecto para la siguiente sorpresa: un *break* de clarinete consistente en una larga nota tenida. Con unos recursos muy sencillos, Morton pasa bruscamente de un extremo rítmico al otro: un ritmo muy acelerado (el *tempo* doble) y una suspensión casi total del tiempo (la nota tenida).

Tras evidenciar el potencial del jazz orquestal, por desgracia Morton no produjo nada digno de comentario en sus siguientes trece grabaciones con orquesta (si excluimos por el momento las dos grabaciones con trío de 1925 en el oscuro sello Autograph), todas bajo diversos nombres y para distintas compañías discográficas. Aunque en la actualidad podemos señalar las razones por las que las interpretaciones no funcionan, no sólo en comparación con el alto listón de Morton, sino también con las prestaciones de músicos mucho menores, probablemente sea demasiado tarde para determinar las circunstancias prácticas y personales que contribuyeron a esos fracasos. Baste decir que algunos de estos registros son muy malos (como los cuatro realizados con el nombre de Jelly Roll Morton's Kings of Jazz, en septiembre de 1924), otros son simplemente pasables y unos pocos son fracasos sonados, como la versión de *Mr. Jelly Roll* (o *Mr. Jelly Lord*) para el sello Paramount, en la que Morton calcula mal el desarrollo de la estructura y entra demasiado tarde (y después de un interminable pasaje sin interés del mirlitón) con un *stomp* al doble de *tempo* que claramente tenía la intención de ser el punto culminante que habría salvado la grabación. Sin embargo, al entrar demasiado tarde y no tener relación alguna con nada de lo que se había escuchado hasta ese momento en la pieza, el pasaje suena simplemente como un pedazo añadido.

Si algún logro hay en los siguientes trece registros, éste ha de ser la versión para Gennett de *Mr. Jelly Lord*, que al menos tiene un brillante solo de piano con una cita ingeniosamente distorsionada de uno de los motivos melódicos favoritos de Morton, y algunas *blue notes* deliciosamente chocantes, elevadas al nivel de *disonancia* en virtud de su desplazamiento rítmico, que las convierte en anticipaciones inesperadas. Pero las partes orquestales quedan arruinadas por dos saxofones desvaídos[1] y por la mediocridad de la conducción de las voces. De hecho, es evidente que la banda está leyendo uno de los arreglos comerciales de la editorial Melrose, realizado no por Morton sino por un tal F. Alexander. No obstante, sin duda Morton podría haber evitado el deficiente equi-

---

[1] Señalemos, de paso, que en esta grabación no hay ningún clarinete, como afirman todas las discografías. He encontrado otros errores discográficos en el catálogo de Morton: (1) Gennett 5219 y 5220 tienen dos saxofones; (2) estoy razonablemente seguro de que Morton es el pianista en Gennett 5219, y (3) en la sesión del 21 de septiembre de 1926 con los Red Hot Peppers sólo hay un trompetista y sospecho que no es George Mitchell, sino Lee Collins.

librio de planos sonoros en la orquestación del *chorus* final, cuando la trompeta toca la tercera voz *por debajo* de los dos saxofones. Todos esos errores ponen de manifiesto que Morton, por una razón o por otra, no pudo programar ensayos o conseguir mejores arreglos.

En cambio, en las grabaciones con los Red Hot Peppers, Morton hizo un trabajo mucho más concienzudo. Varios de los músicos que colaboraron con él en esos registros han descrito sus métodos como director. Algunas fuentes recogen esas declaraciones,[1] pero todas ellas dan testimonio de que Morton ensayaba cuidadosamente, e incluso que pagaba por los ensayos; que él se encargaba de los arreglos escribiéndolos o dictándolos; que hablaba con sus intérpretes del lugar en el que mejor quedarían los *breaks* y los solos, aunque conservaba el derecho a veto; que rara vez, por no decir nunca, se entrometía en los solos; que sabía lo que quería a lo largo de toda la pieza y a menudo trabajaba hasta que lo conseguía. Los resultados de esos meticulosos métodos se aprecian en aproximadamente una docena de grabaciones realizadas bajo el nombre de Red Hot Peppers para Victor a partir de septiembre de 1926, un momento en que los registros de los Hot Five de Armstrong sólo habían producido uno o dos temas excepcionales y el apogeo musical de Armstrong no se manifestaría hasta un año más tarde.

En la primera de estas grabaciones, *Black Bottom Stomp*, Morton parece estar anunciando al mundo sus pretensiones como músico de jazz. Para empezar, la pieza, como la mayoría de los registros realizados para Victor, está magníficamente grabada. No presenta ninguno de los problemas de escucha que plantea el timbre metálico de los antiguos regis-

---

[1] Por ejemplo, el clarinetista Omer Simeon en Nat Shapiro y Nat Hentoff (eds.), *Hear Me Talkin' to Ya, op. cit.*, pp. 181-182.

tros acústicos. La formidable exuberancia y vitalidad de estas interpretaciones quedan perfectamente capturadas mediante una presencia acústica viva y amplia. *Black Bottom Stomp*, una de las mejores composiciones de Morton, probablemente se escribió a propósito para esa sesión de grabación. Aunque se divide en dos partes, en realidad presenta como mínimo cuatro temas diferentes y una variante que no puede elevarse a la categoría de «tema». Tiene todos los ingredientes de Morton: *breaks* escritos, pasajes en *stop-time*, temas de una gran vivacidad rítmica, frecuentes contrastes entre frases a base de redondas tenidas con motivos de corcheas sincopadas y un trío central con un formidable *stomp*. Pero, al margen de todo ello, la pieza presenta una particularidad tal vez única en la música diatónica, ya sea clásica o no: la primera sección, con sus tres temas independientes, está en la tonalidad de si bemol mayor y, sin embargo, no aparece ningún acorde de si bemol (con la única excepción de una segunda inversión resultante de una nota de paso), hasta el punto de que éste se evita y su aparición no se produce hasta el compás noventa y seis de la pieza (ejemplo 2). Esto confiere a toda la primera sección una atmósfera inusualmente suspensiva y carente de resolución, al tiempo que le infunde un singular impulso hacia adelante, ya que el oído espera escuchar el acorde de si bemol. Cuando éste por fin llega, Morton ataca directamente el trío en la tonalidad de mi bemol mayor por medio de un breve interludio derivado de una cuadrilla.

Ejemplo 2. *Black Bottom Stomp* (estructura armónica)[1]

$$\text{VI} \;\bigg|\; \text{IV}^{\text{dim}} \;\bigg|\; \text{VI}^{7(+3)}_{2} \;\bigg|\; \text{VI}^{7(+3)}_{1} \;\bigg\|\; \text{II} \;\bigg|\; \text{I}_2 \; \text{V}^{7}_{3} \;\bigg|\; \text{I}^{\text{dim}} \;\bigg|\; \text{V}^{9} \;\bigg\|$$

[1] Los superíndices designan los sonidos del acorde diferentes a los de la tríada básica, 1, 3 y 5 (que se entienden implícitos). Los subíndices se refieren a la inversión del acorde (primera, segunda o tercera). Las indicaciones superiores entre paréntesis se refieren a las alteraciones adicionales del acorde impuestas por la tonalidad.

El esquema formal, tímbrico y textural, uno de los más complejos de Morton, se ofrece en el ejemplo 3.[1]

Ejemplo 3. *Black Bottom Stomp* (esquema)

Secciones	Introd. *Vamp*	A¹	A²		A³	
Instrumentación	*Tutti*	*Tutti* (arr.)	Tpt. *Tutti* Tpt. *Tutti*		Cl. (banjo)	Interludio (modulación)
Número de compases	[4]	[8]	4 4	4 4	16	4

B¹			B²		B³		B⁴	B⁵
Tutti Tpt.-Tbn. *Tutti* (break)			Cl. *Tutti* ____		Pno. *Tutti* ____ (sin rit.) (como en B²)		Tpt. (*stop-time*)	Banjo (en parte 4 tiempos)
6	2	12	18	2	18	2		
⌣⌣⌣⌣			⌣⌣⌣		⌣⌣⌣			
20			20		20		20	20

B⁶			B⁷			Coda
Tutti (2 tiempos)	Batería	*Tutti* ____		Tbn. *Tutti* ____ (Tom-tom) (break)		
6	2	12	6	2	12	2
mp			*ff*			

[1] En su monografía, titulada *Jelly Roll Morton* y publicada en la colección Kings of Jazz (Nueva York, A. S. Barnes and Company, 1963), Martin Williams permite que su entusiasmo por Morton en general y por *Black Bottom Stomp* en particular lo lleve a exagerar su cohesión formal más allá de lo debido. El párrafo que le dedica en la página 67 presenta una versión bienintencionada pero incoherente de lo que sucede en *Black Bottom Stomp*. Williams atribuye un esquema de llamada y respuesta a la introducción de ocho compases. Se trata de una idea descabellada, que probablemente se deba al hecho de concebir la introducción como un acorde tenido, al que se responde con un rápido motivo en corcheas. Sin embargo, esta impresión no deja de ser errónea y probablemente se deba al protagonismo involuntario de las notas tenidas de la trompeta y el trombón. Para ser exactos, el motivo rápido del segundo compás no es más que la continuación del motivo de corcheas que toca el clarinete en el primer compás, en un plano dinámico inferior. Por otra parte, si Williams insiste en identificar esta idea básica formada por el acorde tenido y el motivo rápido como un esquema de llamada y respuesta, entonces, siguiendo la misma lógica, tendría que identificar del mismo modo el primer tema, consis-

A^1 corresponde a un fragmento de *tutti* escrito y armonizado, que se repite de forma literal. En A^2, los solos de trompeta se alternan con pasajes de *tutti*, todos escritos y en frases de cuatro compases. En A^3, el clarinete se ciñe al tema es-

---

tente en cuatro compases de acordes tenidos, seguidos de cuatro compases más de motivos móviles.

Williams identifica otro esquema de llamada y respuesta dentro del primer tema, sobre el que señala lo siguiente: «El primer tema (de hecho, no se trata más que de una serie de acordes) se presenta primero en su aspecto armónico, a continuación lo escuchamos en una llamada a solo de la trompeta y después con una especie de respuesta a modo de variación en el clarinete y el trombón, para terminar volviendo al ámbito de la armonía». No hay ni llamada de la trompeta ni respuesta del clarinete. Ambos instrumentos se limitan a ejecutar las variantes temáticas que compuso Morton sobre la misma progresión armónica de base. Además, si exceptuamos los pasajes armónicos, el trombón no aparece en absoluto en esta secuencia en concreto.

La confusión continúa cuando Williams identifica el trío como «segundo tema o tema B» después de asegurar que la pieza en su conjunto consta de «tres temas» (p. 66). No se puede decir que el *chorus* del bajo contenga un *break*; el *chorus* final en *stomp* presenta un tom-tom o tambor indio y no un bombo; el bajo no es muy «audible» y sólo hay un *break* de trombón en ese *chorus*.

Queda la cuestión de cuántos *temas* hay en *Black Bottom Stomp*. No puedo culpar a Martin Williams por estar equivocado. De hecho, en las piezas de *ragtime* que constaban de varios temas, cada uno de ellos contaba con su propia progresión de acordes. En este sentido, *Black Bottom Stomp* consta sólo de dos secciones principales. Sin embargo, la primera—tal como Morton la compuso y como la interpretaron los Red Hot Peppers— incluye tres variantes de dieciséis compases cada una, que descansan sobre la misma progresión de acordes; variantes que, *a decir verdad*, son nuevos temas. El segundo de estos temas (a cargo de la trompeta) incluso cuenta con su pequeña variación propia, toda vez que los compases del nueve al doce son una variación de los cuatro primeros compases. En el trío central la situación resulta más clara. No hay más que un solo tema, al que se ciñe la corneta—pese a algunas florituras y ligeras distorsiones—en todos los *chorus* en que interviene con la banda al completo en la segunda sección (el primero, el sexto y el séptimo *chorus*). Incluso en su *chorus* a solo, la corneta cita en repetidas ocasiones elementos melódicos y rítmicos del tema. El clarinete, el piano y el banjo presentan nuevas *variaciones* que no parten del tema, sino de la progresión de acordes.

crito con el acompañamiento exclusivo del banjo. B¹ corresponde a una estructura de veinte compases de improvisación colectiva, mientras que B² deriva en una serie de solos: del clarinete, con Omer Simeon (B²); del piano, con Morton (B³); de la trompeta, con George Mitchell (B⁴), y del banjo, con Johnny St. Cyr (B⁵). Muchos arreglistas habrían presentado en ese punto el *chorus* final, pero Morton se guarda todavía un as bajo la manga. Pese a que en B⁶ vuelve a entrar la orquesta al completo, el fragmento se mantiene en un *mezzo piano* ligero y transparente (con el perfecto complemento del *break* de la batería de los compases siete y ocho), y sólo entonces (en B⁷) Morton está listo para atacar el último *chorus* en *fortissimo* con una marcada acentuación de los tiempos débiles a cargo del tom-tom. Lo que Morton ha hecho aquí es crear seis combinaciones tímbricas diferentes con un conjunto formado tan sólo por siete instrumentos: trompeta y sección rítmica; clarinete, banjo y sección rítmica; clarinete y sección rítmica; piano (*sin* sección rítmica); banjo y sección rítmica, y la orquesta al completo. Asimismo, aparecen cuatro tipos diferentes de ritmo: a dos tiempos, a cuatro tiempos, el charlestón (o *matiz español*) y la acentuación de los tiempos débiles. Recordemos que todo esto tiene lugar en menos de tres minutos y, sin embargo, no presenta indicio alguno de desorden o arbitrariedad. El sentido innato de Morton para la cohesión de la estructura funciona aquí a la perfección. Obsérvese cómo el ritmo de charlestón del clarinete ♩♪ ⁷⁷ ♫ ♩ en A³ ejerce como nexo de unión entre las frases de *turnback* de dos compases (compases diecinueve y veinte) de los fragmentos B ♩♩♩ | ♩ ♩♩♩ ‖ y el acompañamiento en *stop-time* de B⁴. Nótese también la relación que se da en el plano rítmico entre A² y B¹ (véanse ejemplos 4A y 4B).

Ejemplo 4. *Black Bottom Stomp* (fragmentos motívicos)

Del mismo modo, en el fragmento A¹ también hay una aumentación (ejemplo 4C) de los componentes rítmicos de base, tal como se muestra en el ejemplo 4A.

El sustrato rítmico es igualmente interesante. Si seguimos la línea de bajo de John Lindsay, podremos apreciar cómo alterna a la perfección el ritmo básico de dos tiempos (2/2) con un 4/4 trepidante por una parte, y pasajes de una sola pulsación en redondas por la otra. Estos cambios de *tempo* no se dan en los inicios de las frases, sino que pueden producirse en cualquier punto de las frases de dieciséis y veinte compases, lo que da lugar a un equilibrio entre los pasajes solistas y los de *tutti*, o una reacción a éstos.

Este tipo de cohesión estructural, tanto en el plano global como en los detalles, y el control de todos estos elementos en un formato que combina la improvisación y los esquemas preestablecidos sin perder un ápice de *swing* es lo que convierte a Morton en el maestro del estilo puro de Nueva Orleans.

Sin embargo, lo que finalmente nos cautiva y entusiasma es sobre todo la interpretación, el *swing* y el extraordinario impulso (en un *tempo* medio aproximado de ♩ = 276), así como el espléndido equilibrio de planos sonoros entre los instrumentos. Morton nos brinda un impresionante solo en el que hace volar literalmente los dedos y que en aquel entonces tal vez sólo Hines podría haber igualado. Los tres músicos al frente de la banda, Mitchell, Simeon y Ory, realizan una excelente labor, con arreglo a la receta de Morton: «Siempre hay que darles melodía con mucho ritmo».

A mi juicio, el contrabajo de John Lindsay dota de un impulso muy especial a estas grabaciones para Victor de 1926. Esto plantea la cuestión de los bajos en los primeros tiempos del jazz, un problema que, al menos hasta donde yo sé, no se ha abordado. Las siguientes observaciones parten de la premisa de que el mejor instrumento grave para conseguir el *swing* es el contrabajo tocado en *pizzicato*. Precisamente, el envolvente acústico de «ataque y caída» que proporciona el contrabajo es la esencia misma del *swing*.[1] Si imaginamos la producción de un *pizzicato* de contrabajo en términos gráficos, como ⟋‾‾‾⟍ o ⟋‾‾‾⟍, constataremos que contiene un aumento brusco de intensidad, un impacto casi inmediato que es un requisito indispensable de la precisión rítmica y del *swing*. La relación de la caída con el *swing* es más compleja. Una nota en *pizzicato* no puede sostenerse al mismo nivel de intensidad que su ataque; su volumen sonoro disminuirá de un modo más o menos rápido. Este efecto acústico confronta al contrabajista de jazz con un problema muy diferente al de un instrumentista de viento. Para satisfacer una de las condiciones del fraseo y del *swing* del jazz—que consiste en mantener los sonidos plenamente (o al

[1] Debemos diferenciar aquí entre la forma en que toca el contrabajo un músico de jazz y la forma en que lo toca el músico clásico. Este último suele producir una especie de golpe corto e inerte, mientras que el jazzista, especialmente en la actualidad—basta con pensar en Ray Brown—, puede producir notas *melódicas* largas en *pizzicato* cuya disminución del volumen sonoro se prolonga a veces como si se tratara de una redonda en un *tempo* lento. Esto no es más que el resultado de una técnica un tanto diferente, que implica una posición concreta de la mano derecha y (a menudo) una modificación de la altura del puente.

menos causar esta impresión)—, el contrabajista se ve obligado a crear la *ilusión* de que sostiene la nota. La curva natural del descenso dinámico gradual de una nota en *pizzicato* le ayuda en este sentido, ya que el nivel sonoro se *atenúa* hasta fundirse con el silencio, es decir, no se detiene de manera brusca (gráficamente: ⟋▭). Por lo tanto, el oyente tiene la sensación de que los sonidos, sobre todo los más largos, se prolongan en lo que de hecho puede que no sea ya más que silencio. Y de este modo, el contrabajo cumple los requisitos indispensables del *swing* (como ya se comentó en el capítulo anterior), tanto en el plano vertical, en lo que concierne a la precisión del ataque, como en el horizontal, por lo que se refiere al encadenamiento de los sonidos y al impulso hacia adelante que resulta de todo ello.

La tuba ciertamente no puede igualar la capacidad para crear *swing* que tiene un contrabajo cuando toca en *pizzicato*. En el mejor de los casos, en manos de un intérprete excepcional puede llegar a crear la ilusión de un *pizzicato*. Pero entonces tendremos una ilusión de lo que ya de por sí es una ilusión. De todos modos, y pese a que músicos como Bass Edwards, Walter Page y John Kirby estuvieron cerca de obtener el tipo de vida rítmica que proporciona un *pizzicato* de forma casi automática, en los inicios del jazz no abundaban los tubistas dotados de una sensibilidad tan extraordinaria.

No es mi intención estudiar con detalle cuándo ni en qué medida se utilizó el contrabajo en Nueva Orleans con anterioridad al advenimiento de los registros sonoros, baste con decir que las fotografías de la mayoría de los primeros conjuntos que no eran bandas de marcha, incluida una de las raras fotografías que se conservan de la banda de Buddy Bolden, muestran un contrabajo. También sabemos que tanto en actuaciones al aire libre como en las grabaciones de los primeros discos se utilizó la tuba, por su mayor potencial sonoro. Y, por supuesto, hubo varios grupos, entre los que se cuentan los Hot Five de Armstrong y la Creole Jazz Band de Oliver, que rara vez utilizaron bajo alguno, ni de viento ni de cuerda.

En cualquier caso, en *Black Bottom Stomp* el contrabajo constituye toda una revelación para el oyente. Y John Lindsay, contemporáneo de Morton y músico muy experimentado, se contaba entre los mejores y más avanzados instrumentistas que éste pudiera emplear. Lindsay tenía un sonido pleno y centrado, y un pulso fluido y lleno de *swing* que combinaba a la perfección con el banjo de Johnny St. Cyr. Si a este equipo bien coordinado y equilibrado le añadimos la batería discreta de Andrew Hilaire y, flotando por encima de todos, las sutiles líneas melódicas de Morton en el agudo, obtenemos una sección rítmica perfectamente homogénea, tanto en el plano rítmico como en materia de timbre y de distribución de los registros. Una sección de este tipo garantizaba un sostén rítmico caracterizado por un ligero y sutil *swing*, que contrastaba marcadamente con las secciones rítmicas de aquella época, lideradas por las líneas a menudo pesadas y ampulosas de la tuba.

Black Bottom Stomp habría sido una magnífica grabación de no ser por el momento de confusión de la banda en el *chorus* B[4]. No cabe duda de que hubo algún malentendido, porque, cuando los músicos empiezan a recordar lo que habían ensayado con Morton (no lo bastante, obviamente) y lo que se esperaba de ellos, ya había transcurrido la práctica totalidad del *chorus*. A pesar de este traspié, *Black Bottom Stomp* fue un comienzo prometedor.

Los otros dos registros realizados ese mismo día están al mismo nivel, o casi. *Smoke House Blues* (que, por cierto, no es un *blues*) es una pieza magníficamente arreglada con un *tempo* lento. Aunque tal vez lo que por encima de todo nos cautive sea la extraordinaria calidez y la emotividad de las interpretaciones, hay muchas otras características dignas de mención. La polifonía que resulta de la improvisación colectiva en los *chorus* inicial y final está espléndidamente lograda. Los intérpretes se mantienen apartados del camino de sus colegas y se complementan entre sí a la perfección. De hecho, esos pasajes orquestales son el ejemplo más perfecto que cabe encontrar de cómo funcionaba la improvisación colectiva al estilo de Nueva Orleans. A cada una de las tres capas de registros le corresponde una función específica. La trompeta, en su registro medio, exponía la melodía y podía ornamentarla rítmicamente sin alejarse demasiado del *tempo* principal de la pieza. En torno a una octava por encima, el clarinete añadía algunos ornamentos en el agudo ligeramente más rápidos, mientras que, por debajo, el trombón funcionaba como un sustrato en una pulsación más lenta, participando (a discreción del intérprete) en la línea de bajo o en los contracantos del tenor. Podemos representar esta estructura mediante el siguiente gráfico:

clarinete
trompeta
trombón

Sin embargo, el pasaje más sorprendente de la grabación es aquel en que Morton combina sus procedimientos favoritos, el *tempo* doble y el *break*, para aligerar la textura. Sin previo aviso, en el *chorus* a solo del clarinete, duplica el *tempo* durante dos compases. Dado que la pulsación de base corresponde a un 2/2 más bien lento, las corcheas de este pasaje al doble de *tempo* dan la impresión de ser en realidad el doble de rápidas. Pero Morton va todavía más lejos y emprende una línea en semicorcheas, doblando el *tempo* de nuevo. Simeon prosigue entonces con su *break* en solitario de dos compases (en *tempo* doble) para retomar a continuación una pulsación más lenta a dos tiempos. Se trata de un golpe maestro en materia de contraste rítmico, y llega precisamente en el momento adecuado dentro del conjunto de la pieza.

El propio Morton interviene con medio *chorus* a solo, que

a algunos críticos les ha parecido rítmicamente fuera de lugar, pero lo cierto es que mantiene el mismo carácter rítmico-melódico desde el inicio, y es la relativa falta de presencia acústica del piano, así como la ausencia de la sección rítmica, lo que crea esta impresión. El solo contiene uno de los *breaks* más imaginativos de Morton y, a continuación, su exultante grito de autoaprobación: «Ah, Mister Jelly». Pocos momentos capturan la naturaleza nada pretenciosa del jazz y su humor agridulce de forma tan creativa y espontánea.

Smoke House Blues concluye con una coda consistente en tres finales improvisados que deben de ser sin duda el prototipo por excelencia de este recurso del que tanto se ha abusado. De una manera sorprendente, casi misteriosa, la duración de esta coda es óptima, y el momento de silencio absoluto que incluye produce tal efecto que cuando aparecen las primeras notas del siguiente final no podemos por menos de sorprendernos, aunque conozcamos la grabación y lo estemos esperando.

El tercer registro de esa sesión, *The Chant*, era un tema escrito por Mel Stitzel, pianista y arreglista de Chicago, pero no podría adaptarse mejor a la concepción de Morton. Como composición, contenía la mayor parte de los recursos más apreciados por Morton: una forma compuesta por diversos temas, cambios armónicos repentinos e interesantes y melodías semejantes a *riffs*. Además, esos recursos formaban parte de una forma más *moderna* y *a la última* que la que el propio Morton podría haber concebido. La introducción (ejemplo 5) se atiene a un modelo de llamada y respuesta que resulta sorprendente para su época, porque la llamada en el clarinete y la trompeta está en re bemol, mientras que la respuesta está en re natural. En este sentido, la tonalidad de re bemol de la llamada es bastante ambigua, toda vez que, al carecer de acompañamiento armónico, no escuchamos nada que la confirme, mientras que, por el otro lado, las repeticiones insistentes de la nota do en la trompeta tienden a sugerir la tonalidad de la bemol mayor—situada a una quinta disminuida del re mayor de la siguiente frase—, aunque con una curiosa sonoridad *menor*. La ambivalencia tonal se complementa en el plano rítmico con unas anticipaciones sincopadas que difuminan la distinción entre tiempos fuertes y débiles, de modo que hasta que el pasaje no concluye no resulta posible señalar dónde se situaba el primer tiempo del compás (ejemplo 5).

Ejemplo 5. *The Chant* (introducción)

(Sin sección rítmica).

A estos contrastes de textura bastante sorprendentes en el plano armónico les sigue de inmediato una frase de ocho compases en si bemol mayor que, sin embargo, se desvía constantemente hacia los acordes de novena de mi bemol o de séptima de sol bemol mayor. De este modo, se desarrolla una interesante progresión armónica (ejemplo 6):

Ejemplo 6. *The Chant* (introducción)

Tonalidad	D♭	D	B♭	E♭⁹	B♭	G♭ᵐᵃʲ⁷	B♭	E♭⁹	B♭	D♭	D
Compases	4	4	1	1	1	1	1	1	2	4	4

A partir de ahí, la pieza termina por asentarse en la tonalidad principal, la bemol mayor, confirmada por una melodía de *riff* muy estática y por la presencia del pedal de la bemol que Morton introduce en el bajo. Pero en el tercer tema, la tonalidad de la bemol se ve una vez más alterada por una armonización cromática en forma de deslizamiento que estaba de moda a mediados de la década de 1920 y que músicos como Zez Confrey, Rube Bloom y Louis Alter empleaban en sus populares éxitos pianísticos.

Llegados a este punto, el motivo melódico [notación musical]
no es más que un cliché, una frase que encontramos en cientos de solos de jazz y también en solos vocales de *blues*.[1]

Después de la exposición del tercer tema se suceden unos cuantos solos muy logrados, entre los que destaca un excelente *break* de Simeon, *pegadizo* y con tintes de *blues*, así como uno de los raros solos de banjo de St. Cyr. Ory echa a perder su solo, obviamente a consecuencia de un error de lectura que lo lleva a saltarse dos compases en los cambios de acordes. Sin embargo, Morton compensa con creces la pifia de Ory con su siguiente solo al piano y los magníficos *chorus* finales de la banda al completo.

Todo el mundo, incluida la Victor Company, evidentemente pensó que esos tres registros habían sido un gran logro, ya que al cabo de seis días encontramos a Morton de nuevo en el estudio de grabación con un conjunto ampliado. No obstante, esta vez se llegó al acuerdo de grabar tres registros *hokum*, es decir, introducciones habladas procedentes de viejos números de *minstrels* o de vodevil, así como efectos sonoros curiosos, como bocinas de automóviles, silbatos de buques de vapor, campanas de iglesias, etcétera. Al decir que esos tres registros no están a la altura de la sesión anterior no pretendo dar a entender que son menos buenos a causa de los adornos *hokum*, si bien es muy posible que Morton, su editor, Melrose, y el técnico de grabación estuvieran un tanto distraídos por esas consideraciones extramusicales. En cualquier caso, aunque esas grabaciones son soberbias y

---

[1] El motivo es indudablemente uno de esos giros melódicos básicos cuyos orígenes se encuentran en el oscuro pasado del primer *blues* sureño y que, por lo tanto, todo el mundo consideraba de propiedad común. La frase no sólo fue utilizada sistemáticamente por Oliver, Armstrong y Sidney Bechet en sus solos—figura en la grabación realizada por Henderson de *Snag It*, de Oliver—, sino que también es uno de los temas principales de *Yamekraw*, extenso *poema sinfónico* de James P. Johnson, compuesto en 1927, y de *Copenhagen*, popular estándar de la década de 1920.

quizá incluso están por encima del nivel habitual de Morton, ninguna supera lo que éste había logrado seis días antes.

Dead Man Blues es, ciertamente, la mejor de las tres, aunque creo que algunos críticos la han sobrevalorado. Como en *Smoke House Blues*, sus *chorus* inicial y final son una excelente polifonía improvisada.[1] No obstante, lo mejor de la grabación es, sin duda, el trío de clarinetes, una melodía sosegada, sencilla y semejante a un *riff*, escrita para tres clarinetes y con una disposición armónica ceñida; Morton se inclina aquí ante Don Redman (el *inventor* del trío de clarinetes) y ante una idea *moderna* que no procede de la tradición de Nueva Orleans. Cuando se repite, un *obbligato* de trombón que resulta casi tierno y tiene un tinte de *blues* se suma a los clarinetes en un segundo plano. El resultado es la clase de belleza apacible que Ellington utilizó con tanto éxito pocos años después.

En diciembre de 1926, Morton realizó otras cinco grabaciones de calidad muy diversa, desde la insípida banalidad de *Someday Sweetheart* hasta el gran logro de *Grandpa's Spells*, una de las piezas de *ragtime* y *stomp* más originales de Morton. *Grandpa's Spells* supera incluso a *Black Bottom Stomp* en cuanto a riqueza orquestal. Una vez más, con sólo siete instrumentos a su disposición, Morton consigue ocho combinaciones orquestales: el septeto al completo; trompeta sin sordina y sección rítmica; trompeta con sordina y sección rítmica; clarinete y sección rítmica (tres veces); trombón y contrabajo; contrabajo solo; guitarra sola, y piano, banjo y batería (sin contrabajo). En el esquema de la estructura formal de la pieza (ejemplo 7) podemos apreciar que estas combinaciones no se mantienen en cada *chorus*, sino que se descomponen en frases de dos o cuatro compases.

---

[1] Señalemos de paso, aunque se trata de una cuestión menor, que en *Jelly Roll Morton*, *op. cit.*, Martin Williams yerra cuando dice que el *chorus* final es «la tercera aparición del tercer tema», ya que en realidad se trata de una «recapitulación» con variaciones del primer tema (p. 69).

Ejemplo 7. *Grandpa's Spells* (esquema)

Secciones	Introd.	A¹				A²
Instrumentación	Tutti	Guit. (reg. grave)	Tutti (improv.)	Guit. (con piano)	Tutti (improv.)	Tpt.
Número de compases	4	4	4	4	4	4

			B¹			B²			A³	
Tutti (improv.)	Tpt.	Tutti (improv.)	Tutti	Tpt. (break)	Tutti	Cl.	Cl. (break)	CL.	Tbn.	Contrabajo
4	4	4	6	2	8	6	2	8	2	2

				C¹	C²	C³
Tutti	Tbn. (Piano)	Contrabajo	Tutti	Trompeta	Clarinete (a 2 y a 4 tiempos)	Piano (a 2 tiempos) Sin bajo
4	2	2	4	16 *p*	16	8 *mp*

Clarinete	C⁴	Coda
	Tutti	Guitarra (ídem A¹)
8	16 *f*	2

Las intervenciones de Morton al piano—pequeños pasajes rápidos, adornos y acordes placados—añaden más interés y variedad a la pieza, sobre todo en A¹ y A², después de la guitarra y la trompeta. Nótese cómo, también en A², Mitchell arranca su segundo solo con una inversión de la frase que había tocado en el primero. Morton también se atreve a contrastar el volumen sonoro de un *forte* producido por pocos instrumentos con una dinámica más discreta en la que intervienen muchos. Un ejemplo de esto último podemos escucharlo en A³ en el intercambio entre trombón y contrabajo, caracterizado por un intenso *swing* que se compensa con la suavidad del solo con sordina de C¹. El contraste dinámico se invierte en C³ y C⁴, donde la primera de estas dos secciones sirve de preparación para el *chorus* final. Además, C³ se caracteriza por una curiosa sensación suspensiva, toda vez que el contrabajo de Lindsay no acompaña aquí ni al piano ni al clarinete, lo que contribuye a un mayor contraste cuando Lindsay entra de nuevo para la improvisación colectiva final, tan enérgica como llena de *swing*.

Original Jelly Roll Blues resulta casi tan lograda como la anterior gracias a una interpretación bien integrada y felizmente estimulante. Los *breaks* de *Doctor Jazz* son destacables, algunos de ellos a dúo y otros interpretados por todo el conjunto. *Cannon Ball Blues*, un tanto irregular, tal vez no se ensayara lo suficiente, ya que fue la última grabación de esa sesión.

Examinar el resto de las grabaciones de los Peppers en detalle sería repetir mucho de lo ya dicho, y, además, en interpretaciones que rara vez están a la altura de las anteriores piezas de Morton. En 1927 hubo otra sesión de grabación *hokum*, con imitaciones del balido de la cabra y la risa de la hiena, así como un *Jungle Blues* que ni siquiera Morton pudo salvar; después, entre 1927 y 1929, hubo seis sesiones más. En total se realizaron unas veinte grabaciones, pero ninguna de ellas alcanzó la perfección de los registros de 1926. Hay logros parciales, como *Kansas City Stomps* o *Georgia Swing*, pero en casi todas Morton parece haber perdido facultades. Muchas de las grabaciones son curiosidades desfasadas y piezas de época. Por razones que no están claras, Morton optó por volver a la tuba en 1927 y, como ya he dado a entender antes, ese factor influye de modo negativo en el *swing* potencial o real de todas las grabaciones subsiguientes. Y eso pese a que los intérpretes de tuba eran excelentes; de hecho, en una de las sesiones posteriores realizadas en Nueva York, el tuba, Harry Prather, es claramente el mejor músico de la grabación. Pese a todo, cabe establecer algunas distinciones a la hora de trazar el contorno de la decadencia de los Red Hot Peppers. La primera sesión en Nueva York, en 1928 (*Kansas City Stomps, Georgia Swing*) conserva en gran medida el sentimiento de música de Nueva Orleans trasladada a Chicago. Sin embargo, las siguientes tres sesiones, en julio de 1929, muestran un marcado deterioro, dado que Morton sucumbe a una instrumentación y a una concepción *más moderna* de la banda: tres instrumentos de viento-metal, cuatro saxofones y sección rítmica, que normalmente tocan a partir de la partitura y sin improvisar en absoluto, con músicos muy dispares y que, en cualquier caso, tenían una orientación muy diferente a la de Morton. Es evidente que Morton no estaba en su elemento. Sin embargo, indudablemente creía que debía seguir el paso de las nuevas tendencias, del enfoque centrado en el solo, de la era de las *big bands* recién iniciada por Henderson y Ellington. Son sintomáticas de este cambio las fotografías publicitarias que muestran a Morton, batuta en mano, frente a la banda, a lo Paul Whiteman, con un tal Rod Rodriguez sustituyéndole al piano. (Casi todos los ineptos solos pianísticos de esas grabaciones son, por supuesto, obra de Rodriguez, no de Morton. Resulta triste y divertido a la vez escuchar a Rodriguez intentando en varias ocasiones imitar la mano derecha de uno de los *breaks* de Morton, que evidentemente éste había enseñado a su protegido). En cualquier caso, el resultado de las grabaciones para Camden constituye el nadir de la actividad de Morton en los estudios de grabación.

La siguiente sesión (noviembre de 1929) arrojó resultados mucho mejores, ya que Morton volvió a la instrumentación convencional de menor envergadura, al estilo de Nueva Orleans, y volvió a utilizar el contrabajo. Sin embargo, los tres instrumentistas de viento (Red Allen, J. C. Higginbotham y Albert Nicholas) eran jóvenes rebeldes acostumbrados al estilo más *avanzado* de Louis Armstrong y el resultado es, en el mejor de los casos, una especie de Dixieland de compromiso y, en el peor, una auténtica lucha entre la concepción rítmica de Morton y la suya. Esas discrepancias estilísticas también abundan en las grabaciones posteriores (1930). Ocasionalmente, en algunas de ellas, en las que Morton abandona hasta cierto punto el enfoque polifónico en beneficio de la sucesión de solos, el talento individual de un solista arroja un rayo de luz, como sucede con los dos solos de Bubber Miley en *Little Lawrence* y *Pontchartrain Blues*, con el trombón casi *bop* de Sandy Williams en *Fickle Fay Creep*, con la interpretación de Morton en *Harmony Blues*, que presagia la libertad rítmica de Erroll Garner unos veinte años más tarde, y con el solo de clarinete bajo de Eddie Barefield en *If Someone Would Only Love Me*. Y cuando los solistas se entienden entre sí, como el 14 de julio de 1930, sesión en que los músicos al frente de la banda eran Ward Pinkett, Geechy Fields y Albert Nicholas, el resultado podía ser tan bueno como en *Blue Blood Blues*, que, con su aire calmo, anticipa el estilo y la calidad de muchas sesiones con formaciones más reducidas de finales de la década de 1930.

Fickle Fay Creep, la última grabación de los Red Hot Peppers, marcó el comienzo de un silencio de nueve años en la actividad de Morton en los estudios de grabación (si dejamos al margen las grabaciones realizadas en 1928 en la Biblioteca del Congreso). El declive prácticamente absoluto desde el apogeo que había supuesto *Black Bottom Stomp* hasta este *Fickle* sólo puede entenderse si se tiene en cuenta el trasfondo de los rápidos cambios estilísticos y el traslado del jazz a Nueva York que se produjeron a finales de la década de 1920. Y tal vez Martin Williams esté en lo cierto cuando dice que Morton «tenía demasiado gusto y perspicacia para limitarse a repetir y decorar, a reiterar y complicar lo que ya había hecho. Era el momento de probar otras cosas».[1] Sin embargo, mediada ya la cuarentena, era evidente que esas «otras cosas» quedaban fuera de su alcance. Como muchos antes y después que él, Morton tuvo que dejar vía libre a otros. Sin embargo, antes de desaparecer por completo, nos dejó como mínimo dos grandes monumentos a su persona y a la clase de jazz que adoraba y predicada: sus memorias de la Bibliote-

---

[1] Nat Hentoff y Albert J. McCarthy (eds.), *Jazz, op. cit.*, p. 79.

ca del Congreso y los mejores frutos de sus grabaciones con los Red Hot Peppers.

No podemos pasar por alto las grabaciones en trío y en cuarteto de Morton, ya que contienen al menos una joya, la *Mournful Serenade* de 1928, y otras piezas dignas de su fama. Cuando aún estaba en Chicago y en la época de apogeo del mirlitón, Morton se vio impulsado a utilizar ese desafortunado *instrumento*, que no hace sino arruinar las grabaciones de 1924 y 1925 con conjuntos de plantilla más reducida. Sin embargo, entre los pitidos desafinados, podemos distinguir algunos momentos musicales valiosos. En *My Gal*, el mirlitón resulta particularmente detestable porque interviene en el mismo registro que el clarinete, oscureciendo por completo la excelente interpretación de Volly de Faut, en un estilo previo al de Benny Goodman. El talento de De Faut se aprecia mejor en *Wolverine Blues*, en la que, por fortuna, el mirlitón se encuentra ausente. De hecho, ese dúo es sorprendentemente bueno para su época (1925). Morton y De Faut conectan muy bien y muestran un grado bastante elevado de entendimiento armónico y rítmico. Cada uno de los tres *chorus* de De Faut se limita a un registro diferente, y Morton, que rara vez quedaba satisfecho con meros *acompañamientos* insulsos, muestra su conexión con el enfoque relativamente sofisticado y disciplinado del clarinetista. En los momentos finales, los dos intérpretes alcanzan un grado de unidad sin sacrificar la libertad individual—la esencia de la heterofonía—que claramente anuncia los célebres dúos grabados por Hines y Armstrong en 1928.

Las grabaciones posteriores con formaciones de menor envergadura no están lastradas por el mirlitón. El resultado de una sesión con trío en la que participaron los hermanos Dodds fue una música encantadora e íntima (*Wolverine Blues* y *Mr. Jelly Lord*). Johnny Dodds está en su mejor forma:

rítmicamente relajado, toca con un sonido oscuro y rugoso que contrasta de modo llamativo con la claridad y el impulso rítmico de Omer Simeon al clarinete, un habitual en las grabaciones de Morton. La reducida instrumentación de esas grabaciones nos proporciona, asimismo, una oportunidad acústicamente nítida de estudiar el modo en que Morton entendía el acompañamiento, con sus largas líneas melódicas, su sentido infalible para desempeñar un papel de sostén o limitarse a empastar con el grupo en el momento adecuado, su empeño de emular a la orquesta y su inusual capacidad de encontrar el equilibrio entre la función de simple acompañante y, al mismo tiempo, la de solista independiente.[1]

Pero el mayor logro de los registros con pequeñas formaciones es la sesión de 1928 en la que grabaron *Mournful Serenade*. Simeon vuelve a tocar el clarinete y ofrece la clase de interpretación estilísticamente flexible con la que tan bien se le daba interactuar a Morton. Al final de una de las sesiones de grabación con los Red Hot Peppers que hasta ese momento no había producido nada realmente extraordinario, el grupo interpretó dos piezas (*Shreveport Stomp* y *Mournful Serenade*) que muestran la amplitud del registro estilístico de Morton y lo bien que podía interpretar en todos los niveles de esa gama. *Shreveport Stomp* se remonta a la música *ragtime* en estilo de marcha de otros tiempos, mientras que *Mournful Serenade* es la clase de pieza con tintes de *blues* que Ellington perfeccionaría algunos años después con *Mood Indigo*. (Incluso es posible que Ellington hubiera conocido *Mournful Serenade* y hubiese desarrollado una de sus ideas). *Shreveport Stomp* era llamativa para la época y par-

---

[1] En el balance negativo, señalemos que esas grabaciones con un grupo de pequeño formato también ponen de manifiesto la tendencia de Morton a apresurar los *tempi*, y que a los dos bateras, Baby Dodds y Tommy Benford, se los puede escuchar tratando valientemente de mantener el *tempo*, aunque no siempre con éxito.

te de su *modernidad* procedía de un *chorus* en el que los dos intérpretes modulan de manera abrupta, mediante cambios de acordes en cada compás: D⁷ | Gᵐ | E⁷ | A | G♭ | D♭ | etcétera. (La pieza está en la tonalidad de si bemol). Se trata de un tipo de procedimiento consistente en desplazarse en torno a diversos centros tonales que los músicos de jazz empezaron a emplear en la década de 1920, sobre todo como un recurso nuevo, que todavía se utiliza en nuestros días en temas como *Tea for Two*.

En *Mournful Serenade*, el trío se convirtió en cuarteto con la incorporación de Geechy Fields, un trombonista de reputación menor que, sin embargo, ese día estaba en excelente forma. La pieza, un sencillo *blues*, está pensada e interpretada de una manera que está al nivel de las mejores grabaciones de los Red Hot Peppers. Morton—y no todo el conjunto—se encarga de crear el ambiente inicial, acompañado sólo por la batería. Lo siguen unos *chorus* a cargo del clarinete y del trombón que lo sostienen perfectamente. A continuación, Morton retrocede varios años en el tiempo, rindiendo tributo a *Chimes Blues*, de Oliver, y a una nostalgia *fin de siècle*, que a su vez sirve de contraste perfecto para el siguiente *chorus*, en el que clarinete y trombón acompañan a Morton con notas tenidas, como si se tratara de un órgano. El estallido polifónico del *chorus* final, con detalles como la interacción entre los cuatro músicos, la elección y el emplazamiento de las insinuaciones de *tempo* doble y de los deslumbrantes motivos rápidos de la mano derecha de Morton en terceras, o la increíble claridad de la polifonía, hacen de *Mournful Serenade* una pequeña obra maestra.

Un estudio de Jelly Roll Morton estaría incompleto sin la mención de sus grabaciones como solista de piano. Algunas de ellas eran rollos de pianola y, por lo tanto, representaciones bastante inexactas, dado que difuminan una de las cualidades únicas de Morton: su pulsación pianística. Por fortuna, hizo muchas grabaciones a solo, y la mayoría de sus piezas se han conservado en diversas versiones, incluso al margen de las grabaciones para la Biblioteca del Congreso.

Al ser el jazz ante todo una música instrumental *de conjunto*, pocos entienden que el piano solista, tal como existe en el ámbito de la música clásica, resulta extremadamente raro en él; y los pianistas de jazz que cultivan esa disciplina se limitan, incluso en la actualidad, a unos cuantos elegidos. Las razones por las que esto es así tampoco suelen comprenderse. Un pianista de jazz que toque sin acompañamiento ha de desempeñar tres funciones de modo simultáneo: ha de tocar una melodía o alguna forma de línea melódica principal; ha de proporcionar una armonía que la acompañe, y, además, ha de ser su propia sección rítmica, con el bajo incluido. Eso no es tan fácil como puede parecer, y explica por qué ha habido siempre tantos tríos de piano, contrabajo y batería en el jazz. Sobre todo en los primeros tiempos, esa triple función pianística resultaba incluso más difícil de lograr porque el papel de la melodía, la armonía y el bajo se organizaba de una forma más convencional y más restrictiva en función del registro. La melodía tenía que estar en el registro agudo; la armonía, en el registro medio, y las notas del bajo no sólo tenían que estar situadas en el registro grave, sino que, en razón de la simplicidad de la concepción armónica, debían presentarse con la mayor claridad posible. Es evidente que, para abarcar todas esas funciones, tres manos vendrían mucho mejor que dos. Podemos preguntarnos por qué la tradición de piano clásico no se enfrentó al mismo problema. Al menos existen tres razones de peso: en primer lugar, una de las grandes tradiciones del piano clásico abrazó una concepción esencialmente polifónica (invenciones, fugas, cánones). En segundo lugar, la rama homofónica de la tradición clásica nunca se limitó a convenciones rígidas en relación con la tesitura y los contornos melódicos. Y, tal vez, la razón más importante sea que entre las principales preocupaciones del piano clásico nunca se contó la de establecer una pulsación rítmica regular y explícita, como sí ocurrió en el jazz. La pulsación en la música clásica, incluso en piezas con un *tempo* estricto—y dejando de lado la cuestión del *rubato* en la música romántica—, era y es mucho más un factor implícito que una expresión explícita. De ahí que se eliminara al menos una de las tres funciones antes mencionadas y, por ende, la necesidad de una tercera mano.

Con la distribución rigurosa de las tres funciones entre las dos manos, el pianista de jazz se ve obligado a combinarlas o a llegar a algún tipo de compromiso. El *stride* de la mano izquierda que se adoptó en el jazz bajo el influjo del *ragtime* constituyó la primera solución intermedia ante aquel problema. Por otra parte, aquellos saltos no eran más que una adaptación en términos pianísticos de la alternancia rítmica entre tiempo fuerte y tiempo débil característica de la música de marcha. Esta técnica de la mano izquierda permitía tocar las notas del bajo (señaladas con una x en el ejemplo) y los acordes de la armonía (señalados con una y) combinados, proporcionando así un andamiaje rítmico sobre el que la mano derecha pudiera tocar, ornamentar e improvisar. Sin duda alguna, un trío con un bajo y una batería aligeraba la carga del pianista, que ya no se veía forzado a tocar las fundamentales de los acordes y a establecer el pulso rítmico. Todo el desarrollo del piano en el ámbito del jazz refleja una fusión y una liberación progresivas de las tres funciones descritas con anterioridad.

Desde luego, los viejos pianistas de *ragtime* crecieron con esa disciplina y, dentro de los confines estilísticos del *ragtime*, la desarrollaron hasta alcanzar un elevado grado de sofisticación y virtuosismo. Morton no era una excepción y, en la medida en que pulía las aristas rítmicas del *ragtime* para producir jazz (simplifiquemos de momento), llevó a una cumbre temporal la triple función de los diez dedos. No hay mejor prueba al respecto que los solos de piano que grabó para el sello Gennett en Richmond (Indiana) en 1923 y 1924.

En la actualidad resulta difícil conseguir que los músicos, en especial los jóvenes, escuchen jazz antiguo, particularmente música para piano. Es fácil entender que les causa rechazo el incesante *oom-pah* de la mano izquierda, las rígidas síncopas del *ragtime* y los frecuentes clichés melódicos. Tal reacción es comprensible en vista de la imagen estereotipada del *ragtime* como una música absurda y anticuada, una imagen inexacta perpetuada por el cine mudo, el vodevil y, sin duda, ciertos pianistas mediocres de *ragtime* que supieron sacar provecho de los aspectos que lo emparentaban con el mundo del entretenimiento. Sin embargo, en sus mejores momentos, el temprano piano de jazz de Morton, Hines y Weatherford es digno de escucharse, sobre todo si se está dispuesto a ir más allá del aspecto estilístico (y acústico) y se está preparado para escuchar de un modo crítico y analítico. Los tesoros de esas grabaciones no se revelan en una escucha rápida y superficial.

Los seis temas para piano solo que Morton grabó en 1923 son de una calidad invariablemente alta, tanto desde un punto de vista técnico como conceptual. En ellos Morton domina por completo los tres planos estructurales que ya hemos examinado, su ejecución es nítida y desprende un considerable *swing*. Cualquiera que dude de su papel como catalizador en la metamorfosis que llevó del piano *ragtime* al jazz debería comparar sus grabaciones de 1923 de *King Porter Stomp* y *New Orleans Joys* con las de la mayoría de los pianistas de la época o con los mejores intérpretes de *ragtime*. La diferencia en cuanto al *swing* resulta impresionante.

Las grabaciones de 1923 destacan por la riqueza de las armonizaciones de Morton. Cuando las escuchamos, tenemos la impresión de que estuviera oyendo interiormente los acordes de una sección de metales o de una orquesta al completo, y se esforzara por lograr que sus dedos emularan esa visión orquestal. En comparación con sus contemporáneos, Mor-

ton tenía un oído extraordinariamente sensible: poseía la habilidad de dar con los acordes adecuados en función del registro, el *tempo* y, desde luego, la melodía a la que acompa-
ñaban. El hecho de que la pulsación de Morton nunca resultara forzada, ni siquiera en los potentes *chorus* finales, guarda relación con lo anterior. Esas cualidades se aprecian por
encima de todo en los maravillosos acordes tenidos del trío
de *Kansas City Stomps*.

Morton suele mantener bien el *tempo* en esas grabaciones, sin la precipitación que a veces encontramos en los registros en grupo. En una de las piezas, *New Orleans Joys*,
experimenta con una independencia bimétrica y birrítmi-
ca de las dos manos que ha confundido a más de un crítico de jazz y que me atrevería a decir que es el primer ejemplo grabado de la clase de ritmo trepidante que Erroll Garner explotó de manera magistral desde mediados de la década de 1940.

Tal vez no sea posible ofrecer una transcripción absolutamente precisa del pasaje en cuestión, y si hubiera alguna forma, la notación sería tan compleja que resultaría poco menos que ilegible. Sin embargo, a continuación brindamos una
transcripción que refleja de un modo bastante fidedigno las
intenciones de Morton (ejemplo 8):

Ejemplo 8. *New Orleans Joys*

Está claro que Morton no estaba tambaleándose rítmicamente,[1] como algunos críticos han afirmado de manera imprecisa, tan sólo estaba intentando bifurcar la música en distintas
capas de *tempo*, la clase de idea que Charles Ives, contemporáneo de Morton, explotó tan concienzudamente en docenas
de obras. En el segundo compás del pasaje en cuestión, Morton comprime el *tempo* de la mano derecha de tal modo que
ésta se adelanta más o menos una décima parte del compás
(una corchea de quintillo) respecto a la izquierda. Si se tocara
la melodía de manera convencional, sonaría así (ejemplo 9):

Ejemplo 9.

Desplazada rítmicamente hacia delante, la melodía cae entre los tiempos. Es interesante observar que, dentro del *tempo* comprimido de la mano derecha, Morton intentó mantener la sensación de movimiento de los tresillos típica del estilo de Nueva Orleans. La prolongación del fa becuadro (en el
compás 2 del ejemplo 8) y del silencio de corchea del principio del compás (no reflejado en la transcripción) son un buen
ejemplo de ello. En realidad, lo que Morton intentaba tocar
dentro de la contracción de diez contra ocho era lo siguiente:

Ejemplo 10.

[1] Hay que descartar la posibilidad de que Morton se equivocara, puesto que su mano izquierda mantiene firmemente el ritmo de habanera—el
matiz español—y, transcurridos ocho compases, ambas manos convergen
de nuevo.

Que el resultado no es accidental lo confirma claramente la acentuación que Morton imprime a esta idea melódica. Los acentos marcados con una flecha en el ejemplo 8 corresponden a los tiempos fuertes desplazados, que el lector reconocerá quizá como parientes lejanos de los ritmos cruzados africanos comentados en el primer capítulo.

En el quinto compás del ejemplo 8, Morton comienza una segunda frase fuera de *tempo*, una larga línea melódica en forma de arco que se prolonga a lo largo de cuatro compases antes de recuperar una vez más el *tempo* inicial y la melodía en el compás nueve. El hecho de que la mano izquierda de Morton no esté tocando un 4/4 al uso, sino un ritmo de habanera (o de charlestón) de naturaleza asimétrica hace que el pasaje en conjunto sea más sorprendente si cabe. Morton aborda aquí algo que—con la excepción de Erroll Garner—los músicos de jazz no volverían a explorar seriamente hasta finales de la década de 1960, y para entonces lo utilizarían en un sentido más arrítmico que polirrítmico.

La posición que Jelly Roll Morton ocupa en el jazz sigue siendo objeto de controversia. Se trata de la misma controversia que el propio jazz ha creado en el mundo de las artes, ya que se basa en la confrontación entre Morton como hombre, como *personaje*, y Morton como músico, del mismo modo que el origen social del jazz y su eterna posición antisistema en nuestra sociedad (no deliberada, desde luego) han sostenido los diversos prejuicios relativos al jazz, mientras que sus virtudes musicales han sido, en gran medida, pasadas por alto o malinterpretadas. Si podemos olvidar la leyenda y concentrarnos en la música, resulta evidente que el papel de Morton en el desarrollo del jazz fue crucial. Y la prueba de ello puede encontrarse aún en la actualidad, gracias a la crónica musical que nos legó, pese a ser incompleta, dado que no abarca los primeros veinte años de su carrera.

Tal vez su importancia pueda calibrarse si recurrimos a criterios aplicables a todo gran artista: el equilibrio entre sus fracasos y sus logros. Pues los fracasos de Morton resultan interesantes y menores, debidos, como son, no a errores de concepción, sino más bien a las circunstancias. Sus logros, sin embargo, fueron profundos y únicos en el contexto del jazz previo a la década de 1930. La desgracia de Morton fue que llegaron demasiado tarde. A causa de las circunstancias, su contribución al jazz se difundió en un momento en que una nueva generación ya estaba convirtiendo una música de entretenimiento en una música culta. Pero ese paso no podría haberse dado—o, al menos, no del mismo modo—sin las soberbias bases plantadas por Morton.

5

VIRTUOSOS DE LA DÉCADA DE 1920

Con la rápida expansión del jazz en la década de 1920, muchas figuras importantes y menores se sintieron atraídas por el nuevo lenguaje y sus oportunidades lucrativas. En la mayoría de los casos, los músicos y grupos examinados en este capítulo tienen muy poco en común, excepto que representaban, de una manera o de otra, la elite interpretativa de su época. Estas figuras fueron, junto con Armstrong y Morton, los músicos que influyeron en el futuro curso del jazz o que produjeron música de tal belleza y poder que todavía hoy justifica nuestra atención. Aunque no estuvieran al nivel de Armstrong o de Morton, fueron líderes decisivos en sus instrumentos o influyeron en la difusión de nuevas concepciones orquestales.

La inclusión de la Original Dixieland Jazz Band (ODJB) puede sorprender a algunos lectores. Sin embargo, a mi juicio, a este grupo rara vez se lo ha evaluado como merece. Se lo ha denigrado en exceso y, como sus integrantes eran blancos, a muchos les ha resultado difícil concederle el reconocimiento que merecen. Por supuesto, otros lo han sobrevalorado enormemente y han intentado dar la impresión de que se desarrolló al margen de cualquier influencia negra, tan sólo a partir de sus propios recursos creativos.[1] Ninguna de

---

[1] Es lo que ocurre con el libro de H. O. Brunn, *The Story of the Original Dixieland Jazz Band*, Baton Rouge, Louisiana State University Press, 1960. Aunque en algunos aspectos es el fruto de una investigación excelente, particularmente en los que subrayan la primacía absoluta del grupo, Brunn evita de modo sistemático mencionar a los músicos negros de Nueva Orleans. No se menciona ni a Bunk Johnson ni a Freddie Keppard ni a la Excelsior Brass Band ni a la Onward Brass Band. Armstrong aparece una sola vez y meramente se lo cita fuera de contexto para subrayar la ilusión de que la

las dos facciones parece haberse tomado la molestia de escuchar desapasionadamente las grabaciones de la ODJB. Su importancia histórica, debida al hecho de ser «las primeras grabaciones de jazz», hace comprensible que la escucha objetiva no resulte fácil. Sin embargo, tras toda la controversia sobre la preeminencia musical del grupo, su primacía histórica y el color de su piel, existe un testimonio objetivo puramente acústico.

La carrera de la ODJB fue tan fantástica y tan típica como cualquiera que pueda ofrecer el jazz. En su historia encontramos los inevitables momentos culminantes: el gradual agrupamiento de unos músicos básicamente autodidactas, su repentino lanzamiento a la fama mundial, su desaparición asimismo repentina y, entre medias, las demandas de un millón de dólares por derechos de autor, las mezquinas envidias, el alcoholismo, las muertes prematuras, etcétera.[1]

La controversia despertada por la música de la ODJB en su apogeo—el único paralelo reciente que viene a la cabeza es la controversia inicial que provocaron los Beatles—se debió a muchos factores extramusicales. En primer lugar, estaba la propia palabra *jazz*, que sólo unos pocos años antes había sido una expresión obscena habitual en los barrios de prostíbulos. Después estaba la novedad de la música, su exuberancia sin precedentes y su flagrante vulgaridad (ciertamente si se la compara con la educada música que se interpretaba en los cabarets y las salas de baile del Norte antes de la aparición de la ODJB). Otro factor fueron los cambios rápidos en la escena social resultantes de la Primera Guerra

---

ODJB era poco menos que la única banda de Nueva Orleans y la «primera gran orquesta de jazz». En los años de formación de Nick La Rocca, entre 1910 y 1912, la Eagle Band, Oscar Celestin y los cornetistas Bunk Johnson, King Oliver, Freddie Keppard, Tig Chambers y Manuel Perez tocaban en el Storyville, de modo que es prácticamente imposible que La Rocca nunca escuchara a ninguno de esos primeros grandes artistas de jazz.

[1] *Id.*

Mundial, ya que parece que la ODJB, en lugar de precipitar esos cambios con su música, apareció en el momento preciso para beneficiarse de ellos y expresarlos. Por último, debemos entender que el nivel de la escena musical estadounidense en 1917 era lo bastante bajo para que el trombonista de la ODJB, Edward B. Edwards, hiciera, sin que nadie lo cuestionara, declaraciones a los periodistas como las siguientes: «Ninguno de nosotros sabe música» (no era cierto, sobre todo en el caso de Edwards, que leía música y había recibido una buena formación en su instrumento); «Creo que el jazz es confusión»; «El jazz es la armonía discordante del ritmo».[1] En una época en la que sólo una pequeñísima minoría se tomaba en serio la música, y no digamos el jazz, la descripción ofrecida por La Rocca sobre «cómo funciona el jazz» («Yo corto la tela, Shields coloca el encaje y Edwards lo cose»)[2] dio en el blanco de lo no intelectual. Era una época en la que estaban naciendo las *relaciones públicas*, y el *jazz* era el sueño hecho realidad de todo agente de prensa. Los periodistas, ayudados con entusiasmo por los miembros de la ODJB, se superaban unos a otros al describir los pros y los contras de escuchar a la banda, a menudo llevando la licencia poética y la *crítica musical* hasta el límite, como cuando un reportero novato afirmó haber escuchado a los «violines reírse disimuladamente y aullar» y comparó a la banda con un «coro de perros de caza al acecho, y alguna que otra explosión en el metro añadida por si acaso».[3]

Antes de estudiar las grabaciones de la ODJB, debemos explorar las raíces musicales del grupo. Podemos decir con seguridad que Nick La Rocca era su director y alma musical,

---

[1] *Ragtime Review*, junio de 1917.

[2] Son numerosas las fuentes que citan la frase de diversas formas, incluido H. O. Brunn, *The Story of the Original Dixieland Jazz Band, op. cit.*, p. 23.

[3] *Ibid.*, p. 55.

aunque el clarinetista Larry Shields era, en ciertos aspectos, su músico más sensible. La Rocca, nacido en una familia de inmigrantes italianos, se formó inicialmente con los materiales ligeros de la Old French Opera y las marchas de Sousa. Sin embargo, sus primeros empleos *profesionales* como adolescente no fueron en bandas de viento-mental, como cabría esperar, sino con grupos de vecinos que como mucho tocaban con un violín o dos, una guitarra y un contrabajo. Su primera banda (en 1908) estaba organizada conforme a la pequeña formación básica que ya prevalecía en Nueva Orleans: corneta, clarinete, trombón y sección rítmica. Esta banda tocaba, por supuesto, *ragtime*. La Rocca era, en aquel entonces, intérprete a tiempo parcial y un *impostor* que no sabía leer música. Sólo algunos años más tarde fue lo bastante diestro para unirse a alguna de las bandas de viento-metal más grandes, como la Braun's Military Band y, en 1914, a las diversas bandas de desfile de Jack «Papa» Laine.

Laine, que tocaba la batería, era el músico blanco más popular de Nueva Orleans, y muchos intérpretes de viento-metal de la generación de La Rocca pasaron por las bandas (de marcha, de concierto, de circo, de *ragtime*) que Laine dirigía o contrataba. Para 1910, esas bandas habían dejado de lado casi por completo la música de marcha francesa y alemana para tocar piezas de *ragtime*, como *Shadow Rag* y *Maple Leaf Rag*, de Joplin, y antiguos clásicos como *Praline* (o *Number Two Rag*) y *Meat Ball*. Cuando, tiempo después, la ODJB se apropió de estas dos últimas, pasaron a conocerse como *Tiger Rag* y *Livery Stable Blues* (o *Barnyard Blues*), respectivamente, y no cabe duda de que La Rocca y otros músicos blancos aprendieron esas melodías gracias a su paso por la orquesta de Laine[1] y a la escucha de las docenas de bandas

---

[1] Tanto Bunk Johnson como Arnold Loyacano, un guitarrista y contrabajista blanco que tocaba en la Tom Brown's Band, la primera banda blanca de Nueva Orleans que viajó a Chicago (en 1915), confirmaron que

negras que desfilaban por Nueva Orleans a la menor oportunidad.

Para 1915, Nueva Orleans era tal hervidero de música de jazz (aunque entonces aún no se la llamaba de ese modo), que inevitablemente algunos promotores foráneos la descubrieron y la importaron a ciudades como Chicago. En realidad, aquella nueva música no era desconocida en Chicago, ya que la Original Creole Band de Bill Johnson (con Freddie Keppard), los cornetas Tig Chambers y Sugar Johnny Smith y el trombonista Roy Palmer, por no mencionar a los pianistas Tony Jackson y Jelly Roll Morton—todos ellos músicos de Nueva Orleans—, habían pasado por Chicago en algún momento. De hecho, se dice que la Tom Brown's Band from Dixieland se trasladó a Chicago para sustituir a la Original Creole Band de Johnson. En cualquier caso, Nueva Orleans rebosaba de músicos, y la extrema competencia hacía que la vida del músico fuera precaria. Por otra parte, Chicago ofrecía un nuevo territorio. Al cabo de pocos años, muchos grupos de Nueva Orleans, incluidos los imitadores blancos del jazz criollo y negro como la Tom Brown's Band y, en 1916, la ODJB, sustituyeron a los conjuntos de cuerda formales en los palacios del entretenimiento del Loop y el South Side de Chicago.

En Nueva York, Keppard y los criollos no habían obtenido un verdadero éxito. Dado que la ODJB tocaba una música

---

Number Two era un tema imprescindible en el repertorio de las bandas de blancos (véase Nat Shapiro y Nat Hentoff [eds.], *Hear Me Talkin' to Ya, op. cit.*, pp. 36 y 81). En uno de los capítulos más tristes de la historia del jazz, algunos años después, varios de esos músicos blancos se enfrentaron en los tribunales por los derechos de autor de esas melodías anónimas, cuya autoría, si es que cabía reclamarla, podría haber sido reivindicada por cierto número de músicos negros más veteranos, como Buddy Bolden y Bunk Johnson. Otra ironía que podría hacer reflexionar a los teóricos de la supremacía blanca en el jazz es que Achille Baquet y el trombonista Dave Perkins, dos de los músicos que tocaban habitualmente con Jack Laine, eran negros de piel muy clara.

parecida a la de los conjuntos de Keppard o de Sugar Johnny, cabe preguntarse por qué causó esa banda tanta sensación en Nueva York en 1917, y por qué no obtuvo un reconocimiento comparable en Chicago un año antes. En primer lugar, la ODJB había cosechado un éxito tan apreciable en Chicago que llegaron noticias sobre el grupo hasta el mundo del entretenimiento de Nueva York, gracias a la visita de personalidades del negocio del espectáculo como Al Jolson. Al fin y al cabo, logró el éxito allí donde la Tom Brown's Band no lo obtuvo. Por otra parte, podemos tener la seguridad de que la ODJB aún estaba desarrollándose—durante el año que pasaron en Chicago, el clarinetista Alcide Nunez fue sustituido por Larry Shields—y la banda no llegó a su apogeo hasta final de año. Dicho de otro modo, las cualidades que la diferenciaron de otros grupos se desarrollaron durante el período de Chicago, cuando pudo trabajar de manera sistemática, y ensayar y tocar para un público cada vez más exigente. Estoy seguro de que la calidad polifónica del grupo, al principio bastante tosca, se refinó durante el período de Chicago[1] y de que el elemento que diferenciaba a la ODJB de todas las demás bandas, a saber, su impulso frenético y su capacidad de tocar piezas a unos *tempi* mucho más veloces de lo habitual, se desarrolló durante ese período.

A su vez, eso ofrece la respuesta, como mínimo, a parte de la primera pregunta planteada más arriba. La banda de James Reese Europe, entre otras, había ofrecido a Nueva York una música excitante. Sin embargo, la ciudad nunca había oído nada tan frenético y animado como la música de la ODJB en el Reisenweber. Además, Nueva York no había entrado

---

[1] Respecto de esa conexión, merece la pena citar la escandalosa afirmación de Brunn según la cual «en aquel momento [1916], la clase de contrapunto que practicaba [la ODJB] y que se convertiría en una característica distintiva del jazz era desconocida para los músicos de Nueva Orleans» (*The Story of the Original Dixieland Jazz Band, op. cit.*, p. 24).

tanto en contacto con otros músicos de Nueva Orleans, blancos o negros, como Chicago. La polifonía en apariencia incontrolada de la ODJB era un fenómeno radicalmente nuevo en la música de Nueva York tras años de concentración en melodías sencillas y acompañamientos incluso más sencillos. Asimismo, los efectos *hokum* de animales de granja utilizados en ocasiones por la banda suscitaron mucho interés, más allá del ámbito musical. De hecho, la llegada de la ODJB a Nueva York coincidió con

> un cambio en el baile popular [...] del refinamiento, el decoro de los salones de baile y la elegancia de movimientos a un tipo de baile más directo, brusco, rápido y enérgico; y, en los cabarets y los circuitos de vodevil [...] a la moda persistente del «*hokum* de granja» y las sonoridades *novelty*.[1]

Por último, las barreras impuestas por el color de la piel eran todavía tan estrictas que una banda negra no habría podido obtener un éxito similar.

La ODJB redujo la música negra de Nueva Orleans a una fórmula simplificada. Tomó una idea nueva, una innovación, y la redujo a la clase de formato rígido y comprimido que podía atraer a un público de masas. Como tal, contaba con una serie de ingredientes infalibles, el más importante de los cuales era un impulso rítmico que tenía un atractivo físico, casi visceral. Además, este impulso rítmico se manifestaba sin la menor sutileza, al igual que el lenguaje melódico y armóni-

---

[1] Tomado de las notas del disco de Jazz Odyssey, vol. 1, *The Sound of New Orleans*, Columbia Records C3L 30, debidas a Frederic Ramsey, Jr., y Frank Driggs. Las imitaciones de los sonidos de granja no eran desconocidas, ya que durante muchos años habían sido una oferta popular dentro del menú «musical». La moda la inició un tema titulado *Farmyard Caprice*, en el que a los músicos se les pedía que imitaran literalmente a todos los animales de granja. La pieza cosechó un éxito tremendo y la grabaron todas las grandes bandas de concierto en 1912.

co de la ODJB, que carecía de la flexibilidad y la delicadeza ocasional mostrada por las mejores bandas negras del período. Sin embargo, en su rígida sustitución del poder expresivo por la pura energía, de la fórmula rígida por la inspiración, la ODJB había encontrado la clave para atraer a las masas.

Típico de la clase de sinsentidos perpetrados en el nombre del jazz en aquellos años es que La Rocca y los demás miembros de la ODJB pudieran pretender que no sabían leer música y que, por lo tanto, sus interpretaciones eran improvisaciones *ipso facto*, nacidas de la inspiración del momento, cuando, en realidad, sus grabaciones muestran sin excepción la repetición exacta de los *chorus* y una gran cantidad de trabajo previo de memorización. Por una parte, La Rocca y Edwards no dejaban de bombardear al público con afirmaciones tan provocadoras como la siguiente: «No sé a cuántos pianistas tuvimos que probar antes de encontrar a uno que no supiera leer música».[1] Por otra parte, sus interpretaciones desmentían el mito de anarquía total que esas declaraciones pretendían crear. Lejos de estar improvisados, esos *chorus* estaban escritos y ensayados, y se mantuvieron inmutables durante años, como demuestran las grabaciones de *Sensation Rag* y *Tiger Rag* realizadas en 1919 en Inglaterra, más allá de toda duda. En la última pieza, el formato es exactamente el mismo tanto en la grabación de Nueva York como en la de Londres: A A B B C C B A B C B, secuencia en la que cada segunda y tercera sección A, B y C es una repetición exacta de la primera.

Así, pues, en realidad la ODJB no improvisaba. De hecho, el único intérprete que intentaba variar su interpretación era el batería, Tony Sbarbaro. No sólo variaba sus *chorus* de una actuación a otra, sino que, dentro de la misma pieza, alcanzaba un grado de variedad considerable mediante el inte-

---

[1] Citado en Frederic Ramsey, Jr., y Charles Edward Smith (eds.), *Jazzmen*, *op. cit.*, p. 51.

ligente uso de una amplia colección de tambores, cencerros, *woodblocks* y platos. La versatilidad de Sbarbaro contrasta notablemente con las limitaciones de los otros intérpretes. Por ejemplo, la tesitura de La Rocca abarcaba sólo más o menos una octava; además, sus ideas rítmicas eran limitadas. Por otra parte, a su modo sencillo, mostraba más impulso rítmico que cualquiera de sus colegas, excepto Sbarbaro. De vez en cuando incluso imprimía *swing* a una frase, en especial a las frases de introducción sincopadas, y hay que decir que él y Sbarbaro constituían la fuerza motriz de la banda. Las ideas melódicas y rítmicas eran comparativamente rígidas, aunque es dudoso que otros trombonistas del período fueran mucho mejores. Y Edwards podía producir en ocasiones algunos contracantos enérgicos, como en *Clarinet Marmalade*. Este tema era, por supuesto, el famoso vehículo de lucimiento de Larry Shields, y muestra su sonido fluido y flexible de una manera particularmente favorecedora. El pianista, Henry Ragas, murió justo antes de que la banda viajara a Londres en 1918. Resulta difícil evaluar su obra a causa de la pobre calidad de las grabaciones acústicas de 1917-1918, pero parece haber sido un intérprete certero y sensible.

La grabación más famosa de la ODJB, su legendario registro del millón de dólares—las ventas superaron incluso las de Sousa y Caruso—, fue *Livery Stable Blues*, también conocida como *Barnyard Blues*.[1] En el capítulo que William Russell y Stephen W. Smith dedican a la música de Nueva Orleans en *Jazzmen* se afirma que Freddie Keppard fue el primero en tocar *Barnyard Blues*, aunque no ofrecen ninguna prueba al respecto.[2] Al margen de la autoría de la pieza, se

---

[1] Véase la historia del pleito relativo a esa canción en H. O. Brunn, *The Story of the Original Dixieland Jazz Band*, *op. cit.*, pp. 75-87. Brunn agrava la confusión al afirmar rotundamente que La Rocca compuso *Livery Stable Blues* en 1912.

[2] Frederic Ramsey, Jr., y Charles Edward Smith (eds.), *Jazzmen*, *op. cit.*, p. 30.

plantea, por supuesto, una cuestión similar en relación con los *breaks* con efectos de granja que verdaderamente convirtieron la pieza en el enorme éxito que fue. Una vez más, la ODJB afirmó que los tres efectos animales—el caballo que relincha, el gallo que cacarea y el burro que rebuzna—eran invención suya. Sin embargo, Preston Jackson contaba que Joe Oliver solía usar *breaks* «en los que imitaba a un gallo y a un bebé […] Los muchachos de la Dixieland Jazz Band de La Rocca se dejaban caer por allí y tomaron muchas ideas de su grupo».[1] Además, cualquier instrumentista de viento-metal sabe que los sonidos que se producen en un instrumento de pistones con la mitad o tres cuartas partes de la válvula accionada suelen dar lugar a una gran variedad de onomatopeyas animales. Los principiantes descubren este tipo de sonidos al no presionar del todo los pistones, o cuando éstos se atascan. Por lo tanto, resulta presuntuoso por parte de La Rocca afirmar que fue el primero en producir semejantes sonidos e incorporarlos a una melodía.

Como ya hemos dicho, los sonidos *hokum* de granja fueron una de las atracciones principales para el público de la ODJB en Chicago y Nueva York. Sin embargo, muchos críticos han exagerado el lugar que esos efectos ocupaban en la música de la ODJB. En realidad, fueron los imitadores de la banda, como Earl Fuller o los Louisiana Five, quienes hicieron un fetiche de esos efectos trillados y, con ello, estigmatizaron el nuevo jazz de una manera especialmente desafortunada. La ODJB se mostró, en comparación, moderada en su empleo de los sonidos de granja, una vez más, en parte porque las técnicas instrumentales de los intérpretes eran demasiado limitadas para producir más de dos o tres de esos efectos, que se contentaban con repetir exactamente a lo largo de una actuación o, incluso, de actuación en actuación.

[1]   Nat Shapiro y Nat Hentoff (eds.), *Hear Me Talkin' to Ya*, *op. cit.*, p. 42.

La ODJB tuvo un ascenso rápido, pero su declive fue casi igual de veloz; para 1924, el grupo había pasado a la historia. Pero, incluso antes de esa fecha, la fina capa de su contenido musical había empezado a erosionarse. A diferencia del jazz en general y de muchos músicos negros en particular, la ODJB no logró absorber en su estilo las nuevas canciones populares que, a principios de la década de 1920, surgieron de Tin Pan Alley en masa. Así lo demuestra ya su primera sesión de grabación para Columbia en 1917,[1] así como las grabaciones posteriores de 1920 y 1922, en las que, bajo la presión de los ejecutivos de la discográfica, el grupo se vio obligado a grabar temas ajenos a su limitado repertorio. El resultado fue una música a medio camino entre el Dixieland y las piezas de baile. Los intérpretes fueron incapaces de salir airosos del problema que suponía tener que ejecutar la partitura con corrección y ceñirse a ella. Los choques de las líneas *contrapuntísticas* en las grabaciones posteriores resultan bochornosos, sobre todo cuando el grupo se vio obligado a añadir un saxofón alto, pese a que no había lugar para él en la simple estructura polifónica de la ODJB. La pulsación, el dinamismo y la energía nerviosa, poco menos que inmadura—es decir, los ingredientes mismos que distinguían las interpretaciones de la banda—, desaparecieron en los registros posteriores, que apenas eran más que versiones comerciales de foxtrot.

Con todo, si se valora con justicia la ODJB, veremos que sus mejores grabaciones, como *Sensation Rag*, *Clarinet Marmalade*, *Dixie Jazz One Step* y *Livery Stable Blues*, contienen una irritante mezcla de fracasos y logros, de vulgaridad grosera y atinadas intuiciones musicales. Sin embargo, al margen de la música que dejó tras de sí, la ODJB ocupó, para lo bueno y para lo malo, un lugar crucial en el período forma-

---

[1] Un tema, *At the Darktown Strutters' Ball*, se reeditó en el sello Columbia, concretamente en Jazz Odyssey, vol. I, *The Sound of New Orleans*, C3L 30, cara I, pista 7.

tivo del jazz. Desempeñó ese papel de un modo que no fue completamente indigno.

Entre paréntesis, no sería justo terminar un examen de la ODJB sin hacer una breve mención de algunos de sus competidores. Tal vez el más cercano a ella fuera, en algunos aspectos, la Original New Orleans Jazz Band de Jimmy Durante. En 1917, Durante era un intérprete de piano *ragtime* y, como entusiasta admirador de la ODJB, también estaba decidido a, citando sus famosas palabras, «entrar en escena». Por consejo de La Rocca trajo de Nueva Orleans a dos de los mejores intérpretes que todavía quedaban allí: Frank Christian (corneta) y el clarinetista negro de piel clara Achille Baquet. Para completar el grupo, Durante añadió a Johnny Stein (batería) y a Frank Lotak (trombón). Todos salvo Lotak habían sido miembros prominentes de la tradición blanca de Nueva Orleans. Stein, Baquet y Christian procedían de la escuela de Jack Laine, y Stein y Christian habían dirigido sus propias bandas. Baquet era el hermano de George Baquet, el clarinetista a quien se atribuye haber sido el primero en tocar al clarinete el clásico *obbligato* para flautín de *High Society*.[1] Achille Baquet había sido músico profesional en Nueva Orleans desde 1908 y había tocado con frecuencia con futuros miembros de la ODJB, como Edwards y Sbarbaro. Stein había sido el director titular de la banda que, con posterioridad, se convertiría en la ODJB.

Con esos antecedentes musicales, el grupo reunido por Durante no podía por menos de producir auténtico Dixie-

---

[1] Aunque la leyenda que rodea al jazz de Nueva Orleans en sus primeras décadas lo tiene en muy alta estima, George Baquet dista de impresionar en sus escasas apariciones discográficas. Sus interpretaciones con Bessie Smith grabadas en 1923 (*Whoa Tillie* y *My Sweetie Went Away*) resultan invariablemente rígidas y chillonas, al estilo de Ted Lewis.

land. Como la ODJB, a la que imitaban atentamente, los miembros de la NOJB en realidad no improvisaban. Su músico más destacado, como se aprecia en la temprana grabación realizada en 1919 para Gennett (*Ja-Da Medley*), era Baquet. Con su sonido ancho, casi sin *vibrato*, y su excelente dominio de todos los registros, la forma de tocar de Baquet empastaba mejor con la trompeta que la mayoría de los clarinetistas. Evitaba los chirridos y pitidos de los otros clarinetistas de Dixieland (sobre todo Ted Lewis) y sus síncopas a menudo desprendían un *swing* rudimentario.

La competidora e imitadora de la ODJB que logró más éxito fue la Famous Jazz Band de Earl Fuller. Fuller era uno de los baterías de bandas de *novelty* más exitosos que surgieron hacia 1915 y 1916. Pertenecía a la escuela de James Reese Europe y, como la mayoría de los baterías de la época, imitaba al batería estrella de Europe, Buddy Gilmore, a menudo llamado «el primer batería del jazz» en el sentido moderno de la palabra. Tras el fenomenal éxito de la ODJB, Fuller, que entretanto se había convertido en director, redujo su Deluxe Orchestra, que tocaba en el Rector's Restaurant, a una banda de cinco músicos con la misma instrumentación.

La banda de Fuller empezó a grabar en mayo de 1917, cuatro meses después de la primera sesión de grabación de la ODJB. Aunque sus propósitos eran estrictamente comerciales, las grabaciones de Fuller, casi siempre subestimadas por los historiadores de jazz, revisten un interés histórico considerable, ya que combinan el estilo neoyorquino de James Europe y de las bandas de concierto populares (como las de Conway o Pryor) con el estilo de Nueva Orleans de la ODJB. Dicho de otro modo, la banda de Fuller fue un importante grupo de transición.

Su versatilidad procedía de su deseo de tener el mayor atractivo comercial posible. De ahí que abarcara tres clases básicas de repertorio: (1) las piezas al estilo de la ODJB, (2) las marchas y los *one-steps*, y (3) melodías populares como *The*

Old Gray Mare y *Li'l Liza Jane*. Esas categorías a menudo se superponían en sus interpretaciones. Una pieza como *Beale Street Blues* de W. C. Handy se podía tocar en una combinación de estilo de banda circense y polifonía de Nueva Orleans. Otras grabaciones se limitaban a injertar los tres instrumentos de viento del estilo de Nueva Orleans en la base rítmica del estilo de James Reese Europe. Los anticuados ritmos de la banda y la forma de tocar del corneta Walter Kahn resultan muy difíciles de soportar en la actualidad. Además, sus interpretaciones son estructuralmente monótonas a causa de sus repeticiones exactas. Sin embargo, la banda transmitía una excitación en bruto, similar a la de las orquestas de Europe, generada sobre todo por el batería, Dusty Rhoades. Tocaba casi siempre la caja clara y (alternativamente) los *woodblocks*, y era el único miembro del grupo que variaba sus interpretaciones. Tenemos un ejemplo interesante en el último *chorus* de *Li'l Liza Jane*. Con un *tempo* rápido, Rhoades acomete la siguiente variación (ejemplo 1):[1]

Ejemplo 1. *Li'l Liza Jane*

Otros competidores de la ODJB eran los Louisiana Five. Alcide «Yellow» Nunez, el director y clarinetista, había formado parte del núcleo original de la ODJB que viajó a Chicago en 1916. También había sido el instigador del alboroto por los derechos de autor de *Livery Stable Blues* al apropiarse de la pieza para un editor de Chicago, Roger Graham.

---

[1] El lector reconocerá los esquemas básicos de tres contra dos ya comentados en el primer capítulo al analizar los ritmos africanos. La relación entre los motivos rítmicos de Rhoades a la batería y el compás de referencia guarda un sorprendente paralelismo con los numerosos esquemas de batido de palmas y *gankogui* analizados por A. M. Jones.

Para 1917, Nunez se había mudado a Nueva York, y en 1919 grabó unos cuarenta temas con los Louisiana Five. Uno de ellos, *Yelping Hound Blues*, cosechó un éxito casi tan grande como *Livery Stable Blues*, y el título [*Blues* del sabueso que aúlla] ofrece una lamentable sugerencia de por qué. Una característica inusual del grupo era que no tenía corneta, lo que daba lugar a un claro desequilibrio en cuanto a la textura y los registros, con Nunez tocando en el registro agudo y los otros cuatro—el trombón (que en su mayor parte hacía el papel de bajo), el piano, el banjo y la batería—varias octavas por debajo. La forma de tocar de Nunez procede directamente de la tradición de bandas de desfile de Nueva Orleans y, como tal, sus grabaciones[1] desprenden cierto encanto genuino. Toca todo lo que en apariencia estaba a su alcance, que no era más que una línea melódica aguda y estridente que había aprendido en su paso por las bandas de Nueva Orleans. Pero, aunque Nunez era el único que podía llevar la melodía, habida cuenta de la instrumentación de los Louisiana Five, sus interpretaciones muestran cierto deseo de introducir variaciones en la melodía de los *chorus* finales. No se trata de improvisación, sino de una simple técnica de ornamentación, consistente en rellenar los contornos melódicos con *obbligati* de corcheas u otros recursos similares. Su forma de tocar parece reflejar exactamente la diferencia entre *ornamentación* e *improvisación* a la que se refería Buster Bailey cuando decía que, en el Memphis de 1917 y 1918, él «desconocía lo que quería decir "improvisar". Pero "ornamentar" sí que lo entendía. Y eso era lo que estaban haciendo en Nueva Orleans: ornamentar».[2]

---

[1] Uno de ellos se ha reeditado en Columbia C3L 30, cara 1, pista 2. Su última y mejor grabación, *Slow and Easy* (realizada en diciembre de 1919), fue el debut del joven cornetista Leo McConville, con posterioridad un habitual de los grupos de Red Nichols.

[2] Nat Shapiro y Nat Hentoff (eds.), *Hear Me Talkin' to Ya*, *op. cit.*, p. 78.

Unos competidores ligeramente posteriores fueron los Original Memphis Five. Los honorarios que recibían por las grabaciones eran más bajos que los de la ODJB, y eso les permitió registrar más de cien temas sólo en 1922, bajo distintos nombres y en diversos sellos discográficos. Sus grabaciones de ese período demuestran claramente que el gran éxito obtenido por la ODJB con *Margie* en 1920 hizo que todos los grupos similares abandonaran el jazz por la música de baile comercial o el estilo *slapstick*. Los Memphis Five, que formaban parte de esa categoría, tocaban con rigidez rítmica una música semiarreglada que distaba mucho de la polifonía de Nueva Orleans, pese a contar entre sus filas con el corneta Phil Napoleon, el trombonista Miff Mole y el pianista Frank Signorelli. Sin embargo, en sus primeros tiempos, antes de que docenas de grupos similares surgieran rápidamente a lo largo de la costa este, combinaban los vestigios de la influencia de James Europe con la pseudopolifonía de la ODJB. Las grabaciones que realizaron en 1921 de *Shake It and Break It* y *Aunt Hagar's Children*, dos de los mayores éxitos de aquel año, son ejemplos representativos de su animado enfoque.[1]

El grupo con el que se ha comparado más a menudo a la ODJB eran los New Orleans Rhythm Kings (NORK). Aunque recibieron la influencia de la ODJB durante su período formativo, los NORK, con sus tres instrumentistas de viento de Nueva Orleans—Paul Mares (corneta), Leon Rappolo (clarinete) y George Brunies (trombón)—, sabían perfectamente lo que era el jazz negro. Comparados con la ODJB, los Rhythm Kings tocaban un jazz de mayor calidad, y a Leon Rappolo se lo consideraba el mejor músico blanco de Nue-

---

[1] Estoy seguro de que esa grabación de *Aunt Hagar's Children* era uno de los discos de jazz que Darius Milhaud se llevó a París en 1922. Milhaud compuso su célebre *La Création du Monde*, una obra maestra influida por el jazz, como resultado de su encuentro con el jazz durante su visita a Estados Unidos (para actuar como director invitado con la Orquesta de Filadelfia).

va Orleans. No sólo improvisaban en el verdadero sentido de la palabra, sino que tenían una actitud distinta, de humildad, ante el jazz. Mientras que La Rocca negaba la herencia musical negra de Nueva Orleans, Paul Mares proclamaba con orgullo que trataba de emular el sonido y el estilo de King Oliver.[1]

Sobre los NORK se ha dicho que fueron como mínimo tan importantes por la influencia que ejercieron como por lo que en realidad tocaron. De hecho, fueron el vínculo más temprano y auténtico entre la tradición orquestal negra de Nueva Orleans (representada por la Creole Jazz Band de King Oliver) y una multitud de imitadores blancos, incluidos Bix Beiderbecke, la llamada Austin High School Gang y toda la proliferación del jazz «estilo Chicago». Aunque los Rhythm Kings eran irregulares y carecían de una dirección estética propia, eran admiradores entusiastas de la mejor tradición de Nueva Orleans transmitida por el South Side de Chicago. Entendían su concepción musical y se contaron entre los primeros que la imitaron bien. No eran especialmente inventivos o creativos, pero al menos conocían la distinción entre el jazz realmente improvisado y los aberrantes estereotipos del *novelty*, y defendieron el primero con ferocidad.

Ya hemos visto que una de las sesiones de grabación de los NORK estuvo animada por la presencia de Jelly Roll Morton. Bajo la influencia de éste, la banda tocó en un estilo más preciso, con una mayor distensión rítmica y también una mayor inventiva estructural. Pero, incluso por sus propios medios, como grupo habitual del Friar's Inn de Chicago, a menudo capturaron en gran medida la fluidez rítmica y la libertad polifónica del jazz de Nueva Orleans. Su repertorio consistía en piezas de la ODJB y en algunas composiciones de Morton, muchas de las cuales grabaron, a partir de 1922, para el sello Gennett. En esencia, intentaron ser una especie de versión

---

[1] Nat Shapiro y Nat Hentoff (eds.), *Hear Me Talkin' to Ya, op. cit.*, p. 123.

reducida de la Creole Jazz Band de King Oliver, y en ocasiones lograron ese modesto objetivo. En temas como *Tin Roof Blues*, *Sweet Lovin' Man*, *Weary Blues*, popular pieza de *ragtime* escrita en 1915 por Artie Matthews, y *Shimmeshawabble*, de Spencer Williams, igualmente popular, capturan con autenticidad—aunque no de modo sistemático—el carácter y el *swing* fluido y apacible del estilo de las bandas de Nueva Orleans. Si una interpretación como la de *Sweet Lovin' Man* hubiera sido objeto de una mejor grabación, ciertamente se la habría evaluado de forma más positiva. El sonido quebradizo de las grabaciones acústicas de Gennett sofoca el impulso de Paul Mares a la trompeta y el lirismo de Leon Rappolo al clarinete. Los *breaks* de Rappolo y los de George Brunies al trombón presentan un *tempo* perfecto y un sonido relajado y de buena calidad; y los dos últimos *chorus* de la banda al completo son estupendos ejemplos de ese arte. Tal vez su grabación más representativa, y que influyó tanto a Bix Beiderbecke como a Jimmy McPartland con su Austin High School Gang, sea *Tin Roof Blues*. Aquí podemos escuchar en buenas condiciones la clase de corneta que influyó en Bix, así como uno de los solos de *blues* más conmovedores y expresivos de Rappolo.

BIX BEIDERBECKE

Como ya hemos dicho, los New Orleans Rhythm Kings influyeron al más grande músico blanco de jazz de la década de 1920, Leon Bismarck Beiderbecke (1903-1931). Bix, por supuesto, es ya leyenda y, de hecho, simboliza la era del jazz, a semejanza de F. Scott Fitzgerald en el campo de la literatura en esa época. Pero, para ir más allá de la leyenda, debemos examinar las grabaciones que nos dejó y la personalidad musical que éstas manifiestan.

El talento de Bix se nutrió primero en una familia de músicos que se remontaba varias generaciones, hasta antepasados alemanes. Pese a su precocidad musical y a haber recibido algunas clases formales de piano, Bix no aprendió a leer música. Fue un autodidacta de la corneta, instrumento que, según se ha escrito, empezó a tocar a los quince años. Se formó con las grabaciones de la ODJB, reproduciendo las melodías de trompeta de La Rocca al mismo tiempo que sonaban en la Victrola.[1] Bix también escuchaba música en los barcos de vapor que recorrían el Misisipi hasta su ciudad natal, Davenport (Iowa), desde Memphis, San Luis y Nueva Orleans. Es bastante seguro que Bix escuchó a Armstrong en uno de esos barcos, así como a un trompetista blanco llamado Emmett Hardy, quien, por desgracia, no grabó nada. Aunque empezar a tocar un instrumento con quince años es empezar tarde, el talento de Bix para la corneta era tan natural que adquirió destreza a una velocidad sorprendente y, para 1921, con dieciocho años, empezó a trabajar en la North Shore de Chicago y a escuchar a los NORK en el centro por las noches. En aquella época, Bix también descubrió a King Oliver y la obra en maduración de Armstrong. Pero citar esas influencias no es negar que Bix tuviera unas cualidades musicales sumamente distintivas. Para 1923, cuando los Wolverines se formaron a partir del núcleo de intérpretes con los que Bix había estado trabajando, su estilo estaba ya formado en sus aspectos esenciales.

Las grabaciones de los Wolverines realizadas para Gennett en 1924 ofrecen un testimonio elocuente a ese respecto. Aunque su hermoso sonido dorado se volvería aún más suntuoso en los años posteriores (y se lo grabaría en mejores condiciones), ya destacaba como un atributo único, ni si-

---

[1] Gramófono de trompeta interna patentado hacia 1905 por la compañía discográfica Victor, líder en las primeras décadas del siglo XX en la industria del gramófono y el mercado discográfico en Estados Unidos. (*N. de los T.*).

quiera igualado por Armstrong. El sonido de Bix transmitía una preciosa serenidad, tenía una buena proyección y contaba con el sostén de un soplo natural y un *vibrato* relajado. En ese aspecto, de hecho, Bix mostraba su independencia en relación con Armstrong. Si comparamos a los dos intérpretes, advertiremos la mayor audacia de los solos de Louis, su impulso casi incontrolable, su tensión rítmica, en suma, un modo de tocar en el que todas las cuestiones técnicas se subordinan a la expansión de una concepción instrumental, a la exploración de nuevas ideas musicales. En comparación, Bix era un conservador. Sus ideas y técnicas se combinaban dando como resultado una ecuación perfecta en la que las exigencias de las primeras nunca excedían las posibilidades de las segundas. Su sentido de la métrica, por ejemplo, carecía esencialmente de toda complicación y rara vez lo llevaba a embarcarse en exploraciones, pero dentro de sus limitaciones era poco menos que perfecto. Mostraba un ataque seguro y una sensibilidad natural para el *swing*. De ahí que cada sonido, al margen de sus connotaciones rítmicas, melódicas y armónicas, fuera de una gran belleza: un ataque con el emplazamiento perfecto coronado por un timbre de corneta puro y aterciopelado.

Bix poseía una cualidad extremadamente rara en el jazz de las primeras décadas: lirismo. Tal vez la heredara de la vena romántica de sus raíces alemanas; tal vez reflejase la tradición de canto del *Männerchor* de su abuelo. Pero, viniera de donde viniese, era un elemento inherente a su forma de tocar. De hecho, estaba vinculado con su única limitación: la incapacidad para escapar del conservador marco expresivo de su estilo. Las miras expresivas de Bix eran mucho menos elevadas que las de Armstrong. No necesitaba explorar nuevos territorios; tal vez fuera emocionalmente incapaz de ir más allá de sus inclinaciones inmediatas. Creo que aquí encontramos una analogía con ciertos aspectos de su vida personal, que sus biógrafos y sus admiradores han revestido de un aura mística. Me refiero a la relación un tanto cohibida y tímida de Bix con las mujeres, a su necesidad de seguridad, manifestada con su ingreso en las orquestas de Jean Goldkette y Paul Whiteman, y a sus vagos deseos de reconciliarse con la música clásica. De una manera o de otra, estamos ante síntomas paralelos de un hombre que no podía dejarse llevar emocionalmente, en quien una disciplina conservadora actuaba como una válvula de cierre o, en los términos de George Avakian, «era como si le hubieran puesto una tapa a un géiser». Tanto la belleza como la fría reserva de su sonido procedían de esos rasgos de personalidad. Una explosión como la del exuberante arrebato de *Singin' the Blues*, muy común en las interpretaciones de Armstrong, resulta inusual en Beiderbecke.

La influencia de la Original Dixieland Jazz Band sobre los Wolverines, filtrada a su vez por la influencia intermedia de los New Orleans Rhythm Kings, no sólo se manifiesta en el material interpretado—los mejores temas de los Wolverines eran piezas de la ODJB—, sino también en la manera en que lo tocaban. En gran medida, la forma de tocar de la banda hace referencia directa al grupo de La Rocca, pero, a diferencia de la más antigua ODJB, los Wolverines improvisaban de verdad. A resultas de ello, las texturas polifónicas son más distendidas y variadas, y los ritmos tienen *swing*, a menudo en un 4/4 bien marcado (*Tiger Rag, Big Boy*).[1] Bix, que por aquel entonces contaba veintiún años, está más que a la altura de las distintas exigencias de la concepción de los Wolverines. En *Oh, Baby*, su cálido sonido y su fácil *swing* realzan un motivo mediocre mediante un ornamento melódico. En *Jazz Me Blues* hay un auténtico solo, en una época en la que aún eran una rareza. *Riverboat Shuffle* muestra no sólo el gran talento lírico de Bix, sino también su capacidad de mol-

---

[1] Una excelente piedra de toque para establecer comparaciones pueden ser las grabaciones de *Toddlin' Blues* realizadas por la ODJB y los Wolverines.

dear el flujo de ideas para lograr una miniatura de una gran sobriedad. El ejemplo musical (ejemplo 2) muestra el modo en que varias ideas (indicadas por X, Y y Z) reaparecen como elementos motívicos, lo que da al solo una cohesión serenamente calculada.

Ejemplo 2. *Riverboat Shuffle*

El motivo Z, que representa una *blue note*, en la práctica resulta imposible de transcribir. La primera vez que aparece presenta una inflexión típicamente negra que consiste en atacar la nota por debajo, lo que la sitúa fuera del sistema de notación diatónica. La segunda vez, Bix transforma la *blue note* en un *glissando* que abarca un tono entero, perfectamente distribuido a lo largo de cinco tiempos. Pero a estos pasajes, así como a los correspondientes de Y, les falta el carácter *hot* o rugoso que Armstrong u Oliver habrían insuflado a estas notas. Las de Bix son puras y perfectamente controladas, hasta el punto de sacrificar la expresividad en beneficio del control del timbre y la afinación.

Algunas autoridades en Beiderbecke han destacado mucho su inclinación por las armonías avanzadas. Es cierto que su célebre composición para piano *In a Mist* (1927) emplea un lenguaje cromático que se sitúa fuera del alcance de la mayoría de los músicos de jazz de la época. Y las crónicas que nos presentan a Bix experimentando abstraído entre bambalinas con «progresiones disonantes de acordes» (aunque en realidad no eran más que acordes de undécima y decimotercera) probablemente sean ciertas. Pero o bien ese interés en las extensiones armónicas surgió después del período que pasó con los Wolverines en 1924 o bien Bix no se atrevió a recurrir a esos experimentos en las grabaciones en grupo, pues los registros se hallan singularmente libres de alteraciones cromáticas. Se adhieren a esquemas diatónicos seguros, aunque sin duda hermosamente ejecutados. Pero hay indicios de que en 1924 Bix aún no había desarrollado por entero su lenguaje armónico-melódico. En *Tia Juana*, *Royal Garden Blues* y *Tiger Rag*, con frecuencia anticipa cambios armónicos de una manera que resulta extraña y rígida. Aquí la forma de las ideas no encaja por completo con la estructura armónica de base. Pero esos fallos son inusuales y quedan más que compensados por lo acertado de la mayoría de sus decisiones, incluida la inesperada sexta del acorde que enlaza con los últimos dieciséis compases de *Tiger Rag*.

Para 1927, Bix había indagado el nuevo lenguaje armónico lo bastante para emplearlo (con la ayuda de su amigo arreglista Bill Challis) en su composición *In a Mist*. Como ejercicio a base de acordes de novena sin resolución y de acordes por tonos enteros constantemente modulantes, la pieza es una versión farragosa, repetitiva y popularizada del tipo de lenguaje cromático que Debussy y Scriabin habían explorado casi veinte años antes. Pero esos compositores no debieron de ser las fuentes directas de Bix, o al menos no las únicas. En aquella época, los *Preludios para piano* de Gershwin y su famoso *Concierto para piano*, a menudo en una versión abreviada por la orquesta de Whiteman, eran bien conocidos en los círculos musicales de Nueva York. El mercado de las partituras musicales estaba saturado con clásicos ligeros de Eastwood Lane, Cyril Scott y Edward MacDowell, así como con composiciones de pianistas al estilo de Tin Pan Alley como Zez Confrey, Rube Bloom y Louis Alter. Más cercanos aún al entorno inmediato de Bix eran arreglistas como Challis, Ferde Grofé y Fud Livingston. (Este último, por ejemplo, había compuesto y arreglado *Humpty Dumpty* en 1927 para la orquesta de Frankie Trumbauer, en la que tocaba Bix, una pieza que presentaba progresiones cromáticas que imitaban el estilo de Whiteman, pero que, por lo demás, quedaba mucho más allá de lo que hacían las verdaderas orquestas de jazz, incluidas las de Henderson y Ellington). Bix estaba fascinado por el trabajo de esos arreglistas, y gracias a ellos conoció la música de Ravel, Holst, Delius, Debussy y la primera etapa de Stravinski. Su interés cada vez mayor en esos compositores y en la música sinfónica en general sumó un problema más a las diversas dificultades personales que se le fueron acumulando hacia el final de su vida. Fascinado por la música que estaba más allá del jazz, empezando por la música habilidosa y comercial con la que Whiteman pretendía tender un puente entre ambos mundos, Bix se debatía entre esa nueva fascinación y su lealtad al espíritu indocto y libre del jazz.[1] Para agravar ese problema, Bix carecía de los conocimientos teóricos que le habrían permitido poner orden en las fuerzas contrapuestas que pugnaban en su interior musical. Ese conflicto, entre otros, hizo que buscara salidas como el alcohol.

La fascinación de Bix por las grandes orquestaciones y las técnicas de arreglo no surgió de repente en 1927. Incluso en

[1] El papel que Whiteman desempeñó en el jazz y la música popular aún es objeto de muchas controversias y opiniones extravagantes. Los críticos de jazz más estrictos lo despachan sumariamente como una influencia destructiva, no sólo para Bix, sino para todo el jazz; mientras que los apologistas de la cultura de masas popular han visto en él al gran árbitro entre el jazz y la música sinfónica. Whiteman era un fenómeno sociológico que respondía a una necesidad particular en la sociedad de su época, la década de 1920. Como tal, su carrera, su música y su influencia en la música estadounidense presentan implicaciones sociales cuyo análisis excede el alcance de este libro. Sin embargo, en términos puramente musicales, la orquesta de Whiteman logró muchas cosas admirables, y es indiscutible que muchos músicos, tanto negros como blancos, lo admiraron (y envidiaron). Pues la orquesta estaba llena de músicos excelentes e instrumentistas virtuosos. Sus arreglistas—Lennie Hayton, Ferde Grofé y, especialmente, Bill Challis—escribieron partituras complejas y exigentes que explotaban al máximo las capacidades de esos músicos. Por supuesto, no era jazz, o tal vez sólo lo fuese de modo intermitente. Muchos de los arreglos eran popurrís en un tecnicolor exagerado, eclécticos hasta el punto de citar incluso fragmentos de *Petrushka* y *Tristán e Isolda* (en *Nobody's Sweetheart* y *The Man I Love*, respectivamente). Sin embargo, con bastante frecuencia—por referirnos a lo que de verdad importa—los arreglos demostraban una maravillosa inventiva orquestal. Estaban concebidos para que el público escuchara la música, no para que la bailase. Los arreglistas aprovechaban al máximo la variedad colorista de la instrumentación básica de la banda de Whiteman, que contaba con diecinueve o veinte intérpretes, a los que se añadían entre cuatro y siete instrumentistas de cuerda. Los músicos de viento-madera, en particular el gran Chester Hazlett—que tocó el solo de clarinete en el estreno de *Rhapsody in Blue* de Gershwin en 1924 en el Aeolian Hall—, Frank Trumbauer y Charles Strickfadden, eran todos perfectamente polivalentes y tocaban distintos instrumentos. Las interpretaciones resultantes eran a menudo algo más que simplemente impecables. Una afinación excelente, unos equilibrios de planos sonoros perfectos y unos ataques limpios no son automáticamente sinónimo de superficialidad. En

los tiempos de los Wolverines, las grabaciones de *Copenhagen*, *Tiger Rag* y *Royal Garden Blues* revelan sofisticados *riffs* orquestales arreglados (además de hermosamente interpretados) que anticipan los arreglos de *Copenhagen* y *Sugar Foot Stomp* que Redman hizo para Henderson,[1] e incluso algunas de las grabaciones de los Red Hot Peppers de Morton. Pese a lo modesto de la instrumentación, la grabación de *Copenhagen* realizada por los Wolverines revela algunos paralelismos con el arreglo de Redman grabado medio año *después* de la versión de los Wolverines. Análogamente, el espíritu, el impulso y la integración de solos, pasajes de *tutti* arreglados e improvisación colectiva de *Tiger Rag* anticipan a Morton hasta tal punto que uno se pregunta si tal vez Redman y Morton no sacaron algunas ideas de las grabaciones de los Wolverines. En todo caso, en *Tiger Rag*, después del rígido *chorus* a solo de Bix, la pulsación de 4/4 y el *swing* de los pasajes orquestales arreglados son francamente sorprendentes, al margen de si fueron o no los primeros en emplear esos recursos.

Beiderbecke tenía una coherencia y una integridad artísticas que nunca lo abandonaron, pese a estar cada vez más rodeado de bandas y arreglos comerciales. Así lo atestiguan sus numerosas grabaciones con diversos grupos de Trumbauer y con Whiteman: nunca dejaba de ser un intérprete notable, sobre todo en relación con los que le rodeaban. A menudo estaba soberbio, como en su gran solo de *Clarinet*

---

las mejores interpretaciones de Whiteman hay un sentimiento y un sonido personal tan únicos a su manera como en las de Ellington o Basie. Que su concepción no fuera jazzística no nos autoriza a condenarlas sin más. En sus mejores momentos, los músicos de Whiteman tocaban con una suntuosidad y una energía que tenían su propia validez (como en *Changes*, *'Taint So Honey*, *Sweet Sue*). Y muchas de sus interpretaciones son piezas de época fascinantes desde un punto de vista musical, al menos tan importantes, a su manera, como muchas mediocres interpretaciones de jazz que resultan poseer el pedigrí apropiado.

[1] Véase el capítulo 6.

Marmalade, en la animada interacción con el saxofón bajo de Adrian Rollini en *At the Jazz Band Ball*, o en *Sorry*, con su extraordinario ataque y su sonido alegre y brillante. En ocasiones incluso hay momentos en los que asistimos, inexplicablemente, a auténticos hallazgos, como en mitad de su *chorus* a solo en *Sorry*, cuando Bix toca una frase «asimétrica» en la que evita caer sobre los tiempos fuertes con tanta naturalidad como si lo hubiera hecho a diario durante años (ejemplo 3). Sin embargo, sus mayores logros son los solos distendidos, en un clima de dulzura y con un *tempo* perfecto de *Singin' the Blues* y *I'm Coming Virginia*. Ahí tenemos al Bix esencial, poco espectacular, conmovedor, en el que brilla un toque de reserva y tristeza.

Ejemplo 3. *Sorry*

Esto plantea un motivo final de conjetura. La carrera de Beiderbecke fue demasiado breve y enrevesada para permitir hacerse una idea completa de su trabajo. El período comprendido entre marzo de 1925 y comienzos de 1927 no está representado en grabaciones y, por supuesto, nada ha quedado de los cientos de *jam sessions* que se dice que tocó como antídoto a la vida musical que llevaba con la banda de Whiteman. Su muerte prematura precipitó la creación de una leyenda avivada por los relatos de sus hazañas heroicas a la corneta. Pero incluso basándose sólo en sus grabaciones, Bix merece ser algo más que una leyenda moldeada por los síndromes extramusicales de la era del jazz. Merece que se lo considere uno de los músicos realmente grandes que ha dado el jazz en toda su historia.[1]

---

[1] Bix tuvo una enorme influencia en un amplio círculo de músicos blan-

La primera generación de clarinetistas de jazz importantes
procedió lógicamente de Nueva Orleans. Como hemos visto, la tradición de las bandas de marcha estaba allí muy desarrollada, y las innumerables bandas que encontraban un
empleo más o menos regular en los desfiles celebrados casi a
diario, los conciertos festivos y las procesiones fúnebres exi-
gían contar con un gran número de clarinetistas. Por otra parte, a medida que se multiplicaban los grupos más pequeños,
con la clásica primera línea formada por clarinete, corneta y
trombón, el clarinete siguió siendo un instrumento esencial.
Era el único instrumento de registro agudo capaz de competir en planos dinámicos con la corneta—basta con imaginar el
sonido más débil de una flauta o de un oboe en un concierto
al aire libre—y podía realizar líneas melódicas de discanto o
de *obbligato*, posibilidades importantísimas en el estilo temprano de las orquestas de Nueva Orleans.

Los clarinetistas eran a menudo las *prime donne* de las bandas, sólo por detrás de unos cuantos cornetas excepcionales.

---

cos. Entre éstos, los más importantes fueron la Austin High School Gang of
Chicago, en la que tocaban, entre otros, Jimmy McPartland (corneta), Bud
Freeman (saxofón tenor), Frank Teschemacher (clarinete), Eddie Condon
(banjo), Gene Krupa (batería); y todo el círculo de Red Nichols, los hermanos Dorsey, Phil Napoleon y Miff Mole. Combinados, esos músicos realizaron más de mil grabaciones a finales de la década de 1920, la mayoría
de ellas bien tocadas y ocasionalmente incluso concebidas con inventiva.
Sin embargo, en última instancia pertenecen al ámbito de las interpretaciones comerciales dirigidas a un floreciente mercado de masas que exigía
un producto pensado para el consumidor. El crac de Wall Street puso fin
a todo eso. En el segundo volumen de esta obra abordaremos los escasos
ejemplos notables de jazz «estilo de Chicago»—categoría en la que habitualmente se engloban los músicos arriba citados—que sobrevivieron a la
década de 1920. El lector interesado puede consultar los capítulos correspondientes de Frederic Ramsey, Jr., y Charles Edward Smith (eds.), *Jazzmen*, *op. cit.*, y Samuel B. Charters y Leonard Kunstadt, *Jazz: A History of
the New York Scene*, *op. cit.*

Asimismo, dentro de la tradición musical criolla de Nueva Orleans, en una fecha tan temprana como 1900 había surgido cierto número de clarinetistas importantes, intérpretes como la familia Tio, Alphonse Picou y George Baquet, que influyeron en—o enseñaron a—casi todos los clarinetistas de las dos generaciones posteriores. Picou, en concreto, se había convertido en una especie de héroe, dado que fue él quien interpretó, con la famosa Tuxedo Brass Band, el más célebre de todos los solos de clarinete del jazz en sus primeros años, el *obbligato* en el registro agudo adaptado de la parte de flautín de la célebre marcha *High Society*.

De ese medio surgieron los tres grandes clarinetistas de la tradición de Nueva Orleans: Sidney Bechet, Johnny Dodds y Jimmie Noone, al igual que músicos nacidos en esa ciudad como Barney Bigard, Omer Simeon, Edmond Hall, Albert Nicholas, Larry Shields y Leon Rappolo, que contribuyeron significativamente a impulsar el papel del clarinete en el jazz.

Hay un extraordinario virtuoso del clarinete que, al parecer, es el primero de su raza en haber compuesto *blues* de factura perfecta con ese instrumento. Me gustaría dejar constancia del nombre de ese artista de talento; por lo que a mí respecta, jamás lo olvidaré.

Esas palabras asombrosamente perspicaces, escritas en 1918 en el periódico musical suizo *Revue Normande*, se deben a un director de orquesta llamado Ernest Ansermet, que a la sazón contaba treinta y cinco años de edad y el año anterior había dirigido el estreno mundial de *Histoire du soldat*, de Stravinski. Ansermet se refería a Sidney Bechet, que estaba de gira por Europa con la Southern Syncopated Orchestra, dirigida por Will Marion Cook (véase el capítulo 6).

Bechet había estado tocando el clarinete desde 1903, cuando tenía seis años. Más tarde estudió con Baquet, y para cuando cumplió los veintiún años ya había tocado con casi todos los grupos importantes de Nueva Orleans, junto a Oliver,

Bunk Johnson, Freddie Keppard, Buddy Petit y Tony Jackson, así como el compositor Clarence Williams. Su asociación con este último propiciaría las primeras sesiones de grabación de Bechet, realizadas en 1923 y 1924 con los Blue Five de Williams en Nueva York. Para aquel entonces, Bechet se había pasado de forma más o menos definitiva al saxofón soprano, un instrumento con el que tenía una afinidad notable. Así pues, aunque técnicamente hablando era un saxofonista, el trabajo de Bechet ha de examinarse dentro de la categoría de los clarinetistas porque tocaba el saxofón soprano con una técnica y un estilo procedentes en gran medida de la tradición de clarinetistas de Nueva Orleans. Los intérpretes de viento-madera han considerado tradicionalmente que el saxofón soprano es primo del clarinete. Eso puede explicar por qué Bechet casi no tuvo influencia alguna en los saxofonistas en la década de 1920, salvo en Johnny Hodges, de la banda de Duke Ellington. Para apreciar la diferencia que separa las melifluas interpretaciones de Bechet al saxo soprano del modo de tocar de otros saxofonistas altos o tenores en la década de 1920, sólo debemos recordar el rígido *slap* de Coleman Hawkins o de Stump Evans, músico de Chicago.

Bechet debió de pasarse al saxo soprano por su sonoridad más densa y aterciopelada, así como por su mayor facilidad en el soplo en comparación con el clarinete. Por su música podemos deducir que el sonido algo estridente y a menudo fino del registro agudo del clarinete típico de Nueva Orleans no era del gusto de Bechet. Con su peculiar falta de homogeneidad en todos los registros debida a sus propiedades acústicas, el clarinete tampoco le permitía tejer con la misma facilidad el tipo de melodías sinuosas que tanto le gustaban. Dicho de otro modo, hay una lógica perfecta entre el tipo de música que Bechet concebía en su oído interno y su elección definitiva del saxofón soprano.

Existe toda clase de razones para creer que su concepción de la interpretación estaba ya firmemente asentada cuando

Ansermet lo escuchó. Sin duda, así lo indican sus primeras grabaciones, realizadas cuatro años después, habida cuenta de la soberana autoridad con la que afirma ese estilo. Dicha autoridad puede apreciarse en cualquiera de los temas que grabó con los Blue Five de Clarence Williams, pero tal vez los ejemplos más notables, aunque representativos, sean los de *Old Fashioned Love*, pieza compuesta por James P. Johnson (ejemplo 4). El pasaje en cuestión consiste en un *obbligato* que ornamenta dos exposiciones de la melodía, la primera a cargo del trombonista Charlie Irvis, y la segunda del trompetista Thomas Morris. En cierto sentido, los ornamentos de Bechet confieren una mayor coherencia e interés a las monótonas presentaciones del tema a cargo de los metales y, pese a que lo escuchamos en un segundo plano sonoro, capta nuestra atención de un modo irresistible.

Ejemplo 4. *Old Fashioned Love*

El ejemplo muestra la característica adicción de Bechet a los contornos decorativos, casi rococó, formulados mediante ritmos libres en apariencia disociados de la pulsación de base de la pieza. Incluso cuando coincide con los tiempos fuertes, su interpretación parece flotar sin ataduras por encima de la pulsación para coincidir sólo ocasionalmente con ésta, lo que constituye la quintaesencia misma del *blues* melódico. Hay que destacar que, por más suelto y libre que parezca, el lenguaje rítmico de Bechet desprende un *swing* que escapaba al control de la mayoría de los intérpretes de la época. También resulta obvio que ningún clarinetista contemporáneo podía tocar con la agilidad que exhiben estas grabaciones de 1923. Otro ejemplo de la inventiva rítmica de Bechet lo encontramos en *New Orleans Hop Scop Blues*, de 1923 (ejemplo 5):

Ejemplo 5. *New Orleans Hop Scop Blues*

Aquí, a diferencia de lo que ocurre en el ejemplo 4, no se trata de una ornamentación en un segundo plano, sino de un solo en primer plano. Es la prueba de que, cuando la ocasión lo exigía, Bechet era capaz de tocar un *chorus* firme y sólido. El extracto también incluye el *chorus* final de la pieza, que por lo general habría correspondido a un fragmento de improvisación colectiva. Bechet no sólo se atrevió a terminar con un solo (¡en 1923!), sino que reparó en que ese solo tendría que incluir un clímax comparable a un efecto de final orquestal. Su solución en este caso pasó por una dramática acumulación de tensión generada por las múltiples repeticiones de un motivo breve (a).

La otra característica sorprendente del sonido de Bechet era su rápido e intenso *vibrato* de garganta. Lo era hasta el punto de que podríamos reconocerlo de inmediato incluso por una sola nota aislada de uno de sus solos. Una vez más, por poco ortodoxo que sea, su *vibrato* no es más que el corolario lógico de su estilo básicamente ornamental. Sus elegantes líneas melódicas en forma de arpegio sonarían de verdad extrañas si se les intercalaran notas largas sin *vibrato*. Es como si su intenso *vibrato*, con unas ondulaciones a una frecuencia aproximada de semicorcheas (en un *tempo* lento o moderado), no fuera más que la alternativa continua a los arpegios de semicorcheas.

Bechet es uno de los melodistas supremos del jazz. Tenía un don natural para crear melodías extensas, modeladas incuestionablemente por el *blues* conforme a una concepción mucho más vocal que la de cualquier intérprete de viento-madera, salvo, quizá, el ya citado Hodges. Dramatizaba el contenido melódico con ornamentos supletorios, casi al modo de las técnicas ornamentales de los siglos XVII y XVIII. Sin embargo, a diferencia de muchos intérpretes con tendencia a lo decorativo, las líneas melódicas de Bechet tenían la lógica ineluctable propia de un maestro. Su precocidad a ese respecto se desarrolló de manera constante y floreció en sus grabaciones de 1939 para Blue Note. Para aquel entonces, Bechet podía desplegar toda la fuerza de su habilidad para la improvisación, dado que el jazz había avanzado hasta el punto de que la necesidad de presentar los temas o de ornamentarlos ya no era tan pronunciada como en los primeros tiempos.

Bechet no fue nunca la poderosa influencia que tal vez debería haber sido. En cierto sentido era inimitable; es decir, su sonido y la elegancia de su estilo eran tan personales que, si no los adoptaba una personalidad igualmente fuerte, sólo podían llevar a la imitación. Además, Bechet fue desde el primer momento una especie de intruso. Como melodista creativo tenía *en esencia* una concepción solista antes incluso que el propio Armstrong, en una época en que los músicos de Nueva Orleans de la generación de Bechet aún estaban intentando, con mayor o menor éxito, preservar la tradición orquestal de Nueva Orleans. Por último, Bechet pasó la mayor parte de su vida en París y no formó parte del grueso de los cambios del jazz habidos a finales de la década de 1920 y en el decenio siguiente. Su fama se extendió cuando volvió brevemente a Estados Unidos a finales de la década de 1930, y también a consecuencia de su célebre matrimonio y del hecho de ser el más ilustre músico de jazz estadounidense exiliado en Francia después de la Segunda Guerra Mundial. Pero, para aquel entonces, ni que decir tiene que los gustos del jazz habían cambiado, y el redescubrimiento de Bechet formó parte del amplio movimiento de recuperación iniciado a finales de la década de 1930.

Johnny Doods (1892-1940) ocupa en materia de estilo una posición intermedia en el triunvirato Bechet-Doods-Noone. En muchos sentidos constituye el puente entre la concepción más antigua y (pese a sus elementos estrictamente personales) más pura de Nueva Orleans que tenía Sidney Bechet y el «estilo Chicago» más «avanzado» desde un punto de vista rítmico y armónico que encarnaba Jimmie Noone. La forma de tocar de Dodds participaba hasta cierto punto de esos dos enfoques, y su posición intermedia se manifiesta en el hecho de que había varios Dodds. Creo, además, que la irregularidad de sus interpretaciones se debía en gran medida a las fuerzas que se manifestaban en esas tendencias contrapuestas.

El carácter incongruente de la labor de Dodds lo ha convertido en un asunto espinoso para los historiadores del jazz y ha conducido a verter afirmaciones extravagantes a su favor y en su contra. El escritor y compositor André Hodeir desdeñó a Dodds basándose en unas cuantas grabaciones que en realidad no representaban lo mejor de su trabajo. Otros autores han afirmado rotundamente que Dodds era no sólo el más grande clarinetista de Nueva Orleans sino, por extensión, de todo el jazz. La verdad está en algún punto entre esos dos extremos.

Dodds no tenía ni la impresionante personalidad musical de Bechet ni la consistencia técnica de Noone. Rara vez era espectacular. Como músico absolutamente arraigado a la tradición orquestal de Nueva Orleans, se suponía—o así lo creía él—que no había de ser espectacular. Su colaboración con Armstrong muestra hasta qué punto le resultaba difícil en ocasiones ajustarse a las nuevas exigencias de la concepción de éste, sobre todo en su vertiente rítmica. Solemos olvidar que la «revolución» musical de Armstrong, pese a que fue positiva para el jazz en su conjunto, a menudo tuvo una influencia destructiva en otros intérpretes y, como mínimo, exigió ajustes psicológicos y estilísticos que llevaron tiempo. Dodds se vio a menudo enfrentado a ese problema.

Dodds daba lo mejor de sí en el contexto orquestal, aunque en años posteriores (finales de la década de 1920) tocó con frecuencia breves solos de considerable autoridad y concisión. Ni en sus mejores momentos dejaba de resultar convencional; nunca daba sorpresa alguna. Jamás tuvo la superlativa inventiva de Armstrong, Hines o Bechet, pero por lo general cumplía con lo que se esperaba de él. Esto no quiere decir que su forma de tocar fuera puramente rutinaria; tenía demasiada personalidad para que eso ocurriese. Pero no era un visionario ni un compositor, en el sentido formal de Morton o en el sentido informal (como intérprete creativo) de Armstrong.

Uno de los problemas de Dodds era, como ya he dicho, que en realidad había varios Dodds. Tenía, por ejemplo, diversas cualidades tímbricas. Su forma de tocar no sólo destacaba por un cambio de registro muy pronunciado, hasta el punto de que dos pasajes consecutivos, uno en el registro grave o *chalumeau* y otro en el extremo agudo, parecían proceder de dos clarinetes diferentes, sino que también tenía una variedad de sonoridades de base, que iban desde un timbre ágil, puro y fluido hasta uno agresivo, tosco y rígido. No siempre está claro hasta qué punto estas divergencias eran fruto de una intención precisa, de problemas con las lengüetas, o incluso de las condiciones técnicas de las grabaciones. En sus mejores momentos (como en *Heah Me Talkin'* de 1929, en *Too Tight Blues* de 1926 con los New Orleans Wanderers y en *Flat Foot*, de ese mismo año), Dodds presentaba un timbre bien centrado, con unos contornos ligeramente marcados que le conferían brillo y una gran proyección. En momentos como ésos, su forma de tocar desprendía una virilidad y una dureza en los ataques que debió de ser realmente emocionante escuchar en vivo. En otras ocasiones, Dodds podía producir un sonido a la vez dulce (aunque no conforme a la *sweet music* comercialmente aceptada) y añorante (como en *Jackass Blues*, de 1926, con los Blues Serenaders de Lovie Austin). Además, podía llegar a obtener un estilo entre chillón y quejumbroso (como en *Lonesome Blues*, un disco de Ida Cox de 1925), e incluso a imitar a los clarinetistas blancos de *novelty* (como en *Weatherbird Rag*, con la Creole Jazz Band de Oliver). Y aunque rara vez lo empleó, también podía tocar solos con un *frullato* perfecto (como en *Rampart Street Blues*, de 1925, con Austin).

Dodds no solía cubrir toda la tesitura del clarinete en un mismo solo, si bien a menudo debía desempeñar diversas funciones y, por lo tanto, tocar en varios registros, sobre todo en la banda de Oliver, que priorizaba el trabajo de conjunto. Pero eran situaciones que por lo general se daban en *chorus* sucesivos o disjuntos. El paso de un registro a otro lo incomodaba, y era consciente de que los diferentes timbres que obtenía entrañaban un problema de continuidad.[1] Podemos constatar la gravedad de este problema en el *chorus* final de *Weary City*, que Dodds grabó en 1928 con su Washboard Band (ejemplo 6).

En los primeros diez compases y medio (si no contamos el compás de anacrusa), Dodds presenta un sonido oscuro de *chalumeau*, velado y ligeramente rugoso. De pronto, en el punto marcado con una x en el ejemplo, escuchamos un sonido nuevo mucho más claro, como si se le hubiera retirado el velo. Este solo también muestra el talento de Dodds para

---

[1] Es de lamentar que a Dodds, dada su ambivalencia tonal, no se le ocurriera la idea de tocar un dúo consigo mismo, delineando dos líneas, alternativamente, en dos registros separados.

la construcción motívica. Aunque Dodds solía divagar en sus solos, este ejemplo es la prueba de que podía desarrollar los *chorus* de una forma concisa y constructiva, aunque no fuera conocido precisamente por ello. Para tratarse de un solo de doce compases en el que durante once no supera el ámbito de una octava y no ser un simple *riff*, el resultado está bien equilibrado y constituye una acertada mezcla entre lo previsible y lo imprevisible.

Ejemplo 6. *Weary City*

Dodds realizó una de sus mejores grabaciones, *Bull Fiddle Blues*, con su Washboard Band en julio de 1928. Los músicos de la sesión eran viejos emigrados de Nueva Orleans a Chicago y, salvo Natty Dominique, todos habían tocado juntos años antes con King Oliver. Con Baby Dodds, hermano de Johnny, a la tabla de lavar,[1] el grupo logró capturar algo de la verdadera esencia del estilo de Nueva Orleans. La única excepción es Lil Hardin Armstrong, quien toca un apresurado solo de *ragtime* que está completamente fuera de contexto. Dodds nos ofrece su mejor versión orquestal e interpreta un *chorus* en *stop-time* bien construido y con un *tempo* perfecto.[2]

---

[1] Del inglés *washboard*. Batería rudimentaria formada con una tabla de lavar recubierta con una tela. (*N. de los T.*).

[2] *Bull Fiddle Blues* es también notable por el solo de Bill Johnson al con-

Por encima de todo, Dodds era un intérprete de *blues*. Su escaso oído armónico le impedía sin duda superar lo que de algún modo terminó siendo una limitación. Escuchaba la música en términos estrictamente diatónicos y las únicas disonancias que se permitía insinuar eran las inflexiones de las *blue notes*, y siempre, por supuesto, dentro de la tradición clásica del *blues*. Encontramos un buen ejemplo de estos enfoques, el diatónico y el de las *blue notes*, en el curso de un solo que Dodds interpreta en el registro grave en *Brown Bottom Bess*, una grabación de 1926 realizada bajo el nombre de los Chicago Footwarmers (ejemplo 7). En su calidad de *blue notes*, las terceras y las séptimas rebajadas están marcadas con una x. Nótese que los la bemol de los compases primero, segundo, noveno y décimo chocan con el largo la natural, un semitono más agudo que mantiene la trompeta en su registro grave. Estas dos notas, cuya proximidad origina una fricción permanente, son las que dotan al solo de su indiscutible carácter de *blues*.

Entre los múltiples elementos por los que un músico puede considerarse un intérprete de *blues* se cuentan su sonido y su *vibrato*. El *vibrato* de Dodds era uno de los más personales del jazz, y daba a su estilo una peculiar intensidad oscura, como si el peso de todos los problemas y males de su pueblo se concentrara en él. Era un *vibrato* cuya oscilación no se circunscribía a la altura central del sonido, por arriba y por abajo (como

---

trabajo, probablemente el primer solo grabado de un contrabajo tocando en *pizzicato*. Johnson (n. 1872), una figura importante del primer jazz de Nueva Orleans, era cuñado de Jelly Roll Morton y había organizado sucesivamente la Original Creole Band de Keppard y un grupo de King Oliver, con los que hizo extensas giras por territorios tan al oeste como California, antes de establecerse en Chicago a principios de la década de 1920. Se dice que tocaba el contrabajo en *pizzicato* ya en 1911 e influyó a todos los jóvenes contrabajistas de Nueva Orleans, incluidos Pops Foster, Wellman Braud y John Lindsay. En *Bull Fiddle Blues* no sólo interpreta un estupendo solo «*walking*», sino que también impulsa a la banda con su fácil *swing*, sus pasajes a *tempo* doble y sus motivos sincopados. (Véase también la nota 1, p. 466).

el de Bechet, por ejemplo), sino que se producía por debajo de ésta. En el ejemplo 8 se ofrece una representación gráfica.

Ejemplo 7. *Brown Bottom Bess*

Ejemplo 8.

Vibrato de Dodds   Vibrato de Bechet

El *vibrato* provoca una variación de la altura del sonido que por lo general consiste en una ligera oscilación tanto por encima como por debajo de la altura de referencia, sin que la afinación del sonido en cuestión se vea afectada de manera significativa. Este tipo de *vibrato* corresponde al de Bechet en el ejemplo. El *vibrato* de Dodds nunca rebasaba la altura de referencia del sonido, sino que oscilaba hacia abajo a partir de ésta. Aunque no era tan pronunciado como para dar la impresión de un descenso en la afinación, sí que confería a sus notas tenidas un color más oscuro y denso. Es un fenómeno curioso que resulta complicado de explicar. A los músicos a menudo les cuesta discernir si una idiosincrasia técnica responde a una necesidad fisiológica a la que el oído termina por adaptarse o si, por el contrario, es el oído el que escucha de cierta forma y, de un modo inconsciente, mediante la intuición, transmite a la parte del cuerpo correspondiente—la embocadura en este caso—la orden de producir el resultado que se desea. De todos modos, el peculiar *vibrato* de Dodds era parte integrante de su sonido y de su pasión por el *blues* y, a fin de cuentas, tal vez se trate del ingrediente personal más sorprendente de su estilo.

Hodeir no tiene razón cuando lamenta que Dodds tenga un escaso sentido del ritmo. Evidentemente, no tenía un *swing* como el de Armstrong ni tampoco como el de su colega Jimmie Noone, pero eso no equivale a afirmar que su sentido del ritmo fuera deficiente. Hay docenas de *breaks* de una gran calidad que demuestran lo contrario, en el contexto de una concepción rítmica más antigua, desde luego. Armstrong también metía la pata en algunos de sus *breaks* y solos, pero, a juzgar por los varios centenares de grabaciones que Dodds realizó a lo largo de su vida, podemos afirmar que la media es de un nivel más que aceptable.

En 1929, un año crucial para el jazz, cuando tantas cosas terminaron y tantas también comenzaron, Dodds empezó a ser víctima de la invasión de estilos solistas más exigentes y de la merma concomitante del estilo de conjunto. Como tantos de los músicos examinados en este capítulo, Johnny Dodds cayó pronto en el olvido y su contribución personal al jazz de la década de 1920 no tuvo eco entre sus sucesores. Además, el movimiento de recuperación con el que Dodds podría haber regresado a la vida musical activa llegó para él demasiado tarde, por unos pocos años. Tras una última serie de sesiones de grabación poco afortunadas en 1938, cuando la era del *swing* estaba en su apogeo, Dodds murió en 1940, tras haber pasado los últimos seis años de su vida como taxista.

Ansermet había alabado a Bechet. Unos diez años después, otro músico de lengua francesa escribiría palabras casi igual de elogiosas sobre otro clarinetista, Jimmie Noone. El músico francés era Maurice Ravel y sus experiencias como oyente de jazz en Chicago afectarían de modo importantísimo a sus siguientes obras, el *Bolero* y los dos conciertos para piano. En su época, Noone resultaba sin duda tan impresionante para alguien ajeno al mundo del jazz como lo había sido Bechet con anterioridad, y estaba aproximadamente igual de avanzado en relación con sus contemporáneos. Noone representaba a la siguiente generación de clarinetistas posteriores a Nueva Orleans. Constituía el vínculo entre el estilo más antiguo y el clarinete de la era del *swing*, ejemplificado por Benny Goodman. Además, influyó en intérpretes como Barney Bigard, Buster Bailey, Omer Simeon y Frank Teschemacher. Aunque Noone nació en Nueva Orleans (en 1895) y estudió con Lorenzo Tio, Jr., y Bechet (que era dos años más joven que él, y, evidentemente, también más precoz), se trasladó a Chicago en 1918. Para la época en que King Oliver llegó a Chicago, Noone estaba ya bien asentado, y con posterioridad tocó con la Creole Jazz Band de Oliver (por poco tiempo) y con la nutrida orquesta Dreamland de Doc Cook (con mayor frecuencia).

Las primeras grabaciones de Noone realizadas con Oliver en 1923 y con Doc Cook en 1924 muestran que ya era un clarinetista experto tanto en el contexto orquestal como en el de solista. El sonido, el ritmo y las ideas musicales manifiestan ya un control soberbio. Es difícil determinar en una fecha tan tardía si sus estudios con el clarinetista clásico Franz Schoepp (con quien también estudiaron Benny Goodman y Buster Bailey) lo benefició en lo tocante al ritmo y las ideas musicales, pero me inclino a pensar que la disciplina clásica lo ayudó, tal como había ayudado a James P. Johnson. Ello explica hasta cierto punto la inusual claridad y fluidez de sus interpretaciones.

Examinemos el solo de Noone en *Camp Meeting Blues* (con

Oliver, en 1923). Su dominio de la afinación, la forma precisa en que colorea las terceras melódicas, levemente rebajadas, y su control a la hora de presentar los ritmos sin que suenen rígidos o «formales» son signos de un talento único. La simplicidad extrema con que está construido este solo también resulta admirable. Las terceras ondulantes se repiten cuatro veces, desembocando en una frase ascendente coronada a su vez por un pequeño clímax en la última frase, que comienza con la nota más aguda de todo el *chorus* y desciende hasta el punto de partida. A saber, una estructura compositiva lineal, destilada en su forma más pura, más simple—y más fuerte—, con una exposición del tema, un desarrollo y un punto culminante, y todo ello realizado a pequeña escala (véase el ejemplo 9). El motivo ondulante inicial de corcheas se repite tres veces más.

Ejemplo 9. *Camp Meeting Blues* (estructura)

Exposición   Desarrollo   Recapitulación

En la que habría sido la quinta repetición, éste se transforma en una frase ascendente en corcheas que alcanza su clímax en el décimo compás del *chorus* antes de descender de nuevo hasta la tónica. El *break* subsiguiente se distingue por un diseño rítmico inusual, sin rastro alguno de precipitación. Las anticipaciones del mi bemol y del sol forman parte de un motivo de síncopas preparado que rara vez se escuchaba en los inicios del jazz (ejemplo 10). La forma de tocar de Noone en su totalidad muestra hasta qué punto Benny Goodman aprendió de él, y todavía hoy podemos escuchar a éste tocando frases enteras con la inflexión especial que les daba el timbre y el *legato* de Noone.

Ejemplo 10. *Camp Meeting Blues* (*break*)

Noone aprendió muy pronto a completar sus *breaks* y a enlazar las frases con motivos en arpegio. Pero, a diferencia de los pasajes de arpegios de Bechet, los de Noone nunca se convirtieron en un rasgo característico de su estilo melódico y permanecieron siempre en un segundo plano. Su *break* en el *London Café Blues* de Oliver (ejemplo 11) lo confirma, al tiempo que muestra un ejemplo del tipo de soltura técnica que Dodds, por ejemplo, no tenía.

Ejemplo 11. *London Café Blues*

A principios de la década de 1920, en ocasiones Noone improvisaba frases en corcheas regulares que resultaban excesivamente rígidas. Era una reminiscencia del puro estilo orquestal de Nueva Orleans, y los clarinetistas de Nueva Orleans de ese período a menudo caían en este cliché rítmico (como en el caso de Noone en *London Café Blues* con Oliver, e incluso más adelante en *Here Comes the Hot Tamale Man*, grabada en 1926 con los Cookie's Gingersnaps). Pero entre 1927 y 1928, cuando su famosa Apex Club Orchestra empezó a grabar, desarrolló un fraseo rítmico francamente avanzado que fluctuaba, en función del *tempo*, entre corcheas llenas de *swing* (en el caso de un *tempo* muy rápido) y tresillos lentos y relajados (en un *tempo* lento), una concepción rítmica que seguiría vigente tres décadas después, en la etapa del *bop* y el jazz moderno. En el fondo, Noone ejerció el mismo efecto catalizador en Dodds y algunos de los clarinetistas algo mayores de

Nueva Orleans que Waller había ejercido en James P. Johnson.

Hay una multitud de ejemplos en las grabaciones de la Apex Club Orchestra que ilustran el enfoque moderno de Noone. Pero quizá ninguno sea tan sencillo y elocuente como la forma en que Noone toca el motivo rítmico de tres notas ♩♩♩ en *Tight Like This*. El ataque de la nota y su delicada y precisa disminución, o la impresión general del fraseo que conecta las tres notas entre sí—en otras palabras, la forma en que fluyen musicalmente, aunque no las toque en *legato*, sino en un ligero *staccato*—, eran sutilezas que en aquel momento sólo un hombre podía igualar, y ese hombre era Armstrong (de quien Noone aprendió mucho, como es evidente).

Podemos escuchar a Noone cubriendo toda la tesitura del clarinete en su interpretación de *Four or Five Times* (1928) o en la versión vocal de May Alix de *My Daddy Rocks Me* (1929). En la primera pieza también se aprecia la excelente solución que Noone y su intérprete de saxofón alto, Joe Poston, encontraron para integrar el saxofón en las improvisaciones colectivas. La facilidad con que Poston y Noone entrelazan sus líneas melódicas o, si las circunstancias lo exigen, se mantienen fuera del camino del otro es casi un milagro.

La Apex Club Orchestra contaba con Earl Hines como pianista, y Armstrong lo tomó prestado para las sesiones de grabación de 1928 con los Hot Five. Hines eran tan excepcional con su instrumento como Noone con el suyo, y era inevitable que, antes o después, la competitividad o la búsqueda de un mayor protagonismo los llevara a separarse. Hines cumplió las ambiciones que tenía como director y formó una de las grandes bandas de la década de 1930. Pero Noone, en el fondo, era un intérprete de conjunto, pese a sus enormes capacidades solistas, y se quedó en el Apex Club, reemplazando a Hines con pianistas que sin duda veneraban a este último: primero, Zinky Cohn, y después el injustamente minusvalorado Clarence Browning. A comienzos y mediados de la década de 1930, la banda de Noone hizo algunas concesiones a la era del *swing* y a los nuevos estilos de Moten y Basie, pero en esencia preservó el formato original, entrelazando dúos con el saxofón alto (entonces Eddie Pollack) y deleitándose con las recreaciones de Hines ofrecidas por Browning. Finalmente se convirtió en parte del movimiento de recuperación y tocó con Kid Ory en San Francisco a principios de la década de 1940. En 1944, poco después de que Orson Welles hubiera contratado a la banda para aparecer en la radio junto a él, Noone murió; estaba a punto de cumplir cuarenta y nueve años.

INTÉRPRETES DE INSTRUMENTOS DE VIENTO-METAL

Entre los intérpretes de viento-metal de la década de 1920, Louis Armstrong era, por supuesto, el Rey, el sucesor de Joe «King» Oliver. Al final de la década, no había un trompetista o un trombonista que no se hubiera visto influido en mayor o menor grado por las innovaciones de Armstrong. Y, sin embargo, había cierto número de músicos que, aunque absorbieron su influencia, lograron añadir o preservar algo propio. Muchos de ellos, como Bubber Miley y «Tricky Sam» Nanton (cuyo trabajo se estudiará en el capítulo 7), Rex Stewart, Bobby Stark, Joe Smith, Benny Morton y Charlie Green, se convirtieron en los prominentes acompañantes de las *big bands*. Algunos murieron tempranamente y otros apenas sobrevivieron a la llegada de la década de 1930 y la Gran Depresión. De los que no hemos hablado en relación con Henderson y Ellington, hay que mencionar a tres intérpretes importantes de viento-metal de la década de 1920: Johnny Dunn y Jabbo Smith, trompetas; y Jimmy Harrison, trombón.

Harrison llevaba una vida un tanto errática, deambuló de una banda a otra a finales de la década de 1920 y murió de modo prematuro en 1931. Aunque estaba extremadamente dotado, su rendimiento era irregular, y creo que en términos globales se lo ha sobrevalorado. En sus mejores momentos, Harrison trasladó el concepto solista y las innovaciones en el ritmo y el *swing* propios de Armstrong al lenguaje del trombón. A su vez, influyó en otros trombonistas, como Dicky Wells, J. C. Higginbotham, Jack Teagarden, Lawrence Brown y Tommy Dorsey.

La soltura técnica con la que manejaba el instrumento permite considerar a Harrison el primer trombonista «moderno». Otros colegas suyos, como Miff Mole o Snub Mosley, eran incluso más evidentemente virtuosos, pero su virtuosismo quedaba un poco al margen de su estilo. La agilidad técnica de Harrison era la esencia de su estilo, y, en sus mejores momentos, la técnica y el contenido eran inseparables. Como miembro ocasional de la orquesta de Fletcher Henderson, Harrison ofreció muchos solos breves, en mi opinión no tan buenos como los de sus colegas Benny Morton y Claude Jones, pero, pese a todo, de un nivel muy superior al promedio. Tenía una sensibilidad especial para emplazar correctamente los *breaks* a un *tempo* por lo general rápido. Su solo en el registro agudo en *King Porter Stomp*, de 1928, es un buen ejemplo de su trabajo con la orquesta de Henderson.

En realidad, los mejores solos de Harrison fueron los que tocó con otras dos bandas, la Paradise Band, de Charlie Johnson, en 1928 y los Chocolate Dandies, de Benny Carter, en 1930, una de las primeras bandas *all-star* jamás reunidas (aunque no llevara esa denominación). Los solos de Harrison en *Walk That Thing* y *The Boy in the Boat*, de Charlie Johnson, revelan claramente lo que era un trombón *hot* en las décadas de 1930 y 1940. El timbre de Harrison tenía un punto de dureza nada sentimental; su ataque era incisivo y brusco, y sus inimitables *glissandi* resultaban fascinantes. En las notas más largas (sobre todo en las que tocaba como final de frase), Harrison adoptó la técnica de Armstrong consistente en aplicar un tipo de *vibrato*, el *shake*, que André Hodeir definió como «*vibrato* terminal».[1] Su soltura en el regis-

---

[1] André Hodeir, *Jazz: Its Evolution and Essence, op. cit.*, pp. 67-68. Véa-

tro agudo lo convirtió en uno de los primeros en ampliar a casi tres octavas la tesitura de los solos del trombón de jazz.

En *Dee Blues* y *Bugle Call Rag*, con los Chocolate Dandies, Harrison toca sus dos solos más perfectos. El de *Dee Blues* consiste en tan sólo un *chorus* de *blues* de doce compases, pero está construido con tal sencillez y concisión y presenta tal claridad y relajación rítmica que sólo es comparable al trabajo de trombonistas de, como mínimo, dos décadas después. Particularmente en los primeros cuatro compases, Harrison consigue un *swing* distendido que hasta entonces sólo había logrado Armstrong. En sus notas de introducción al solo se limita a repetir cuatro veces un si bemol que, por su pureza tímbrica y el *swing* que desprende, sólo podemos calificar de sublime. La respuesta, más agitada (en el segundo compás), a la llamada de las cuatro primeras notas consiste en una frase perfectamente estructurada en dos partes, uno de esos momentos fugaces en que el músico de jazz se supera a sí mismo y trasciende el propio instrumento.

Johnny Dunn y Jabbo Smith son dos trompetistas cuyos nombres no suelen aparecer en las historias del jazz porque no tocaron con las *big bands* más famosas de la época ni grabaron demasiado como solistas. Sin embargo, ambos gozaron de una alta consideración en su día. Dunn, aunque nacido en Memphis, probablemente fuera el primer trompetista de auténtica importancia en dominar la escena de Nueva York. Asimismo, llevó el «estilo de trompeta» de *blues*, en particular la técnica *wah-wah* de Oliver, a Nueva York en una fecha tan temprana como 1920.

Es difícil escuchar grabaciones de Dunn, que ha caído en un olvido injustificado. Pero desde 1920 hasta 1923 no sólo fue un músico y un artista importante, sino que además for-

se también el capítulo 3 de este libro sobre Louis Armstrong.

mó parte del comienzo de la fiebre por el *blues* como miembro de los Jazz Hounds, la banda de Perry Bradford que acompañó a Mamie Smith en *Crazy Blues*, la grabación con la que empezó ese fenómeno. En esa canción y en otras, como *Don't Care Blues* o la versión instrumental de *That Thing Called Love* (1920), Dunn y la banda tocan en un estilo severo, con corcheas uniformes, que suena como un cruce entre la ODJB y la música de Jim Europe durante la Primera Guerra Mundial, dos influencias que sin duda aún eran relevantes en Nueva York en 1920. No obstante, en los *breaks* de Dunn, un recurso que se le daba especialmente bien, podemos apreciar su sonido duro y seco, así como su ataque nítido, muy parecido a la forma de tocar de los solistas clásicos de trompeta de la época. Sin embargo, tal vez su cualidad más notable fuera el asombroso aplomo que demostraba. Sus interpretaciones comunicaban una sensación de lógica ineluctable que no tuvo parangón hasta que Armstrong llegó a la ciudad en 1924.[1] A partir de ese momento, la actividad de Dunn en los estudios de grabación declinó con rapidez y su estilo sencillo, conciso y comparativamente rígido en última instancia no podía equipararse con el enfoque más profundo y elaborado de Armstrong. (Armstrong, por cierto, era de la misma edad que Dunn). Sin embargo, no dejó de ser un intérprete con una personalidad muy marcada incluso tras el dominio de Armstrong. Sus mejores grabaciones, realizadas en 1928 bajo el nombre de Johnny Dunn and His Band, muestran su estilo en las mejores condiciones: sonido brillante, gran facilidad de ejecución, considerable versatilidad con las sordinas y—dentro de una concepción rítmica más conservadora—gran inventiva.

Sergeant Dunn's Bugle Call Blues resulta particularmente interesante. Ésa fue la canción con la que Dunn logró un gran éxito cuando llegó a Nueva York por primera vez con la

---

[1] Dunn influyó notablemente en Bubber Miley, el gran trompetista de Ellington (véase el capítulo 7).

banda de W. C. Handy en 1918. La grabación de 1928 muestra la influencia en los arreglos de Jelly Roll Morton, que tocó el piano en aquella sesión. Después del toque de clarín de la introducción escuchamos a Dunn en un solo de ocho compases con el único acompañamiento rítmico del platillo charles de Morton Ferry. Los *breaks* subsiguientes de trombón y trompeta incluyen incisos intercalados—al puro estilo de Morton—a cargo del banjo y el piano, respectivamente (la batería queda al margen). La interpretación de Dunn es firme, tersa y variada, e incluye un *break* en clave de humor con la sordina *wah-wah*. El *chorus* final de la banda resulta interesante porque la trompeta de Dunn, que lleva la línea melódica principal, explota de repente en unos marcados tresillos de negra—un ritmo muy poco utilizado por aquel entonces—, que desembocan de inmediato en un salvaje *break* de la tuba (Harry Hull) en tresillos de corchea.

Dunn viajó a Europa a finales de 1928 y se estableció en Holanda, donde murió en 1938.

Jabbo Smith, nacido en Georgia en 1908, aún vive en Milwaukee[1] como empleado de una compañía nacional de alquiler de coches. En sus tiempos como trompetista en Nueva York y Chicago era considerado en algunos aspectos el único rival de Armstrong. De hecho, su virtuosismo y su excepcional facilidad técnica (para la época) llevaron al sello Brunswick a grabar a Jabbo durante unos seis meses en un intento de competir con los discos superventas de Armstrong. Brunswick no logró su propósito, puesto que los discos de Jabbo apenas se vendieron, pero el resultado de ese empeño es que al menos tenemos a nuestra disposición una muestra concentrada de su obra, aunque sea de un breve y temprano período de su carrera en el jazz.

[1] Falleció en 1991, a los ochenta y dos años. (*N. de los T.*).

Jabbo recibió su formación en el seno de la famosa Jenkins Orphanage Band of Charleston (Carolina del Sur), un grupo musical del que salieron muchos talentos notables del jazz de la época. Cuando contaba dieciséis años (en 1924), Jabbo se escapó del orfanato y empezó a trabajar profesionalmente en Filadelfia. A finales de 1925 ingresó en la Paradise Band de Charlie Johnson (no coincidió con Jimmy Harrison) y se quedó allí tres años. A los diecinueve, cuando ya era un veterano del mundo de las bandas, Jabbo abandonó el grupo de Johnson para unirse a la orquesta de foso del musical *Keep Shufflin'*, período en el que grabó cuatro temas con Fats Waller y los Louisiana Sugar Babes de James P. Johnson, que examinaremos más adelante en este capítulo. Cuando el espectáculo se acabó, Jabbo se trasladó a Chicago, donde, a petición de la compañía Brunswick, formó sus Rhythm Aces, un quinteto con el que grabó veinte temas entre enero y agosto de 1929. En todos ellos puede apreciarse el extraordinario virtuosismo, la incesante energía y la musicalidad ejemplar de Jabbo. Por encima de todo, era un intérprete y un músico asombrosamente constante, un músico de músicos, razón por la cual—estoy seguro—Jabbo nunca obtuvo un gran éxito de público. Todas las artes están llenas de ejemplos de grandes músicos y artistas inteligentes que no se ponen de moda porque su trabajo es demasiado avanzado o sofisticado técnicamente, y al mismo tiempo carecen del carisma que resulta tan necesario para seducir al gran público.

Los solos de Jabbo con los Louisiana Sugar Babes, con Duke Ellington (reemplazó a Miley en la versión grabada para Okeh de *Black and Tan Fantasy*), con el guitarrista Ikey Robinson y con sus propios Rhythm Aces revelan, además de su consistencia, una creatividad excepcional. Sus interpretaciones siempre son espectaculares y personales; parece que le resultara imposible registrar una grabación monótona. Tenía una imaginación viva y, evidentemente, gracias a una embocadura natural y a una excelente técnica de base, podía tocar todo lo que se le ocurriera. Su resistencia y la amplitud de su tesitura eran formidables, y creo que en 1929 debía de superar a Armstrong en esos aspectos. Sus grabaciones con los Rhythm Aces están repletas de notas en el registro agudo como el do y el re bemol, e incluyen algunos re e incluso un mi bemol, tocadas todas con una seguridad absoluta y una afinación perfecta.

Es evidente que Jabbo idolatraba a Armstrong, e imitó muchos de sus solos más famosos (en particular, *West End Blues*). Sin embargo, de vez en cuando llevaba sus ideas un paso más allá por lo que respecta a la tesitura o a la destreza técnica. Jabbo era también un cantante notable que daba muestra de, al menos, tres estilos vocales diferentes, uno de ellos modelado a partir de Armstrong, con su áspera voz, su canto *scat* y todo lo demás.

En dos de sus mejores temas, *Sleepy Time Blues* y *Sweet and Low Blues*, exhibe sus diversos talentos. La larga línea vocal del primero transmite tal sensación de fluidez que nos lleva a olvidar lo difícil que resultaba cantar uno de aquellos solos concebidos en su origen para un instrumento, y lo raros que eran todavía en la década de 1920. Como en un gran número de los solos vocales de Jabbo, en *Sleepy Time Blues* encontramos, además de muchos giros de frase virtuosos, un salto de octava al registro de la voz de falsete, con algunos pasajes que recuerdan a las técnicas del canto tirolés. Esta grabación demuestra asimismo que Jabbo no era sólo un virtuoso de la técnica. Su *chorus* inicial está repleto de frases deliciosas y rebosantes de *blue notes* en *glissando*, cantadas siempre con elegancia y suavidad.

El extracto de *Sweet and Low Blues* debería dar al lector una idea de la extraordinaria facilidad de Jabbo (ejemplo 12). El pasaje en cuestión sigue a un *chorus* en el que Jabbo y el clarinetista Omer Simeon, que acababa de tocar con los Red Hot Peppers de Morton, entablan un dúo trompeta-clarinete que resulta asombroso porque Jabbo toca en el mismo registro que el clarinete y tan rápido como él; es un verdadero dúo, maravillosamente hilvanado por los dos intérpretes.

Ejemplo 12. *Sweet and Low Blues*

(Los trémolos marcados con una cruz están ejecutados como trémolos rápidos mediante digitaciones alternativas de los pistones).

El ejemplo 13 muestra una vez más el espectacular uso que hace Jabbo del *break*, así como su oído «moderno». Este *break* en *stop-time* (de *Till Times Get Better*) resulta casi digno de Roy Eldridge o Dizzy Gillespie.

Después de su ambicioso intento de alcanzar la fama, Jabbo Smith se fue retirando gradualmente de los centros de la actividad musical. Trabajó por Milwaukee y Chicago durante años, y con el tiempo formó una pequeña banda en Milwaukee. A resultas de todo ello, los críticos de jazz lo han preterido.

Ejemplo 13. *Till Times Get Better*

PIANISTAS DE HARLEM

Como Jelly Roll Morton, la época en que James P. Johnson estuvo en la cumbre de su carrera coincidió con los comienzos del jazz como forma musical diferenciada y con el inicio de las grabaciones. El estilo de piano solista practicado por Johnson en sus mejores momentos quedó obsoleto por los desarrollos orquestales del jazz y, a consecuencia de ello, no tardó mucho en caer olvidado por los músicos y por el público, tal como le había ocurrido a Morton.[1] Sin embargo, *a diferencia de* Morton, James P. logró dejar su huella en una serie de pianistas que constituyen la elite de la tradición pianística del jazz: Fats Waller, Willie «The Lion» Smith, Count Basie, Duke Ellington, Art Tatum y así hasta llegar a Thelonious Monk.

Por supuesto, Johnson hundía sus raíces musicales en el *ragtime* y, como Morton, transformó ese estilo anterior, compuesto y escrito, en jazz mediante el injerto del *blues*, la introducción de una concepción rítmica con mayor *swing* y, por último, el concepto de improvisación. Esos logros resultan considerables, pero además se proyectaron mediante una in-

---

[1] En Frederic Ramsey, Jr., y Charles Edward Smith (eds.), *Jazzmen*, *op. cit.*, no se menciona a Johnson ni una sola vez en sus más de trescientas páginas.

falible técnica pianística que superó a la de todos sus predecesores. Así pues, para 1920 James P. era el líder indiscutible
de la escuela pianística de Harlem.

Johnson nació en 1891 en New Brunswick (Nueva Jersey).
Una de las claves de su técnica extraordinariamente límpi-
da puede encontrarse en su temprana formación musical,
dirigida por su madre y un profesor de música italiano, que
le dieron una base sólida, cimentada en las técnicas del piano clásico. Más adelante, cuando era un joven y ambicioso
adolescente, James P. completó esa formación escuchando y
emulando a los pianistas clásicos más importantes de la época: De Pachmann, Rajmáninov y Hofmann. Al mismo tiempo, absorbía los estilos *stomp* y *rag* de tres pianistas un poco
mayores que él: Luckey Roberts, Eubie Blake y un pianista
conocido como Abba Labba. Se sabe muy poco sobre las habilidades musicales específicas de Abba Labba, salvo la afirmación de James P. de que «su mano izquierda era como un
enorme péndulo»; mientras que Blake, que todavía vive en
el momento de redactar estas páginas,[1] probablemente fuese el mayor exponente del estilo de piano *ragtime* que se desarrolló de modo hasta cierto punto independiente de la rama
del Medio Oeste por toda la costa este, llegando al sur hasta
Charleston, con Baltimore como centro neurálgico. En una
fecha tan temprana como 1910, Blake era famoso por su capacidad para transportar piezas a todas las tonalidades, una
hazaña inaudita en aquellos tiempos. Su composición *Sounds
of Africa*, que grabó en 1921, puede dar una buena idea de su
prodigiosa técnica y de su gusto por la variedad y el cromatismo dentro de la continuidad.[2]

---

[1] Falleció en 1983, a los cien años. (*N. de los T.*).

[2] Esta obra en tres secciones pasa por tres tonalidades centrales: si bemol menor, re bemol mayor y sol bemol mayor, todas ellas con cinco o seis
bemoles en la armadura. En cada fragmento encontramos una gran cantidad de variantes rítmicas, tanto en la parte melódica de la mano derecha
como en los desplazamientos de la mano izquierda. De este modo, se evita

Durante los años en que James Reese Europe causaba furor en la alta sociedad de Nueva York, James P. estaba desarrollando su estilo en lugares como el Jungle, un vecindario conflictivo a la altura de la calle 60 Oeste, irónicamente justo al oeste de la actual ubicación del Lincoln Center for the Performing Arts. Aquí James P. se asoció con los estibadores y cargadores que frecuentaban los antros de Hell's Kitchen, procedentes de las Carolinas; y de ellos aprendió el *blues*, un tipo de música apenas conocido en Nueva York en aquella época. Como en el caso de Morton, la asimilación del *blues* en el estilo de Johnson fue un importante elemento integrador en la transición del *ragtime* al jazz. Al mismo tiempo, Johnson añadía a su estilo una precisión pianística clásica: digitaciones correctas, acordes bien equilibrados, virtuosismo en la ejecución.

Para 1917 era el nuevo líder de los pianistas de Harlem, pero, además, estaba cultivando un interés en la composición clásica y de música ligera, así como en toda clase de música para espectáculos, trabajando en orquestaciones para varios grupos vinculados al Clef Club, una organización de músicos de Harlem fundada por James Europe. Evidente-

---

la monotonía que a menudo experimentamos en la actualidad al escuchar las primeras grabaciones de piano, sobre todo cuando se trata de rollos de piano mecánico (incluso con algunos de Johnson). Entre las numerosas ideas rítmicas interesantes que Blake desarrolla, quizá la más inusual (en el contexto de 1921) sea el ritmo de *ragtime* sincopado, ♪♫♩♫ o ♫♩♫, que en ocasiones, al desplazar una semicorchea, aparece como ♪♫♩♫♩ . El cambio es extremadamente sencillo, pero modifica el motivo sincopado inicial eliminando la síncopa. Esto se compensa con muchos otros motivos sincopados, como ♪♩ o ♩♪, a menudo acentuados con tal vigor que parece que modifiquen la pulsación. La grabación de Blake también es digna de atención porque se trata de un excelente ejemplo de música para piano grabada durante el período de transición del *ragtime* al jazz. En este caso podemos apreciar mucho mejor las inflexiones rítmicas que en muchas de las grabaciones de Johnson, toda vez que la de Blake no es un rollo de pianola, sino uno de los magníficos discos de la casa Emerson.

mente, Johnson tocaba en todas partes: en antros, en *rent parties* o en respetables restaurantes de la alta sociedad, a solas o con conjuntos y grupos, o acompañando a cantantes de *blues* como Bessie Smith en grabaciones. En 1920 y 1921 tocó con la Hell Fighters Band de James Europe y poco después colaboró en una serie de musicales de negros que cosecharon éxito en Broadway. Su interés en la ópera, nacido al escuchar la ópera *ragtime* de Scott Joplin *Tremonisha*, finalmente lo llevó a escribir una «ópera» en colaboración con Langston Hughes, *De Organizer*. De modo análogo, a finales de la década de 1920 James P. empezó a componer poemas sinfónicos y sinfonías valiéndose de tradiciones musicales de base negras que emulaban *grosso modo* lo que hacía Liszt con sus rapsodias húngaras.

Sólo un hombre de extraordinaria vitalidad y talento podía haber perseguido tantos objetivos, resistiéndose además a las tentadoras presiones de la música comercial. Resulta sorprendente descubrir que, en palabras de Ross Russell, «las delgadas hebras de la trama desorganizada [de la vida de James P.] no adquirieron forma y color definitivo hasta que el resto del lienzo ya se había oscurecido».[1] La contribución más importante de James P. Johnson consistió en la transformación de los ritmos del *ragtime* en una pulsación de jazz más estable y con un mayor *swing*. Para ello, contaba con una mano izquierda firme y ágil, con la que producía una sólida base rítmica. Incluso en los momentos en que los desplazamientos alcanzaban el límite, su mano izquierda insuflaba una fluidez y un impulso que ninguno de sus predecesores poseía, con la excepción de Morton. Tal vez eso se debiera a la influencia del *blues*, una música esencialmente vocal, vocalizada incluso cuando la tocan instrumentos. El caso es que la pura tradición del *ragtime*, en esencia una tra-

---

[1] Ross Russell, «James P. Johnson», en: *The Art of Jazz*, ed. Martin T. Williams, Nueva York, Oxford University Press, 1959, p. 54.

dición pianística, se basaba en una concepción vertical de la armonía y en un ritmo más mecánico, percutivo y rígido que el *blues*. Pero, al superponer el carácter vocal y lineal del *blues* al piano, James P. estableció una importante ruptura con el pasado y convirtió el piano en un instrumento expresivo. Es probable que escuchara esa misma expresividad fluida en una gran parte de las interpretaciones pianísticas clásicas de la época. Baste con citar las grabaciones de Paderewski, por ejemplo, que tocaba con un estilo *rubato* sentimental de carácter fluido y concepción en esencia vocal, aun cuando la música no lo exigiera.

Incluso en la primera grabación de Johnson, *Harlem Strut*, realizada en el sello Black Swan a comienzos de 1921, podemos apreciar el nuevo carácter fluido de la música. A decir verdad, aquí todavía es incipiente, porque la composición en sí era más un *ragtime* en 2/4 que una pieza de jazz en 4/4, y tenía un aspecto más formal y virtuoso que emocional o expresivo. Sin embargo, la agilidad de los pasajes de la mano derecha y la apacible fluidez de la izquierda—en otras palabras, la completa «horizontalización» de la música—representaban en aquel momento un rumbo nuevo para el piano de jazz.

Esa dirección se hizo incluso más evidente en los dos primeros temas de Johnson para el sello Okeh, registrados ese mismo año unos meses después: *Keep Off the Grass* y su famosa pieza «de prueba», con la que muchos pianistas más jóvenes, como Fats Waller y Duke Ellington, hicieron sus primeras armas en el piano, *Carolina Shout*. Ambas revelan claramente un esfuerzo consciente por obtener el *swing*, con unas subdivisiones de la pulsación en semicorcheas y corcheas que, más que dividir los tiempos, los rellenan. De este modo, cada componente rítmico, por pequeño que sea, es un eslabón de una cadena lineal más larga.

Y, sin embargo, no debemos apresurarnos en llegar a la conclusión, como han hecho tantos autores, de que Johnson era un gran melodista. He utilizado a propósito la palabra *li-*

neal en lugar de *melódico*. Sus composiciones y grabaciones dejan claro que estaba más interesado en la delineación rítmica que en el «contenido» melódico. Una vez más, Johnson rompe con la tradición *ragtime* de Misuri, cuya concepción era esencialmente más melódica y temática. Con la firmeza y la agilidad de su mano izquierda, centraba toda su atención en dotar de ritmo a las ideas melódicas, hasta el punto de llegar a suprimir estas últimas casi por completo. Muchas de sus «melodías» son en esencia motivos rítmicos a los que se les ha añadido la altura de las notas. Pero ese enfoque, en lugar de ser puramente destructivo, sirvió de transición necesaria para el jazz.

Es digno de señalarse que, como mínimo ya en esas grabaciones de 1921, Johnson intentaba dotar a la música de una mayor variedad rítmico-métrica que la permitida por el *ragtime* anterior o incluso de la que Fats Waller, su discípulo más aventajado, se concedía en sus interpretaciones. Tanto en *Keep Off the Grass* como en *Carolina Shout* abundan los esquemas ternarios superpuestos dentro de una pulsación de base de 4/4. Su objetivo no es otro que el de aligerar la estructura vertical y liberarla de las rígidas divisiones de frase binarias.[1] Un ejemplo particularmente interesante de este procedimiento rítmico lo encontramos en los últimos ocho compases (sin contar la coda) de *Keep Off the Grass*. Estos ocho compases están agrupados entre sí siguiendo un esquema de 2 + 2 + 4, pero en cada uno de los fragmentos de dos compases la mano derecha y la izquierda articulan dos unidades ternarias diferentes. La mano derecha divide rítmicamente los dos compases en unidades de 3 + 3 + 2 tiempos, mientras que la izquierda la acompaña con una división de 3 + 2 + 3. En los siguientes dos compases los papeles se in-

---

[1] En su libro *They All Played Ragtime*, Rudi Blesh y Harriet Janis atribuyen el procedimiento del *broken bass* [bajo roto] a Abba Labba (*op. cit.*, p. 194).

vierten. El ejemplo 14 ofrece una transcripción rítmica (sin las alturas de las notas):

Ejemplo 14. *Keep Off the Grass*

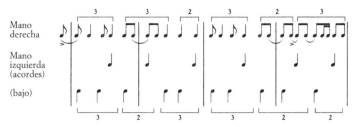

(Los puntos marcados con > representan una anticipación sincopada, que no altera el esquema básico ternario).

Una variante de esta técnica de desplazamiento de la pulsación la encontramos al comienzo de *Carolina Shout* cuando, del compás nueve al dieciséis, la mano derecha realiza una repetición casi literal de los ocho primeros compases, mientras que la izquierda acompaña en *stride* siguiendo un esquema rítmico de 3 + 3 + 2 tiempos (que difiere de lo que había tocado en los ocho primeros compases).

En *Carolina Shout* también encontramos, en la tercera sección, la versión pianística de James P. de un *shout*, que a su vez responde a la elaboración improvisada e intensificada que los negros hicieron de las melodías de los himnos americanos y europeos de los blancos. Al mismo tiempo, se trata de un *chorus* que sigue el modelo responsorial, con la clásica interacción entre el predicador y la congregación. Unos acordes densos y una sonoridad similar a la de los metales hacen que esta sección se asemeje mucho al famoso *chorus* final de Morton en *King Porter Stomp*.

La otra importante ruptura de James P. con la tradición del *ragtime* fue situar la improvisación dentro de un amplio marco compositivo de referencia. Es algo que podemos apreciar si comparamos las diferentes versiones de piezas que grabó dos veces, como *Carolina Shout* y *Harlem Strut*. En ambos casos, el material temático es sujeto a variaciones y se ornamenta de diversos modos. Johnson era famoso en su época por la fertilidad en apariencia inagotable de su imaginación, que le permitía producir una variación tras otra del mismo tema. Esa técnica se utilizaba particularmente en las *rent parties* o los *cutting contests*, donde los principales pianistas competían en batallas de habilidad e inventiva. Por desgracia, las limitaciones de duración de los discos de diez pulgadas y los rollos de piano impedían que los pianistas registraran más de unas pocas variaciones.

El talento para la improvisación de Johnson puede saborearse en una de sus realizaciones más perfectas, *Worried and Lonesome Blues*, grabada en 1923. La pieza muestra su capacidad para combinar sus imaginativas variaciones con un claro sentido de la continuidad y la forma compositiva. Los *chorus* responden a estructuras *blues* de doce compases, salvo el primero, que tiene dieciséis, y cada uno presenta un material temático diferente, tratado casi al modo de la forma de variación clásica o del *ragtime* tradicional. Los primeros dieciséis compases están enteramente construidos en tresillos de corchea por sextas paralelas en la mano derecha; el segundo *chorus* (el primero de los *chorus* de *blues*) presenta una idea temática más variada, en la que ambas manos participan alternativamente de la exposición de la melodía conforme al esquema de llamada y respuesta; el tercer *chorus* muestra un cambio drástico de textura, con un pasaje en tresillos de corchea en el registro agudo acompañado de una marcha de décimas en la mano izquierda; el siguiente *chorus* retoma de nuevo las ideas del segundo, pero las varía considerablemente para obtener casi un nuevo *chorus*, mientras que el quinto vuelve sobre los acordes densos en el registro medio-grave con una especie de estilo de moderno *boogie-woogie*. A continuación, Johnson se embarca en lo que claramente iba a ser el intenso *chorus* final, con *riffs* de una sonoridad similar a la de los metales y *walking bass* bien firmes. Pero sus dedos se enredan en varios momentos, hasta el punto de que decide repetir el *chorus* de nuevo. La segunda vez resulta mucho más logrado y una coda modulante pone el broche a la grabación. El ejemplo 15 muestra el esquema formal de la pieza:

Ejemplo 15. *Worried and Lonesome Blues*

	A	B	C	B¹	C	C	Coda
Continuidad	no variada	variada	no variada	variada	no variada	-	no variada
Textura	ligera	densa	ligera	densa	densa	-	ligera
Registro (mano derecha)	Medio-agudo	Tesitura completa	agudo	Tesitura completa	Tesitura completa	-	Variado
Dinámica	*mp*	*f*	*p*	*f*	*ff*	-	*mp*

El *chorus* de la sección C comienza como si fuera una variante melódica de la frase inicial de la sección B, de la que después se aleja con unos tresillos para seguir su propio camino. También contiene un delicioso mi natural (sobre una sección armónica en mi bemol) que anticipa dos tiempos la tonalidad de do mayor, a la que obviamente pertenece esta «nota errónea». Pero el contorno melódico y la inexorable creatividad de Johnson son tan fuertes en este punto, que hacen que el «error» suene correcto.

En *Scouting Around* (1923), Johnson emplea un procedimiento formal diferente. En este caso tenemos una progresión armónica de *blues* que modula a la dominante en la segunda mitad, como si se tratara de una pieza bitemática de *ragtime*. Aquí, la división del *blues* de doce compases en dos frases de cuatro y ocho compases—con la frase de cuatro compases a la manera de un *break* en el registro agudo con carácter de arabesco—se mantiene a lo largo de la primera mitad de la pieza (cinco *chorus*). Los *breaks* subsiguientes son variantes del original, que determinan una clara transformación de una idea melódica en una variante armónica de ésta. El ejemplo 16 muestra el esquema de esa progresión gradual. Obsérvese el efecto de *cluster* del *break* del cuarto *chorus*.

Ejemplo 16. *Scouting Around* (*breaks*)

(El *chorus* 5 vuelve a una variante melódicamente ornamentada de los *chorus* 1 y 2).

Scouting Around también presenta un buen ejemplo de cambios en los desplazamientos de la mano izquierda, mantenidos con tal obstinación que en ocasiones parece que la pulsación se haya «dado la vuelta» (ejemplo 17):

Ejemplo 17. *Scouting Around* (piano *stride* de la mano izquierda del piano)

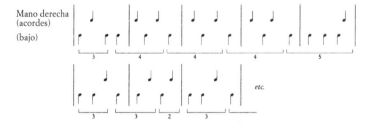

Uno de los recursos que Johnson empleó para dotar a su mano izquierda de un mayor *swing* fueron las llamadas décimas rotas. Aunque con mucha probabilidad su origen fuera muy anterior y se debiese a un pianista de manos pequeñas que no podía abarcar una décima al teclado, Johnson ya lo utilizó en *Carolina Shout* como relleno y para «impulsar» el ritmo, exactamente igual que los baterías utilizan esta misma idea para obtener un efecto rítmico idéntico (las notas señaladas con un círculo en ejemplos 18A y 18B).

Ejemplo 18. *Carolina Shout*

El hecho de que James P. Johnson introdujera en el piano de Harlem una impronta del *blues* rural del Sur hace que sus acompañamientos para Bessie Smith revistan, evidentemente, un gran interés. Muestran que, por más que Johnson pudiera haber absorbido el *blues* y por importante que éste hubiese sido en la formación de su estilo, existe aún una gran distancia expresiva entre el canto de Bessie y el piano de Johnson. Tal vez sea poco realista esperar que un pianista hubiera trasladado la expresividad única del canto de Bessie Smith a su instrumento, al menos en aquellos años. En su época, prácticamente no había cantante o instrumentista que pudiera imitarla, y sólo un Louis Armstrong, un Charlie Green o un Joe Smith podía, en alguna ocasión, igualar su flexibilidad y su profundidad emocional. Asimismo, en la sección sobre Bessie Smith veremos que pianistas ajenos al *blues* como Fletcher Henderson y Fred Longshaw proporcionaron a la cantante unos acompañamientos que contrastaban soberbiamente con su canto (a diferencia de pianistas de *blues* como Lemuel Fowler y Jimmy Yancey).

En la década de 1920, los pianistas aún no habían desarrollado técnicas para imitar las *blue notes* y la entonación variable del canto *blues*, y tampoco habían aprendido a crear la *ilusión* de imitar el elemento común más fundamental de la voz y los instrumentos de viento-madera, a saber, el soplo que sostiene el sonido. Más adelante, pianistas tan diversos como Pete Johnson, Thelonious Monk o John Lewis resolverían ese problema mediante una combinación de la pulsación, el ataque y el control del sonido, como los pianistas clásicos, por supuesto, habían hecho ya durante todo el siglo XIX. Pero, en la década de 1920, particularmente en la tradición pianística de Harlem, de marcado carácter rítmico y en parte percutiva, aún no se había desarrollado una técnica para lograr que el sonido respirase, por decirlo así.

Los acompañamientos de Johnson para Bessie Smith, incluso en la reverenciada *Backwater Blues*, dejan también la persistente impresión de que su interés por la música comercial y por un repertorio clásico más cercano al mundo de la música ligera había dejado su huella. Podríamos decir que tocaba *blues* casi como habría tocado una melodía popular o la canción de un espectáculo. Sus interpretaciones con Bessie a menudo resultan toscas y rígidas en el aspecto rítmico, como mínimo en comparación con la extraordinaria naturalidad del fraseo de Bessie Smith. La mejor forma de analizar la diferencia entre Bessie y Johnson es hacerlo a partir de su colaboración más lograda, *Backwater Blues*. El formato clásico del *blues* de doce compases con estrofas de tres versos entraña más o menos una fragmentación de la estructura que alterna dos compases de voz con dos compases de respuesta instrumental. El canto de Bessie exhibe una absoluta continuidad y ésta resuelve perfectamente las interrupciones de dos compases. Bessie es capaz de mantener el hilo lógico y musical entre cada frase y la siguiente, más allá de las respuestas de dos compases de Johnson. Por el contrario, Johnson interpreta un tipo de idea cuando acompaña a Bessie y otra en las respuestas a solo. Es algo que no se da siempre, pero que ocurre con la suficiente frecuencia para que resulte importante.[1] En esos puntos constatamos una transformación significativa de los mecanismos rítmicos y del estilo. En los fragmentos de estricto acompañamiento, Johnson toca de forma relajada y a menudo proporciona un complemento excelente a la voz de Bessie, como por ejemplo cuando ésta canta el verso «*When it thunders and lightnin' and the wind begin to blow*». Pero en el sexto *chorus* («*Backwater Blues done cause' me to pack my things and go*»), el planteamiento dicotómico de Johnson resulta molesto. Encontramos un problema muy similar en *Preachin' Blues*, aunque en este caso Johnson también enfatiza felizmente las palabras de Bessie, como, por ejemplo, con los motivos cromáticos en el registro grave, sobre los que descansan las palabras «*Moanin' Blues, holler them blues*».

Sin embargo, los acompañamientos *blues* de Johnson aportan algo más que una sintonía con Bessie, y de hecho eran algo más que simples acompañamientos: verdaderos dúos realizados por dos grandes artistas de jazz. Johnson parece haberse dado cuenta de la progresiva intrusión de las canciones populares y de los materiales de Tin Pan Alley en el jazz, e incluso en sus propias interpretaciones. Para defenderse, intentó separar los elementos más comerciales del estilo de jazz más puro. Hacia 1930 empezó a referirse a algunas de sus grabaciones como «comerciales» o «progresistas», lo que suponía un intento deliberado de entrar en liza con los intérpretes avanzados más exitosos o más jóvenes. Las grabaciones que realizó en 1930 de temas como *What Is This Thing Called Love?* y *You've Got To Be Modernistic* son ejemplos de esas cesiones. El problema de Johnson, por supuesto, era el de todos los músicos sensibles y honrados: las cesiones que estaba dispuesto a hacer en relación con la música comercial

---

[1] Que esas respuestas sean a menudo intentos de reflejar de un modo descriptivo el significado de las palabras de Bessie no es necesariamente una justificación para el planteamiento dicotómico que he señalado.

eran mínimas y ciertamente insuficientes para satisfacer las exigencias de ese mercado. El resultado fue que, sin que el propio Johnson llegara a entenderlo, empezó a quedarse rezagado en los dos ámbitos, el comercial y el del jazz. Llevado de una silenciosa desesperación, se concentró casi exclusivamente en la música clásica, trabajando en sus sinfonías y poemas sinfónicos. Pero esas obras no eran lo que él creía y las escasas interpretaciones de las que fueron objeto no cosecharon —ni podían cosechar— éxito alguno. Como tantos artistas de jazz, Johnson había sido víctima de los cambios y los avances del gusto.

Su discípulo, Fats Waller, ilustra un aspecto diferente del mismo problema. Waller, pianista de enorme soltura, con un humor, un ingenio y un ímpetu irreprimibles, y además compositor de algunas canciones que han llegado a ser estándares del repertorio (*Honeysuckle Rose*, por ejemplo), pudo sobrevivir durante cierto tiempo de un modo que estuvo vetado para su maestro y mentor, de carácter más «serio». En realidad, Waller también tenía aspiraciones «serias», pero las ahogó bajo una capa de extraordinaria teatralidad y buen humor. Realizó un número ingente de grabaciones, en su mayor parte en la década de 1930, e incluso en sus registros más comerciales siempre están presentes sus extraordinarias dotes pianísticas y su innata sensibilidad para el jazz.

Johnson y Waller colaboraron una vez en 1928, tocando dos pianos en el musical *Keep Shufflin'*. Esa colaboración trajo consigo una sesión de grabación poco conocida, pero curiosa y muy efectiva, con Waller al órgano y Johnson al piano. Para completar el grupo, Waller contrató a dos músicos que también tocaban en el espectáculo: Garvin Bushell al clarinete, el saxofón alto y el fagot, y el gran trompetista Jabbo Smith, cuya obra ya hemos examinado en este capítulo. Grabaron bajo el nombre de Louisiana Sugar Babes. Es evidente que los cuatro músicos se sentían muy cómodos con el material que grabaron, procedente del musical *Keep Shufflin'*. *Willow Tree*, una composición de Waller, es uno de sus temas más inolvidables y pegadizos.[1] Aunque la extraña instrumentación del grupo puede despertar recelos, los problemas que conllevaba quedaron perfectamente resueltos. El órgano y el piano nunca chocan; Waller y Johnson se complementan con inventiva y producen una sonoridad rica, aunque en cierto sentido transparente. Johnson da lo mejor de sí con su estilo de filigrana, mientras Waller lo acompaña con sonidos tenidos al órgano. Los dos instrumentos de viento entran en los puentes de la canción de treinta y dos compases; Jabbo, elegante y sofisticado, y Bushell, con un aterciopelado sonido de saxofón alto o un juguetón clarinete goodmaniano. En *Sippi*, una balada sentimental de la época escrita por Creamer y Johnson, el entrecortado solo de fagot de Bushell, la antítesis del *swing*, está por completo fuera de contexto; es el único defecto de los cuatro registros. Pero *Sippi* la salva Jabbo Smith, cuya interpretación podría describirse como espectacular si no resultara tan asombrosamente natural y fluida. Su último *chorus* es un soberbio ejemplo del moderno sentido de la forma que tenía Jabbo. Haciendo caso omiso de las subdivisiones en ocho compases de la melodía, construye nuevas líneas con una facilidad que anticipa al Dizzy Gillespie de mediados de la década de 1940. En *Thou Swell*, lo que empieza sonando como una música de órgano de una pista de patinaje sobre hielo—aunque de enorme calidad, sin duda—se anima en mayor medida por otro solo fresco y heterodoxo de Jabbo Smith y por los toques del acompañamiento de James P., con su particular desplazamiento de la mano izquierda.

A Waller le correspondió el papel de ser una figura de

---

[1] Un fragmento breve y comprimido de esa melodía aparece en *Whiteman Stomp*, de Waller, grabada por Fletcher Henderson.

transición entre James P. y los pianistas «modernos» de finales de la década de 1930, como Teddy Wilson y Art Tatum. Su verdadero mérito residió en tomar los elementos todavía un poco dispares del estilo de Johnson y unificarlos en una concepción del jazz cohesiva y global, en la que el *ragtime* todavía resultaba discernible bajo la superficie como fuente, pero ya no una presencia abiertamente activa como elemento formativo separado. A ese respecto, Waller, pese a la influencia de Johnson, se acercó mucho más a la orientación del jazz puro que para aquel entonces Hines había desarrollado a partir de la influencia de Armstrong.

En este sentido, Waller y Johnson ocupan lugares similares a los de Mozart y sus predecesores, como Telemann y los hijos de Bach. Para decirlo de una manera un tanto simple, estos últimos tomaron los elementos dispares de los vestigios de las concepciones contrapuntísticas de Johann Sebastian Bach y el nuevo y embrionario estilo sinfónico, consolidándolos en un estilo más «moderno» que, a su vez, Mozart pudo llevar a su cénit. La cohesión del estilo de Waller resulta evidente ya en sus primeras grabaciones, como la notablemente fluida *Mama's Got the Blues*, un rollo de pianola de 1923. Existe una correlación directa entre la técnica de Waller, que utilizaba las dos manos como un todo, las ideas de integración que consistían en no separar la mano derecha y la izquierda como todavía básicamente lo hacía Johnson, la mayor sofisticación armónica y, por último, la mayor habilidad para tocar con *swing* de modo constante. Por supuesto, como ya se ha dicho, Johnson hizo de la separación de los registros una función consciente de la concepción estructural y compositiva, y en la medida en que Waller fusionó tales procedimientos en un todo cohesionado, su enfoque resultaba ecléctico en comparación con el de Johnson. Pero Waller no era compositor en la misma medida que Johnson o, para ser más precisos, era un compositor más de melodías que de piezas, y, por encima de todo, un intérprete infatigable.

Como Johnson, Waller no fue en última instancia capaz de reconciliar los conflictos de su personalidad musical: un don natural para la improvisación sin esfuerzo dentro de una concepción jazzística (en gran medida de su propia creación), el impulso contrario hacia el éxito comercial y en el mundo del espectáculo y, por último, su amor y respeto inquebrantables por la música clásica. En lo más profundo, esta última socavó sus convicciones sobre su carrera profesional como pianista-cantante-payaso, y las payasadas eran a su vez un intento de ocultar su confusión interna. Resulta irónico que el maestro, Johnson, sobreviviera al discípulo y admitiese—aunque tal vez sólo vagamente—que a los dos los había acosado el mismo enigma, el de una nueva música con una herencia «sospechosa» y el estigma de un «arte popular» que intentaba integrarse en una sociedad musical más amplia y global.

BESSIE SMITH

En la jerarquía de la realeza del jazz, a Bessie Smith se la llamó «la Emperatriz del *Blues*». Smith, que probablemente fuera la cantante de «*blues* clásico» más grande que ha existido, sin duda merecía ese título, no sólo por su preeminencia en ese ámbito, sino también porque fue la primera gran cantante profesional de *blues* urbano[1] y, por lo tanto, la primera cantante importante *de jazz.*

---

[1] En realidad, Bessie Smith distó de ser la primera en grabar *blues* vocal. Esa distinción recae en Mamie Smith (sin relación con Bessie). Aunque Mamie era más una cantante de espectáculos y baladas que de *blues*, interpretaba sus canciones con un desenfreno temerario y un estilo *shout* amplio y abierto que estaba a años luz de las quejumbrosas baladistas de la época. Gracias al infatigable empeño de Perry Bradford, Mamie grabó *Crazy Blues*, una canción de Bradford (que realmente no era un *blues*), en noviembre de 1920 y, para sorpresa de todos, la grabación fue un gran éxito. Vendió setenta y cinco mil copias el primer mes y más de un millón los primeros

Para apreciar la categoría artística de Bessie Smith hay que entender dos cosas. El *blues* anterior a ella (y a su maestra, Ma Rainey) era un vasto territorio que abarcaba una amplia gama de materiales folclóricos—canciones de trabajo, *field hollers*, espirituales y *shouts*—cantados en su mayor parte por gente corriente, trabajadores, aparceros y vagabundos itinerantes. En segundo lugar, el *blues* era en origen un campo muy distinto del *ragtime* y del primer jazz. Compositores como W. C. Handy empezaron a escribir y publicar *blues* a comienzos de la segunda década del siglo XX, mientras que otros, como Jelly Roll Morton, fusionaron deliberadamente el espíritu y los elementos armónicos del *blues* con otros tipos de música negra. Pero el *blues* y el primer jazz se dieron la mano sobre todo en los espectáculos de *minstrels* y los vodeviles durante el cambio de siglo, y de ahí que una parte de la tradición del *blues* clásico estuviera elaborada por cantantes y artistas profesionales, entre quienes la primera figura importante fue Gertrude Malissa Nix Rainey, conocida como Ma Rainey. Las formas de ocho, doce y dieciséis compases, más o menos específicas, empezaron a cristalizar, mientras esos cantantes, para competir con números de vodevil protagonizados por bailarinas, monstruos y enanos, actores y chamanes, cantaban sus lastimeros comentarios sobre el amor no correspondido y transformaban el trabajo cotidiano en canciones y poemas.

El proceso gracias al cual el *blues* adquirió una forma y un lenguaje musicales diferenciados se desarrolló a lo largo de varias décadas. Es fácil ver retrospectivamente que la aparición de varios grandes cantantes de *blues*, la cristalización de la concepción del *blues* y el surgimiento de las grabacio-

---

seis meses. En los meses siguientes, Mamie grabó prolíficamente para la discográfica Okeh con la banda de Perry, a la que había añadido a Johnny Dunn, el estelar trompetista de Nueva York. Como su éxito no cesaba, otros sellos siguieron el mismo camino, con la esperanza de lograr la misma fortuna que Mamie. Al cabo de unos meses, la fiebre del jazz, iniciada por la ODJB, dejó paso a la fiebre del *blues*.

nes de *blues*—todo ello a principios de la década de 1920— no es una simple coincidencia. En conjunto representaban un desarrollo inevitable, cuyo máximo logro fue el arte de Bessie Smith. Ella era la emperatriz porque nadie se le podía equiparar en lo tocante al control de su voz, rica y plena, y en la manera intensamente dramática con la que proyectaba su material. Comunicaba con el público de un modo que hacía inevitable identificarse con ella. Pero, al margen de eso, estableció la tradición del *blues*, tanto en sus elementos estilísticos como en sus componentes cualitativos, como ningún otro cantante. No sólo otorgó un aura musical especial a esa tradición, sino que su forma de cantar y los acompañamientos proporcionados por los numerosos grandes artistas de jazz que colaboraron con ella en sus grabaciones situó esa corriente musical dentro de la tradición más amplia del jazz.

Con anterioridad a 1920 no parece haberse grabado nada ni remotamente parecido al *blues*. Resulta en particular decepcionante que Ma Rainey no grabara en un momento más temprano de su carrera, que empezó con el cambio de siglo, cuando tenía catorce años. Sería fascinante trazar, a través de su propia maduración artística, el modo en que el *blues* vocal se convirtió en el *blues* más sofisticado, profesional y urbanizado, cuyo desarrollo sin duda tiene un paralelo en la carrera de Ma Rainey. Cuando la cantante entró en los estudios de grabación, a mediados de la década de 1920, desde luego no fue la primera cantante de jazz en hacerlo, y para entonces tenía ya casi cuarenta años, por lo que presumiblemente ya no estaba en su mejor momento.

Si damos por supuesto que las grabaciones que realizó entre 1923 y 1929 revelan en esencia el nivel al que habían llegado sus interpretaciones vocales de *blues* diez años antes, llegaremos a la conclusión de que su forma de cantar representaba un enfoque más formalizado y disciplinado que el de sus contemporáneos, los cantantes de *blues* rural, menos sofisticados. Estos últimos tenían por lo general un repertorio muy limitado, compuesto en ocasiones por uno o dos *riffs* de *blues* a los que aplicaban una serie interminable de variantes, en función del público, las características y los problemas regionales, etcétera. El *blues* ha sido siempre una música improvisada, pero para muchos de los primeros cantantes de *blues* la palabra *improvisación* tenía un sentido mucho más estrecho, pues lo que cantaban y tocaban era repetitivo desde un punto de vista temático y lo memorizaban casi por completo.

Indudablemente, Ma Rainey fue una de las primeras cantantes en ampliar el contenido tanto melódico como textual del *blues*. Pero aun así, en comparación con Bessie Smith, su repertorio no deja de ser limitado. Sus líneas melódicas son con frecuencia idénticas o casi idénticas, con independencia del asunto o del título de la canción. Sus temas son también menos variados que los de Bessie, y rara vez logró construir, en las letras o en la música, las formas compositivas completas y la continuidad narrativa en las que ésta sobresalía.

Pero lo que Bessie indudablemente adquirió de su maestra durante muchos años de aprendizaje con los Rabbit Foot Minstrels de Rainey fue la sensibilidad para el timbre amplio y trágico de la voz, que diferenciaba a los verdaderos cantantes de *blues* de los estilistas de baladas «populares» de la época que de vez en cuando cantaban *blues*. Aunque Bessie enriquecería las inflexiones y los matices microtonales perfectamente controlados de las *blue notes* con un rango expresivo todavía mayor, Ma Rainey había desarrollado su carácter esencial en la época en la que Bessie había acudido a ella como adolescente. El carácter trágico e intenso de la voz de Ma Rainey puede apreciarse de manera excelente en algunas de sus grabaciones, sobre todo en *Cell Bound Blues*, registrada en 1925. Las grabaciones de Ma Rainey exponen con claridad lo que es intrínseco al *blues*: no una interpretación vocal «cultivada», sino una expresividad vocal individual, en la que la palabra, el significado y el sonido son una misma cosa. La belleza del *blues*, en las interpretaciones de Ma Rainey o de Bessie, es que resulta tan natural como el habla cotidiana y, al mismo tiempo, es una expresión artística personal.

Los aspectos esencialmente musicales del canto *blues*, entendidos como opuestos a sus elementos textuales, pueden calibrarse en mayor medida por la calidad de los acompañamientos musicales. En ese aspecto, Bessie fue la más afortunada de las dos. En sus grabaciones, Ma Rainey contó a menudo con colaboraciones brillantes, como, por ejemplo, la soberbia labor de equipo de su Georgia Jazz Band, compuesta por Howard Scott (trompeta), Buster Bailey (clarinete) y Charlie Green (trombón),[1] de la banda de Fletcher Henderson, en *Jealous Hearted Blues*. Pero, en otras ocasiones, las aburridísimas repeticiones de frases tocadas por el desconocido saxofonista de *Rough and Tumble Blues* y otras grabaciones realizadas en 1926 por Ma Rainey ponen de manifiesto hasta qué punto el *blues* depende no sólo de un buen cantante, sino también de una concepción orquestal sensible e imaginativa. Cuando eso falta, incluso el mejor cantante parecerá—y de hecho estará—atrapado por el fondo instrumental.

La afirmación tantas veces citada que John Hammond hizo en 1937 sobre Bessie Smith—«No estoy seguro de que su arte no desborde los límites de la palabra *jazz*»—es otra forma de decir que el canto de Bessie constituía la fusión definitiva de perfección técnica y de una hondura expresiva que «penetraba—por acabar de citar a Hammond—en lo más profundo del oyente». Se ha escrito mucho sobre la hondura expresiva de Bessie—una cualidad canonizada por su muerte trágica y prematura—, pero se ha dicho muy poco sobre su perfección técnica. ¿Qué era lo que, desde un punto de vista musical, hacía de Bessie Smith una cantante soberbia? Una vez más, se trata de una combinación de elementos: un oído

---

[1] Resulta casi milagroso escuchar a Scott y a Bailey, a menudo rígidos e incómodos con Henderson, florecer con el espíritu más distendido y libre de estos acompañamientos de *blues*.

extraordinario para la entonación y un control excepcional de ésta, en todas sus funciones más sutiles; una voz bien emplazada con una emisión natural (en sus mejores épocas); una sensibilidad extrema para el significado de las palabras y la capacidad de sentir de una manera sensorial y casi física el lenguaje; y, en relación con esto último, una dicción soberbia y lo que los cantantes llaman proyección. Ciertamente, fue la primera cantante de la historia del jazz grabado que valoró la dicción no por sí misma, sino como vehículo para transmitir estados emocionales. La mayoría de las rivales de Bessie, incluida Ma Rainey, cantaban con una pronunciación poco clara, sin duda adaptada al canto. Pero lo milagroso de Bessie era que su cuidadosa dicción nunca se cobraba el precio de mermar el *swing* o la fluidez de la música. Creo que en gran parte su éxito comercial se basaba en el hecho de que su público podía entender cada palabra que cantaba y, por lo tanto, identificarse con ella, sobre todo en sus numerosos *blues* narrativos de carácter «realista».

Quizá su control de la afinación fuera todavía más extraordinario. Manejaba este aspecto con tal facilidad y naturalidad, que parece algo al alcance de todos. Los sutiles matices microtonales de Bessie, las diferentes inflexiones en clave de *blues* con las que teñía un sonido sobre una determinada palabra o vocal, el modo en que impostaba el sonido mediante un ligero y hermoso portamento, o cómo «salía» de éste con un pequeño *glissando*, o incluso su capacidad para atacar una nota con un emplazamiento perfecto se cuentan entre los elementos que, en su conjunto, redundaron en una técnica personal brillante y de una gran sutileza, y ello pese a la violencia frecuente de su lenguaje y del tono que empleaba. Con esto no quiero decir que cantara en el sentido clásico del conservatorio, sino simplemente que sabía aprovechar todas estas técnicas a voluntad, en virtud de su instinto, su musicalidad y sus condiciones físicas naturales.

A diferencia de los instrumentistas, los cantantes tienen

que afrontar una dificultad añadida: han de pronunciar un texto. Para el cantante, las vocales proporcionan el sonido, mientras que las consonantes abiertas y cerradas (cuando las hay) o el ataque de la glotis determinan la curva de amplitud de un sonido. Por lo que respecta también a los «componentes» acústicos, Bessie Smith recurría una vez más a su instinto para emplearlos de un modo que casi desafía todo intento de análisis. Dado que su canto nunca fue claramente espectacular y que la clave de su arte parece que residía en la naturalidad de su estilo, solemos pasar por alto la manera única de pronunciar las consonantes o los ataques de glotis de los que se servía para perfilar las ideas rítmicas o para darles un fraseo de jazz; en definitiva, para producir *swing*.

Todas esas cosas tuvo que aprenderlas y trabajarlas, no aparecieron por sí solas de la noche a la mañana. Podemos apreciar su proceso de aprendizaje y sus progresos si comparamos sus primeras grabaciones con las de su plena madurez, entre 1925 y 1927. En su primera grabación, *Downhearted Blues*, realizada el 16 de febrero de 1923, oímos a una Bessie un tanto vacilante y nerviosa. Frank Walker y los ingenieros de sonido de Columbia no quedaron satisfechos hasta que no realizó cinco tomas, sin contar las que hizo de otro tema que nunca se publicó. La chica rural de Tennessee debió de verse afectada por los nervios y el temor al encontrarse compitiendo de repente con una docena de cantantes famosas en el apogeo de la fiebre por el *blues*. Además, en su debut discográfico a Bessie no le dejaron cantar los temas con los que se sentía más cómoda, sino algunos éxitos de la época grabados con anterioridad por las cantantes Sara Martin y Alberta Hunter. Sin embargo, pese a la tensión debilitante, lo esencial del talento de Bessie brilla con luz propia, y el inequívoco impulso emocional ya está ahí.

A Bessie no le costó mucho recuperarse de ese comienzo relativamente vacilante. Aunque sólo hubiera sido por los extraordinarios récords de ventas, la cantante habría sabido que tenía algo único. Al final de su primer año de grabaciones, tenía las cosas bajo un firme control, desde un punto de vista vocal y emocional, y además estaba grabando material más apto para su estilo y concepción. Siguieron más de seis años de constante actividad discográfica, en la que, pese a las vicisitudes de su vida personal, su nivel artístico rara vez fue menos que soberbio. Mantuvo un grado de perfección que pocos artistas de jazz han igualado.

En su disco de debut, Bessie cantó de un modo bastante convencional. La circunstancia puede ser atribuible a los nervios que sintió aquel día, o bien a la influencia inconsciente de las famosas cantantes con las que competía. También es posible que los ornamentos y melismas vocales que aparecieron en sus grabaciones posteriores los adquiriera en su primer año de estabilidad discográfica y artística. Comoquiera que sea, pronto empezaron a aparecer ciertos rasgos personales en su fraseo e inflexión. Su efecto inmediato fue liberar las líneas vocales desde un punto de vista melódico y rítmico, dramatizando al mismo tiempo los textos y, por lo tanto, proyectando sutilmente una continuidad global de estrofa en estrofa. En *Downhearted Blues*, los versos de la letra todavía aparecen desconectados. Los «bloques de dos compases» alternos todavía eran un obstáculo para la ósmosis de la música y del texto. En grabaciones posteriores aprendió a controlar y proyectar esa técnica de manera infalible.

Ya en *Jailhouse Blues* (septiembre de 1923) podemos apreciar los adornos que constituyen la esencia del estilo de Bessie. En el primer verso (tras la introducción de ambientación), «*Thirty days in jail with my back turned to the wall*», la importancia de las palabras en la frase determina el grado de ornamento que cada una recibe. Casi todas están subrayadas por un portamento o un *glissando* ascendente, aunque cada una de un modo diferente. Las palabras *thirty*, *jail* y *wall*—los tres términos más importantes de la frase—son también las más modificadas por estas inflexiones. La palabra *thirty* co-

mienza con un *glissando* ascendente bastante rápido, que va
más o menos de un mi bemol a un sol bemol.[1] Sobre *days*,
Bessie realiza un *glissando* más leve, de la tercera menor a la
tercera mayor, sol. La siguiente palabra, *in*, corresponde a un
sol un poco bajo, que prepara el gran salto de tercera mayor
ascendente sobre la palabra *jail*, la más importante de la frase, razón por la que recibe la ornamentación más marcada.

Bessie vuelve a emplear estas cuatro notas, pero sobre otras
palabras, como es lógico, y en un orden diferente: encontramos un sol bemol en *with* y un mi bemol en *my*, un *glissando* de una tercera menor en *back* (similar al de *thirty*), y otro
más pronunciado de sol bemol a sol natural sobre la palabra *turned*. Toda vez que *with my* es similar a *in jail*—la única diferencia es que en *jail* vuelve al final sobre el sol, lo que
no ocurre en el caso de *my*—lo que observamos es una reformulación del orden de los cuatro tipos de *glissando* desde la secuencia inicial de 1, 2, 3, 4 para llegar a 3, 4, 1, 2. A las
siguientes dos palabras, *to the*, efímeras y por lo tanto menos
importantes, les corresponde la nota sol sin ningún tipo de
ornamento, más corta y con una función de enlace.

Hasta aquí, todos los ornamentos empleados eran *glissandi* ascendentes. Ahora, sobre la palabra *wall*, Bessie recurre a
uno de los ornamentos que empleó con mayor frecuencia, un
doble *glissando* que al principio desciende para luego ascen-
der hasta alcanzar el sonido final. En este punto de *Jailhouse
Blues*, Bessie se dirige hacia la tónica, lo que se traduce aproximadamente en las siguientes notas en *glissando* 🎼 .
(Bessie utilizó otras dos variantes de este ornamento. Una de
ellas, también sobre la tónica, sería ésta: 🎼 . Consiste en un descenso brusco hasta la sexta del acorde antes de
remontar de nuevo, y Bessie la utiliza, por ejemplo, sobre la

[1] La pieza está en mi bemol. Todas las notas son aproximadas, ya que
Bessie se mueve con bastante libertad dentro de las subdivisiones microtonales de la escala.

palabra *wall*, cuando repite la primera frase de la canción. La variante que practicó con mayor frecuencia la realizaba sobre la tercera del acorde: ♪ . Esta última variante aparece en torno a 1925, y a partir de entonces podemos escucharla de manera reiterada en una gran cantidad de grabaciones: *Reckless Blues*, *Sobbin' Hearted Blues*, *Cold in Hand Blues* y muchos otros temas).

Cuando la frase se repite, Bessie emplea, sobre la palabra *wall*, otro de sus recursos favoritos: una *caída* o *descenso* final de la frase. En este caso parte por lo general de la tónica y desciende rápidamente hasta la sexta de la escala ♪ . Pero en ocasiones utiliza este tipo de descensos partiendo de la tercera e incluso de la quinta de la tonalidad en cuestión, como por ejemplo en *Cold in Hand Blues*, en la que la *caída* llega hasta la tercera rebajada ♪ .

En *Jailhouse Blues* aparecen otros dos recursos típicos del fraseo de Bessie Smith. Uno de ellos es una variante de la *caída*, más pronunciada y con una mayor inflexión. Lo escuchamos aquí sobre la palabra *turned*, dentro de una frase intercalada que repite la segunda mitad del primer verso a modo de relleno. (Normalmente, este relleno de dos compases habría correspondido a una respuesta instrumental al primer verso de la cantante, pero como en *Jailhouse Blues* el único acompañamiento del que disponía Bessie era el del piano de Clarence Williams, decidió en ese caso rellenar los dos compases ella misma). Sobre la palabra *turned*, Bessie canta lo siguiente: ♪ , lo que lo convierte en un gemido al estilo del *blues*. Las notas todavía están conectadas mediante el *glissando* y, sin embargo, están más articuladas que en el resto de las ornamentaciones, lo que permite que aflore un verdadero motivo melódico.

Bessie tenía, además, una habilidad única para cortar las frases en segmentos inesperados y respirar en esas interrupciones sin menoscabar en absoluto la continuidad global, textual o melódica. En la repetición del verso «*Thirty days*»,

Bessie respira dos veces en lugares inesperados: entre las palabras *my* y *black*, lo que introduce un verdadero corte en la frase, y de nuevo entre *turned* y *to the wall*, una interrupción más breve. La razón de esas pausas para respirar es la interpolación del fragmento de frase antes mencionado, *turned to the wall*, que le impedía llegar al final de la segunda repetición de la frase sin respirar. Así pues, la división global de los dos versos es como sigue (' designa una inspiración breve, v es una interrupción más pronunciada):

> *Thirty days in jail'* with my back turned' to the wall'
> *Turned* v *to the wall* x
> *Thirty days in jail with my* v *back turned'* to the wall.

Observemos que en el lugar donde cabría esperar una pausa, marcado con el signo x, Bessie continúa, con lo que tiende un puente sobre la división natural de la frase.

Podríamos citar cientos de ejemplos parecidos en que los esquemas verbales y melódicos se descomponen de maneras inesperadas y a menudo asimétricas. Deberá bastar con citar uno más, el cuarto *chorus* de *Cold in Hand Blues* (sin contar la estrofa inicial). Observemos las interrupciones para respirar que también aparecen aquí, la primera vez después de la palabra *myself*, la segunda *en mitad de la palabra*, pero sin la menor pérdida de continuidad (ejemplo 19). (Las elocuentes respuestas en tono *vacilón* de la trompeta son de Louis Armstrong).

Ejemplo 19. *Cold in Hand Blues*

I'm gon-na find my self an - oth-er___ man

Be - cause your wo - man___

Bessie Smith contó con la colaboración de numerosos acompañantes y solistas de jazz excelentes. Esa circunstancia fue en gran medida el resultado de la influencia de su técnico de grabación y mánager ocasional, Frank Walker, y otros consejeros musicales como Clarence Williams y Fletcher Henderson. Las crónicas cuentan que, cuando Bessie estaba en su apogeo, no estaba muy dispuesta a compartir el protagonismo con otras estrellas, vocales o instrumentales. Parece que no sabía demasiado sobre los solistas de jazz famosos de su época, o que no le interesaban en exceso, aunque tenía a unos cuantos favoritos, como el trompetista Joe Smith y el trombonista Charlie Green. Se dice que en un principio desaprobó la elección de Louis Armstrong y que sólo accedió a ella de mala gana. Pese a ello, algunas de las colaboraciones entre Bessie y Louis son jazz memorable.

En una carrera discográfica que duró diez años, a Bessie la acompañaron media docena de pianistas, más de veinte dúos o tríos en diversas combinaciones, muchos de ellos procedentes del círculo de Fletcher Henderson, y tres o cuatro conjuntos más nutridos, entre los que destacan los Hot Six de Henderson (que en realidad eran siete), así como uno o dos grupos vocales en 1929 y 1930. Esos acompañamientos son de un nivel sistemáticamente alto, habida cuenta de su variedad y de los continuos cambios de grupo. Además, en casi todos los casos Bessie y sus colaboradores construyen un mundo sonoro único, cada uno diferente a los demás, efectivo e integrado: un pequeño poema sinfónico.

Mientras las grabaciones de Bessie formen parte de nuestra herencia discográfica, creo que habrá debate sobre cuál de todos esos acompañamientos es el mejor. Se trata de una cuestión que en parte depende del punto de vista de cada cual, de si se quiere que la voz destaque de modo inequívoco o de si se prefiere escucharla en el contexto de un conjunto, de si nuestro gusto se decanta por la protesta social o de si aspiramos a que nuestra evaluación sea puramente musical.

En la primera categoría, la de los acompañamientos de piano solistas, Bessie contó con algunos colaboradores soberbios. Entre ellos, se suele destacar a James P. Johnson y Fletcher Henderson, a causa de su reputación como músicos de jazz. Sin embargo, otros dos acompañantes excelentes, Fred Longshaw y Porter Grainger, conocían perfectamente el estilo de Bessie a la hora de cantar, en particular Longshaw, y tenían la rara habilidad, propia de todo acompañante genuino, de no interponerse en el camino de la cantante, pero al mismo tiempo de saber intervenir con una frase de enlace o una respuesta adecuada cuando era necesario. Es fácil pasar por alto la contribución de esos intérpretes, porque nunca tocaban de un modo espectacular, ni tampoco debían hacerlo. Eran músicos sólidos y disciplinados que interpretaban con soltura un papel difícil (por secundario).

Es evidente que la cantante inspiró a Fletcher Henderson, como a muchos de los músicos que tocaron para ella, y que bajo esa influencia realizó sus mejores grabaciones como pianista; lo mismo cabe decir del clarinetista Buster Bailey. En *Jazzbo Brown from Memphis Town* y *Gin House Blues* (1926), ambos interpretan acompañamientos integrados a la perfección. Curiosamente, el estilo rítmico vivaz y dinámico y el sonido brillante y transparente de Fletcher Henderson ofrecen un contraste perfecto con la sonoridad más carnosa e intensa de la voz de Bessie. Asimismo, Bailey interviene de manera intermitente, entre la voz y el piano, con unos *obbligati* de extrema belleza. Los dos temas, el primero una farsa gozosamente jovial sobre un legendario clarinetista de Memphis, el segundo un *blues* tan conmovedor que resulta doloroso y alude a la adicción de Bessie a la ginebra, son ejemplos estupendos de su sensibilidad para las palabras y de su empleo de las consonantes y la articulación silábica para cantar con *swing*. *Gin House Blues* también resulta fascinante por el modo en que las repeticiones de sus sinuosas curvas vocales de dos compases combinan feroz intensidad y resignación. Cada frase tiene al comienzo un carácter áspero, doloroso, suplicante, y todas regresan a su vez a la tónica con una sencillez y una resignación agridulces. Aunque el esquema se repite en esencia a lo largo de toda la canción, está tan perfectamente controlado que nunca cansa.

Entre los diversos acompañamientos a dúo y a trío, los famosos son los que contaron con Louis Armstrong, Joe Smith y Charlie Green, a menudo con la participación de alguno de los pianistas arriba mencionados. Cada solista tenía una personalidad diferenciada y, sin embargo, se convertía a su propio modo en una extensión de la voz de Bessie. En términos de pura identificación sonora, Joe Smith y Charlie Green eran sin duda los más cercanos a ella de los muchos instrumentistas de viento que la acompañaron. La trompeta de Joe Smith tenía la magnífica sonoridad abierta y rica que caracterizaba a Bessie en sus momentos más distendidos, mientras que la combinación de los gemidos y el sonido áspero del trombón de Green y las efusiones más duras y amargas de Bessie en ocasiones resultaban asombrosas. En *Lost Your Head Blues* y *Young Woman's Blues* (ambas de 1926), el sonido de Joe, la velocidad de su *vibrato* y su perfecto dominio de los cambios de registro constituyen el complemento ideal para la voz de Bessie. En *Young Woman's Blues*, Smith también hace gala de un sonido imponente, casi como si se tratara de un trombón, y ejecuta unos ornamentos rococó completamente apacibles.

Charlie Green grabó de modo regular con Bessie, y en ningún otro de sus registros se aprecia mejor su labor al trombón. Su abanico expresivo cubría toda la gama desde el humor grosero hasta las imágenes salaces. Por ejemplo, en *Trombone Cholly* (1927) Green y Bessie están a la misma altura en cuanto a humor procaz. En *Empty Bed Blues*, los gruñidos y rechinidos de Green al trombón subrayan perfectamente las diversas metáforas sexuales de Bessie. La soberbia *Nashville Woman's Blues*, con sus irónicos, mundanos e insinuantes comentarios con la sordina *plunger* y en *growl*, nos muestra a Green en un papel más sutil y más de acompañamiento.

Las numerosas interpretaciones excelentes de Green con Bessie han tendido a dejar en la penumbra a uno de los otros tres trombonistas que grabaron con ella, Joe Williams. Su estilo se parecía mucho al de Green, pero su sonido tenía una tensión y una malicia suplementarias que encajaban perfectamente en *Me and My Gin*, un *blues* grabado por Bessie en 1928.

Louis Armstrong grabó nueve temas con Bessie, todos ellos de una calidad, como era de esperar, por encima de la media. Aparte de sus méritos intrínsecos (y de sus pequeños deméritos), los registros con Armstrong tuvieron una importancia inmensa para el desarrollo artístico de Bessie. Las primeras cinco canciones, grabadas el 24 de enero de 1925, ponen de manifiesto que los dos artistas todavía no estaban completamente amoldados el uno al otro y que sus dos fuertes personalidades aún no estaban entrelazadas por lo que respecta al estilo. Armstrong se inclina con demasiada frecuencia por un sentimentalismo empalagoso, tal vez al malinterpretar o no entender que el *blues* de Bessie es genuinamente triste, pero que de algún modo reviste un carácter objetivo.

Esta falta de empatía resulta en particular perturbadora

en *You've Been a Good Ole Wagon*, en la que Armstrong definitivamente ocupa un segundo plano.[1] Bessie, de un modo que resulta muy propio de ella, despoja este clásico del vodevil de su pretendido humor rústico y entrañable, y lo convierte en un *blues* serio y conmovedor. Armstrong pasa completamente por alto las lágrimas y los recuerdos dolorosos que Bessie inyecta bajo la superficie de la canción de manera tácita más que explícita, a fuerza de sutileza y sinceridad. El trompetista se abandona a lo que con toda probabilidad pretendían ser apartes humorísticos, deslizándose alegremente sobre la superficie del material. Sólo después de varios *chorus* entiende lo que Bessie se propone hacer con la canción, y se aparta medio avergonzado, sin rayar nunca a la misma altura que Bessie. Sus insípidos y absurdos balbuceos con la sordina *wah-wah* caen como un jarro de agua fría sobre las palabras de Bessie, «*This man has taught me more about lovin' than you will ever know*».

En *St. Louis Blues*, Armstrong parece mostrarse más respetuoso con Bessie; fue su primer y cauto intento de grabar juntos, y tal vez el respeto mutuo por las imitaciones al armonio de un órgano de iglesia rural realizadas por W. C. Handy al estilo clásico y por Fred Longshaw a un estilo heterodoxo se combinaron para crear un ambiente más reservado. (Digamos de paso que esta grabación es una ilustración perfecta de la observación de Duke Ellington según la cual el jazz no necesita tener *swing* para ser jazz. La versión de *St. Louis Blues* de Bessie y Louis no tiene ese *swing* que te incita a llevar la pulsación chasqueando los dedos pero, incuestionablemente, es jazz).

---

[1] Las colaboraciones entre Bessie Smith y Louis Armstrong siempre se han evaluado con cierta falta de sentido crítico a causa de la formidable posición de Armstrong en la historia del jazz. La monografía de Paul Oliver, *Bessie Smith*, Kings of Jazz series, Nueva York, A. S. Barnes and Company, 1961, en general excelente, también presenta ese problema.

El 26 de mayo de 1925 volvió a encontrar a los dos artistas en el estudio de grabación, junto a Longshaw (esa vez al piano) y «Big» Greene al trombón. En Bessie se revela un cambio sorprendente y profundo. La voz tersa y cremosa de sus grabaciones anteriores (incluida la sesión previa con Armstrong) ha desaparecido. En su lugar se aprecia una cualidad más brusca y ronca, con un tono áspero, sobre todo en los ataques, que sospecho que Bessie oyó por primera vez en el canto de Armstrong. El otro elemento novedoso que aparece en esas grabaciones de 1925 es un sentido del *swing* mucho mayor, sin duda, una vez más por la influencia de Armstrong. Ambos elementos quedarían irrevocablemente incrustados en el canto de Bessie, y a su vez produjeron la primera cantante de jazz completa.

Por su parte, Armstrong se mostró mucho más en sintonía con Bessie en las cuatro grabaciones de mayo. La voz adicional de Green propició de modo automático una situación orquestal, en lugar del dúo anterior. Consideradas estrictamente desde el punto de vista de su valor musical, esas cuatro grabaciones—*Careless Love Blues*, *Nashville Woman's Blues*, *I Ain't Gonna Play No Second Fiddle* y *J. C. Holmes Blues*— me parecen el epítome de la actividad discográfica de Bessie. Tienen *swing*, son grabaciones de conjunto maravillosamente improvisadas y presentan a Bessie con una madurez y un control vocal absolutos.[1]

Careless Love, que a la propia Bessie le parecía una «canción de odio», se convierte en una diatriba amarga y apasionada. La interpretación entra en calor de manera un poco lenta, pero el *chorus* final echa fuego, con Bessie cantando las palabras iniciales «*Love, oh love, oh careless love*» en una

---

[1] También muestran la deuda de Ella Fitzgerald, una de las más grandes cantantes, con Bessie Smith en lo tocante a gran parte de su estilo y calidad vocal. Más de una frase de esas grabaciones realizadas por Bessie Smith en 1925 nos mueven a pensar en la futura Ella.

cadena de *blue notes* desgarradora, llena de inflexiones y quejumbrosa. *I Ain't Gonna Play No Second Fiddle* presenta una frase repetida interpolada (sobre VI y II)—una especie de *break* prolongado en *stop-time*—que, en virtud de la repetición, acumula una intensidad asombrosa. En *Nashville Woman's Blues*, el fraseo expansivo y el sonido intenso de Bessie parecen estar más allá de las restricciones métricas o rítmicas. Sus líneas vocales flotan de un modo que parece improvisado, pero que con mucha probabilidad no lo fuera. (Contrariamente a la opinión más extendida, las tomas sucesivas de sus grabaciones con frecuencia muestran que tenía una idea bien definida de lo que iba a hacer en cada canción. Como una gran actriz, creaba la ilusión de una improvisación total, aunque cada movimiento posiblemente estuviera preparado y estudiado en cierta manera). La trompeta de Armstrong y el trombón de Green proporcionan la réplica con unos contracantos de una gran sensibilidad arropados por el sólido sostén armónico de Longshaw.

J. C. Holmes Blues es una de las grabaciones más extraordinarias de Bessie. Su hermosa melodía, al estar en la tonalidad de fa mayor, la obliga a subir hasta el re agudo en el séptimo compás de cada una de sus sencillas estrofas de ocho compases. La tensión que adquiere su voz en esta sinuosa frase es de una belleza extrema y resulta emotiva, el tipo de emoción que experimentamos al superar con éxito un obstáculo. Armstrong y Green, con sordina en esta ocasión, tejen un tapiz sonoro denso, polifónico y repleto de ornamentos en un estilo de Nueva Orleans muy avanzado, mientras Longshaw ejecuta una sólida progresión de negras, garantizando el sustento rítmico y armónico. Los pasajes ornamentales de la trompeta y el trombón entre los amplios contornos del canto de Bessie y del piano de Longshaw constituyen uno de los mayores logros orquestales del jazz de la década de 1920.

Muchos entusiastas del jazz han dejado de lado las interpretaciones de Robert Robbins al violín en varias grabaciones realizadas por Bessie Smith en 1924 basándose en que el violín nunca ha encontrado el lugar que le corresponde en el jazz y que su uso fue un error de juicio por parte de Bessie. Sin entrar de momento en la cuestión del papel del violín en el jazz, creo que la interpretación de Robbins es de lo más apropiada y afectiva. Se la ha descrito con acierto como un estilo de «violín callejero», y Paul Oliver señala con razón que, en catorce meses de grabaciones, el estilo de Robbins se acercó «más a la tradición folclórica» de la que procedía la cantante que «el trabajo de cualquier otro músico con el que Bessie hubiera colaborado».[1] Robbins da lo mejor de sí en *Ticket Agent, Ease Your Window Down*. Con un sonido sucio y en *glissando*, sus dobles cuerdas del segundo *chorus* de *blues* (sin contar la estrofa inicial) son un complemento ideal del *blues* en tono de súplica de Bessie. Lo mismo ocurre con sus acompañamientos en *tempo* doble de los tres *chorus* siguientes (que resultan un poco deslucidos por los *tempi* precipitados del pianista Irving Johns). En *Sorrowful Blues*, a Robbins se le une el guitarrista Harry Reser. Sin el acompañamiento del piano—con tan sólo la guitarra y el violín—esta pieza suena como un viejo *blues* rural, y no cabe la menor duda de que la grabación estaba pensada para el público del Sur profundo del que provenía Bessie.

Bessie grabó tres dúos con su rival más próxima, Clara Smith. Aunque no existía ninguna relación entre ellas, la carrera de Clara guarda ciertos paralelos con la de Bessie: nacieron el mismo año, empezaron a grabar el mismo año y murieron en circunstancias oscuras con sólo dos años de diferencia. Además, su voz y su estilo eran tan similares, que a menudo era difícil diferenciarlas. Clara grabó mucho menos que Bessie—sólo una docena de temas—y, a consecuencia de ello, su figura ha quedado eclipsada por la de Bessie entre los historiadores y los críticos de jazz. La voz de Clara

[1] Paul Oliver, *Bessie Smith*, *op. cit.*, pp. 26-27.

era un poco más ligera y brillante que la de Bessie. Carecía del carácter trágico y ponderado de la de Bessie, pero tenía un timbre intenso e insinuante que cautivaba. Su canto era rítmicamente más regular que el de Bessie, y su capacidad de proyectar un relato *blues* distaba de estar a la altura de la de Bessie. A menudo eligió materiales flojos (por ejemplo, *How'm I Doin'*, 1926). En sus primeras grabaciones, Clara solía cantar las palabras importantes con una voz cascada y sollozante, un recurso utilizado en la música *hillbilly* y *country*. Además, empleaba una especie de *glissando* utilizado por los cantantes populares de baladas y vodevil de la época que era ajeno al *blues*. Podemos apreciarlo en *I Never Miss the Sunshine* (1923), sobre todo en el último verso. En grabaciones posteriores, como la sesión de 1926 con Lemuel Fowler, ese rasgo desaparece.

A Clara le gustaban los *tempi* extremadamente lentos (la negra a 66, por ejemplo), y en sus primeras grabaciones ella y su acompañante Fletcher Henderson no siempre se muestran capacitados para sostenerlos. Pero en sus mejores grabaciones está casi a la altura de Bessie. En la temprana *Awful Moanin' Blues*, de 1923, algunas palabras y notas sostenidas suenan incluso como Bessie: el *vibrato* y la inflexión son los mismos; sólo el timbre tiene un color un poco más liviano. Los gemidos sostenidos en el segundo y el cuarto *chorus* son especialmente hermosos. En *Whip It to a Jelly*, grabada en 1926, se muestra incluso más libre, y mucho de lo que se ha dicho sobre el fraseo y la inflexión de Bessie puede aplicarse a ese registro de Clara.

El primer dúo entre Clara y Bessie, grabado en 1923, no funcionó. Por alguna razón, las dos mujeres cantan de un modo rígido e inhibido. Tal vez fuera el material; las dos canciones no sólo son extremadamente pobres en lo que se refiere a la invención melódica, sino también muy parecidas entre sí. El *tempo*, lentísimo, no ayuda en absoluto, como tampoco lo artificioso del formato, en el que Clara *improvisa* respuestas al canto de Bessie, más bien plano. Curiosamente también, el parecido de sus voces, el registro en el que cantan y la dicción en *I'm Goin' Back to My Used to Be* empañan el supuesto carácter de dúo de la interpretación.

En *My Man Blues* (1925) están más relajadas. En esta ocasión se trata de un *blues* de ocho compases, de modo que cada una puede cantar la mitad de una estrofa. Mientras ambas disputan por el mismo hombre, hasta que al final acuerdan compartirlo, Clara Smith parece llevar la delantera, destronando a Bessie con un magnífico y potente estilo *shout*. En los dos números de *hokum* hablados que se intercalan escuchamos la voz natural de las dos Smith, dotadas de una enorme viveza para quienes nunca las escuchamos en persona.

Bessie dominaba muchos estados anímicos y la mayor parte del material que intentó cantar. Ocasionalmente, sobre todo después de que hubiera dejado atrás sus años de apogeo, el material sacaba lo mejor de ella. Es lo que ocurre en *There'll Be a Hot Time in the Old Town Tonight* y *Alexander's Ragtime Band*; lo hace comparativamente bien, pero sus interpretaciones de esos antiguos éxitos nunca llegan al nivel de sus clásicos de *blues* más personalizados. Su consumado arte la impedía tropezar en el plano musical, pero ese material estaba muy alejado de su vida real y debía de parecerle más bien abstracto. Sin embargo, el famoso estándar *After You've Gone* (grabado el mismo día, el 2 de marzo de 1927) es un ejemplo tan bueno como el que más de lo que es una cantante de jazz, por oposición a una cantante de música popular. Prácticamente vuelve a componer la melodía, se apropia en gran medida de ella y la convierte poco menos que en un *blues*.

Rara vez se equivocó Bessie en lo tocante a las repeticiones, y ya hemos visto que tenía capacidad para introducir las variaciones más sutiles de timbre y altura. Pero en *Send Me to the 'Lectric Chair* (también de 1927) canta la palabra *judge* exactamente igual más de una docena de veces, y la repetición se vuelve insoportable; de hecho, se trata de uno de sus escasos errores de juicio.

Bessie Smith era una mujer robusta, poderosa, y cantaba con una gran intensidad física y mucha alma. En años posteriores, cuando su voz se había deteriorado por los excesos con la bebida, en ocasiones *sólo* era alma, como en las grabaciones realizadas en 1930 de *New Orleans Hop Scop Blues* o de *Black Mountain Blues*. Pero en su grabación de *Take Me for a Buggy Ride* con la que en 1933 volvió a los estudios de grabación, con el acompañamiento más *moderno* de Frankie Newton (trompeta), Jack Teagarden (trombón), Chu Berry (saxofón tenor) y Billy Taylor (contrabajo), entre otros, Bessie canta con un impulso tremendo, especialmente en los dos *chorus* en *stop-time*, en los que su voz atraviesa momentos críticos y muestra señales evidentes de desgaste.

Sin embargo, en dos grabaciones realizadas en 1929 con el piano de James P. Johnson como único acompañamiento, *He's Got Me Goin'* y *Blue Spirit Blues*, Bessie muestra cómo sabía controlar su timbre de voz para adaptarse al asunto de la canción. En la primera, su voz resulta rica y plena como de costumbre, en la misma línea que el significado del texto y el piano juguetón y risueño de Johnson (el mejor acompañamiento que éste brindó a Bessie, en mi opinión). En la otra canción, grabada dos meses después, canta sobre el infierno, sobre visiones de fuego y azufre dignas de El Bosco. Su voz aquí suena dura, constreñida y sin concesión, como corresponde.

Con el paso de los años, el material de Bessie se fue volviendo cada vez más autobiográfico, lo que equivalió a infligirse a sí misma una especie de autocastigo público. Como su voz ya no era del todo fiable y, a resultas de ello, las ventas de sus discos habían caído severamente en 1929, al comienzo de la Gran Depresión, el triste final de su vida no dejaba de ser inevitable. Su trágica muerte prematura tal vez fuera una salida menos dolorosa que un largo declive rumbo al ol-

vido, pues Bessie Smith fue una de las grandes figuras trágicas no sólo del jazz, sino de su época, y su figura, más que la
de cualquier otro, expresó las esperanzas y las penas de su
generación de músicos de jazz. Si eso fuera todo, tendríamos
razones para encomiarla. Pero Bessie Smith fue una artista
suprema y, como tal, su arte trasciende las particularidades
de la vida que lo nutrieron.

6
LAS «BIG BANDS»

La concepción popular de la historia del jazz condensa su desarrollo en tres grandes zonas geográficas y períodos cronológicos correlacionados. Nueva Orleans se asocia con las dos primeras décadas del siglo XX, Chicago con la de 1920 y Nueva York con las de 1930 y posteriores. Como la mayoría de las concepciones populares, no carece por completo de una base de verdad, pero simplifica en exceso lo que en realidad es un patrón en extremo complejo de referencias cruzadas sociales y musicales dentro de una zona geográfica sorprendentemente amplia. Al rastrear e intentar entender dicho patrón, sobre todo cuando empieza a aparecer de manera más nítida, en la década de 1920, el historiador de la música se ve fácilmente abrumado por la asombrosa cantidad de datos disponibles, sean grabaciones o documentación oral y escrita.

A medida que el jazz se va expandiendo, en la década de 1920, cada vez se vuelve más difícil ordenar los numerosos hilos de las influencias directas o indirectas, de los desarrollos simultáneos o sucesivos, y de las características regionales músico-sociales. De hecho, este último ámbito es uno de los aspectos más controvertidos dentro de las investigaciones relacionadas con el jazz. Por una parte, es evidente que la repentina y amplia diseminación de las grabaciones (y la radio) acabó con las diferencias regionales. Un músico de Kansas City no tenía que viajar a Chicago o a Nueva York para saber lo que se tocaba en esas ciudades. Podía escucharlo gracias a los discos y lo que escuchaba podía influir en él (si así lo deseaba). Al mismo tiempo, y en otro plano de creatividad, la floreciente industria discográfica, con su potencial para abarcar un mercado de unas dimensiones sin precedentes y, a su vez, su potencial de mejora económica, indujo incluso a músicos de zonas periféricas a competir para hacerse un hueco en el mercado. Los menos dotados lo hicieron imitando a los líderes y los innovadores. Los que tenían talento avanzaron en su propio camino y confiaron en que los grabaran. Y, a consecuencia de ello, lo que en origen había sido una amalgama única de numerosas influencias situada accidentalmente en una ciudad, a saber, Nueva Orleans, entonces se extendió por el resto de la nación, filtrada y modificada por tradiciones locales o regionales, o—lo que es más importante—remodelada y reorientada por músicos innovadores. A finales de la década de 1920, este proceso de proliferación ya estaba en marcha, y su principal vehículo era la *big band*.

A las personas que no están versadas en el jazz les resulta difícil entender que el jazz tuvo que redescubrir, por decirlo así, y reinterpretar en sus propios términos algunas ideas o conceptos que se dan por supuestos en la música clásica. La década de 1920 fue especialmente pródiga en tales descubrimientos, y esa década abunda en *primicias* obtenidas por los músicos de una manera o de otra, en solitario o, como suele suceder en las artes, al mismo tiempo que otros, pero de forma independiente. Por lo tanto, a algunos lectores les sorprenderá que el conjunto orquestal más nutrido, es decir, la *big band*, también hubiera de inventarse y desarrollarse como emblema del jazz.

En las primeras décadas del jazz, el grupo promedio estaba compuesto por cinco o seis intérpretes, habitualmente el trío formado por clarinete, trompeta y trombón en primera línea, a los que se añadía piano, batería y contrabajo. Existían grupos con más componentes y, entre ellos, habría que destacar las bandas de viento-metal de Nueva Orleans y las orquestas que tocaban para los bailes de sociedad, conjuntos que, con frecuencia, contaban con un violinista como director o con el añadido de un saxofón o dos. Sin embargo, hay que señalar que muchos de esos conjuntos un poco más nutridos sólo guardaban una relación periférica con el jazz. Entre los grupos situados en el centro del desarrollo del jazz, la Creole Jazz Band de King Oliver constaba inicialmente de siete intérpretes; la instrumentación básica de los Red Hot Peppers de Morton oscilaba entre siete y ocho músicos, y Louis Armstrong grabó durante años con sus Hot Five y Hot Seven, antes de tocar durante el resto de su carrera con *big bands*. Sin embargo, incluso esos conjuntos se consideraban *ampliaciones* en comparación con los grupos más habituales de cinco músicos, como la Original Dixieland Jazz Band, los New Orleans Rhythm Kings, los Louisiana Five, etcétera.

La estructura heterofónica de la música que tocaban los grupos más pequeños explica su composición numérica. Si hablamos de una música básicamente improvisada y con una textura polifónica, es evidente que el resultado musical se podía controlar con cinco intérpretes mejor que con diez, salvo que se impusieran salvaguardas especiales. Podemos decirlo de otra manera: cuando las orquestas aumentaron de tamaño, la concepción polifónica del jazz se vio grave e inevitablemente amenazada. A mediados y finales de la década de 1930, cuando la era del *swing* estaba en su apogeo y la *big band* de catorce intérpretes se había convertido en un emblema del jazz, la música que se interpretaba consistía casi por completo en acordes en bloque, pasajes de las diferentes secciones instrumentales con un estilo homofónico y armonizaciones por movimiento paralelo. Eso supuso un giro drástico del péndulo y, hasta el presente, nunca ha oscilado en la dirección opuesta para recuperar por completo la polifonía en el contexto de los conjuntos grandes.

En la década de 1920, el camino conducente a un concepto orquestal significativo en el jazz estaba todavía en sus inicios. Sin embargo, incluso en ese período formativo, se aprecian dos direcciones estilísticas divergentes que marcarían el curso del jazz durante varias décadas. Este capítulo se ocupará de trazar la difusión del jazz realizada por las *big bands* y la división, relacionada con ella, de las concepciones estilísticas entre las orquestas del Este, mayoritariamente de Nueva York, y sus correlatos en el Sudoeste, fundamentalmente de Kansas City.

En un brillante ensayo, Hsio Wen Shih, arquitecto y crítico de jazz, ha señalado casi todos los aspectos del trasfondo social y musical que condujo a esos cambios de localización.[1] Bastará con repetirlos en líneas generales. Para empezar, hizo su aparición una nueva clase de músicos de jazz. Pertenecían a una generación más joven, nacida en torno a 1900, y lo más probable es que tuvieran una buena formación, tal vez incluso que fuesen licenciados por la universidad, en parte criados en el Norte y capacitados para desempeñar alguna profesión liberal: en otras palabras, miembros de la ascendente clase media negra. Esas personas a menudo tenían formación musical y, a diferencia de muchos de sus antecesores de Nueva Orleans, que veían la música como una distracción, para ellos era una profesión, con la que, además, podían obtener un beneficio económico. La vida de derroche que llevaban algunos músicos de jazz, negros incluidos, a finales de la década de 1920 indica que no se equivocaban en esas presuposiciones económicas.

Ejemplos de esta nueva clase de músicos fueron Fletcher Henderson (licenciado en Química), Don Redman (quien se había graduado en el conservatorio), Duke Ellington, Coleman Hawkins, Buster Bailey y Walter Page, que contaban con algún tipo de instrucción musical. Muchos otros sabían leer música o tenían la suficiente formación de base para aprender a hacerlo, en caso de necesidad, y, lógicamente, querían poner en práctica sus nuevos talentos. Otros llegaron al jazz, como hemos señalado con anterioridad, procedentes de diversas tradiciones musicales populares—las bandas de viento-metal, los circuitos de vodevil, las bandas de

---

[1] Nat Hentoff y Albert McCarthy (eds.), *Jazz, op. cit.*, pp. 173-187.

baile en sentido estricto—, aportando al jazz nuevas orientaciones. A su vez, cultivaron el jazz en gran medida al modo en que lo habían hecho las bandas de baile blancas, por ejemplo las de Paul Whiteman y Jean Goldkette: como una adición al repertorio, igual que podían añadirse polkas al conjunto de piezas que tocaba la banda.[1] Así empezó un proceso de intercambio de ideas entre los intérpretes que sabían leer música, no improvisaban y habían recibido formación instrumental, y sus correlatos menos cultivados, aunque no necesariamente de menor talento; una forma temprana y sutil de tercera corriente.

Un segundo factor que contribuyó a la expansión del jazz fue la difusión de la radio y las grabaciones que se inició a mediados de la década de 1920 y alcanzó su apogeo a finales del decenio. A su vez, eso creó un público mucho más nutrido, al que había que proporcionar constantemente alimento más novedoso y variado. Los músicos de Nueva Orleans habían sido de un gusto esencialmente conservador, mientras que los jóvenes de la década de 1920 estaban dispuestos a experimentar con nuevas formas y nuevas instrumentaciones, y además estaban capacitados técnicamente para ello. Los nuevos medios de comunicación les brindaron excelentes oportunidades para propagar esas nuevas actitudes, mitigando al mismo tiempo el voraz apetito del músico por nuevas formas de entretenimiento.

Esos nuevos músicos ampliaron el repertorio del jazz haciendo suya la canción popular de treinta y dos compases, estandarizada únicamente algunos años antes, con sus posibilidades intrínsecas de una mayor sofisticación armónica. En el proceso de absorber ese nuevo material, que en algunos casos verdaderamente era muy chabacano, el jazz demostró su capacidad para incorporar influencias externas sin perder su esencia. A resultas de ello, el jazz (y su nue-

---

[1] Véase la sección sobre George Morrison en el capítulo 2 y el Apéndice.

va generación de protagonistas) demostró su capacidad de evolucionar.

NUEVA YORK

Nueva York era, en la década de 1920, el centro musical del planeta. Las editoriales, discográficas y negocios musicales más importantes tenían su sede en ella o en sus cercanías. La ciudad ejercía un atractivo irresistible sobre músicos de todos los ámbitos y estilos. Más tarde o más temprano, cualquiera que trabajara en el mundo de la música, al margen de dónde obtuviera sus primeros éxitos, tenía que ir a Nueva York para lograr el reconocimiento definitivo. Y, del mismo modo, los nuevos estilos musicales y bailes populares que se desarrollaron durante la Primera Guerra Mundial y en el período de la posguerra inmediata se abrieron paso hasta Nueva York. Ese período, por supuesto, coincide con la aparición del jazz a escala nacional.

El hecho de que capítulos anteriores de este libro se centraran en Armstrong y Morton, dos grandes figuras del jazz en Chicago, puede haber dado la impresión de que *toda* la actividad importante en el jazz de la década de 1920 aconteció en esa ciudad. Tal cosa es cierta en un grado considerable, sin embargo, en 1920 Nueva York fue el escenario de algunos acontecimientos que, vistos en retrospectiva, demostraron ser pasos cruciales en el futuro curso del jazz. Nueva York desempeñó, durante la década de 1920, un papel cada vez más importante desde el punto de vista de la actividad musical y de las posibilidades económicas ligadas a ella. Esa evolución llegó a su apogeo en 1928 y 1929, cuando, significativamente, Armstrong y Morton se trasladaron de modo permanente desde Chicago a Nueva York.

En Nueva York, la orquesta de Fletcher Henderson fue, durante muchos años, el grupo de jazz más influyente. Bajo el liderazgo de Henderson y, lo que es más importante, gracias al talento de Don Redman como arreglista, la orquesta logró desarrollar una fórmula para emplear con un conjunto amplio un estilo esencialmente homofónico que podía incorporar un verdadero solo de jazz.

Henderson llegó a Nueva York procedente de Cuthbert (Georgia) y la Universidad de Atlanta en 1920, y trabajó como promotor de canciones, pianista, arreglista, director y organizador de sesiones de grabación para la Black Swan Record Company. Durante el apogeo de la fiebre del *blues*, a comienzos de la década de 1920, proporcionó acompañamiento a cantantes de *blues*, así como a cantantes populares como Ethel Waters, tarea para la que utilizó a un pequeño grupo de músicos de Nueva York. Todos esos músicos tenían poco más de veinte años, trabajaban en diversos clubes nocturnos de Harlem y ocasionalmente participaban en sesiones de grabación. Formaron parte integrante del creciente entusiasmo por el jazz o, para ser más exactos, por la música popular y *novelty* derivada del jazz que la mayoría de la gente confundía con el jazz en aquella época.

Antes de analizar el papel que la orquesta de Fletcher Henderson desempeñó en la floreciente escena del jazz de Nueva York, debemos situarla en su contexto musical. Igual que había ocurrido en Nueva Orleans, como ya hemos visto, muchos de los músicos que llegaron a asociarse con la historia del jazz en Nueva York no tocaban jazz. Aunque casos excepcionales como Morton unieron el *ragtime* y el *blues* en una amalgama embrionaria a la que propiamente podemos llamar jazz, la mayoría de los músicos seguían cultivando alguno de los numerosísimos estilos populares que se estaban desarrollando en aquella época, durante los años anteriores a la Primera Guerra Mundial, y que iban desde el puro *ragtime* hasta los clásicos ligeros europeos de la opereta, pasando por sus diversos sucedáneos adulterados y endulzados. En aquellos años, el jazz no era más que una de esas múltiples tendencias que competían entre sí en la escena musical.

Aunque en Nueva York pudieron escucharse, en uno u otro momento, todas las variedades de los estilos musicales populares, *incluido* el jazz de Nueva Orleans, la música que dominó la década anterior a la llegada de hombres como Henderson y Ellington fue la del músico negro James Reese Europe.[1] La fama de Europe se debía fundamentalmente a su asociación con el popular dúo de baile formado por Irene y Vernon Castle, a quienes proporcionaba su música. De su colaboración surgió el foxtrot y muchos otros bailes populares que desempeñaron un papel importante en el nacimiento de la era del jazz. La música de James Europe tenía sus raíces en el *ragtime* y primero la interpretaron grandes orquestas que contenían enormes secciones de mandolinas, banjos y violines. Cuando Europe se asoció con los *thés dansants* de los Castle, había reducido las dimensiones de sus grupos hasta dejarlas, básicamente, en seis o siete miembros, que incluían dos violines, una corneta y un clarinete, que tocaban la melodía al unísono, mientras que un piano, una o varias mandolinas (o banjo-mandolinas), un trombón, un contrabajo y una batería proporcionaban un acompañamiento rítmico tenue y un poco metálico. En algunas piezas se empleaba, además, un violonchelo para los interludios más tranquilos.

Europe grabó en 1913 y 1914 con su Society Orchestra. En la actualidad resulta difícil captar la esencia de esos discos de doce pulgadas, registrados con técnicas de grabación primi-

---

[1] El lector interesado en la fascinante historia de este músico puede consultar Samuel B. Charters y Leonard Kunstadt, *Jazz: A History of the New York Scene, op. cit.*

tivas. Sin embargo, después de varias escuchas y con un poco de imaginación musical, podemos volver a capturar la excitación extraordinariamente directa e ingenua de esa música. Es difícil imaginar que ninguna otra música del período pudiera resultar más visceralmente estimulante, de modo que uno empieza a comprender el fenomenal éxito de Europe. Esta música tenía un ritmo incesante y, pese a su carácter repetitivo, lograba no hacerse monótona. Debía de ser electrizante bailarla. Aunque se la llamaba «música sincopada» (y los diversos grupos de Europe se llamaban de manera oficial «orquestas sincopadas»), en estas piezas hay menos síncopas de lo que cabe esperar. Se trata, por lo general, de *tempi* vivos en compás de 2/4 (a menudo alrededor de $\downarrow$ = 140) y de melodías que cabría describir como *rags* simplificados e inocuos. No sólo la melodía estaba duplicada en todos los instrumentos melódicos, sino que también lo estaba su contorno rítmico en la caja, que completaba las notas más largas simplemente con un redoble. Estas piezas, algunas de ellas compuestas por Europe, constaban de media docena de fragmentos melódicos, que se repetían hasta que el director sentía que los bailarines estaban al borde del agotamiento. El final se señalaba con antelación de manera inequívoca por medio de un aumento repentino del nivel dinámico al comenzar el último fragmento y con una intensificación apreciable de la sección rítmica, en especial de la batería. Es en estos últimos compases en los que en ocasiones se producen ligeras síncopas totalmente ausentes en la melodía. Por ejemplo, el batería podía tocar el siguiente motivo rítmico: ♪♫│♩♪│♫♫│♩♪‖, al tiempo que los banjos daban un vuelco con una ráfaga constante de semicorcheas. Los dos o tres últimos compases siempre se tocaban en *accelerando*.

En *Down Home Rag* y *Too Much Mustard*, este procedimiento redunda en una exuberancia pertinaz. En estas piezas en compás de 2/4, la unidad de pulsación es en realidad la corchea ($\downarrow$ = 280) y, dado que las melodías están compuestas en su mayor parte de semicorcheas, podemos imaginar la velocidad letal a la que se interpretaron, con una duración de unos buenos cuatro o cinco minutos cada una.

Castle House Rag presenta una estructura más variada. El primer motivo, en rápidas semicorcheas, mantiene la ambigüedad entre las tonalidades de do menor y do mayor. En cambio, la segunda sección consta de un apacible interludio, en el que el violín y el violonchelo tocan en un estilo de salón más refinado, que sin embargo prosigue en el mismo *tempo* rápido, aunque sin las semicorcheas. En la tercera sección se añade la corneta de Cricket Smith, que participa del típico *ragtime* orquestal. La pieza alcanza el punto culminante con un solo en *stop-time* del batería Buddy Gilmore a la caja, que suena como una ráfaga de ametralladora.

Si comparamos las grabaciones de la Society Orchestra de Europe con otros discos populares en su tiempo, las razones de su fenomenal éxito resultan evidentes. La música desprendía un impulso rítmico y una excitación salvaje que arrastraban físicamente al público. De hecho, Europe consiguió lo que no habían logrado otras orquestas: tocar, orquestadas, piezas de *ragtime* tan rápido como los pianistas. Si escuchamos a las bandas de concierto blancas de Patrick Conway y Arthur Pryor y a la Victor Military Band—las tres cosecharon grandes éxitos en el sello Victor Record entre 1911 y 1918—podemos calibrar efectivamente la diferencia. La grabación de *Too Much Mustard* (1913) realizada por la Victor Band está ejecutada con mucha mayor limpieza que la versión de Europe. Resulta agradable pero sosa, formal y rígida. La misma comparación puede establecerse con la versión de 1915 de *Memphis Blues*, tema de la que la Hell Fighters Band, compuesta en su integridad por músicos negros del 369.º Regimiento de Infantería de Estados Unidos, hizo una grabación ruidosamente exuberante en 1919, en Francia. En el disco de la Victor Band, los *breaks* de la segunda sección son de un refinamiento ridículo, mientras que en la versión de los

Hell Fighters desprenden un ímpetu salvaje, sobre todo el del trombón, que debe de ser el primer registro de un *break* de jazz rebosante de *swing*. La diferencia estriba fundamentalmente en la orientación rítmica. Las bandas de concierto blancas podían lograr que una pieza de *ragtime* o de jazz temprano sonara rígida y refinada. Europe podía conseguir que una pieza de salón tuviera *swing*, aunque fuera rudimentario. Esa circunstancia no era accidental, sino que obedecía a la voluntad de Europe, y así lo demuestra el hecho de que sus Hell Fighters también pudieran tocar una pieza de marcha convencional (como *How Ya Goin' to Keep Them Down on the Farm*) con una afinación y una ejecución impecables. La Hell Fighters Band era un conjunto grande, de unos cincuenta músicos. Realmente fue la primera *big band*. Por supuesto, había que arreglar las piezas. Escuchar una sección entera de clarinetes interpretando un estrepitoso *break*, como en *That's Got 'Em* o en *Clarinet Marmalade*, es revivir, estoy seguro, algo del salvaje desenfreno de las primeras bandas de marcha de Nueva Orleans.

En resumen, James Europe fue la figura de transición más importante en la prehistoria del jazz en la costa este. Ya hemos visto (en el capítulo 5) que sus melodías al unísono dieron lugar a la polifonía de Nueva Orleans, con la Original Dixieland Jazz Band y la Earl Fuller's Band. En 1917, la fiebre del jazz estaba en pleno apogeo, y piezas como *Coon Band Contest*, el gran éxito de Arthur Pryor, ya no podían tocarse a la manera habitual de las bandas de concierto que había sido popular durante casi diez años. Había que darle vida y replantearla polifónicamente (como en la grabación de la misma pieza realizada por Earl Fuller), hasta, al fin, retirarla para dar paso al nuevo repertorio del jazz. En cierto sentido, Europe fue la misma clase de catalizador para el jazz orquestal que Jelly Roll Morton había sido para la música de piano. Los dos añadieron una dimensión rítmica al *ragtime* y prepararon el camino para la plena aparición del jazz. Si

Europe hubiera vivido, tal vez habría sido el correlato de los Red Hot Peppers de Morton.

El alcance de la popularidad de Europe y su dominio sobre la escena musical neoyorquina puede calibrarse hasta cierto punto por la insignificante influencia ejercida al mismo tiempo por algunos intérpretes de Nueva Orleans que visitaron la ciudad. Por ejemplo, en 1915, la Creole Band de Freddie Keppard se presentó en Nueva York. Que apareciera como parte de un espectáculo de vodevil no sirve para explicar por qué no tuvo un impacto significativo, pues dos años después otro conjunto de vodevil, la Original Dixieland Band, conquistó Nueva York. Es posible que la música de Nueva Orleans que tocaba Keppard, aunque cargada de piezas en clave de humor y de *novelty*, resultara demasiado extraña para los *sofisticados* oídos neoyorquinos. En aquella época, Nueva York no contaba con una tradición de *blues*, y cabe imaginar que muchos rechazaron la afinación imprecisa, al estilo *blues*, de la banda de Keppard por considerarla mera ineptitud. Asimismo, la expresividad del estilo de Nueva Orleans tal vez resultara demasiado intensa para ser apreciada. Hubo que esperar a que la ODJB y otros grupos blancos de Nueva Orleans la atenuaran antes de que el jazz pudiera dejar una impresión duradera en la vida musical neoyorquina.

La conmoción llegó en enero de 1917, cuando la ODJB se presentó en uno de los restaurantes Reisenweber de Columbus Circle e hizo historia.[1] Fue una época de frenética transición para el jazz. Lo que se había llamado, con exactitud o no, «música sincopada» pasó a denominarse «jazz» o «jass»; o, posiblemente, ambas categorías entraran en juego, como en el caso de la Clef Club Orchestra de James Europe, anun-

---

[1] Véase el capítulo 5.

ciada como banda de jazz pero llamada los Fifty Joy Whooping Sultans of High Speed Syncopation [Cincuenta Sultanes Exultantes de Alegría de las Síncopas a Alta Velocidad]. Un grupo rival tenía el nombre de los Fifty Merry Moguls of Melody [Cincuenta Alegres Magnates de la Melodía], pero a su director, Fred Bryan, se lo conocía como el «Sousa del Jazz», mientras que Tim Brymn, el sucesor de Europe en el ámbito de las bandas militares, tenía un grupo llamado The Seventy Black Devils Overseas [Los Setenta Diablos Negros de Ultramar] (véase el Apéndice sobre George Morrison).

En este punto, el panorama se vuelve muy confuso. Los líderes de las diversas facciones estilísticas invocaban razones estético-musicales para atacar a sus competidores, cuando en realidad simplemente estaban celosos de las ambiciones y los éxitos de los demás. En 1919, cuando contaban con la seguridad de que la ODJB estaba de viaje en Londres con un contrato de un año y medio, varios colegas de Chicago, en especial el banjo Bert Kelly y el trombonista Tom Brown, intentaron sacar partido del éxito del «jass» afirmando que habían inventado el nombre, la música o las dos cosas. Entretanto, las bandas de jazz de Nueva York de aquel año—como la de Earl Fuller, los Louisiana Five y la New Orleans Jazz Band— tocaban a menudo una música vulgar, trillada, *novelty*, comparada con la cual la ODJB sólo podía caracterizarse como un ejemplo del más refinado y puro estilo de Nueva Orleans.

Por otra parte, James Europe, que muchos años antes había tenido la ambición de convertirse en un músico «serio», pero que entretanto había sucumbido a un gran éxito comercial, ahora se veía atacado por otro segmento de la comunidad musical negra. Se trataba de la facción liderada por Will Marion Cook, quien, en nombre de estas disputas internas, no era reacio a calificarse de músico «serio», pese a ser el director y violinista de un conjunto de cincuenta músicos llamado New York Syncopated Orchestra. En años anteriores había proporcionado la música para los espectáculos teatrales de Bert Williams y había escrito varios de los primeros estándares populares (como *I'm Coming Virginia*). James Europe había incrementado su fama creando la ya mencionada Hell Fighters Band, que causó sensación en Francia durante la guerra y en Estados Unidos tras su retorno. Cook consideraba que tanto el estilo de jazz estridente cultivado por Europe como las bandas de *novelty* que actuaban en Broadway, que afirmaban representar la música negra de Nueva Orleans, daban una imagen indigna de la música negra. Sin duda tenía algo de razón, aunque tampoco demasiada, dado que los esfuerzos de Cook y de colegas suyos, como F. Rosamond Johnson y Harry T. Burleigh, que arreglaron «espirituales» negros en armonizaciones sentimentales y optimistas, tal vez fueran «serios» en un sentido superficial, pero daban una imagen tan inexacta de la verdadera dignidad de la música negra como la que la música folclórica húngara de Liszt ofrecía de la música gitana. Los reformistas religiosos sembraban más confusión al afirmar que el jazz y los nuevos bailes de jazz corrompían a «nuestra juventud» y eran la causa de la «inmoralidad» y el «libertinaje» que barrían el país.

En medio de toda esta disputa sobre lo que era el verdadero jazz y la genuina música negra, una nueva generación de intérpretes negros, sin dar aviso y de manera prácticamente inadvertida, estaba llegando a Nueva York. Eran músicos como el trompetista Johnny Dunn, que llegó con la orquesta de W. C. Handy desde Memphis; el trompetista Joe Smith y el clarinetista Garvin Bushell, ambos procedentes de Ohio; Fletcher Henderson y Wilbur Sweatman; mientras que intérpretes como Bubber Miley, June Clark y Perry Bradford habían crecido en Nueva York o ya llevaban cierto tiempo en la ciudad antes de que se desatara la fiebre del jazz. En 1919, la mayoría de esos músicos aún no habían cumplido veinte años, pero estaban absorbiendo las numerosas corrientes musicales que competían o coexistían en Nueva York. Mientras esperaban entre bastidores, por decirlo así, la revolución en el ámbito del entretenimiento avanzaba sin tregua. Para empezar, la fase *slapstick* del jazz estaba entrando en declive y, en su lugar, de repente surgió una nueva moda que resultaba mucho más cercana al corazón de la música negra e indiscutiblemente resultaba identificable con el jazz: la fiebre del *blues*.

Mucho se ha escrito sobre la importancia del *blues* como forma musical genérica, arte folclórico y poesía popular, y más aún sobre el apogeo de las grabaciones de *blues*, sus figuras legendarias, las fortunas que se amasaron y se perdieron. Sin embargo, nunca se ha subrayado lo bastante que la fiebre del *blues*, inmediatamente posterior a la moda del jazz en clave de *novelty*, sirvió para aclarar las distinciones entre una expresión musical profundamente sentida de cierto grupo étnico y una mercancía comercial bastante superficial y artificiosa. Entretanto, no es descartable que la fiebre del *blues* incluso salvara al jazz del olvido. Es posible que la Creole Jazz Band de 1923, liderada por King Oliver, y los posteriores esfuerzos de Armstrong y Morton hubieran salvado al jazz de todos modos, pero ya en 1922 las grabaciones de *blues* de Mamie Smith y de las centenares de cantantes que no paraban de grabar estaban proporcionando abundantes pruebas del abismo existente entre el *blues* y su estilo instrumental concomitante, y la música *slapstick* que con sus trucos pretendía hacerse pasar por jazz de Nueva Orleans. Al mismo tiempo, el *blues* dejaba muy claras las diferencias musicales que lo separaban del mundo comercial de las orquestas de baile, con sus saxofones insípidos y desabridos y unos arreglos comerciales carentes de imaginación.

Es posible que un músico como Fletcher Henderson no pudiera expresar esos pensamientos en 1922, pero eso no fue óbice para que ese giro de los acontecimientos lo afectara de un modo crucial. Pues no sólo es que Fletcher, al igual que sus colegas, encontrara sustento financiero grabando como acompañante de cantantes de *blues*—casi treinta vocalistas a comienzos de la década de 1920—,[1] sino que también pudo resistir las numerosas presiones comerciales de su oficio. Además, es indudable que su relación con el *blues* transformó su perspectiva musical. Su bagaje musical estaba más orientado hacia los clásicos ligeros que hacia el jazz. Había estudiado piano con su madre, una pianista con formación clásica, y los Henderson eran una de esas familias negras de clase media que desaprobaban el jazz y otras músicas «ordinarias», como el *blues*.[2] Así pues, al grabar cientos de *blues* durante un prolongado período de tiempo, Henderson se volvió más versado en los estilos del jazz. Y, por último, una vez más gracias a esas grabaciones, logró mantener unidos a una serie de músicos excelentes que, de hecho, más adelante formaron el núcleo de su primera banda permanente.

Se ha dicho que, si bien Fletcher Henderson causó una profunda impresión en el jazz, no fue mucho lo que hizo expresamente para conseguirlo. En realidad, su vida se caracterizó por una ignorancia despreocupada respecto a su papel en el jazz y sus responsabilidades. Si comparamos esa circunstancia con la intensa megalomanía de Morton o el tenaz impulso de Armstrong, cabe preguntarse cómo es que triunfó en un campo tan sumamente competitivo. Henderson parece haber sido una de esas personas afortunadas que resultaban estar en el lugar apropiado cuando el destino lla-

---

[1] Véase la sección sobre Bessie Smith en el capítulo 5.

[2] Se cuenta que Ethel Waters, a quien Henderson acompañó en una extensa gira de vodevil a finales de 1921, estaba tan exasperada por la incapacidad de Fletcher para acompañarla debidamente en sus canciones *blues*, que en Chicago le hizo escuchar algunos rollos de James P. Johnson al piano. Además, los padres de Henderson, a quienes no les gustaba que su hijo anduviera con una «arrastrada» cantante de *blues*, supervisaron personalmente todo el proyecto antes de dejar que se fuera de gira.

maba. El jazz, en su desarrollo juvenil, había alcanzado precisamente esa fase en la que los talentos particulares y la formación musical de Fletcher podían ofrecer el estímulo adecuado. Ahí estaban los músicos propicios, y también el lugar, Nueva York. (No podemos imaginar la misma confluencia de circunstancias en 1923 en Chicago o Nueva Orleans, por ejemplo). Con el auge de las grabaciones y de las retransmisiones radiofónicas, la propagación de sus esfuerzos también estaba asegurada.

Incluso el modo accidental en que la orquesta de Henderson logró su primer contrato de larga duración para tocar en un club resulta típico de ese rumbo fortuito y circunstancial. Un club situado en un sótano de la calle 44 Oeste, el Club Alabam, estaba haciendo pruebas para contratar a una banda. Fletcher no parecía muy interesado, pero los músicos que estaban con él lo convencieron para presentarse después de una mañana en el estudio de grabación. Consiguieron el trabajo. Creo que el papel que sus músicos desempeñaron en el éxito de la banda de Henderson nunca se ha subrayado lo suficiente, sobre todo en los intentos recientes de rectificar la desatención comparativa de la que ha sido objeto Fletcher Henderson en la imagen global de la historia del jazz. No era un líder al modo de Duke Ellington, de Morton o ni siquiera de Armstrong. El estímulo estilístico creativo no irradiaba de él, sino más bien de sus intérpretes y, en particular, de su arreglista jefe, Don Redman. Henderson tenía un fino olfato para contratar a cierta clase de músicos de talento, pero disciplinados, que encajaban en su concepción del jazz: nítida, pulcra, bien equilibrada y un tanto distante desde un punto de vista emocional. Sin embargo, en su carrera como director de banda se produjeron varios episodios que indican que no siempre supo apreciar las capacidades de sus intérpretes y el valor que tenían para él. En última instancia, ésa es una de las razones por las que Henderson no tuvo el mismo éxito que Ellington o Basie.

En ese verano de 1923, el promedio de edad de los miembros de la banda era de veintidós años, y Fletcher tenía casi veinticinco. ¿Qué clase de música escuchaban en aquella época y cuáles eran sus objetivos musicales?

Al margen de los cantantes de *blues* con los que todos trabajaron, estos músicos no habían estado inmersos en el estilo interpretativo de Nueva Orleans. Los hombres ligeramente mayores o más experimentados que había en Nueva York estaban tocando en la tradición de la costa este, asentada en una técnica más sólida y en un estilo más pulcro y emocionalmente más ligero. Era una tradición que había absorbido y reconfigurado las características esenciales del *ragtime*, pero *sin* mezclarlas con el *blues*, como había hecho Morton. No es un simple accidente que Henderson, que era pianista, y los músicos de su banda, influidos de modo considerable por la reelaboración instrumental del *ragtime*, un lenguaje pianístico, emularan los sonidos limpios, bien definidos y articulados y la afinación más precisa de un piano. Ciertamente, aparte de su tarea como acompañantes de cantantes de *blues*, estos intérpretes carecían de experiencia en el género, y esos factores determinarían la sonoridad y el carácter de la banda durante toda su existencia.

En 1922 y 1923, esos músicos escuchaban una amplia gama de estilos, a veces con sentido crítico. Estaban, por ejemplo, las docenas de grupos integrados por cinco músicos, como los Original Memphis Five (que sólo en 1922 grabaron más de cien temas) o la ODJB, entonces con nuevos integrantes y un estilo más delicado y refinado. También podían escuchar y admirar al menos ciertos aspectos de las orquestas blancas con plantilla más nutrida, como la de Paul Whiteman y los California Ramblers. En el primero de esos dos conjuntos no había demasiado jazz que admirar, pero los oyentes debieron de respetar el trabajo de precisión y el sonido controlado de la sección de saxofones, compuesta por cuatro miembros, y algunos de los efectos especiales obtenidos por los arreglistas. Hsio Wen Shih ha señalado que la instrumentación original de Henderson era muy similar a la de los California Ramblers,[1] sin su violinista líder y con una tuba en lugar de un saxofón bajo. Los músicos de Henderson también podían haber escuchado a pianistas residentes en Nueva York o en Baltimore, como Luckey Roberts, James P. Johnson, Eubie Blake y Willie «The Lion» Smith, que estaban en la vanguardia del movimiento jazz de la costa este en virtud de su sofisticación armónica y su mayor virtuosismo técnico.

Henderson y sus músicos también escucharían a la New Orleans Orchestra de A. J. Piron, que estaba tocando en Nueva York en 1922 y 1923. Los músicos de Fletcher sin duda se sentirían atraídos por el vigor relajado, tranquilo pero constante de la banda de Piron, así como por su estilo melódico más suave y vocal. Sin embargo, es probable que no les interesara su concepción orquestal básicamente polifónica, cuya inflexible asignación de papeles funcionales (e incluso de registros) debió de parecerles repetitiva y limitadora.[2] Proba-

---

[1] A principios de la década de 1920, los California Ramblers eran una banda blanca de gran éxito, formada principalmente por jóvenes licenciados. Su música un tanto vacilante, bulliciosa y despreocupada, llena de síncopas del charlestón, era el prototipo de los primeros tiempos de la era del jazz. El éxito que cosecharon con su grabación de *Copenhagen* incitó a Henderson y a otros a hacerles la competencia discográfica. (Hablaremos de Henderson en este mismo capítulo, más adelante). En *History of Classic Jazz*, Riverside, SDP-11, cara 9, pista 2, puede escucharse un excelente ejemplo de los Ramblers en su apogeo, con animados e inteligentes solos y partes de conjunto. El tema, *Sweet Man*, presenta, entre otros solos, uno de Adrian Rollini al saxo bajo, cuya concepción *moderna* y sólida continuidad anticipa en unos veinte años el trabajo de músicos de jazz modernos como Gerry Mulligan y Pepper Adams.

[2] En la década de 1960 se reeditaron varias grabaciones que Piron realizó en Nueva York en 1923 y en Nueva Orleans dos años después. Son un ejemplo excelente de la variedad más pulida del estilo de Nueva Orleans, cultivada en la década de 1920 por las orquestas de bailes de sociedad. En ellas puede apreciarse la sutil influencia de las orquestas blancas y de su repertorio más amplio. Carecen de la extraordinaria cohesión de las mejores

blemente considerasen el carácter relajado, fluido y distendido de la banda de Piron una forma de tocar provinciana y
desfasada. Los intérpretes de la costa este ya habían desarrollado un estilo mucho más brusco, acentuado y nervioso, con
un sonido más brillante y con una mayor proyección, pero
también más duro; y sin duda debían de considerar que esta
forma de tocar era más moderna y estaba más *a la última*.

Henderson y sus hombres probablemente reaccionaran
del mismo modo ante las primeras grabaciones de King Oliver, que crearon sensación entre los músicos en el verano de
1923. Pero, aunque el ritmo irresistible y la extraordinaria
unidad rítmica de la Creole Jazz Band los impresionaran, lo
cierto es que la malinterpretaron, a juzgar por sus primeras
grabaciones de ese año. No entendieron que el ritmo de Oliver venía de dentro, que era una sutil energía interior vincu-
lada a la fluidez de movimiento y a la sensible proyección de
una concepción vocal del sonido más que a una puramente
instrumental. Se fijaron en la pulsación de 4/4 de la banda
de Oliver y no en sus rasgos vocales. Pese a todo, la bisoña
banda de Henderson realizó sus primeras grabaciones con
un impulso rítmico que suponía una gran mejora respecto al
ritmo aguado y sin propósito que había caracterizado la mayor parte de sus acompañamientos previos de *blues*. En cierto sentido, esta banda estaba rechazando inconscientemen-
te la concepción rítmica más antigua y clásica de Nueva Orleans para crear una nueva, más adaptada a una estructura y
una textura diferentes, un concepto rítmico que perfeccio-
narían a principios de la década de 1930 y a partir del cual se
desarrollaría toda la era del *swing*.

---

grabaciones que Oliver registró en Chicago, pero conservan un elemento importante: el sentimiento alegre y relajado que era la esencia del estilo de Nueva Orleans.

Desde la formación de la banda, Don Redman tomó las riendas musicales. Había sido un niño prodigio y un músico formado en el conservatorio; podía tocar casi todos los instrumentos convencionales y ya había realizado algunos arreglos para una banda de Pittsburgh, los Broadway Syncopators de Billy Paige. Como la banda de Henderson tocaba para clientes blancos, gran parte de su primer repertorio consistía en arreglos comerciales de éxitos de la época tocados en un estilo que imitaba hasta cierto punto el sonido de la orquesta de Whiteman y otras bandas blancas de éxito como las de Sam Lanin y Guy Lombardo. Sin embargo, poco a poco Redman empezó a modificar aquellos arreglos o a escribir arreglos originales no sólo de estándares, sino también de las propias composiciones de Henderson.

Una de sus primeras grabaciones, *Dicty Blues* (agosto de 1923), muestra la nueva tendencia en sus líneas generales. El arreglo de Redman consiste en una mezcla de pasajes de improvisación colectiva, solos con (o sin) acompañamientos armonizados y una combinación de estas dos posibilidades con pasajes muy simples similares a solos armonizados que alternan con *riffs* todavía más simples. En todas estas combinaciones, las secciones de viento-madera y viento-metal se complementan entre sí, de modo que cuando una toca armonías estáticas e inmóviles la otra toca pasajes de *tutti* más estridentes. La orquestación es muy variada y al saxofón de Coleman Hawkins se le asignan múltiples funciones: aparece como integrante del tejido armónico, improvisando contracantos y a solo, y en un punto determinado llega incluso a doblar la tuba tocando un bajo en estilo *boogie-woogie*. También hay breves intervenciones de las campanas chinas, un efecto muy *de postín* en aquellos días, que las orquestas blancas más *sofisticadas* de la época utilizaban con frecuencia.

En materia de fraseo rítmico, la banda desplegaba las notas sobre los tiempos fuertes con rigidez y de una manera en todo caso abrupta, que, combinada con los agresivos *slaps* de Hawkins, resulta difícilmente aceptable en la actualidad. Las corcheas aparecen sobre todo en un motivo de corchea con puntillo y semicorchea (♪) y hay pocos pasajes en *legato*. Es interesante señalar que en la misma época (1923) las orquestas de Oliver y Piron adoptaban un ritmo en tresillos (♪) más dinámico, mientras que todavía más al oeste la orquesta de Bennie Moten tocaba corcheas regulares con una rigidez molesta y primitiva. Estos elementos rítmicos y estilísticos son de gran importancia para definir las características regionales de las primeras *big bands*.

Desde sus inicios, la banda de Henderson tomó un camino un tanto errático, en el que inevitablemente vaciló entre fuerzas opuestas, atendiendo por una parte a los gustos del público blanco que bailaba y, por otra, intentando afrontar nuevos problemas musicales de una manera original y honrada. En una fase temprana de su trayectoria (1924), la banda ganó impulso con la incorporación de dos solistas excepcionales, el trombonista Charlie Green y Louis Armstrong.

En realidad, Henderson prefería a otro trompetista, Joe Smith, y Louis fue una segunda opción, a la que accedió presionado, cabe sospechar, por sus músicos, después de que Smith, que había tocado de vez en cuando con varios de los grupos de grabación de Fletcher, rechazara una oferta para unirse a la banda de modo permanente. Joe Smith es uno de los trompetistas más interesantes de la década de 1920, un músico que combinaba una maestría técnica suprema con una sensibilidad y un estilo lírico desconocidos en aquellos tumultuosos primeros tiempos del jazz. Smith era el ideal de Henderson, con su sonido extraordinariamente hermoso, su emisión nítida, impecable y elegante, y su facilidad de lectura. Podía tocar igual de bien como primer trompeta en los *tutti* que como solista. En resumen, era la clase de músico total que Henderson buscaba de modo instintivo. Sus excelentes solos con éste ofrecen amplia prueba, en una fecha del jazz sorprendentemente temprana, de que una forma de tocar en esencia *limpia* (por oposición al estilo *sucio*) no era incompatible con el *swing* o con ser expresivo. Ya hemos mencionado la forma conmovedora y expresiva en la que tocaba como acompañante de Bessie Smith en numerosas grabaciones realizadas a mediados de la década de 1920.[1]

Cuando Henderson no logró convencer a Joe Smith, contrató a Armstrong, pues indudablemente recordaba el día de 1921 en que escuchó al joven Louis en la gira con Ethel Waters en Nueva Orleans. Armstrong lo impresionó y se dice que intentó llevarlo a Nueva York. Entonces, en 1924, la fama de Louis crecía con celeridad, como segundo corneta de King Oliver, y sin duda sería un importante activo para las ambiciones de la banda.

Por más avanzada que se creyera la banda en 1924, cuando Louis se unió a ella debió de quedar claro que aún estaban un poco por detrás de la vanguardia. En las sesiones de grabación la banda sólo cobraba vida durante los solos de Louis y, con el paso del tiempo, esos solos dejaron una marca indeleble en el *swing* rítmico del grupo. En la actualidad, la mayoría de la gente colocaría en pie de igualdad (o casi) a Armstrong y a Coleman Hawkins como solistas de jazz, pero en 1924 había una gran diferencia entre ambos. Así lo pone de manifiesto una grabación como *Go 'Long Mule*. El solo de Louis es un auténtico solo, tanto por su expresividad como por su libertad melódica. Los breves solos de Hawkins en ésta y otras grabaciones se asemejan más a un pasaje de improvisación colectiva o bien a motivos arpegiados ascendentes y descendentes. No son melodías, y sus ritmos, extremadamente bruscos, resultan difíciles de aceptar hoy. *Go 'Long Mule* es también un ejemplo excelente de la clase de tira y afloja estilístico entre el propio material (en este caso una especie de canción *cakewalk* que estaba ya anticuada en 1924) y la mezcla de reacciones que suscita en los intérpretes de la banda.

---

[1] Véase la sección sobre Bessie Smith en el capítulo 5.

Por una parte, Armstrong y Redman incurren en imitaciones de una mula al estilo *novelty* (aunque en realidad suenan más como el relincho de un caballo que como el rebuzno de una mula). En otro plano encontramos unos arreglos excelentes de tríos de trompeta en el estilo *wah-wah* desarrollado por Henry Busse, el popular trompetista de Whiteman. Un poco más adelante tenemos un dúo de clarinetes en el registro agudo que, sin embargo, resulta no estar escrito del todo. Redman toca la melodía de modo envarado, mientras Hawkins improvisa una armonización más libre en un segundo plano; un compromiso práctico entre un dúo escrito y un dúo improvisado. Y, casi enterrada bajo las numerosas capas estilísticas desarticuladas, encontramos la clase de minucias musicales que los buenos músicos nunca dejan de explorar. Bajo las payasadas de Louis mientras procura imitar a la mula podemos apreciar que entre Redman y Henderson se desarrolla un minúsculo experimento melódico (ejemplo 1) al mismo tiempo que el clarinete interpreta una variante *alla breve* de la melodía sobre el acompañamiento de la sección rítmica, con sus resonancias españolas.

Ejemplo 1. *Go 'Long Mule*

Shanghai Shuffle es un intento evidente de crear otro *Limehouse Blues*, uno de los grandes éxitos de 1924. Sin embargo, el sentido de la economía demostrado por Redman saca el máximo provecho de algunas ideas nada extraordinarias. Como en todas esas primeras grabaciones *experimentales*, Redman logra llevar muy lejos algunas ideas y con ello obtiene una unidad de estilo y forma que resulta inusual en el jazz de ese período. Las introducciones vuelven a aparecer, a veces ligeramente alteradas, como codas; encontramos los mismos motivos rítmicos de acompañamiento en diferentes contextos, como cuando el ritmo inicial (ejemplo 2A) se presenta un poco modificado bajo el vigoroso e imponente solo de trombón de Charlie Green, lo que da lugar a una especie de *chorus* desarrollado en *stop-time*[1] (ejemplo 2B). *Shanghai Shuffle* también ofrece la primera grabación realizada de un oboe en una orquesta negra, cuando Redman toca la melodía acompañado por dos clarinetes en terceras.

Ejemplo 2. *Shanghai Shuffle*

Copenhagen (octubre de 1924) supone un paso adelante mayor del habitual en la obra de Redman. El animado *tempo* le dejó espacio, dentro del límite de tres minutos establecido por el disco de diez pulgadas, para ejercitar su imaginación orquestal: cuanto más rápido era el *tempo*, más *chorus* podían caber en un disco. Además, la banda contaba con once músi-

---

[1] Del compás nueve al doce de este *chorus*, Redman, preocupado porque la orquesta ha bajado el *tempo* como consecuencia de este complicado pasaje rítmico, impulsa de forma audible al conjunto. Pese a la confusión momentánea, la banda se recompone en el compás trece y acelera hasta recuperar el *tempo*.

cos, merced a la incorporación del clarinetista Buster Bailey.

Con la llegada de Louis Armstrong como solista estelar, Redman hubo de encontrar el marco estilístico adecuado en el que encajara tan deslumbrante trabajo. Una solución radicaba en el *tempo*. Para un arreglista siempre es más difícil emular la libertad en la improvisación de un solista a un *tempo* lento que a uno rápido; es evidente que para un solista resulta mucho más fácil llenar un compás con un *tempo* lento que con un *tempo* rápido. Un *tempo* animado, en el que el impulso rítmico es casi automático, era un modo de manejar o, más bien, de evitar la cuestión. La otra solución de Redman se basaba en el reconocimiento intuitivo de que Louis, que en aquel momento se encontraba en una fase de transición, aún se hallaba lo bastante cerca de la técnica orquestal colectiva de Nueva Orleans como para permitir la creación de un puente entre ella y el nuevo estilo en el que se alternaban los pasajes de solo y de *tutti*. *Copenhagen* fue el brillante resultado de esa intuición.

Aunque gran parte de los pasajes orquestales de *Copenhagen* se diseccionan en frases de cuatro compases, la interpretación resulta sorprendentemente ordenada. La razón es que Redman subraya el contraste entre el viento-metal y el viento-madera de manera inequívoca (ejemplo 3). Los tríos de viento-metal contrastan con los tríos de clarinetes, un contraste tímbrico que queda reforzado por la alternancia que presentan estas familias instrumentales en la escritura, sobre todo en comparación con las improvisaciones colectivas, en las que aparecen mezcladas.

El esquema estructural resulta bastante complejo y avanzado para 1924—ni siquiera Morton había logrado nada parecido—y muestra la total explotación, aunque sólo sea como abstracción esquemática, de los contrastes de timbre, textura y registro. Ninguno de los dos enfoques predomina durante un lapso prolongado. Cuando escuchamos el disco en la actualidad, sorprende la naturalidad con que las secciones de solo y de *tutti* se encadenan. Únicamente en B³ uno de los músicos, Charlie Green, no llega a captar el espíritu más dinámico de la pieza. Una de las razones por las que *Copenhagen* suena como un todo unificado y coherente radica en el planteamiento inquebrantable y directo de la sección rítmica, hasta el punto de que podría decirse que la pieza entera descansa sobre una línea de montaje rítmica.

Ejemplo 3. *Copenhagen* (esquema)

Secciones	A				B¹	B²
Instrumentación	Trío de tpt.	*Tutti* (Impro. colectiva)	Trío de cl.	*Tutti* (Impro. colectiva)	Trío de cl. (*blues*)	Solo de tpt.
Número de compases	4	4	4	4	12	12

A¹		C¹			A	
Tutti (escrito)	*Tutti* (Impro. colectiva)	Trío de tpt.	Trío de cl. (*break*)	Trío de tpt.	Trío de cl. (reg. agudo)	*Tutti* (Impro. colectiva)
4	4	6	2	8	4	4

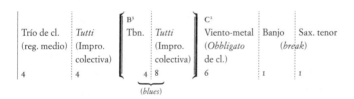

		B³		C²		
Trío de cl. (reg. medio)	*Tutti* (Impro. colectiva)	Tbn.	*Tutti* (Impro. colectiva)	Viento-metal (*Obbligato* de cl.)	Banjo (*break*)	Sax. tenor (*break*)
4	4	4	8	6	1	1

(*blues*)

	A (var.)		A¹	A		Coda
Viento-metal (*Obbligato* de cl.)	Trío de cl. Trío de metales	*Tutti* (Impro. colectiva)	*Tutti* (escrito)	Trío de cl. (reg. agudo)	*Tutti* (Impro. colectiva)	*Tutti* (escrito)
8	4	3	4	4	2	4

Es interesante observar cómo Redman comienza a dividir la longitud de las frases hacia el final de la pieza: los *breaks* de un compás en C² y la reducción gradual del *tutti* escrito en A¹ de cuatro a tres compases, y finalmente a dos. Al mismo tiempo, a causa de la inesperada reaparición de A[1], estos fragmentos de cuatro compases se combinan en una nueva secuencia. En los últimos cuatro compases, Redman convierte lo que al principio suena como otra repetición de A[1] en una coda cromática descendente que deja la pieza armónicamente suspendida en el aire sobre el tritono de la tonalidad.

Digamos unas palabras sobre el trío de clarinetes como recurso de arreglista. Por lo general se ha atribuido a Henderson o a Redman. El primer presupuesto es erróneo. El segundo es verdadero en la medida en que Redman, él mismo intérprete de viento-madera, subrayó y popularizó el trío de clarinetes. Más difícil resulta creer que Redman *inventara* realmente ese recurso. En una entrevista con Nat Hentoff,[1] Garvin Bushell dice haber tocado en un espectáculo de vodevil en 1920 o 1921 en el que la banda tenía tres clarinetes. No especificaba si tocaban una armonización a tres voces, pero cabe sospechar que era así. Por otra parte, los arreglos comerciales incluían armonizaciones para tres saxofones, y una orquesta como la de Whiteman, con numerosos músicos que podían tocar más de un instrumento de viento-madera, debió de utilizar el trío de clarinetes con anterioridad a 1924. Y, al fin y al cabo, ¿acaso el número en el que Wilbur Sweatman tocaba tres clarinetes al mismo tiempo no era uno de los más populares en el mundo del espectáculo de la época?

Podemos hacernos una idea de lo excepcional que era *Copenhagen* si tenemos en cuenta que las demás grabaciones realizadas por Henderson a finales de 1924 y comienzos de 1925 volvieron a una acumulación de *vibratos* gorjeantes y de pasajes escritos carentes de toda imaginación con pomposos interludios y codas que rara vez superan el nivel de arreglos comerciales. Sólo Armstrong parecía capacitado para elevarse por encima del nivel general, con su *swing* expansi-

---

[1] Nat Hentoff, «Garvin Bushell and New York Jazz in the 1920's», *The Jazz Review, op. cit.*, p. 13.

vo y su frecuente sensación de tocar ligeramente por detrás de la pulsación, adelantada decenios a su tiempo.

Sugar Foot Stomp (grabada en mayo de 1925) aparece citada con frecuencia como la grabación más importante de Henderson, y se dice que él mismo la consideraba su favorita. Lo cierto es que, a mi juicio, su calidad es muy desigual. La asociación con *Dippermouth Blues* de Oliver, el hecho de que se supone que Armstrong llevó la música consigo desde Chicago, es la clase de material *legendario* que los críticos de jazz han aprovechado con frecuencia, en lugar de recurrir a criterios basados en el análisis musical. Ciertamente, *Sugar Foot Stomp* no tiene la cohesión de *Copenhagen*. Si en esta última las tres técnicas empleadas dan lugar a una obra unificada, en *Sugar Foot Stomp* no se amalgaman en un solo propósito, y su calidad dispar resulta desconcertante. Redman es el responsable de los elementos negativos, ya que sus añadidos al *Dippermouth Blues* original son los eslabones más débiles. Louis hace un trabajo extremadamente bueno con el viejo solo de Oliver, y Redman realiza una ingeniosa intervención en *stop-time* en mitad de él. Pero los *chorus* estridentes y mal interpretados del trío de clarinetes y las posteriores secciones «sinfónicas» en notas tenidas están fuera de lugar junto a estos solos o pasajes medio improvisados. Imagino que el propósito de estas secciones de notas largas era establecer un tapiz de redondas para la pulsación subsiguiente y la línea de *walking bass* de la tuba (𝅝 a 𝅘𝅥). Pero en 1925, la banda no estaba en condiciones de llevar a cabo semejantes sutilezas intelectuales. El único que capta el espíritu y el *swing* fulgurante del solo de Louis es Kaiser Marshall, el batería, y durante algunos pocos compases sus contratiempos de platillo presentan una fluidez que más adelante caracterizaría la forma de tocar de Sidney Catlett, Walter Johnson y otros grandes baterías del estilo Kansas City.

Las grabaciones posteriores, realizadas hasta la marcha de Armstrong, en octubre de 1925, no representan avances significativos. Pero Joe Smith había vuelto y, cada vez que toca con su estilo pulcro, ligero y un tanto entrecortado, todo suena correcto y de una pieza. Su articulación y su sentido rítmico son mucho más cercanos al estilo de la banda que los de Louis, cuyos solos siempre exigen al oyente un momento de adaptación. De hecho, Armstrong, en el segundo solo de *T. N. T.*, hace una imitación impecable del estilo más terso de Joe Smith. La última parte de *T. N. T.* introduce, además, otra idea que podríamos dar por hecha tras cuarenta años de explotación continua: todo un *chorus* o una frase de ocho compases tocada en acordes en bloque por la banda entera. Esta muralla sonora producida por seis instrumentos debió de sorprender a los bailarines del Roseland de 1925.

A principios de 1926 se unió a la banda otra voz fresca y joven, el trombonista Benny Morton, de diecinueve años. Su papel temprano (anterior a 1931) en la banda de Henderson nunca se ha explorado, pues hasta hace poco se creía que en las grabaciones realizadas entre 1926 y 1928 el trombón había estado a cargo de Green o de Jimmy Harrison. En realidad, no cabe la menor duda de que quien toca es Morton. Su estilo moderno, flexible y con *swing* así como su formidable técnica estaban a años luz de los de otros intérpretes, incluido Harrison, y sospecho que éste no lo entendió o apreció verdaderamente hasta años después. La simple notación no permite captar la facilidad despreocupada y la maestría juvenil de la forma de tocar de Morton, pero pocos trombonistas de la época, por no decir ninguno, habrían sido capaces de tocar pasajes como el siguiente (en *When Spring Comes Peeping Through*) a un *tempo* de $\quarternote = 276$ (ejemplos 4A y 4B). Además de Armstrong, Morton era el único miembro de la orquesta que de verdad tocaba síncopas con *swing* y que ornamentaba rítmicamente la pulsación, a diferencia del resto de los integrantes de la banda, que tocaban en su mayor parte sobre los tiempos fuertes.

Ejemplo 4. *When Spring Comes Peeping Through*

(↑ un cuarto de tono más alto)

Desde los primeros segundos de *The Stampede* (mayo de 1926) es evidente que la banda tiene un nuevo aire. Rex Stewart, el sustituto de Armstrong, irrumpe con un solo introductorio audaz y vigoroso que determina la atmósfera torrencial de toda la interpretación. Es significativo que nuestra atención ya no se sienta atraída por las sofisticadas introducciones por tonos enteros y los arreglos en trío de Redman, sino por los solistas y el nuevo ímpetu de la forma de tocar de la banda. Hawkins brinda un solo extenso y bien estructurado, cuya melodía está construida al estilo de Armstrong. Los solos de Smith y Stewart reflejan respectivamente el presente y el futuro del estilo de la banda en *chorus* opuestos. Incluso el trío de clarinetes está mejor tocado de lo habitual y presenta un *break* espectacular (ejemplo 5). Todavía nos encontramos ante una pulsación que da la sensación de ser a dos tiempos, pero que empieza a tener un mayor flujo horizontal claramente orientado hacia el *swing*.

Para finales de 1926, la banda podía tocar un arreglo virtuoso como el de *Henderson Stomp* tan bien como cualquier banda blanca, conservando el espíritu del jazz. El tema era otro rápido *stomp* y la banda lo tocaba con un ímpetu robusto, pese a sus dificultades técnicas y orquestales. La escritura de Redman adquiere más cuerpo a medida que aprende a integrar los instrumentos de viento-madera y viento-metal en formatos distintos aunque relacionados entre sí. Es como si cada sección presentara dos aspectos de la misma idea. También ha aprendido a mantener los instrumentos rítmicamente activos, de modo que los pasajes de *tutti* parecen improvisados, casi como si fueran la obra de siete solistas. La forma de tocar la trompeta de Tommy Ladnier, con un estilo de Nueva Orleans más moderno, así como la del tubista June Cole y los vigorosos desplazamientos del *stride* de la mano izquierda del pianista Fats Waller confieren una cualidad excepcional a esta interpretación.[1]

Ejemplo 5. *Stampede*

El resto de las grabaciones realizadas en 1926 no descubren nuevos territorios. *The Chant* tiene un momento ligeramente interesante, cuando un solo de banjo se superpone al acompañamiento del órgano de Waller, prueba de que las argucias sonoras se descubrieron mucho antes de la época de

[1] Ladnier había reemplazado a Stewart, que abandonó la banda temporalmente porque le parecía que no estaba preparado todavía para tocar con ella. Escudero se había marchado a los Cotton Pickers de McKinney y Fats Waller sustituía a Henderson para reembolsarle un cheque por valor de una docena de hamburguesas que se había zampado de una sentada, antes de descubrir que no podía pagarlas. ¡En aquellos tiempos semejantes asuntos prácticos podían decidir el destino de una grabación!

los modernos técnicos de grabación. Pero Redman no supo verdaderamente lo que hacer con esta interesante pieza, desde un punto de vista armónico, compuesta por Mel Stitzel, como queda claro si comparamos esta versión con la registrada por Jelly Roll Morton en el mismo período.[1]

Redman y la banda lograron resultados mucho mejores en una serie de grabaciones realizadas a principios de 1927. Ladnier se había convertido en un solista importante; Jimmy Harrison, prometedora estrella del trombón, había ingresado en la banda; Coleman Hawkins estaba encontrando su voz propia, y los arreglos de Redman eran de lo más inteligentes. *Rocky Mountain Blues* (que no es la misma pieza grabada en 1930 por Ellington) muestra la capacidad de la orquesta de Henderson en aquel momento. Aunque el arreglo de Redman resulta un poco excesivo, la banda se toma las cosas con calma. Desde un punto de vista histórico, la característica más notable de la grabación es el profético acompañamiento orquestal de Redman sobre el que se apoya el primer solo de Ladnier, con acordes en bloque a seis voces distribuidas entre tres clarinetes y tres instrumentos de viento-metal con sordina (ejemplo 6).

Ejemplo 6. *Rocky Mountain Blues*

Con los clarinetes en el registro agudo, la sonoridad resultante es exactamente la del famoso sonido de Glenn Miller una docena de años después.

En *Tozo*, un pasaje orquestal de considerable interés rítmico desencadena en Redman una ráfaga de experimentos con

[1] Véase la nota 1, p. 233.

ritmos ternarios (en 3/4 y 3/8). La sección de viento-metal y los clarinetes se alternan dentro de un esquema métrico de 3/4, por encima del banjo y la tuba, que siguen un esquema de 4/4 y 2/2, respectivamente (ejemplo 7).[1]

Ejemplo 7. *Tozo*

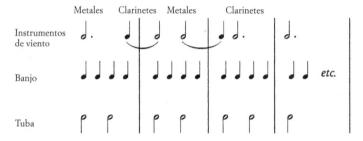

En *Whiteman Stomp*, una composición de Fats Waller que Redman había arreglado por encargo de Whiteman, encontramos una experimentación rítmica similar. La pieza resulta tan compleja que, al parecer, ni siquiera la orquesta la pudo tocar al principio. Presenta muchos pasajes pomposos, excesivamente arreglados y de un virtuosismo frívolo a un *tempo* aproximado de ♩ = 240, pero la inventiva de Redman es digna de elogio, pues es capaz de combinar una variedad de motivos diversos en compases de 3/8 y 3/4 (y todos, desde luego, dentro de la típica pulsación a 4/4 del jazz), tal como se aprecia en los ejemplos 8A, 8B y 8C, así como en los motivos del charles que toca Kaiser Marshall. También intenta una combinación de motivos en 5/4 y 2/4: ♩♩♩♩♩♩♩♩♩ |

Llegado ese momento se produjo un cambio drástico en la vida de la orquesta de Henderson. Don Redman la abandonó en marzo de 1927 para ser el codirector de los Cotton Pickers de McKinney, una banda de Detroit. No sería difícil sustituir

---

[1] Esto nos recuerda una vez más los esquemas del batido de palmas y del *gankogui* del capítulo 1, aunque con valores de nota más largos.

a Redman como saxofonista alto, pero como artífice del estilo de la banda, era casi irremplazable. Así lo corroboran numerosas grabaciones de ese período en las que Henderson
probó a una serie de arreglistas, incluido presuntamente el
mismísimo Duke Ellington.[1] Son siempre mediocres, empezando por *Have It Ready* de Ken McComber e incluidas piezas como *Variety Stomp* y *St. Louis Blues*, que no me parecen
arreglos de Redman, como suele figurar en los créditos, sino
de Mel Stitzel o meros arreglos comerciales. La banda empezó a tener problemas y volvió a viejas costumbres, como
el empalagoso solo de Joe Smith en *I'm Coming Virginia*, la
antigua canción de Will Marion Cook.

Ejemplo 8. *Whiteman Stomp*

A este período también corresponde el encuentro de la
banda de Henderson con la música de la ODJB. En un lapso
de cuatro meses grabaron *Fidgety Feet*, *Clarinet Marmalade*
(con el clarinete apropiadamente chillón de Bailey), *Sensation* y *Livery Stable Blues*, así como *Wang Wang Blues*, escrita por uno de los herederos musicales de la ODJB, Gus

---

[1] *St. Louis Shuffle*, grabada por primera vez el 23 de marzo de 1927, fre-
cuentemente figura como un arreglo de Ellington. No obstante, si escuchamos el tema, tal cosa resulta difícil de creer, aun teniendo en cuenta que en
1927 Ellington todavía no había llegado a su madurez creativa.

Mueller. Aunque la banda ponía empeño y los discos se vendían bien, el material no era propicio y sus esfuerzos sonaban forzados.

El golpe que supuso para la orquesta la partida de Redman se vio agravado por el hecho de que Henderson inexplicablemente perdió interés en la banda. Un accidente de automóvil en el verano de 1928 empeoró las cosas, ya que Henderson se mostró cada vez más apático y confuso, sobre todo en lo tocante a los asuntos comerciales de la orquesta. Entre noviembre de 1927 y octubre de 1930, su orquesta realizó más o menos una docena de grabaciones, aunque se la consideraba la más importante de todo el país. La disciplina, tanto musical como personal, se deterioró gravemente. Un ejemplo de lo primero se aprecia en las dos grabaciones de *Hop Off*, uno de los últimos trabajos de Redman para la banda y un acierto. Registrada para Columbia en noviembre de 1927, es una pieza excitante, finamente matizada en un temprano estilo *riff*, con solos tocados con aplomo por Ladnier, Harrison y Hawkins. (De hecho, el último *break* de Hawkins, de cuatro compases, deja claro que está a punto de convertirse en el principal solista de la banda). Cuando la banda volvió a registrarla para el sello Paramount a principios de 1928, se había deteriorado tanto que apenas parece una grabación de Henderson.

Durante este período, Henderson siguió confiando en numerosos arreglistas blancos para los temas de baile más *comerciales* que tocaban en el Roseland. También probó lo que se conocen como «arreglos de cabeza o memorizados», elaborados colectivamente por la banda pero no escritos, e incluso empezó a arreglar él mismo algunas piezas. Ninguno de esos métodos produjo nada que llegara al nivel anterior. Los arreglos memorizados, así como todos los realizados por Henderson, tenían un serio problema en común: se apagaban en el último *chorus*. El sentido de la forma y la estructura que Redman había intentado aportar a la banda quedaba más allá de sus capacidades. Una y otra vez una grabación empieza bien, pero a mitad empieza a quedarse falta de ideas. Los *tempi* son por lo general demasiado lentos y las interpretaciones resultan pesadas. El *swing* adquirido por la banda había desaparecido y la pérdida se agravó por el hecho de que el tubista, June Cole, tuvo que abandonar el grupo durante medio año, período en que las partes del bajo corrieron a cargo de Don Pasquale al saxofón bajo, que tocaba con un *slap* torpe y anticuado.

Algunas grabaciones todavía muestran vestigios de la energía y el ímpetu desarrollados durante la época de Redman. *King Porter Stomp*, el viejo estándar de Jelly Roll Morton que con posterioridad desempeñaría un papel importante en la vida de Henderson, pertenece a esa categoría. Aunque el *tempo* adoptado por Henderson es demasiado lento y hace que la interpretación vaya dando tumbos sin dirección precisa, la banda logra recuperar la compostura para el último y clásico *riff-chorus* en el tradicional esquema de llamada y respuesta que, merced a la grabación realizada en 1932 por Fletcher y a la nueva versión registrada en 1935 por Goodman, se convertiría en la idea de conjunto más influyente de toda la era del *swing*.

Con la excepción de *King Porter Stomp*, muy pocas de esas grabaciones realizadas en 1928 lograron volver a capturar el impulso anterior. A veces surge alguna idea afortunada, pero queda aplastada de inmediato por un trío de clarinetes similar a una polka (como en *D-Natural Blues*) que podría proceder de Lawrence Welk; o el éxito parcial de un *chorus* final queda destruido por un último acorde con la «séptima de *blues*» horriblemente sentimental, en la mejor tradición de Lombardo. Otros temas, como *Oh, Baby* y *I'm Feeling Devilish*, tienen un sabor Dixieland que sólo elude las verdaderas cuestiones musicales. En última instancia, las grabaciones resultan notables en el mejor de los casos por detalles ocasionales como el breve pero espectacular solo de trompeta de

Bobby Stark en *Easy Money* y la inteligente e inventiva labor a los platillos de Kaiser Marshall, particularmente en *Easy Money* y *Come On Baby*.

Durante este período de indecisión e incertidumbre algunas bandas de Nueva York empezaron a amenazar la preeminencia de la orquesta de Henderson. La más importante de todas era la orquesta de Duke Ellington, cuya evolución se analiza en el capítulo 7. Otras tres bandas—la Paradise Band, de Charlie Johnson; los Missourians, y los Cotton Pickers, de McKinney—parecían una amenaza todavía más grande, aunque su éxito no duró mucho.

No resulta fácil juzgar apropiadamente a los Cotton Pickers, de McKinney, sólo a partir de sus grabaciones, pues se dice que la banda nunca tocaba tan bien en los estudios de grabación como en directo. Los músicos más veteranos son testigos de la elevada calidad de la orquesta, pero es posible que se refieran a pormenores de la interpretación, la clase de detalles de ejecución que a menudo impresionan a los intérpretes. Ciertamente, la banda estaba llena de buenos músicos, y sus dos arreglistas, John Nesbitt y Don Redman, eran los mejores en su terreno. Sin embargo, las grabaciones, aunque son de una calidad superior a la media, no añaden una nueva dimensión al jazz orquestal. Paradójicamente, las mejores grabaciones no son las que hicieron con la plantilla de Detroit—base de operaciones de la banda—, sino con el núcleo de la banda de Fletcher, en Nueva York.

Sin duda, la banda estaba en la vanguardia por lo que respecta al uso de recursos y técnicas instrumentales por parte de arreglistas. Los pasajes orquestales de acordes en bloque con una sonoridad plena y bien equilibrada en *Peggy*, los *shakes* de las trompetas en *Rocky Road*, el *walking bass* en 4/4 de la tuba, las complejas líneas rítmicas al unísono en *Peggy*, así como la modernidad de las armonizaciones y la precisión en general son algunos de los detalles que corroboran el excelente nivel de la orquesta. Hay buenos solos del saxofón alto Benny Carter y de Rex Stewart, algunos deliciosos acompañamientos de piano a cargo de Fats Waller al estilo posterior de Count Basie (como en *The Way I Feel Tonight*) y momentos como el magnífico re bemol grave de Billy Taylor a la tuba al final de *Miss Hannah*, sin duda la nota más grave registrada en todas las grabaciones de jazz, anteriores o posteriores.

Pese a esos momentos, la banda deja una impresión global de frialdad emocional. Con frecuencia parece intentar emular la precisión y versatilidad de la orquesta de Whiteman y abunda la falta de gusto. Los Cotton Pickers, de McKinney, una orquesta muy capaz y bien financiada, debía de resultar atractiva para los músicos de finales de la década de 1920, pero la historia ha demostrado que no tuvo la continuidad de los grupos de Ellington y Basie.

En su época, muchos tenían a la Paradise Band, de Charlie Johnson, en tan alta estima como al conjunto de Duke Ellington. En cierto sentido, la banda, que tocaba en el Small's Paradise, un club nocturno de Harlem, era la competidora más dura de Duke, pues también proporcionaba música de espectáculo y números estilo *jungle* para los clientes blancos del centro de la ciudad. Por la banda de Johnson pasaron muchos músicos estupendos: Jimmy Harrison,[1] Jabbo Smith, Benny Carter, el trompetista Sidney de Paris, los tubistas Cyrus St. Clair y Billy Taylor y el extraordinario batería George Stafford. Sin embargo, Ellington logró prosperar en ese ambiente, mientras que la banda de Johnson no sobrevivió. No tenía la precisión ni los habilidosos arreglos necesarios para competir con músicos como Henderson y los Cotton Pickers de McKinney, ni tampoco un líder con el talen-

---

[1] Su trabajo con Johnson se examina en la sección «Intérpretes de instrumentos de viento-metal» del capítulo 5.

to creativo y la disciplina de un Ellington. La banda tocaba a menudo de modo descuidado (por ejemplo, el dúo de trompetas en *Hot Tempered Blues*) o deslucido (*Harlem Drag* y *Hot Bones and Rice*) y, pese a que aspiraba a emular los arreglos de Redman, por lo general no lograba sacarlos adelante. Encontramos una excepción en los *chorus* a cargo de los saxofones, bastante bien ejecutados, de *The Charleston Is the Best Dance After All*, arreglada y liderada por Benny Carter. Los solistas reaccionaban de diversas maneras ante la banda. Algunos, como Harrison y Sidney de Paris (en sus espléndidos y elocuentes solos con la sordina *plunger* en *Boy on the Boat*), se adaptaban sin dificultad. Por otra parte, las interpretaciones de Jabbo Smith con la banda no están a la altura de las grabaciones con su grupo, los Rhythm Aces.

En realidad, la banda de Johnson daba lo mejor de sí cuando podía darse el gusto de tocar improvisaciones colectivas despreocupadas, libres de constricciones compositivas u otras consideraciones. El trabajo registrado por la banda ofrece varios ejemplos al respecto; los más excitantes son los dos últimos *chorus* de *Hot Tempered Blues*. Aquí la banda desprende un *swing* y un impulso que se adelantan a su época, sobre todo en el *chorus* final, una culminación en forma de improvisación colectiva. En su absoluto desenfreno, roza lo cacofónico y es un triunfo del arte de este tipo de improvisación.

Los Missourians fueron otra banda que conquistó Nueva York a mediados de la década de 1920. Eran originarios de San Luis y actuaron en el Cotton Club de Harlem hasta que Ellington los relevó a finales de 1927. Más adelante (1931) se convirtieron en el núcleo de la orquesta de Cab Calloway, nuevamente instalados en el Cotton Club. En 1929 y a principios de 1930 realizaron una docena de grabaciones que nos muestran que eran un conjunto poco sofisticado, al estilo de las bandas de Moten de mediados de la década de 1920. Como la mayoría de las bandas del Medio Oeste y del Sudoeste, los Missourians tenían un estilo tosco y vulgar que cuatro años de estancia en Nueva York no habían contribuido demasiado a refrenar. El estilo de la banda aún estaba próximo al *ragtime*, con un infatigable y contundente ritmo a dos tiempos que al menos tenía la virtud de ser muy bailable. Una indicación de las limitaciones de la banda se aprecia en el hecho de que, pese a nombres exóticos como *Ozark Mountain Blues*, *Market Street Stomp* y *Stopping the Traffic*, cinco de los doce temas que grabaron son versiones de *Tiger Rag*. En esas canciones la banda daba lo mejor de sí y desplegaba un impulso feroz y elemental que probablemente no podía—ni quería—igualar ningún otro grupo de Nueva York, ya que los Missourians eran una banda que trabajaba sobre todo con clichés. Aun así, impulsados por la batería de Leroy Maxey, con los bulliciosos solos de trompeta de Lamar Wright, los alocados adornos de George Scott al clarinete y la intensidad global de la banda, los Missourians debieron de dar más de una noche intranquila a Henderson y Ellington.

También estaban surgiendo nuevas bandas llenas de jóvenes y entusiastas talentos. Por ejemplo, 1929 fue testigo de la aparición de dos bandas que ocuparían un lugar importante en la década de 1930, los Twelve Clouds of Joy, de Andy Kirk (procedentes de Kansas City) y la orquesta de Chick Webb, llamada originalmente The Jungle Band. Tanto Ellington como Henderson sentían un gran respeto por la joven banda de Webb, y era lógico que fuese así, pues estaba llena de nuevos y jóvenes talentos. Aparte de las extraordinarias dotes y la energía irreprimible de su batería-líder, la banda contaba con un plantel de intérpretes *modernos* como Jimmy Harrison, los trompetistas Ward Pinkett y Edwin Swayzee, los saxofonistas Louis Jordan y Elmer Williams, el magnífico pianista Don Kirkpatrick y el contrabajista John Trueheart. La grabación de *Dog Bottom* que realizaron en 1929 constituye un testimonio excelente de la clase de ideas frescas, asombrosamente ejecutadas, que ofrecía la banda.

En 1928 y 1929, años de vacas flacas, se produjeron cambios cruciales en la plantilla de la banda de Fletcher. Las relaciones entre Henderson y sus músicos se deterioraron gravemente, y hubo una serie de despidos y partidas voluntarias. Los trombonistas Harrison y Morton se marcharon, al igual que hicieron June Cole y Kaiser Marshall (el más antiguo amigo de Henderson) después de uno de los peores desmanes de Fletcher en su papel de gestor. Charlie Dixon, que tocaba el banjo, también se marchó, y lo sustituyó Clarence Holiday, el padre de Billie Holiday. Cootie Williams estuvo brevemente en la banda, antes de que Ellington se lo llevara, pero no sin dejar al menos un excelente solo con *growl* (en *Raisin' the Roof*).

Cuando tenía veintidós años, Benny Carter, arreglista y versátil intérprete de viento-madera, se unió a la banda. Carente de experiencia, sin una concepción orquestal propia y con tendencia a dar demasiado relieve al viento-madera a expensas del viento-metal, difícilmente podía sustituir a Redman. Ni él ni Henderson entendían de verdad cómo establecer una relación interna entre los solos improvisados y los pasajes escritos de *tutti*. A resultas de ello, casi todos los arreglos que realizó en ese período de dos años revelan un defecto estructural que ha asolado al jazz hasta el presente: la excesiva dependencia de una sucesión de solos breves, intercalados entre cortos interludios y modulaciones de la banda al completo.[1] Salvo que los solistas sean artistas supremos, no es probable que toquen a un nivel comparable con las necesidades de una interpretación verdaderamente estructurada, sea improvisada, arreglada o compuesta. Tampoco hay ninguna garantía de que los solos, dado el individualismo de la mayoría de los improvisadores de jazz, tengan ningún elemento que

---

[1] Por lo general, Redman permitía únicamente tres o cuatro solos, mientras que la lista durante el período 1928-1929, con Carter, a menudo aumenta hasta llegar a los diez u once (sin que se incremente la duración total de las piezas, por supuesto).

los unifique. Si los solos, además, son de tipo breve, como los practicados por Henderson y Carter, ni ellos ni los pasajes orquestales intercalados pueden crear una concepción unitaria y dotada de sentido. Son dos formas de expresión que se anulan entre sí en lugar de complementarse. En la actualidad, el peligro de ese procedimiento resulta obvio, pero en 1929 se necesitó a un visionario como Ellington para advertirlo.

Sin embargo, Carter imprime algún rumbo a la banda, y, como joven de talento, sus arreglos logran una mejora notable. A finales de 1930, la orquesta vuelve a estar en lo alto. Es una nueva orquesta, por supuesto. De los antiguos miembros sólo permanecen Hawkins, Bobby Stark y Rex Stewart. Harrison vuelve brevemente, pero los trombonistas son Claude Jones, que tocaba en un estilo avanzado, y Benny Morton, que volvió a la banda a comienzos de 1931. Tal vez los cambios más importantes fueran los que se produjeron en la sección rítmica: Walter Johnson, un batería cuya excelencia e importancia histórica han subestimado los historiadores del jazz, y John Kirby, durante cuyo período en la banda de Henderson la tuba dio paso, finalmente, al contrabajo en *pizzicato*.

El nuevo aplomo de la orquesta se refleja en sus primeras sesiones de grabación tras la reorganización de 1930. Carter aporta varios arreglos que dan en el blanco y con los que vuelve a anunciar el estilo *swing* de años posteriores. *Keep a Song in Your Soul* y *Somebody Loves Me*, de Gershwin, señalan la conversión de la sección rítmica al 4/4, con el ligero *walking bass* de Kirby. Es curioso escuchar que en el segundo tema la sección rítmica despliega un *swing* que todavía no está al alcance del viento-metal. Sin embargo, dos meses después, en *Keep a Song in Your Soul*, la orientación rítmica básica ha quedado resuelta. Hay mucho que admirar en esa interpretación excepcional, pues en ella encontramos la clave final del *estilo Henderson* en su primera expresión inequívoca. Evidentemente, Carter ha descubierto la solución tanto tiempo buscada para lograr que una sección tenga *swing*: la respuesta radica en la síncopa. Solistas como Armstrong y los intérpretes más modernos de la banda, como Jones y Morton, habían entendido instintivamente que la clave de la libertad rítmica estribaba en una síncopa basada en un ritmo de cuatro tiempos por compás, y no en uno de dos. Desde el momento en que el intérprete podía distanciarse de los cuatro tiempos de base para aventurarse en el *interior* de la métrica, se abría un vasto campo de emancipación rítmica. Tal vez los solistas hubieron de esperar hasta que las secciones rítmicas se desenvolvieran con habilidad en la pulsación a cuatro tiempos,[1] pero, cuando se desembarazaron de la carga que acarreaba la rigidez inicial del 4/4, pudieron dedicarse a tareas más importantes: crear melodías o contracantos rítmicos propios.

Carter, en *Keep a Song in Your Soul*, aplicó este principio a la escritura de cada una de las secciones y consiguió uno de los grandes arreglos del repertorio de Henderson. Si tomamos la melodía de la canción y la tratamos como un ejemplo musical hipotético (sin la letra de Fats Waller), podemos mostrar cómo iba cambiando con el paso de los años en manos de un conjunto de jazz. En 1923 se habría tocado de este modo:

[1] Es posible que no todo el mundo repare en que esos factores se relacionan con asuntos técnicos de carácter práctico. Sabemos que la tuba fue un instrumento tan importante durante tanto tiempo para el jazz porque las primitivas técnicas de grabación no permitían captar como es debido el sonido del contrabajo. A su vez, esa circunstancia contribuyó sustancialmente, me parece, a la perpetuación del estilo a dos tiempos. La razón estriba en la respiración, ya que para un intérprete de tuba resulta imposible mantener de manera ininterrumpida un ritmo de cuatro pulsaciones por compás, sobre todo a un *tempo* rápido o a lo largo de una sesión completa.

Hacia 1927 o 1928 se habría distendido para convertirse en:

Sin embargo, en el arreglo de Carter la frase se libera por completo del anclaje de la pulsación a cuatro tiempos, de la siguiente manera:

o, más adelante, en la misma grabación, en secciones de *tutti* bajo el liderazgo de la trompeta con las siguientes variaciones (ejemplos 9A, 9B y 9C):

Ejemplo 9. *Keep a Song in Your Soul* (variaciones orquestales)

Keep a Song in Your Soul también contiene tres solos notables, notables en sí mismos pero todavía más para la época en la que se realizaron: el solo de trombón de Claude Jones, muy *moderno* y rítmicamente emancipado de la pulsación (y, en un segundo plano, las sutiles y excitantes intervenciones de Johnson a los platillos); después, el solo de Carter al saxofón alto, en el que logra un buen *swing*, pese al formato básico en arpegios; y, tal vez el más sorprendente de los tres, el breve solo de Stark a la trompeta en el puente del último *chorus* (ejemplo 10).

Ejemplo 10. *Keep a Song in Your Soul* (solo de trompeta)

Una vez más, la notación no es un reflejo exacto de la realidad, sobre todo en los primeros compases, que en esta interpretación de 1930 suenan *exactamente* igual que el Dizzy Gillespie de diez o quince años después. Hay que oírlo para creerlo. Por último, debemos tomar nota del esplendor sonoro del primer trompeta, Joe Smith, con re sobreagudos y todo. Con el profundo bajo de Kirby y el timbre enérgico de Smith a la trompeta, la armonización a ocho voces adquiere una dimensión hasta ese momento desconocida en el jazz.

Las grabaciones de finales de la década de 1930 también incluyen una interesante versión *flag-waver* del viejo estándar de 1906 *Chinatown, My Chinatown*, en un arreglo de John Nesbitt, arreglista y trompetista de los Cotton Pickers de McKinney. Ejecutada a la tremenda velocidad de ♩ = *ca*. 290, era el tipo de pieza ideal para la exhibición de virtuosismo que todas las *big bands* tenían en su repertorio a comienzos de la década de 1930. La obra sentó las pautas y el nivel de los *flag-wavers* posteriores. Entre los ingredientes principales se contaban los pasajes a una velocidad vertiginosa de la sección de saxofones, unos enérgicos *riffs* a cargo de los instrumentos de viento-metal, los solos en corcheas tocados a la velocidad del rayo y una sección rítmica inexorable e inagotable (que llega a ejecutar 768 pulsaciones en apenas tres minutos). Toda *big band* respetable en la década de 1930 tenía que disponer de una de estas piezas en su repertorio para enfrentarse con las bandas rivales en los *cutting contests*.

En marzo de 1931, la orquesta de Henderson volvió a grabar su éxito de seis años antes, *Sugar Foot Stomp*. Arreglada en origen por Redman, Henderson afirmó entonces que el arreglo era suyo. En realidad, el arreglo es esencialmente el mismo que el de Redman, salvo que los doce *chorus* originales (a ♩ = *ca.* 212) se han ampliado (a ♩ = *ca.* 276) a dieciséis, y su orden se ha retocado un poco. Como puede apreciarse

Ejemplo 11. *Sugar Foot Stomp*

A) Versión de 1925

A	A¹	B	A²	C	D	E	D	E
Saxos	Tpt.	Trío cl.	Tbn.	Tpt.	*Tutti*	*Tutti*	*Tutti*	*Tutti*
					valores largos	(4 compases)	valores largos	(4 compases)
1	1	2	1	3	1	1	1	1

B) Versión de 1931

A	A¹	B	A²	C	D	D	C¹	A¹	E
Saxos	Tpt.	Trío cl.	Tbn.	Tpt.	*Tutti*	*Tutti*	Tbn.	Sax. tenor	*Tutti*
					valores largos	valores largos			(2 compases)
1	1	2	1	3	1	1	3	2	1

(En ambas versiones, B corresponde a una frase de ocho compases, mientras que el resto son *blues* de doce compases).

comparando los dos diagramas (ejemplo 11), los cambios se han limitado a la segunda mitad de la pieza. Si nos centramos en la raíz del problema, el *tutti* con valores largos de la sección D, observaremos que en la nueva versión queda cubierto por un brillante solo de piano de Henderson. A continuación, se repite D directamente en lugar de alternar con E. Además, lo que en el original era un solo de trompeta de Oliver, con *break* incluido, se convierte ahora en un solo de trombón en el registro agudo. Morton lo ejecuta de modo espléndido, hasta el punto de que el *break* en *stop-time* adquiere una estructura métrica propia de un 3/4:

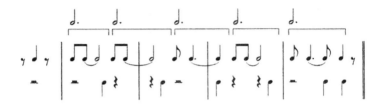

Morton termina con un trino de labios de cuatro compases y con un par de admirables florituras (ejemplo 12), con las que sin duda intenta superar el anterior solo de Jones, lleno de saltos (A²). Llegados a este punto escuchamos dos *chorus* de Hawkins y la pieza concluye con los *riffs* de la sección E, que, por extraño que parezca, no están en 4/4 sino en 2/2.

Ejemplo 12. *Sugar Foot Stomp* (solo de trombón)

La banda grabó otros tres temas el mismo día. Uno de ellos, *Clarinet Marmalade*, antigua especialidad de la ODJB, es muy irregular. Pese al habilidoso trabajo de Johnson, primero con la caja clara y después con los platillos, y a las buenas improvisaciones de Morton, Stewart y Hawkins, el tema queda lastrado por los rígidos y rutinarios pasajes de *tutti* y por el clarinete desafinado de Russell Procope, el sustituto de Carter.

Horace Henderson, el hermano de Fletcher, compone y arregla los otros dos temas. Desde un punto de vista cronológico, constituyen una sorpresa en el desarrollo de la banda porque introducen elementos nuevos que tendrían un efecto determinante en la historia de las *big bands*. Es difícil evaluar de manera objetiva esos temas, porque, aunque son bastante interesantes en sí mismos, eran la clase de composiciones y arreglos que ofrecían una fórmula infalible para otros arreglistas menos dotados. Como tal, la fórmula fue utilizada hasta la extenuación por cientos de bandas de la era del *swing*, hasta extinguirse gradualmente en el mundo del *rhythm and blues* y el primer *rock and roll*, en las décadas de 1940 y 1950.

La fórmula consistía en tres elementos básicos: (1) una pulsación regular a cuatro tiempos, invariable y continua, a cargo de los cuatro instrumentos que integraban la sección rítmica; (2) *riffs* sencillos cuyo contorno melódico podía adaptarse a los tres grados principales de la escala (i, iv y v), y (3) un final que consistía en un *decrecimiento* progresivo del sonido, a ser posible con algunas *blue notes* a la guitarra. Glenn Miller construyó toda su carrera sobre la base de esa fórmula, y si muchas otras bandas, negras y blancas, fracasaron en el empeño, no fue por no intentarlo.

Hot and Anxious presenta esta fórmula en su esencia. Ya en el segundo *chorus* escuchamos un *riff* a modo de tema que hizo famoso *In the Mood*, de Glenn Miller. Hawkins contribuye con un solo de clarinete *sucio* (en una de sus raras apariciones con ese instrumento), pero el tema no se distingue por sus solos. Su interés radica en la nueva clase de sensibilidad *swing* que presentaba. Era más una ilusión que algo real, pero los músicos se sentían cómodos en aquella *onda*. No resultaba demasiado exigente ni con los intérpretes ni con los oyentes, lo que constituye una fórmula obvia para obtener un gran éxito.

Después siguió otro período improductivo durante el cual Henderson se valió de los arreglos comerciales a dos tiempos, que simplemente *ampliaba* para dar cabida a un solo puntual. Fueron días difíciles para los hombres de la banda, pero en diciembre de 1932 crearon un brillante *arreglo de cabeza* a partir de *King Porter Stomp*. Una vez más, y como había ocurrido con la segunda versión de *Sugar Foot Stomp*, el

tempo más vivo de la nueva versión fue de una inmensa ayuda, al igual que la sección rítmica a cuatro tiempos, bien coor-
dinada y con un *swing* fluido. Todos los elementos se funden
en un solo concepto unificado, hasta el punto de que apenas se alcanza a percibir separación alguna entre los pasajes
de solo y los de *tutti*. La estructura es más o menos la misma
que la de la versión de 1928. Stark reproduce la introducción original, mejorándola. Sandy Williams, uno de los dos
nuevos trombonistas de la banda, se hace cargo del solo que
correspondía a Harrison, mientras que Hawkins nos brinda
uno de sus mejores solos en la sección que correspondía al
chorus de Buster Bailey. James Stewart sigue los pasos de Joe
Smith en esta versión, terminando con un fa agudo, mientras
que el otro trombonista nuevo, Jay C. Higginbotham, pone
el broche a la serie de solos con un *lick*:

que Hawkins había empleado en ocasiones durante unos
cuantos años (desde 1926, en *The Stampede*) y del que se
apropiaría Red Allen en la siguiente grabación de *King Porter Stomp* (1933).

El solo de Hawkins merece un examen más detallado. En
él, este artista tardío encuentra su propia voz gracias a una
concepción audaz que durante décadas sería su marca distintiva (ejemplo 13).

Ejemplo 13. *New King Porter Stomp* (solo de Hawkins)

En grabaciones posteriores realizadas en diciembre de 1932 y agosto de 1933, la banda de Henderson queda completamente en manos de Hawkins, por lo que no es de extrañar que la British Broadcasting Corporation, tras escuchar estas grabaciones, le ofreciera un año de contrato para trabajar en Londres. Hawkins dejó la banda de Henderson y se quedó en Europa hasta 1939.

Eso supuso un severo golpe para Henderson. Hawkins había estado con él desde los tiempos en que grababan *blues*, antes de formar la banda: diez años en total. Pero, en lugar de despedir a toda la banda, como había amenazado hacer, sumido como estaba en una profunda depresión, contrató a Lester Young, quien por aquel entonces tocaba en la banda de Count Basie, en Kansas City. Fue una jugada atrevida, pero la banda, acostumbrada al sonido intenso y vigoroso de Hawkins, rechazó el sonido más frío y liviano de Young al saxo tenor. Young volvió rápidamente a la banda de Basie,[1] y el único músico que de verdad podía sustituir a Hawkins en un estilo similar, Ben Webster, no estaba libre.

Con la docena de temas grabados para Decca en septiem-

---

[1] Lester Young nunca grabó con Henderson.

bre de 1934, la orquesta de Henderson llega al final del camino. Podemos admirar esas grabaciones por su maravilloso *swing*, ligero y vibrante, por algunos de los solos de Webster y Red Allen, y tal vez incluso por lo que significan para cualquiera que haya crecido durante la era del *swing* o inmediatamente después de ella. Sin embargo, más allá de esos atractivos, reconocemos que la pulsación rítmica de la banda se había refinado en exceso, de modo que bastaron pocos años para que las orquestas blancas siguieran el ejemplo hasta convertir aquella tendencia en el llamado «*businessman's bounce*». Advertimos que los pasajes de *tutti*, prácticamente impecables, se han convertido en una fachada sonora. Controlados, agotados desde un punto de vista emocional, vacíos de contenido, sacrifican el interés melódico a la idea del *swing*, y en el proceso tejen en torno a los solistas una red armónica sutilmente restrictiva.

Así como el estilo de Nueva Orleans se acabó poco después de dar sus mejores frutos, el *swing*, desde un punto de vista histórico, se atrofió no mucho después de alcanzar su cénit, privado de alimento estilístico y estructural. Henderson, directa o indirectamente, fue responsable del crecimiento de este estilo. Pero, por fortuna, contenía otra línea de desarrollo, incluso más fructífera.

EL SUDOESTE

El vasto Sudoeste fue al principio ignorado en gran medida como fuente del jazz, pero las investigaciones realizadas por Franklin Driggs y otros autores en los últimos diez años han desenterrado un cuerpo de información que permite hacerse una imagen más equilibrada de las primeras décadas del jazz. La antigua desatención hacia el Sudoeste por parte de historiadores y críticos dio paso a la formulación de teorías que cuestionan la prioridad de Nueva Orleans en la historia del jazz. Con la típica exageración de los entusiastas del jazz, se han formado facciones que se declaran pro-Nueva Orleans o pro-Kansas City. En general, sin embargo, la primacía de Nueva Orleans se ha mantenido inexpugnable. La controversia ha servido para establecer una visión más exhaustiva de las diversas corrientes que condujeron a la aparición del jazz como un lenguaje musical diferenciado.

SUROESTE
DE EE.UU.

PRINCIPALES
CENTROS DE
DESARROLLO
DEL JAZZ

El olvido de la tradición del Sudoeste no se debió tanto a prejuicios regionales como a lo que podemos llamar circunstancias geográficas. Los numerosos grupos de jazz del Sudoeste, grandes y pequeños, que abarcaban desde pequeñas bandas *regionales* hasta orquestas en grandes ciudades, fueron desatendidos por los sellos discográficos que operaban en Nueva York y, en menor medida, en Chicago. Ocasionalmente, algún aventurado cazatalentos discográfico se tropezaba con una de esas bandas, o alguna orquesta se atrevía a presentarse en grandes ciudades. Pero eran excepciones. Lo importante es que estas orquestas del Sudoeste proporcionaban la mayor parte del entretenimiento musical de la región y, entretanto, desarrollaron una confianza en sí mismas que a su vez se reflejó en la cristalización de características estilísticas regionales.

Aunque las primeras formas del protojazz se conocían en el Sudoeste—músicos como Jelly Roll Morton y Freddie Keppard habían estado allí de gira—, el interés local por la nueva música no se intensificó hasta la segunda década del siglo XX. Algunos autores han vinculado este comienzo tardío con el desmantelamiento del Storyville en Nueva Orleans en 1917. Cientos de músicos se vieron obligados a buscar trabajo en otra parte y es evidente que el Sudoeste, al estar cerca, era una vasta zona potencial. Y, sin embargo, las pruebas parecen demostrar que los mejores músicos de Nueva Orleans o bien se trasladaron a Chicago o simplemente permanecieron en Nueva Orleans.

Creo que una razón más verosímil para explicar la aparición tardía del jazz en el Sudoeste, sobre todo en Kansas y Misuri, es que esa zona ya tenía una música popular propia que, además, era importante: el *ragtime*. Los grandes centros del *ragtime* eran Sedalia, Carthage, San Luis, Joplin y Kansas City. Aunque el *ragtime* tuvo su edad dorada entre 1904 y 1907, los pianistas y las bandas de viento-metal que tocaban piezas de *ragtime* siguieron siendo populares en el Sudoeste durante los primeros años de la década de 1920. Además, en torno a James Scott, Charles L. Johnson y una nueva generación de compositores como Joseph Lamb y Rob Hampton, este último natural de Little Rock (Arkansas), se produjo un segundo apogeo del *ragtime* en Misuri y Kansas. A mediados y finales de la década de 1910, todos esos compositores cosecharon numerosos éxitos de música *ragtime* (publicados por John Stark en San Luis y Sedalia), y su música se interpretó ampliamente en ese territorio. De hecho, James Scott se trasladó a Kansas City en 1914 y se estableció como profesor, organista, arreglista y director musical del Teatro Panama. Podemos suponer que su influencia en todos esos ámbitos—ninguno de ellos directamente vinculado con el jazz—fue más que pasajera.

BANDAS DE JAZZ DEL SUDOESTE

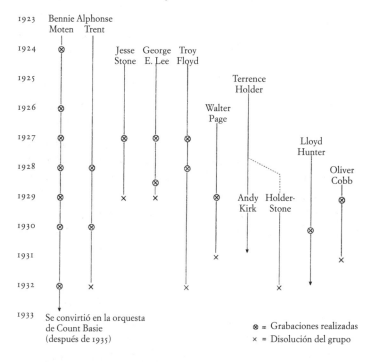

Al Sudoeste sólo lo aventajaba el Medio Oeste en su pasión por las bandas de concierto, las más famosas de las cuales eran las de Sousa y Pryor, esta última especializada en versiones para banda de piezas de *cakewalk* y *ragtime*. Análogamente, las bandas de espectáculos de *minstrels*, como la de

W. C. Handy, aún estaban viajando por el Medio Oeste y el Sudoeste durante este período. Asimismo, todas las ciudades de esas regiones tenían sus bandas de conciertos, compuestas en su mayor parte por músicos aficionados. Además de marchas, esas bandas ofrecían en su repertorio toda la gama de *coon songs*, *cakewalks* y piezas orquestadas de *ragtime*. Estas bandas con frecuencia dieron lugar a una gran variedad de formaciones orquestales. Una de las primeras que tocó música *ragtime* negra fue la orquesta de Scott Joplin en Sedalia, formada en torno a 1897 y que contaba con corneta, clarinete, saxofón barítono, tuba y piano. Esa instrumentación era la típica, una especie de instrumentación mínima para una banda, y al mismo tiempo (si sustituimos el saxofón barítono por el trombón) un conjunto de jazz embrionario, como el ejemplificado en Nueva Orleans por Buddy Bolden y otros pioneros del jazz exactamente durante el mismo período.

Las bandas y las orquestas de este tipo continuaron tocando en el Sudoeste mientras la fiebre del *ragtime* declinaba, en un momento en que los conjuntos instrumentales de Nueva Orleans, Chicago y finalmente Nueva York ya habían hecho la transición del *ragtime* al jazz. La tradición del *ragtime* se conservaba en Kansas City (aunque, desde luego, en una forma adulterada y comercializada), como puede apreciarse en muchas de las primeras grabaciones del Sudoeste que han llegado hasta nosotros, especialmente las de la banda de Bennie Moten, que empezó a grabar en el otoño de 1923.

Moten, nacido en 1894, era un pianista de *ragtime* (aunque también había tocado el barítono en una banda de viento-metal cuando era adolescente) que había estudiado piano con dos maestros que a su vez eran discípulos de Scott Joplin. Sus primeros trabajos, en 1918, fueron como director de un trío compuesto por él mismo, un batería y un cantante. Este grupo se amplió con posterioridad hasta formar un quinteto; su repertorio consistía evidentemente en piezas de *ragtime* y en las dulces canciones populares de Tin Pan Alley después de la Primera Guerra Mundial. Otros músicos de Kansas City, como Jesse Stone, George y Julia Lee y el gran Alphonse Trent, de Fort Smith (Arkansas), estaban formados en la tradición del *ragtime* o de la música *novelty*, y, como la mayoría de los intérpretes en ese período de transición, tocaban toda clase de estilos populares, desde la *sweet music* hasta el *ragtime*, pasando por el *novelty*, dependiendo de lo que pidiera el público. La tenacidad con la que el *ragtime* sobrevivió en Kansas City puede deducirse de una grabación como *Twelfth Street Rag*, realizada por Moten en 1925, que presenta un extenso solo de piano *ragtime* a cargo del propio Moten y muestra el modo en que una música puramente *ragtime* se adaptaba al medio orquestal, incluso en una época tan tardía.

Pero los músicos de Nueva Orleans habían pasado por Kansas City y otras ciudades del Sudoeste en algunas de sus giras, y finalmente el jazz en su forma más avanzada empezó a arraigar en la zona. Para 1923, Bennie Moten tenía la banda más popular en Kansas City, cuya plantilla era entonces de seis intérpretes. Sus primeras grabaciones sólo revisten un interés histórico. Los primeros dos títulos grabados, *Elephant Wobble* y *Crawdad Blues*, dan una buena idea de la clase de material que la banda tocaba en aquel entonces. En las dos grabaciones escuchamos una instrumentación de Nueva Orleans, compuesta por una sección melódica de tres instrumentos de viento—clarinete, trompeta, trombón—y una sección rítmica de tres instrumentos, sin tuba. Las dos grabaciones son increíblemente rígidas en el aspecto rítmico y están a años luz del embrionario sentido del *swing* que podemos apreciar en la misma época en King Oliver, Piron o incluso grupos como la ODJB o los Louisiana Five. En aquel período, la banda de Moten tocaba con una tediosa pulsación de corcheas regulares sobre los tiempos fuertes que ni siquiera era buen *ragtime*. Todas las grabaciones de esa primera época presentan una estructura idéntica, con la misma secuencia de solos y pasajes orquestales. Los solos en el estilo *novelty* de Woodie Walder al clarinete aparecen con una regularidad monótona exactamente en el mismo sitio en cada interpretación, con independencia, por cierto, de si se trata de una pieza de *rag*, una canción popular o un *blues*. También se concede mucho espacio a trillados solos de banjo de tipo *minstrel*. A juzgar por la repetición prácticamente exacta de los *chorus*, es evidente que la banda estaba interpolando solos en arreglos ya escritos (o comerciales), casi siempre en la tonalidad de si bemol. El mejor intérprete del grupo era Lamar Wright, un trompetista de Texas que se convertiría en uno de los principales miembros de la orquesta de Cab Calloway en la década de 1930. En esas primeras grabaciones mostraba una marcada influencia de King Oliver. La pesada y monótona pulsación de la banda enfatizaba el compás de 4/4, en contraste con el 2/2 que solían utilizar la mayoría de las bandas de la época, o el 4/4 mucho más sofisticado, ligero y fluido de las mejores orquestas de Nueva Orleans.

Es significativo que, de los aproximadamente veinte temas que la banda de Moten grabó para Okeh en 1923 y 1924, la mitad fueran de *blues*. Para 1923, el sello Okeh, que había desatado la fiebre del *blues* con Mamie Smith, estaba buscando más material *blues* para surtir ese mercado en auge y competir con Paramount y Columbia. Además, y lo que tal vez sea más importante, el *blues* había tenido siempre fuertes raíces en el Sudoeste, ya que muchos de los mejores cantantes itinerantes de los primeros años del *blues* habían nacido y crecido en Texas, Oklahoma y Arkansas. Eso no contradice lo que he dicho antes sobre el arraigo que tuvo el *blues* en la música popular de esa región, superior al de otras zonas. El *blues*, ya fuera cantado o tocado con instrumentos rudimentarios, lo interpretaban cantantes o músicos en solitario, los cantantes casi siempre acompañándose a sí mismos, aunque a veces se unían a otro músico. Antes de la década de 1920, el *blues* existía en un plano sociocultural y musical distinto del ocupado por las orquestas que tocaban en hoteles o salas de baile. Sin embargo, una vez que el *blues* hubo penetrado en el ambiente urbano de clase media, las orquestas del Sudoeste con mayor plantilla adoptaron la forma sin dilación y la utilizaron de un modo más sistemático que las bandas de cualquier otra zona. El público de toda la región insistía en una dieta a base fundamentalmente de *blues*, y ese sentimiento musical más sencillo y profundo dio lugar a una manera de tocar jazz que con el tiempo desbancaría a los estilos de Nueva Orleans, Chicago y Nueva York.

En muchas de las primeras grabaciones de Moten podemos escuchar un *blues* sencillo y a menudo *crudo*, a pesar de los solos de banjo y los chillones clarinetes *novelty*. De hecho, piezas como *Eighteenth Street Blues* (o *Strut*) son una mezcla fascinante del puro estilo orquestal de Nueva Orleans y de un estilo inspirado en el *blues*, aunque mucho más acentuado, típico del Sudoeste. En esos temas de *blues*, con sus sencillas progresiones armónicas I - IV - V, los *riffs* se fueron empleando cada vez con mayor frecuencia y habilidad, hasta que, en las bandas posteriores de Moten y Basie, se convirtieron en una técnica orquestal fundamental del jazz. De hecho, muchos de los temas grabados por Moten en 1924 ofrecen solos que son poco más que una sucesión de *riffs* con ligeras variaciones.

Parte del repertorio de la banda consistía en canciones populares de la época, y en ellas podemos apreciar una sorprendente diferencia en lo tocante al estilo e incluso a la habilidad técnica. En esas canciones desaparece por completo la mínima flexibilidad rítmica (al menos para nuestros oídos) demostrada por la banda en los *blues*, la afinación se deteriora y empiezan a aparecer notas equivocadas. Es como si la banda no quisiera tocar realmente esa clase de material.

Para 1924, la orquesta de Moten contaba con ocho miembros, gracias a la incorporación de una tuba y de Harlan Leonard, saxofonista (y después director) de Kansas City. Cuando la banda volvió a entrar en los estudios de grabación a finales de 1926, lo hizo para el sello Victor, en Camden (Nueva Jersey) —esto último era en sí mismo un gran triunfo para una banda del Sudoeste—, y contaba ya con diez miembros, sólo dos menos que la orquesta de Fletcher Henderson en ese período.

Los pasajes orquestales de la banda mostraban entonces una cohesión mucho mayor y los solos empezaron adquirir cierta unidad estilística. La adhesión más importante a la plantilla fue la del trompetista Ed Lewis, quien más adelante se convertiría en uno de los pilares de la orquesta de Basie. Lewis, que aún no había cumplido los veinte años, evidentemente había escuchado a Joe Smith, la estrella de la trompeta que había trabajado de modo intermitente para Henderson. También había escuchado a Louis Armstrong y representaba a una nueva generación, o como mínimo una nueva orientación, en la banda de Moten. La influencia de Lewis, especialmente en el trombonista Thamon Hayes, se deja sentir en grabaciones de 1926 como *Kansas City Shuffle*. Las interpretaciones de Hayes siempre habían caído del lado de lo cómico y lo primitivo, pero en 1926 sus solos demuestran un nuevo impulso y un espíritu *hot*. La Forest Dent, que tocaba el saxofón barítono y el alto, entró a formar parte del grupo, con lo que la sección de viento-madera pasó a sumar tres integrantes y la orquesta contó con otra voz solista para contrarrestar los solos de clarinete de estilo *wah-wah* y *novelty* en los que aún insistía Woodie Walder. A consecuencia de esos cambios y de la importancia creciente de la banda en el Sudoeste, las interpretaciones se volvieron cada vez más sofisticadas. Influido por las grabaciones y las retransmisiones radiofónicas de Fletcher Henderson, así como de otras bandas del Este, Moten respondió al creciente espíritu competitivo, tanto dentro de su territorio como fuera de él, explorando esquemas formales más interesantes y llevando las partes orquestales y los solos a un nivel de ejecución más pulido. Las interpretaciones aún no tenían la elegancia y la cohesión estructural de las grabaciones realizadas por Jelly Roll Morton durante ese período, y ni siquiera la de las mejores de Henderson, pero cada pieza presentaba ahora al menos un mínimo desarrollo y dirección, en contraste con la sucesión, plana desde un punto de vista formal, de conjuntos y solos repetitivos que aparecía en sus grabaciones anteriores.

Inevitablemente, quedaban algunos vestigios. El *chorus* colectivo final de *Kansas City Shuffle* es una recapitulación casi exacta del *chorus* inicial, y el espíritu de Nueva Orleans todavía planea sobre esas partes orquestales. De vez en cuando se aprecian pasos embrionarios hacia una instrumentación más variada, como el dúo de clarinete y saxofón tenor en *Midnight Mama* o el trío de saxofones en *Missouri Wobble*. Desde el punto de vista del contenido musical, estamos aún ante grabaciones bastante mediocres, pero representan un intento casi infantil de lograr un formato y una expresión más variados. En *Yazoo Blues* se constatan otras influencias nuevas, como el *chorus* final, semejante a un himno, que Moten posiblemente escuchó en grabaciones de Morton o de Henderson (como *Sugar Foot Stomp*), o la estructura de doce compases dividida en cuatro compases de solo casi en *stop-time*, seguida por ocho compases de *tutti*.

Es manifiesto que las grabaciones de ese período son excelente música de baile, y resulta sencillo comprender por qué la banda de Moten, con su sólido ritmo, era la más popular en la región. En cada nueva sesión de grabación—la siguiente fue en junio de 1927—se nota en la banda de Moten la influencia y la creciente sofisticación de las bandas de jazz de todo el país. Podemos escuchar a Moten intentando con toda su energía alcanzar a las orquestas del Este, como la de Henderson. En su propio terreno, aumentaba la competitividad gracias a grupos como el formado por Alphonse Trent, así como la banda de Troy Floyd en San Antonio, la de Terrence Holder en Dallas y la orquesta de Jesse Stone, el Don Redman del Sudoeste, que deambulaba por Misuri y Kansas evitando la propia Kansas City.

En las grabaciones de Moten continuaron surgiendo nuevos elementos. Los conjuntos de 1927 tienen una base rítmica que constituye una versión con más *swing* del estilo orquestal de Nueva Orleans, y en el último *chorus* colectivo de *Moten Stomp*, la polifonía típicamente cohesionada de los conjuntos de Nueva Orleans ha sido reemplazada por unas líneas melódicas con mayor personalidad, al estilo de Armstrong. Curiosamente, la banda tocaba ahora menos material de *blues*, sin duda con el objeto de llegar a un público más amplio (más blanco). A consecuencia de ello, la técnica *riff* de las grabaciones de *blues* previas también ha desaparecido. Se está desarrollando un nuevo refinamiento en materia de instrumentación. En *Dear Heart* tenemos una secuencia en la que aparecen un interludio para piano y dos trompetas con sordina, muy *avanzado* en el plano armónico, seguida por un *chorus* para trío de clarinetes—el recurso de Redman había penetrado entonces en el Sudoeste—que, a su vez, queda interrumpido por el *break* de banjo en acordes por tonos enteros. *Twelfth Street Rag* muestra dos imaginativas pirámides sonoras a base de acordes, un *break* de batería, melodías al unísono en la sección de saxofones y modulaciones fantasiosas (comparadas con las grabaciones más tempranas, del todo monocromas).

New Tulsa Blues llama la atención por su sólida y robusta pulsación en el estilo del *boogie-woogie* pianístico que se estaba propagando por el Sudoeste como la pólvora. En el animado *Pass Out Lightly*, un pasaje en modo menor *estilo selva* (tal vez inspirado por *Black and Tan Fantasy*, de Duke Ellington, un disco que acababa de salir al mercado) alterna con dos *chorus* sucesivos, el primero a cargo de dos trompetas y el segundo protagonizado por los saxofones tenor y barítono. En el *chorus* de las trompetas, Ed Lewis y Paul Webster dividen la estructura de la frase de ocho compases en diversos motivos interesantes que se solapan (ejemplo 14).

Ejemplo 14. *Pass Out Lightly*

A) 1 - 1 - 1 - 1 - 2 - 2   B) 1 - 3 - 2 - 2   C) 1 - 3 - 1 - 3   D) 1 - 3 - 4 (dúo)

(Las cifras indican el número de compases).

Evidentemente, Moten está ensamblando su estilo—su *mochila*, por emplear la jerga actual del jazz—pieza a pieza. En el proceso, lo viejo y lo nuevo no siempre logran fusionarse. En *Ding Dong Blues* chocan entre sí de modo extraño cuando dos interludios anticuados, sacados directamente de arreglos comerciales para conjuntos de vodevil, compiten con un trío vocal de nuevo estilo (uno de los primeros grabados por una banda negra), con el avanzado solo de trompeta de Ed Lewis y con el moderno platillo charles de Willie McWashington. Incluso en *Moten Stomp*, la mejor pieza del grupo de grabaciones realizadas en 1927, un solo de banjo fuera de lugar todavía muestra la influencia del pasado.

A finales de 1928, la banda de Moten se libró definitivamente de la prolongada influencia del *ragtime*. *Get Low Down* resulta sintomática del cambio. El piano en estilo *rag* de Moten con el que empieza el tema queda interrumpido por un número dialogado de *hokum*, en el que Ed Lewis exhorta a Bennie: «Para de tocar ese *ragtime* y toquemos un *blues* de una vez por todas». A ello le sigue un poco de canto *scat* sobre un piano *boogie-woogie* con carácter de *blues*. Por lo demás, se trata de una grabación mediocre, en la que se suceden una serie de solos irregulares y sin relación entre sí. Sin embargo, constituye la presentación discográfica del saxofón barítono de Jack Washington, otro intérprete natural de Kansas City que entonces apenas contaba diecisiete años, tenía un sonido extraordinariamente pleno y tocaba en un estilo muy avanzado (para 1928). Su control tímbrico y dinámico, sobre todo en los re graves, revela a un músico precozmente maduro que, diez años después, sería el puntal de la sección de saxofones de Count Basie.

En *Just Rite*, una enérgica pieza de Ed Lewis, los acompañamientos más complejos de la sección de saxofones dotan de una mayor fluidez al *swing* de la banda. El trompetista Paul Webster, que estaba de paso en la orquesta de Moten y era uno de los primeros solistas de trompeta que se especializaron en las notas agudas, confiere un esplendor inusitado a los *chorus* finales de la banda, al tiempo que, en combinación con la tuba potente y profunda de Vernon Page, permite ampliar de modo considerable la tesitura del conjunto.

Este conjunto de grabaciones de 1928 también incluye varios números arreglados en exceso, cargados de clichés de Tin Pan Alley y de las orquestas de vodevil y cine (*Slow Motion*, *Tough Breaks*, etcétera). Evidentemente, el efecto de los nuevos medios de comunicación no era siempre saludable. Nunca desaparecía la tentación de utilizar fórmulas y recursos empleados por las orquestas de mayor éxito comercial, muchas de las cuales ni siquiera eran grupos de jazz en sentido estricto. Sin embargo, incluso al margen de esas tentaciones, para 1927 y 1928 la difusión de las grabaciones y la radio, así como la influencia de Henderson, Ellington y otras bandas estaban haciendo que el estilo de las *big bands* se volviera cada vez más estandarizado, más nacionalizado, por decirlo así, con la consiguiente desaparición de características regionales.

En la medida en que Moten pudo elaborar los espléndidos y vigorosos pasajes orquestales de *Kansas City Breakdown*, la mejor de las grabaciones de 1928, el futuro de su orquesta no se vio materialmente amenazado, pese a la fuerte competencia que tenía en su propio territorio. Los Blues Serenaders, de Jesse Stone, las bandas de Alphonse Trent, Terrence Holder y Troy Floyd, así como los Blue Devils, de Walter Page, radicados en Oklahoma, eran conjuntos florecientes y pujantes. Las escasas grabaciones que estas orquestas realizaron apenas nos permiten entrever la abundancia de talento musical que circulaba por la zona a finales de la década de 1920. (Véase el mapa de la página 393).

Después de perder a la banda de Bennie Moten cuando ésta fichó por Victor en 1926, el sello Okeh exploró el Sudoeste para encontrarle sustituta. En 1927, los Blues Serenaders, de Stone, grabaron para ella cuatro temas. Son grabaciones extraordinarias, que ponen manifiestamente de relieve la diferencia entre las orquestas del Sudoeste y las del Este. En ninguno de los dos temas reeditados, *Boot to Boot* y *Starvation Blues*, se aprecian nuevos recursos o innovaciones técnicas, pero el sentimiento con que la banda interpreta los dos originales de Stone no se parece a nada de lo que se podía escuchar en otras regiones del país en aquellos momentos. Las improvisaciones colectivas presentan una estructura tan perfecta como las de la Creole Jazz Band, de Oliver, sin embargo, grabadas apenas cuatro años después de los registros de estos últimos para el sello Gennett, encarnan un espíritu y un sentimiento musical que eran al mismo tiempo radicalmente nuevos y profundamente autóctonos del Sudoeste. La diferencia estriba, con claridad, en el *blues*. La absoluta libertad y relajación del fraseo (que invita a caracterizarla como un abandono controlado), las líneas melódicas abundantemente sazonadas con *blue notes* y el sentimiento rítmico sencillo y casi tosco ejemplifican un estilo instrumental de orientación vocal que sólo podía emanar del *blues*. En su abundante uso de las *blue notes*, incluida la quinta disminuida (utilizada, desde luego, melódicamente, no armónicamente), la banda de Stone expresaba el espíritu trágico del *blues* de una manera que reflejaba el territorio rural por el que se movía el grupo y que ni siquiera Moten, más próximo a la cultura blanca urbana, alcanzó nunca. De hecho, en 1927 el jazz podía ofrecer muy pocas cosas equiparables a la hondura de sentimiento transmitida por la orquesta de Stone. Era como si la banda estuviese formada por varias Bessie Smith instrumentales. Curiosamente, esa expresividad se lograba mediante (o tal vez a pesar de) arreglos escritos y, por cierto, muy avanzados y sofisticados. Lo cierto es que Jesse Stone era un músico, compositor y arreglista bien formado; a Franklin Driggs le contaron incluso que Stone escribía muchas veces los solos de sus intérpretes.[1]

La característica más destacable de la banda era la calidad de su sonido. Los instrumentistas de viento-metal tocaban con un sonido firme y extrovertido. Albert Hinton era su trompeta solista y, probablemente a causa de su fama, los músicos de viento-metal, como sección y como solistas, pasaban a un primer plano, lo que otorgaba a la banda en su conjunto un color esencialmente robusto y metálico. Asimismo, como en la orquesta de Ellington, cada uno de los tres intérpretes de viento-metal eran solistas por derecho propio y presentaban considerables variaciones en cuanto al sonido y el estilo. Se dice que Hinton era capaz de tocar todavía más agudo que Armstrong. También sabía teñir las *blue notes* con una inflexión que las transformaba en gemidos y quejidos pronunciados y llenos de expresividad. Además, tal como se aprecia en el espléndido *chorus* final de *Starvation Blues*, toca las líneas de discanto con un *vibrato* tan intenso que casi parece un *shake*. Junto a Hinton, el otro trompetista, Slick Jackson, y el trombonista, Druie Bess, tejen unas líneas de contrapunto tan bien integradas y variadas que dan la impresión de ser obra de Stone. Son verdaderas líneas melódicas, y no simples contrapuntos armónicos ligeramente ornamentados con giros melódicos. La forma de tocar de Bess, con la dureza de sus ataques y su fuerte impulso rítmico, la de Jackson tocando el tema sin sordina y la de Hinton, que utiliza la *plunger*, combinadas, dan como resultado una equilibrada polifonía de metales a tres voces que me parece que ninguna otra banda había logrado hasta ese momento (ejemplo 15).

[1] Nat Hentoff y Albert J. McCarthy (eds.), *Jazz*, *op. cit.*, p. 199.

Ejemplo 15. *Starvation Blues* (*chorus* final)

(Las partes de saxofón no se han incluido).

Las mismas cualidades se manifiestan en *Boot to Boot*, la versión de Stone de los clásicos cambios de acordes de *Tiger Rag*. Una vez más, hay que admirar la portentosa independencia melódica de los seis instrumentos de viento y la tuba agresivamente metálica de Pete Hassel, en contraste con el sonido más redondo, similar al de una trompa, cultivado por muchos intérpretes de tuba. El contundente solo de trombón de Bess tiene un estilo y una fluidez técnica que sólo Snub Mosley y Miff Mole habían alcanzado en 1927.

Es lamentable que desde la década de 1930 hasta principios de la de 1950 la preocupación por el jazz de Nueva Orleans y Chicago llevara a los historiadores a pasar completamente por alto una banda tan notable como los Blues Serenaders, de Stone. Pero Stone no era el único competidor de Moten. En San Antonio, Troy Floyd lideraba una banda de nueve músicos que carecía de la plenitud y exuberancia de la de Stone, pero que tenía un estilo más sencillo y, en gran medida, arreglado. Su músico estrella era Don Albert, un trompetista de Nueva Orleans que tocaba *blues* con un enfoque inusualmente nítido y conciso. Combinando lo mejor del estilo de los arreglos de Redman con un sentimiento propio del *blues*, la banda de Floyd tuvo un gran éxito en San Antonio hasta aproximadamente 1932, cuando fue víctima de la Gran Depresión.

Tenemos que juzgar la banda de Floyd por la única prueba de la que disponemos en la actualidad, cuatro temas grabados para el sello Okeh en 1928 y 1929. Las dos piezas, *Shadowland Blues* y *Dreamland Blues*, se grabaron en dos partes, es decir, en las dos caras de un disco de diez pulgadas. Así pues, son temas que duran seis minutos, *blues* lentos, precursores de una pieza extensa como *Diminuendo and Crescendo in Blue* de Ellington, aunque con una estructura menos sólida. *Shadowland*, grabada en 1928, es la menos lograda de las dos. Tiene un solo de saxofón soprano de Siki Collins (no influenciado, hay que añadir, por Bechet) y un inusual *blues* vocal a cargo de un barítono llamado Kellough Jefferson, que había estudiado la técnica vocal clásica o la imitaba. Sin embargo, el trombón de Benny Long destaca demasiado en los dos discos grabados en 1928. Toca el instrumento de una manera torpe, ordinaria, burda, muy próxima a la caricatura.

Dreamland i and ii presenta el luminoso timbre de la trompeta de Don Albert, un solo bien construido por el joven saxo tenor Herschel Evans (que posteriormente tocaría con Basie) y algunos hermosos *chorus* de improvisación colectiva. Evans, otro tejano, tenía sólo veinte años cuando grabó con Floyd. Representaba una concepción melódica y rítmica mucho más novedosa. Si hemos leído en algunas historias del jazz que Evans supuestamente estaba influenciado por Hawkins, es posible que nos sorprendamos al oír que toca el saxo tenor de una manera muy distinta y mucho más avanzada que la de Hawkins en 1929. Es un estilo más fluido, melódico e influido por el *blues*, quizá también más elegante. Para apreciar completamente la originalidad de Evans, hay que abstraerse del ritmo *choonk-chink* de la tuba y el banjo, en la medida en que el balanceo rítmico que producen es todo lo contrario a la concepción horizontal de la forma de tocar de Evans.

Los pasajes colectivos revisten un interés nostálgico especial. Son de una belleza evocadora y lánguida que sólo estaba al alcance de Morton y algunas bandas de Nueva Orleans, como la de Sam Morgan. En el caso de Floyd, el secreto de su belleza radica sobre todo en el *tempo*, un lento ♩ = *ca.* 100. Otro factor evidente es que esos pasajes de *tutti no* estaban escritos. De hecho, tal como los toca la banda, resulta imposible transcribirlos; y, a la inversa, si, por algún milagro, se los hubiera transcrito, habría sido imposible leerlos y tocarlos de una manera tan relajada y ágil.

El *chorus* en cuestión aparece tres veces. Al tratarse de una improvisación, las tres versiones no podían ser exactamente las mismas. Por otra parte, en 1929 lo normal no habría sido esperar las sutiles diferencias, realmente semejantes a variaciones, logradas por la banda de Floyd. El primer *chorus* de la banda lo tocan un clarinete en el registro agudo, dos trompetas, un trombón y dos saxofones, con todos los instrumentos improvisando salvo la primera trompeta (que toca la melodía principal del *blues*). Los otros dos *chorus* colectivos—uno al principio de la cara B, el otro directamente después del solo de Evans—son para tres instrumentos de viento-metal, el primero con dos saxofones y el segundo con tres saxofones, con los conjuntos de saxofón arreglados de cabeza en versiones *diferentes*. Así pues, aquí tenemos el clásico conjunto de Nueva Orleans trasladado al vigoroso estilo *blues* de Texas y actualizado desde un punto de vista armónico e instrumental.

La base del ritmo de jazz, por oposición al de la música clásica, consiste en un adorno, una anticipación, una demora u otra ornamentación del pulso. En esencia, el fraseo del jazz gira alrededor de un eje central, el pulso. Es evidente que, cuanto más lento sea el *tempo*, más variaciones será posible introducir en ese proceso de ornamentación y se dispondrá de más subdivisiones rítmicas del tiempo. Así pues, es probable que, si tenemos a seis intérpretes, los seis ornamenten cada tiempo con diseños rítmicos ligeramente diferentes. Si los seis están improvisando al mismo tiempo, tal vez obtengamos un armazón rítmico vertical de gran complejidad y belleza. Como esa complejidad se logra de manera intuitiva, o de modo reflejo, por decirlo así, el resultado es también completamente natural y, a su vez, une los dos opuestos, simplicidad y complejidad, en la forma suprema de expresión artística. Eso es lo que ocurre con los pasajes de *tutti* de *Dreamland*.

Como ya he señalado, el ejemplo extraído de *Dreamland* II, de Floyd, no se puede transcribir con precisión, o la notación sería tan compleja que resultaría ilegible. Las sutilezas rítmicas que pueden apreciarse en un *tempo* lento de *blues* están esencialmente más allá de nuestro sistema de notación. Sin embargo, incluso esa aproximación (ejemplo 16) permitirá hacerse una pequeña idea de las polirritmias presentes en la pieza, y constatar el hecho de que, en esencia, estamos ante el carácter polirrítmico de la música africana, transmitida al jazz por la memoria colectiva de los negros.

Ejemplo 16. *Dreamland* II (*chorus* orquestal)

Las dos bandas que compitieron más encarnizadamente con la de Moten fueron la de Alphonse Trent y los Blue Devils, de Walter Page. Estos últimos fueron un grupo ambicioso que tuvo una carrera errática y breve. En un momento u otro reunió a los mejores intérpretes de la región: el saxo alto Buster Smith, el trombonista y arreglista Eddie Durham, el trompetista Oran «Hot Lips» Page, el trombonista Dan Minor, el batería Alvin Burroughs y, más adelante, en 1928, el cantante Jimmy Rushing, así como Count Basie. Los Blue Devils, banda formada en 1926 en Oklahoma City, vagaron por el territorio circundante y llegaron, hacia el norte, hasta Joplin (Misuri), Emporia (Kansas) y Omaha (Nebraska). En diversas batallas entre bandas, se dice que Page «derrotó» tanto a Jesse Stone como a George Lee, con lo que su acceso a todo aquel territorio quedó vedado, pero la ambición de Page era competir contra el más poderoso, Moten. Este último evitó la confrontación durante todo el tiempo que le fue posible, pero en 1928 finalmente se celebró un enfrentamiento y se dice que en esa ocasión Page «barrió» a la banda de Moten. La reacción natural de Moten ante ese contrincante fue intentar comprar a todos los Blue Devils y quedárselos, pero, cuando ese plan no funcionó, empezó a saquear la banda de Page y se llevó a Basie y a Durham, a principios de 1929. Rushing y Hot Lips Page también se marcharon cuando una serie de contrataciones desafortunadas pusieron en peligro el futuro de la banda.

Los Blue Devils eran un grupo valiente que estaba dispuesto a presentar batalla musical contra todos, incluidas bandas blancas melosas como las de Vincent Lopez y Lawrence Welk. Nunca se enfrentaron a Trent en una competición abierta, dado que, a finales de la década de 1920 y comienzos de la de 1930, Trent estuvo casi siempre en el Este.

Los Blue Devils sólo entraron una vez en el estudio de grabación, en noviembre de 1929, cuando aún contaban con sus mejores intérpretes. Al margen de sus méritos musicales, esas grabaciones revisten gran importancia histórica, pues a principios de la década de 1930 muchos integrantes de los Blue Devils animaron la banda de Moten, que a su vez se convirtió en el núcleo de la banda de Basie. La presencia de Buster Smith en la banda de los Blue Devils tal vez revista una importancia todavía mayor, pues fue la principal influencia musical en el joven Charlie Parker de mediados y finales de la década de 1930.

Blue Devil Blues no es un *blues* en sentido estricto, sino más bien una pieza en tonalidad menor, simplista y anticuada. Tampoco reviste gran interés como arreglo; los Blue Devils no eran una orquesta dirigida por un arreglista, sino un grupo de intérpretes cuya dieta musical básica preferida se basaba en los arreglos de cabeza con acompañamientos sencillos a base de *riffs* y solos. La fórmula funcionaba porque se entendían entre sí y explotaban el mismo filón estilístico. Sus solistas más destacados fueron Hot Lips Page, Buster Smith, Rushing y Basie, pero cuando los Blue Devils realizaron esas grabaciones Basie ya se había marchado para unirse a Moten.[1] Hot Lips Page y Buster Smith eran unos jóvenes de veintiún años, pero los principales elementos de su estilo estaban ya formados. Page había estado muy influido por el Armstrong de *West End Blues*. Su solo inicial en *Blue Devil Blues* tiene una gran libertad rítmica y parece ignorar las barras de compás, como si surgiera directamente del *blues*. Crea un solo bastante cohesionado a partir de dos ideas sometidas a una variación constante. La altura de ese logro debe medirse tomando en consideración el hecho de que, durante los dieciséis compases de ese solo introductorio, el acompañamiento armónico permanece firmemente anclado en la tonalidad de do menor. Sin embargo, Page convierte esa limitación armónica en una ventaja, pues construye sobre ella un solo que, en efecto, es una composición en miniatura.

---

[1] Durante muchos años, las discografías han identificado a Basie como el pianista de la sesión de grabación de los Blue Devils. El dato es indudablemente erróneo, como se demuestra si comparamos el estilo juvenil de Basie en las grabaciones realizadas por Moten durante ese período con el estilo del piano en los registros de los Blue Devils. Aparte de las claras diferencias estilísticas, Basie tenía un impulso rítmico mucho más vivaz, un ataque y una pulsación mucho más vigorosos que el pianista de los Blue Devils, probablemente Willie Lewis, un viejo amigo de Walter Page de los tiempos de la banda itinerante de Billy King, con la que Page había hecho una gira por el circuito de la Theatre Owners Booking Association (TOBA) a principios de la década de 1920.

Esta grabación no empieza con un tema ni expone una melodía. Es una pieza sin tema, al menos en el sentido en que se emplea esa palabra en el contexto de una composición. El solo inicial no es más que una improvisación libre en do menor, e incluso el *blues* cantado por Rushing es una improvisación que se atiene a lo que en aquel momento era una tradición vocal perfectamente establecida. Sus dos *chorus* son soberbios. En la actualidad, cuando hemos vivido con el canto de Rushing durante varias décadas, sobre todo gracias a sus años con Basie, resulta un tanto sorprendente escuchar en su primera grabación la voz y el estilo, ya del todo maduros, que conocemos de períodos posteriores. La trompeta con sordina de Page que se escucha en un segundo plano por debajo de Rushing toca en el clásico estilo ornamental del *blues*, lo que proporciona un complemento y una réplica perfectos a la voz. El *chorus* de Buster Smith al clarinete no resulta completamente satisfactorio. A veces está desafinado (como el solo inicial de Page), y aunque intenta explorar algunas ideas nuevas, no llega a materializarlas. Apenas perceptible bajo el clarinete de Smith, aunque digno de esfuerzo auditivo, resulta el acompañamiento a la guitarra de Ruben Lynch, con unos acordes muy avanzados, a razón de cuatro por compás. La grabación termina de forma poco concluyente con unas sosas armonías arregladas y unos *riff* sobre los que discurre un disperso solo de piano. En cierto sentido, la pieza en su conjunto no tiene un comienzo ni un final, pero el solo de apertura de Hot Lips Page es un sustituto factible para el inicio.

Squabblin' muestra claramente la solidez que había alcanzado la tradición del Sudoeste en 1929, y hasta qué punto su espíritu y orientación diferían de una banda como la de Ellington, por ejemplo. Hot Lips Page y Buster Smith son los solistas principales, este último tanto al saxofón alto como al clarinete. Walter Page, que había tocado la tuba en *Blue Devil Blues*, cambia aquí al contrabajo y más adelante al saxofón barítono, y toca los tres instrumentos increíblemente bien. De hecho, el flujo rítmico de su contrabajo en *pizzicato* da su sabor especial a la interpretación de toda la banda. El ritmo ♩♪ ♪♩ ♪ del bajo en el primer *chorus* crea una nueva movilidad rítmica. En años posteriores, Page y el guitarrista Freddie Green emplearían a menudo con la banda de Basie los *chorus* íntegramente a cargo de la sección rítmica (el tercer *chorus* de la grabación), pero sorprende escucharlos en una fecha tan temprana como 1929. Una vez más, Lynch anticipa la evolución del lenguaje del jazz con su conducción cromática de la voz principal y el tratamiento de los acordes, y con su breve intervención que da paso al puente del pianista, Willie Lewis (ejemplo 17).

Ejemplo 17. *Squabblin'*

Igualmente destacable es el inteligente trabajo a los platillos de Burroughs, que en la época contaba dieciocho años. No sólo presenta una gran variedad de matices dinámicos y se integra bien en este *chorus* de ritmo tranquilo y sereno, sino que también resultaría difícil superar su habilidad a la hora de introducir diferentes variantes y extensiones del siguiente motivo sincopado (con el platillo charles medio abierto): ♪ ♪ ♪♪♩ ♪ .

Pese a que Page toca la parte de contrabajo con una pulsación a dos tiempos, los cuatro de la guitarra, la fluidez de Burroughs a los platillos y el impulso relajado del contrabajo se funden para dar lugar a una pulsación fluida y llena de *swing* que se convirtió en la marca rítmica inconfundible del estilo de Kansas City.

Los dos Page, Hot Lips y Walter, ofrecen excelentes solos *modernos* a la trompeta y el saxofón barítono, respectivamente; este último muestra, además, una notable fluidez para la época. Walter Page toca asimismo un estupendo *break* en *pizzicato* al contrabajo, toda una rareza en unos tiempos en los que tocaba la tuba. Sólo podemos criticarlo en el *chorus* del clarinete, en el que titubea y se olvida de pasar al puente.

Los solos de Buster Smith también son avanzados para su época. No son tan libres y relajados como los de Hot Lips Page, pero su forma de tocar es lo bastante sincopada para producir un *swing* considerable. Sus solos al saxo alto resultan en especial fascinantes porque Charlie Parker imitó claramente su sonido, dotado de una vigorosa plenitud y también de una ligera crispación.

La banda de George Lee fue, con mucha probabilidad, el rival geográfico más próximo a Moten. A mediados de la década de 1920, Lee contaba con unos seguidores tan leales como los de Moten, pero el contrato con el sello Victor firmado por este último lo puso por delante. Moten intentó saquear la banda de Lee en 1929 para conseguir al estupendo saxo tenor y arreglista Budd Johnson. Como no lo logró, saqueó los Blue Devils, de Page, como ya hemos visto; pero lo dicho da prueba de la estima que su mayor rival sentía por Lee.

Lee realizó su primera grabación en 1927 para un oscuro sello negro dirigido por un político local y un clarinetista. La grabación, de escasa calidad técnica, revela bajo el ruido de fondo a una banda de nueve miembros que toca arreglos de cabeza con breves solos y una pulsación firme y llena de *swing*. Los mejores solistas de la banda eran el trombonista Thurston «Sox» Maupins y Julia, la hermana de Lee, al piano. Los dos tocan con una concepción rítmica y un estilo más avanzados que los del resto de la banda. *Merritt Stomp* concluye con un final insólito sobre el acorde de séptima del sexto grado (VI⁷), mientras que *Down Home Syncopatin' Blues* presenta un *chorus* de *blues* dividido en fragmentos de dos compases con sucesivas intervenciones de trombón, saxo tenor, saxo alto y corneta, y una improvisación colectiva liderada por el clarinete en los cuatro últimos compases. Desde el punto de vista formal guarda cierta semejanza con algunos de los arreglos de Jelly Roll Morton, pero el parecido no va más allá, puesto que la sucesión de las intervenciones de dos compases y el carácter rítmico general de la interpretación están muy lejos del excelente nivel de Morton.

Lee volvió a grabar en 1929. En esa época habían contratado a Jesse Stone como arreglista, y ya formaban parte de la banda Budd Johnson y Clarence Taylor al saxo alto. *Ruff Scufflin'* muestra hasta qué punto la banda había aprendido a manejarse con los arreglos escritos por Stone gracias a la influencia de Redman. Las síncopas en los pasajes de *tutti* y los intercambios del viento-metal y del viento-madera les salen bien. La pieza concluye con una coda de seis compases a cargo de un trío de corneta y dos saxofones, con el único acompañamiento de los golpes de platillos (ejemplo 18). *St. James Infirmary* incluye un viril pasaje vocal a cargo de George Lee y un «moderno» solo de Taylor con arpegios en fusas (a ♩ = 120), un recurso todavía muy inusual a finales de la década de 1920.

Ejemplo 18. *Ruff Scufflin'* (coda)

En ciertos aspectos, la banda más avanzada e idolatrada del Sudoeste era la de Alphonse Trent. Todos los músicos que la escucharon han dado testimonio de su excelencia única. Los comentarios de Budd Johnson, un músico de primer nivel y sumamente respetado, resultan representativos:

Déjeme que le hable de Trent. ¡Era la mejor banda que he oído en mi vida! Me entusiasmaban. Eran dioses en la década de 1920, como Basie lo sería después, sólo que estaban muchos años por delante de él [...] Sólo trabajaban en los mejores y más grandes hoteles del Sur. Idolatrábamos a esos muchachos [...] ¡No sabe usted lo fabulosos que eran! Estaban muy por delante de su tiempo.[1]

La historia de Trent es tan fabulosa como la mejor que puedan ofrecer los felices años veinte. Tras recorrer Arkansas y Oklahoma, en torno a 1923, Trent se hizo con la mayoría de los integrantes de una pequeña banda regional llamada Synco Six, de Gene Crooke. Algún tiempo después, el famoso hotel Adolphus de Dallas, en aquel entonces el más elegante del Sudoeste, ofreció a la orquesta de Trent un contrato de dos semanas para tocar en su segunda sala de baile. Trent se quedó durante un año y medio, lo que es un éxito espectacular en cualquier circunstancia, pero resulta absolutamente inaudito tratándose de una orquesta negra en el Sur que tocaba en un hotel blanco de la máxima categoría. Una emisora de radio de Dallas transmitía sus interpretaciones y la banda se convirtió en la más famosa y rica de todo el Sudoeste y el Medio Oeste. Los músicos llevaban camisas de seda y conducían Cadillacs, dado que ganaban el increíble salario (para la época) de ciento cincuenta dólares semanales. Aunque sus colegas y el público los idolatraban, tocaban en los bailes de graduación más elegantes y en los bailes inaugurales de los gobernadores e hicieron giras por todo el Sur y el Medio Oeste, es evidente que las grandes discográficas del Este nada sabían de su existencia. A Trent no la grabaron has-

---

[1] Franklin S. Driggs, «Budd Johnson, an Ageless Jazzman», *The Jazz Review*, noviembre de 1960, p. 6.

ta 1928, y sólo lo hizo el pequeño sello Gennett, que contaba con una distribución limitada; a resultas de ello, los ocho temas grabados por Trent son una rareza de coleccionista.

En 1928, la orquesta de Trent contaba ya con doce miembros (tantos como la de Henderson) tras contratar al violinista Stuff Smith en Lexington (Kentucky), al saxo tenor Hayes Pillars, de Arkansas, y al trompetista Peanuts Holland, de Buffalo, en sus diversas giras por el país. Que el estilo de la orquesta era distinto queda inmediatamente de manifiesto en su primera sesión de grabación, el 11 de octubre de 1928. Tocaba con más refinamiento que cualquier otra orquesta negra, incluida la de Henderson, y además contaba con solistas extraordinarios. El material que interpretaba también se salía de lo habitual, como puede apreciarse en los dos primeros temas que grabó, *Nightmare* y *Black and Blue Rhapsody*. El primero pertenece a un género más cercano a la clase de piezas de espectáculo o de variedades que Ellington tocaba en el Cotton Club que a los temas interpretados en los bailes sociales del Oeste. *Nightmare* era una composición dotada de una forma muy concreta y con ciertas ideas melódicas y armónicas que debían tocarse en una determinada forma y disposición. Aunque *Black and Blue Rhapsody* era en mayor medida un número de baile, también tenía muchas secciones escritas o arregladas que estaban muy alejadas del repertorio convencional de baile. Las dos piezas se hallaban en la tonalidad de re bemol, lo que implicaba el uso del si doble bemol en *Nightmare* y las modulaciones frecuentes y abruptas en el caso de *Rhapsody*. La orquesta de Trent dominaba todos estos detalles sin el menor esfuerzo. Evidentemente, se trataba de una banda que ensayaba a conciencia, y aunque Trent no era un pianista excepcional, debía de tener una idea clara de cómo quería que sonara la banda y de cómo ensayar para obtener ese sonido. Resulta obvio también que las *big bands* blancas de Whiteman y Lombardo eran un modelo en ciertos aspectos, y se nota la influencia de Henderson y Redman.

Por desgracia, ya no es posible rastrear las referencias cruzadas con precisión y de forma cronológica. Dado que Trent no grabó en 1926 ni 1927 pero la radio de Dallas ya estaba transmitiendo sus interpretaciones, es de todo punto posible que ejerciera una influencia mucho mayor en otros músicos, tal vez incluso en Henderson, de lo que podemos calibrar. Las grabaciones que Trent realizó en 1928 muestran que la banda no era un conjunto bisoño, sino que tenía un estilo firmemente establecido, un sonido, un refinamiento extraordinario, cualidades todas ellas que no se adquieren de la noche a la mañana.

De hecho, tal vez fuera refinada en exceso y se interesara demasiado en las partes de *tutti* arregladas en detrimento de los solistas. En este sentido, anticipaba las debilidades intrínsecas del estilo *swing* de las *big bands* de una década después. Pero es fácil entender que los músicos veneraran un refinamiento y una perfección como los que ninguna otra banda negra había logrado en aquellos tiempos.

Los dos temas grabados para el sello Gennett presentan a dos solistas, el violinista Stuff Smith y el trompetista Peanuts Holland. Los estilos de ambos intérpretes están completamente formados, aunque ninguno de los dos había cumplido veinte años, un fenómeno que encontramos a menudo en el Sudoeste, donde los músicos solían comenzar su vida profesional cuando tenían catorce o quince años. El excelente equilibrio de planos sonoros en los pasajes orquestales de la banda se evidencia en el puente de cuatro compases de *Nightmare* (los dos acordes disminuidos), donde los cuatro saxofones y los cuatro instrumentos de viento-metal se funden en una sonoridad única, dejando que Stuff Smith improvise libremente contra ellos. Gene Crooke, un intérprete de banjo que gozaba de una excelente reputación, destaca asimismo por la belleza de su sonido y la solidez de su pulsación.

Rhapsody muestra hasta qué punto los músicos de Trent habían asimilado las lecciones de Redman como arreglista, sobre todo por lo que respecta a la manera de utilizar los instrumentos por secciones. Hay muchos tríos de trompetas y cuartetos de saxofones, interpretados siempre con gran precisión, por más lejana que fuera la modulación o mayores las exigencias técnicas. La sección de saxofones era de un refinamiento realmente extraordinario. Podemos apreciarlo en especial por el gran equilibrio dinámico y la homogeneidad rítmica de los acompañamientos en semicorcheas de los saxofones en la segunda parte de la pieza (que empieza después de los pasajes ascendentes al unísono), y, más tarde, en los pasajes en octavas del saxo alto y el tenor, con una afinación tal que hay que escuchar para creerla. La grabación también supone la primera aparición en disco del trombonista Snub Mosley, extraordinariamente dotado y cuya formidable técnica anticipa con toda claridad los trombones fulminantes de la etapa del *bop*. En su solo, Mosley ataca con toda comodidad un mi bemol agudo, para luego divertirse con unos motivos rápidos en cascada, como si se tratara de un juego de niños.

Trent grabó en marzo de 1930 *After You've Gone*, un clásico compuesto por Turner Layton en 1918. La interpretación vuelve a mostrar la considerable facilidad de la banda con los pasajes de *tutti* arreglados en tonalidades inusuales. La pieza comienza en la tonalidad de do mayor con el solo de trompeta de Peanuts Holland y una intervención vocal, y a continuación modula a re bemol mayor con la habitual duplicación del *tempo*, desplazándose finalmente a la brillante tonalidad de si mayor en el *chorus* final de la banda al completo. Holland y Snub Mosley son los únicos solistas. Ambos intérpretes tenían un estilo original, pero también eran desesperantemente lacónicos. Era como si no se atrevieran a proyectar sus ideas, poco convencionales, y los solos de Mosley suelen contener más silencios que sonidos. Entre los repentinos borbotones y destellos de ideas evasivas, uno se ve forzado a imaginar el resto, silenciado pero tácito. En última instancia, eso es lo que diferencia a intérpretes como Holland y Mosley de alguien como Armstrong o el trombonista Dicky Wells: estos últimos exponían sus ideas de un modo completo, inequívoco, y con absoluta autoridad.

El ejemplo musical (ejemplo 19) nos permite entrever el estilo animado y resbaladizo de Holland. En los compases dos y diez, por ejemplo, toca unos la natural dentro de los acordes de fa menor que no suenan en absoluto erróneos en ese contexto. En aquella época, con *tempi* rápidos, los intérpretes—incluso los mejores—a menudo no llegaban a adaptar los esquemas de base a los *ligeros* cambios cromáticos de la estructura armónica. Por extraño que parezca, a un *tempo* relativamente rápido, el oído no percibe estos errores teóricos como defectos graves que llamen la atención.

Ejemplo 19. *After You've Gone* (solo de Peanuts Holland)

La sección rítmica, incluida la tuba, toca a cuatro tiempos, excepto en la sección central, donde retoma el habitual compás a dos (lo que los lleva a tocar cuarenta compases en lugar de los veinte originales). Para no tratarse más que de un *chorus* de acordes en bloque en la tonalidad de si natural, y en una fecha como 1930, la sección final presenta un *swing* increíble, como si estuviera en si bemol y la hubieran tocado a mediados de la década de 1930, en plena era del *swing*.

Así pues, éstas eran las bandas que competían con Moten por la atención del público. Como puede apreciarse, algunas de las formaciones examinadas (e incluso de las que no dejaron grabación alguna) tenían leales seguidores y una considerable reputación entre los músicos. Pero Moten poseía la ventaja de tener un contrato discográfico con Victor, de modo que ni siquiera Trent, a quien muchos músicos admiraban más que a Moten (al menos a finales de la década de 1920, antes de la soberbia banda formada por Moten en 1932), gozó de la reputación pública general de Moten. Haber conseguido un contrato con Victor era un gran logro, un factor que Moten, incluso mejor hombre de negocios que pianista, evidentemente supo explotar.

Ya hemos visto que Moten era capaz de saquear o comprar orquestas enteras, por lo tanto, podemos dar por supuesto que también se apropió, siempre que fue posible, de ideas musicales elaboradas por otras bandas. Dejamos de estudiar la discografía de Moten a finales de 1928, cuando otros grupos del Sudoeste empezaron a grabar y él perdió su práctico monopolio del mercado discográfico local. A partir de ese momento se produjeron grandes cambios en el estilo y la plantilla de la orquesta, que la llevaron a desarrollarse con celeridad, adquirir reputación nacional y, finalmente, ser la indiscutible número uno en el Medio Oeste y Sudoeste.

En 1929, la banda de Moten viajó en dos ocasiones a Chicago para grabar, y registró unos veinte temas. En ellos se pone de manifiesto hasta qué punto las otras agrupaciones del Sudoeste, por no mencionar a Ellington y otras orquestas del Este, habían superado a Moten. La banda había quedado atrapada en su pose conservadora. Evidentemente, Moten, tratando de conservar al público de los bailes y las grabaciones, intentaba atraer a un auditorio de clase media más extenso utilizando un ritmo más bien brusco y algo anticuado. Incluso los esfuerzos de los tres solistas principales—Ed Lewis, Harlan Leonard y Jack Washington—quedan neutralizados por el monótono *oom-pah* de la banda. Es una lástima, porque Washington, en particular, estaba convirtiéndose en un solista de primera clase, sólo comparable al joven Harry Carney en la orquesta de Ellington. Los únicos elementos nuevos que aparecen en estas grabaciones de 1929 son irrelevantes y musicalmente regresivos: la creciente imitación del sonido de la sección de saxofones de Lombardo y la adición de solos de acordeón de Buster Moten (el hermano de Bennie).

En algunos aspectos poco importantes, las grabaciones de octubre de 1929 suponen una mejora respecto de las sesiones de julio. Basie había madurado como pianista y podemos oírle trabajar su primer estilo, mientras vacila de un modo un tanto imprevisible entre dos influencias, Waller y Hines. Los solos tienden a divagar o a caer en clichés pianísticos,[1] aunque asimismo revelan el talento potencial y la originalidad incipiente del joven Basie. Eddie Durham también se había unido al grupo, repartiendo su labor entre el trombón y los solos de guitarra. Sus solos son también un tanto inmaduros, pero sin duda ponen de manifiesto el avanzado pensamiento armónico y rítmico de un músico que se convertiría en un importante arreglista al estilo de Kansas City, y, como tales, se sitúan más allá del marco estilístico de referencia establecido por la banda de Moten en esa época. En *Small Black*, el grupo

---

[1] Tal cosa resulta especialmente cierta en su extenso solo en *Small Black*, creado a partir de *varias* copias maestras, en las reediciones de la colección «Vintage Series» de RCA Victor.

intenta conseguir un sentido del *swing* más avanzado, pero lo único que logra es algo que Martin Williams ha descrito a la perfección como «vivaracho, más que verdaderamente *swing*». *Jones' Law Blues* reviste cierto interés dado su estrecho parecido con *Blue Devil Blues*, grabado apenas quince días después. Sólo cabe especular con quién influyó en quién, dado que las dos bandas podían tener sus respectivas piezas en el repertorio desde hacía cierto tiempo. En todo caso, las dos tienen la misma estructura de base, la misma tonalidad, el mismo *tempo* y la misma relación de una introducción en do menor con un subsiguiente *blues* en mi bemol, etcétera, si bien la versión de Moten es un poco más larga.

Un año después, en octubre de 1930, Jimmy Rushing y Hot Lips Page se habían unido a Moten, el primero fundamentalmente como baladista y, sólo de modo ocasional, como cantante de *blues*, el segundo como tercera trompeta. Pero, por encima de todo, un arreglista estaba empezando a cambiar el destino de la orquesta: Eddie Durham. A juzgar por las grabaciones de 1930, la primera inclinación de Durham fue imitar muy estrechamente el estilo de Henderson-Redman-Carter. Muchas de las ideas de éstos aparecen entonces de modo constante, como en *Oh, Eddie* y *Somebody Stole My Gal*. El ritmo comienza a fluir más en la dirección de una pulsación a cuatro tiempos. Eso es sobre todo válido para *When I'm Alone* y *My Gal*, piezas de transición para la banda, entonces claramente orientada hacia el maravilloso *swing* demostrado en 1932 con *Toby*, *Moten's Swing* y *Prince of Wales*. *That Too, Do* es un *blues* lento que incorpora a Rushing cantando *Sent for You Yesterday* en el mismo estilo que la famosa grabación posterior de Basie. El curioso acompañamiento que arropa a Rushing está a cargo del piano, la batería, un banjo rítmico y las intervenciones improvisadas de Durham a la guitarra y de Buster Moten al acordeón. La grabación destaca también por su excelente *preaching chorus*, con Ed Lewis a la trompeta en el papel de predicador y Rushing y el resto del grupo en el papel de congregación, según el esquema clásico de llamada y respuesta.

A finales de 1930, la banda de Henderson había recuperado el liderazgo nacional, después de un período improductivo, con arreglos como *Keep a Song in Your Soul* y *Chinatown, My Chinatown*. Benny Carter era en aquel entonces el arreglista al que todo el mundo seguía, y Moten, mientras estaba de gira por el Este a comienzos de 1931, compró unos cuarenta arreglos de Carter y Horace Henderson a su hermano Fletcher. La incorporación de Walter Page al contrabajo, de Eddie Barefield como arreglista y clarinetista y de Ben Webster al saxo tenor introdujo cambios estilísticos aún más drásticos, y cuando Moten entró el 13 de noviembre de 1932 en un estudio de grabación de Camden (Nueva Jersey), la banda sonaba completamente nueva.

El crac de Wall Street empezaba a pasar factura en el mundo de la música. Todo el negocio de las *big bands* sufría inestabilidad económica. Había entonces centenares de formaciones grandes y pequeñas, y todas competían por el menguante mercado financiero. Muchas desaparecieron a comienzos de la década de 1930, a veces por escasez de contratos o a causa de agentes deshonestos. Otras bandas perdieron a sus solistas más reputados y no pudieron sobrevivir en un campo tan competitivo. Algunas tuvieron la fortuna de encontrar sustitutos iguales o mejores. Otras se trasladaron a Europa durante un tiempo, como hizo Ellington en 1932. Y, curiosamente, algunas bandas sobrevivieron a la Gran Depresión más o menos bien, mientras que otras, como los Twelve Clouds of Joy, de Andy Kirk, la banda de Jimmie Lunceford y cierto número de orquestas del Sudoeste surgieron en los primeros años de ese período.

Cuando Moten emprendió, en 1931, su gira por el Este, debió de pensar en la necesidad de introducir algunos cambios radicales. Allá donde iba se encontraba con bandas que habían copiado la fórmula de Henderson, Redman y Carter, y con la ayuda de unos cuantos solistas locales, casi todos ellos jóvenes con un estilo moderno, se defendían muy bien. Además, antes de que Moten se marchara de gira, había sufrido una derrota desastrosa en Kansas City, en una contienda gigantesca en la que habían participado seis orquestas. Mientras algunas bandas más jóvenes le pisaban los talones, el estilo conservador de Moten era una carga. Los cuarenta nuevos arreglos eran la rápida respuesta de un hombre de negocios a un problema enojoso.

Resulta difícil concebir cuántas orquestas excelentes había. La mayoría nunca entró en un estudio de grabación y unas pocas registraron unos cuantos temas en sellos menores, de los que sólo se publicaron algunos centenares de copias que únicamente conocen los coleccionistas de discos. El hecho de que la discografía elaborada por Delaunay en 1948[1] no enumere a casi ninguna de esas bandas regionales constituye una clara señal al respecto. El resultado es que estas bandas nunca existieron para muchos historiadores del jazz. Sin embargo, fueron muy activas—tenían que serlo para sobrevivir—, tenían seguidores locales, gozaron de la admiración de las bandas que visitaban la región y contribuyeron significativamente a los rápidos cambios estilísticos que en aquel entonces afectaban al jazz. En vista de semejante omisión, podría ser una buena idea examinar los esfuerzos de algunas de las orquestas más representativas que grabaron discos.

En Omaha y el territorio circundante, los Serenaders, de Lloyd Hunter lograron el éxito hacia 1927 y en 1930 se vincularon profesionalmente con una cantante de Nueva York, Victoria Spivey. Bajo la dirección de ésta, la banda hizo nu-

---

[1] Charles Delaunay, *New Hot Discography: The Standard Directory of Recorded Jazz, op. cit.*

merosas giras, y sus viajes por el Este la llevaron hasta Boston, aunque no a Nueva York. En junio de 1931 la banda grabó *Sensational Mood*, una composición de Henri Woode y de uno de los saxos altos del grupo, Noble Floyd, en una interpretación que permite apreciar el alto nivel de sus solistas, el excelente rendimiento de cada sección y el impulso rítmico del conjunto.

No se ha determinado con exactitud la identidad de los intérpretes, pero, aunque tal cosa se lograra, el dato en nada alteraría la calidad de los solos. Evidentemente, la banda estaba familiarizada con los Cotton Pickers, de McKinney, con Henderson y con Ellington. *Sensational Mood* es un tema que despierta sentimientos patrióticos, tocado a buen ritmo ($\downarrow$ = *ca.* 290). La introducción, al modo de un número de espectáculo de un club nocturno de finales de la década de 1920, nos hace ver de inmediato que la banda va en serio. Es el tipo de música que Lunceford convertiría en un éxito nacional con su famoso *White Heat* en 1934. En ella observamos motivos de la sección de viento-metal en 3/8 ($\downarrow$) y 3/4 ($\downarrow$) dentro de un *tempo* rápido en compás de 4/4, que desemboca directamente en un pasaje de *tutti* arreglado en el que volvemos a apreciar los motivos en 3/8 de la introducción. Sigue una serie de solos breves, todos ellos de una calidad que sería esperable en una de las *big bands* del Este, pero no en un grupo cuyo nombre no aparece en los libros de jazz, al menos antes de la década de 1960. Sin duda, estos solos no son originales, puesto que están basados en el trabajo de algunos de los solistas de las bandas arriba mencionadas: John Stark, Benny Carter, Benny Morton y Rex Stewart. Sin embargo, imitan ese modelo de una forma inventiva y con un gran sentido del *swing*. En el primer grupo de solos se encuentra uno para trompeta en lo que solía llamarse el estilo *freak*, practicado por Rex Stewart.[1] En los si-

---

[1] El estilo *freak*, a menudo aplicado al modo de tocar la trompeta de Rex

guientes pasajes de *tutti* arreglados, las secciones de viento-
madera y viento-metal exponen esquemas rítmicos en 3/4 y
5/4 superpuestos, en la línea de la mejor tradición de Redman. Todo ello se logra con una fluidez y un refinamiento
considerables, y es evidente que la banda había asimilado
perfectamente las innovaciones rítmicas de Armstrong gracias a la concepción orquestal de Redman.

Otra banda que deambuló por el extremo norte del Medio Oeste y del Sudoeste fue la de Grant Moore, que venía
a tener su cuartel general en Milwaukee. Se trataba de un
grupo parecido al de Hunter, basado también en la concepción de Redman y Carter, que además ostentaba una respetable nómina de solistas. Moore grabó dos temas en junio
de 1931, los animados *Dixieland One-Step* y *Mama Don't
Allow*. El primero arranca con una atrevida introducción
en forma de toque de clarín, cuyo material de base deriva
curiosamente de un motivo de dos notas ♩ ♩ que encontramos en la primera sección del viejo caballo de batalla de la
ODJB; un motivo que en ocasiones reaparece con variaciones, por disminución y aumentación, y que proporciona finalmente los elementos sobre los que se sustenta la extensa coda. Se trata, de hecho, de un arreglo, elaborado con
mucha probabilidad por el pianista J. Norman Ebron, que
resulta muy ingenioso, sobre todo por el modo singular en
que el *chorus* final de la banda se prolonga para terminar
fundiéndose de manera imperceptible con la coda (ejemplo 20), una perfecta transición que revela la originalidad
notable del arreglista.

Stewart, se refiere a una forma sumamente personal y heterodoxa de utilizar
diversas sordinas (en especial, la *plunger*) en combinación con diversas posiciones de media válvula o de tres cuartos de válvula, que alteran de modo
considerable el sonido de la trompeta o de la corneta.

Ejemplo 20. *Dixieland One-Step* (*chorus* final y coda)

(En este ejemplo sólo se indica la voz superior para cada uno de los acordes a cuatro voces—sección de viento-metal, plicas hacia arriba—o a tres voces—saxofones, plicas hacia abajo. La x designa el motivo de la introducción mencionado en el texto).

En la introducción, las secciones de viento-madera y viento-metal se mantienen separadas con acordes en bloque por movimiento contrario, una idea todavía muy poco utilizada en el jazz en 1931. Más adelante, escuchamos un *break* de dos compases a cargo del saxo tenor, que toca unas corcheas llenas de *swing* de un modo que no se popularizará hasta la llegada del *bop*. El arreglo presenta dos motivos ejecutados al unísono, uno en octavas en el saxo alto y el tenor, y el otro a cargo de la banda al completo, otro procedimiento muy poco habitual en aquella época (ejemplo 21).

Ejemplo 21. *Dixieland One-Step* (pasaje al unísono)

(La sección rítmica acompaña este pasaje tocando sólo en los tiempos débiles, es decir, el segundo y cuarto tiempos).

No obstante, tal vez el mejor momento de la pieza sea el protagonizado por los saltos interválicos de Bob Russell en su *break* de trompeta (ejemplo 22).

Ejemplo 22. *Dixieland One-Step* (*break* de trompeta de Russell)

Aunque la otra pieza que la banda de Moore grabó, *Mama Don't Allow*, es más que nada un número vocal de *novelty* (en el que canta toda la banda), está repleta de pasajes de *tutti* ambiciosos, motivos joviales al unísono y una serie de bombas de la batería varios años antes de que Jo Jones y Kenny Clarke difundieran el empleo de este efecto. Sin embargo, lo más sorprendente es la exposición del *chorus* colectivo final (ejemplo 23), consistente en una melodía de *riff* muy similar al tema de *Moten's Swing*.

Ejemplo 23. *Mama Don't Allow* (*chorus* final)

En Cincinnati y el territorio al sudeste de Chicago encontramos a Zack Whyte. Aparte del repertorio de *novelty* y de las piezas con sugerentes intervenciones vocales, la banda podía interpretar un conmovedor *West End Blues* (sin la espectacular introducción de Armstrong, por supuesto), mejorar los éxitos populares de la época con un ritmo dinámico o—para el público más rústico de la zona de comercio fluvial del valle de Ohio—lograr un *stomp* con un *swing* en un estilo bien marcado. Las grabaciones nos muestran una banda con una sonoridad rotunda y oscura, dominada por una tuba que no sólo tenía un timbre extraordinario, sino que podía tocar un quejumbroso *chorus* de *blues* (como en la grabación de *West End Blues* de 1929) que estaba mucho más allá de las capacidades expresivas de la mayoría de los intérpretes de tuba. Por desgracia, la banda no grabó ningún tema en 1933-1934, cuando contaba con Sy Oliver como arreglista y con intérpretes como Eddie Barefield, el trombonista Vic Dickenson y el olvidado Henry Savage, gran trompetista.

San Luis fue una de las primeras ciudades en caer bajo la influencia de los músicos de Nueva Orleans que se dirigían hacia el norte, a Chicago. También contaba con una larga tradición de bandas de viento-metal, en la que muchos maestros nacidos en Alemania habían dado a los jóvenes de San Luis una sólida formación técnica; y, por supuesto, también estaba la venerable tradición pianística del *ragtime*. San Luis era una escala para todas las bandas que cruzaban el Medio Oeste y el Sudoeste y, a resultas de ello, su vida musical era rica y variada. Pero, por encima de todo, era una ciudad en la que abundaban los trompetistas de *blues*. Dentro de esta zona especial, las orquestas iban desde los Jazz-O-Maniacs de Charles Creath, fuertemente influidos por King Oliver, hasta los Rhythm Kings de Oliver Cobb. Este último podía realizar imitaciones perfectas del estilo vocal y trompetístico de Armstrong, como en la grabación de *Hot Stuff* que registró en 1929. También estaba Dewey Jackson, un excelente trompetista de *blues*, que había trabajado con Creath y con Fate Marable, el rey de los barcos de vapor del Misisipi. Por lo general, a finales de la década de 1920 y principios de la de 1930, San Luis se mantuvo fiel a las tradiciones más conservadoras; su proximidad a Nueva Orleans y Chicago le impidió desarrollar un estilo autóctono.

Más al sudeste, en Atlanta, había cierto número de bandas locales de calidad. Atlanta, la Nueva York del Sur, también contaba con varios teatros importantes donde tocaban músicos itinerantes, en particular cantantes de *blues* como Ma Rainey, Bessie Smith y Mamie Smith. A consecuencia de ello, los buenos músicos no dejaban de viajar a Atlanta. A mediados de la década de 1920, el pianista Eddie Heywood, sénior, era uno de los músicos más respetados en la ciudad. A juzgar por una grabación realizada en 1926, *Trombone Moanin' Blues*, Heywood logró reunir a algunos músicos excelentes (aunque desconocemos sus nombres). Pese a que la pulsación de la sección rítmica, con los ataques en *slap* del saxofón bajo como único bajo, era tan firme como rígida, los tres instrumentistas de viento de esta banda integrada por seis músicos podían tocar un buen *chorus* de *blues*. El trompetista, por ejemplo, hace pensar en los mejores momentos de Bubber Miley en la banda de Ellington: su sonido es muy parecido, demuestra una versatilidad comparable con la sordina y tiene una concepción libre y natural del ritmo (ejemplo 24).

Ejemplo 24. *Trombone Moanin' Blues* (solo de trompeta)

(Los efectos de sordina no se indican en el ejemplo).

El clarinete es un clarinete de *blues* verdaderamente que-jumbroso, en la tradición de Dodds, mientras que los *gemidos* del trombón podrían ser de Charlie Green. Hablando en puridad, el propio Heywood no parece haber sido un pianista de jazz, ya que muestra una mezcla ecléctica de piano *boogie-woogie*, *ragtime* y clásicos ligeros. En el *chorus* final, el clarinete y el saxofón bajo improvisan en arpegios, vestigios del estilo de Nueva Orleans, mientras los dos instrumentos de viento-metal entonan un sencillo y lamentoso *riff* de *blues* (ejemplo 25), un encuentro inusual entre los mundos de Nueva Orleans y Redman.

Ejemplo 25. *Trombone Moanin' Blues* (*chorus* final)

Algunos años después, en 1929, el pianista J. Neal Montgomery grabó dos temas con su banda, *Auburn Stomp* y *Atlanta Lowdown*. Era otro grupo de *blues* en cuyo estilo se mezclaban diversas concepciones. Además de unos *tutti* de las secciones de viento-madera y viento-metal al estilo de Redman, podemos escuchar a un trompetista diestro que cabría situar entre un Oliver y un Armstrong, unos rápidos pasajes de clarinete a la manera de Buster Bailey, intervenciones vocales de *scat* con una voz rugosa como la de Armstrong, Montgomery al piano emulando la forma de tocar de Waller y unos *vamps* con una armonización curiosa, como éstos (ejemplo 26):

Ejemplo 26. *Auburn Stomp* (*vamp*)

La lista de bandas podría ampliarse, aunque el breve examen regional precedente debería bastar para mostrar que, a finales de la década de 1920, habían surgido a un ritmo vertiginoso por todo el país muchas bandas respetables y, en ocasiones, sorprendentemente buenas. Allá donde una banda fuera de gira, lo más probable es que encontrara a un orgulloso grupo local dispuesto a presentar batalla. Y, por lo tanto, allí se desarrolló un fértil terreno formativo en el que los músicos jóvenes podían aprender—asistir a la escuela de jazz, por decirlo así—, circunstancia que, por desgracia, ha desaparecido desde finales de la década de 1950.

En ese día de diciembre de 1932 en Camden al que ya hemos hecho referencia, la banda de Moten no sólo grabó diez temas que únicamente pueden describirse en términos superlativos, sino que inauguró una concepción del jazz orquestal distinta a la de Henderson y el eje del Este, y que, además, evitaría los riesgos estilísticos intrínsecos a la era del *swing* y proporcionaría al menos uno de los caminos que conducen al jazz moderno y al *bop*.

Los músicos que tocaron en la banda de Moten en aquella sesión recuerdan que la gira había sido un desastre económico y que llegaron a Camden sin dinero y hambrientos. Al escuchar el exuberante desenfreno y la alegría de esas grabaciones, nunca habríamos adivinado esos problemas. En la mayoría de los temas, la banda toca con un *swing* inspirado y controlado; el equilibrio estructural entre las partes orquestales y los solos es magistral, y el descuido ocasional de alguna de las secciones de la banda apenas desmerece de la expresión global de lirismo viril.

La contribución de los dos arreglistas principales, Eddie Barefield y Eddie Durham, es enorme, pero sus arreglos cobran vida en las manos de los grandes solistas—Hot Lips Page, Ben Webster, Basie—y en la extraordinaria sección rítmica. Incluso las partes orquestales escritas están tocadas con la clase de compromiso íntimo que asociamos con los solos. Por lo tanto, aislar las contribuciones que hizo cada miembro resulta casi irrelevante, dado que ningún empeño individual influye particularmente en el producto final. La banda de Moten acuñó aquí un nuevo significado de la palabra *colectivo*.

Varios de los temas comparten ideas o recursos musicales. Tal vez los más electrizantes sean los *chorus* a base de *riffs* de las secciones de viento-madera y viento-metal con que concluyen las piezas rápidas *Toby*, *Blue Room*, *Prince of Wales* y *Lafayette*. Es indudable que esos *riffs* pertenecen a la tradición de Henderson y, sin embargo, se desarrollan en un universo rítmico que les otorga otra dimensión, como en el modo en que cada *chorus* sucesivo se construye a partir del precedente, por ejemplo en *Toby* (ejemplo 27). La misma idea se repite en *Blue Room*, aunque en este caso, de forma más discontinua y a un *tempo* más lento (ejemplo 28). En *The Prince of Wales*, el motivo del saxofón se transforma en una escala descendente (ejemplo 29); Lo mismo ocurre en *Moten's Swing*, aunque aquí lo encontramos en dirección ascendente (ejemplo 30).

Ejemplo 27. *Toby* (tres *chorus* sobre un *riff*)

(Las frases de dos compases se repiten siguiendo los típicos esquemas de *riff* de ocho compases).

Ejemplo 28. *Blue Room* (motivo de *riff*)

Ejemplo 29. *Prince of Wales* (motivo de *riff*)

Ejemplo 30. *Moten's Swing* (motivo de *riff*)

En *Blue Room* destaca el modo en que la sección de viento-metal y los *riffs* adquieren poco a poco el protagonismo, hasta absorber los solos y el tema original de manera imperceptible. El tema de Richard Rodgers nunca llega a exponerse sin más, sino que lo escuchamos ornamentado, y el único contraste del puente (la sección B de la estructura de treinta y dos compases A A¹ B A²) hay que buscarlo en la orquestación, otro procedimiento que Durham y Barefield emplearon a menudo. En el siguiente *chorus* escuchamos a Hot Lips Page con un sencillo acompañamiento de notas tenidas a cargo de la sección de saxofones y los acordes de Basie en el registro agudo, como si se tratara de un carrillón. A continuación, cuando Webster comienza su solo, la sección de viento-metal se embarca en un largo proceso de intensificación gradual, tanto en el plano rítmico como en el dinámico. En la sección A realizan el acompañamiento en blancas, pero en A² aceleran los valores rítmicos hasta convertirlos en síncopas ♪♩♩ ♪ ♪♩ ♪ ♪♩♩. En el siguiente *chorus*, bajo el clarinete de Barefield (que toca bastante mal en esta grabación), los motivos que brotan de la sección de viento-metal terminan por convertir gradualmente las variaciones de la melodía en simples *riffs*, es decir, que la melodía se transforma en ritmo. Una vez más, el puente queda definido por la orquestación, en este punto, con una combinación de trombones y saxos. El siguiente *chorus* (véase el ejemplo 27) continúa con los *riffs*, y la novedad la constituyen los acentos considerablemente más marcados sobre los tiempos débiles que realiza McWashington en los platillos. En el *chorus* final, incluso el solo de trompeta del puente termina por convertirse en un *riff*, y la pieza concluye con un *tutti* de carácter muy similar al de una coda.

Supongo que la mayor sorpresa para quienes sólo conocen el célebre estilo epigramático de Count Basie al piano con su propia banda será descubrirlo como un poderoso pianista que sabe utilizar las dos manos por igual, un virtuoso de la técnica en la mejor tradición de James P. Johnson, Waller y Hines. Tenemos una muestra de las capacidades de Basie en *Toby* (a una velocidad vertiginosa de ♩ = *ca.* 340) y en una de sus especialidades, *Prince of Wales*. En esta última pieza resultan, asimismo, inolvidables la inmensa emoción con que la banda ataca el *chorus* posterior al solo de Hot Lips Page (ejemplo 31) y los cuatro compases de gimoteos de la sección de viento-metal que sirven de introducción al *chorus* final (antes de la *dramática* coda de Basie).

Ejemplo 31. *Prince of Wales* (*chorus* en *riff*)

(en acorde perfecto)

Tanto Hot Lips Page como Ben Wester mantienen un formidable nivel en estas grabaciones. Page da rienda suelta a su forma de tocar sin prestar atención a las barras de compás, lo que ya representaba toda una prolongación de las ideas rítmicas de Armstrong. En *Moten's Swing*, Page no se ciñe a los *cambios* de la armonía, sino que se libera de ésta para destilar la esencia misma de la melodía. En este sentido, su estilo refleja una modernidad que su colega Webster aún no había asimilado, en parte porque en aquella época un saxofón tenor se veía siempre obligado a tocar muchas notas. En sus mejores solos, Page obtiene un máximo de expresión con un mínimo de actividad, una lección de la que Lester Young sacaría partido varios años más adelante. Un buen ejemplo del arte de Page a este respecto es su solo en *New Orleans*, una improvisación que en esencia resulta tan madura como su posterior grabación de *Gee, Baby, Ain't I Good to You*.

Esos temas además demuestran claramente que el *hot jazz* lleno de *swing* no tenía por qué tocarse a un volumen alto. Hay una docena de momentos en los que la banda toca con *swing* en planos dinámicos suaves. La relajación que implica esa clase de interpretación controlada—control y relajación no son incompatibles—sólo era posible en relación con la concepción que había desarrollado esa soberbia sección rítmica. Aquí estamos verdaderamente en el mundo de la banda de Basie de años posteriores. La unidad lograda por el *walking bass* de Walter Page al contrabajo y la batería de McWashington es asombrosa. El *stride* de Basie al piano resulta aún discernible, pero la fluidez del 4/4 de guitarra, percusión y contrabajo termina por absorberlo y, por decirlo así, horizontalizarlo. Sorprende asimismo la rapidez con que se produjo esta evolución, ya que apenas uno o dos años antes la rigidez de la verticalidad todavía ahogaba la pulsación. La diferencia no se debe sólo a la presencia de Walter Page, sino, como ya he señalado en este volumen, al hecho de que el contrabajo sustituyera a la tuba. La fluidez del 4/4 del contrabajo de Page en *Toby* o *The Prince of Wales* sería inconcebible en la tuba.

Estas grabaciones produjeron una revolución rítmica comparable a la que Armstrong había realizado con anterioridad. Significaron el final de todas las técnicas previas de la sección rítmica. Además, contenían las semillas de la liberación completa de los cuatro instrumentos rítmicos, un proceso que alcanzaría otra categoría conceptual diez años después, en los comienzos de la etapa del *bop*.

Hemos visto la evolución de la banda de Moten, por la que dejó de ser un tosco grupo de *ragtime* y música *novel-*

ty para convertirse en una de las grandes orquestas del jazz. Aunque el conjunto desapareció con la muerte de Moten en 1935, sobrevivió prácticamente intacto—sin duda desde un punto de vista estilístico—bajo el posterior liderazgo de Basie. En este capítulo hemos visto que la banda de Moten desarrolló su propio lenguaje poco a poco, avanzado a tientas y de un modo un tanto errático. En un ambiente algo distinto y con una clase de talento muy diferente, Duke Ellington estaba recorriendo un camino análogo en Nueva York. Ése es el asunto del siguiente capítulo.

7

EL ESTILO DE ELLINGTON:
SUS ORÍGENES Y TEMPRANO
DESARROLLO[1]

Duke Ellington es uno de los grandes compositores de Estados Unidos. En el momento de escribir estas líneas, su extraordinaria creatividad parece intacta. Al volver la vista a más de cuarenta años de carrera, no podemos por menos de maravillarnos ante la consistencia con la que Ellington y su orquesta han mantenido un nivel de inspiración comparable en su estilo al de los mayores compositores clásicos del siglo XX. Al final del período abarcado por este libro—principios de la década de 1930—, Ellington todavía no había compuesto muchas de sus obras más importantes. Sin embargo, los elementos básicos de su estilo estaban plenamente desarrollados para entonces, y en el gran período que siguió, Duke y su orquesta se dedicaron en gran medida a refinar y pulir las técnicas que habían surgido en la década anterior. Ahora ha llegado el momento de examinar cómo nació este estilo musical único y de observar su florecimiento en las grabaciones realizadas a finales de la década de 1920 y principios de la siguiente.

Ellington nació en 1899 en Washington D. C. Empezó a tocar profesionalmente en su ciudad natal cuando aún era un precoz pianista de *ragtime*. En los últimos años de la Primera Guerra Mundial, Washington era un hervidero de actividad musical, con bandas que tocaban en los bailes y en toda clase de actos sociales y políticos. Ellington ya había

---

[1] Este capítulo, publicado por primera vez en una versión un poco diferente en Nat Hentoff y Albert McCarthy (eds.), *Jazz, op. cit.*, se reimprime aquí con permiso de Holt, Rinehart & Winston, Inc.

tocado el piano con algunas de las orquestas más famosas, y en 1919 se encargaba a su vez de proveer pequeños conjuntos para bailes y recepciones. En uno de esos trabajos empezó a tocar con el saxofonista Otto «Toby» Hardwick y el batería Sonny Greer, que más adelante serían dos de los pilares de su orquesta de Nueva York. Al considerar la evolución de Ellington resulta muy importante señalar que la mayoría, si no todas, de las orquestas de Washington venían a ser grupos comerciales, muchas veces liderados por conocidos pianistas *ragtime*, pero formados primordialmente por músicos *legítimos* o que sabían leer partituras,[1] ya que «los mejores bolos de la ciudad» eran los de las reuniones de la alta sociedad y los actos en las embajadas. Sin embargo, algunas de las agrupaciones más pequeñas y menos refinadas sin duda tocaban más *rags* y más piezas de lo que entonces empezaba a conocerse como jazz, en lugar de los valses y tangos habituales.

En 1922, Duke viajó a Nueva York con Hardwick y Greer, sus amigos de Washington, para tocar con Wilbur Sweatman, que lideraba una gran orquesta encargada de acompañar representaciones teatrales y espectáculos, aunque algunas de las piezas eran manifiestamente de jazz. Durante los dos años siguientes, Ellington pasó por períodos difíciles en Nueva York, donde trabajaba de modo esporádico con las bandas de Sweatman y Elmer Snowden. También tuvo la oportunidad de escribir la música de un desafortunado espectáculo musical de Broadway, *Chocolate Kiddies of 1924*,[2] la primera de una serie de incursiones de Ellington en la comedia musical, todas ellas condenadas al fracaso, al menos fi-

---

[1] Para detalles sobre la actividad de Ellington en Washington, véase Barry Ulanov, *Duke Ellington*, Nueva York, Creative Age Press, 1946, pp. 15-17.

[2] Aunque el espectáculo nunca llegó a Broadway, cosechó un gran éxito en Berlín, donde permaneció dos años en cartel y donde la orquesta de Sam Wooding interpretó la partitura.

nancieramente. Entre tanto, pese a algunas retiradas a Washington, los Washingtonians, que era como se llamaba el grupo de Duke, tocó en *jam sessions*, *house hops*, *rent parties* y una serie de trabajos sueltos, suficientes para desarrollar un pequeño repertorio propio. Finalmente, en 1924, Ellington se hizo cargo de la banda de Snowden, que por entonces contaba ya con seis miembros. En aquel momento, el pequeño grupo de Duke encontró empleo fijo en el Hollywood Club, en la calle 49 con Broadway, que pronto recibiría el nombre de Kentucky Club.

Ya hemos visto (en los capítulos 5 y 6) que el jazz se desarrolló en el Este, y en particular en Nueva York, de un modo distinto que en Nueva Orleans y en el Sudoeste. El jazz del Este era una música funcional, destinada específicamente a los bailes sociales y los espectáculos teatrales. Al parecer, la mayor parte de su impulso e inspiración se originó en Baltimore y Washington, y procedía en gran medida del *ragtime*. Las bandas de la región intentaron sacar el máximo rendimiento a la fiebre del *ragtime* y el foxtrot encarnando en sus arreglos el espíritu de los principales pianistas *ragtime*, aunque no su estilo. De hecho, cuando Ellington se instaló en Nueva York, estuvo bajo la influencia de Willie «The Lion» Smith y James P. Johnson, de quien había memorizado uno de sus temas, *Carolina Shout*, a partir de un rollo de piano cuando aún estaba en Washington. La influencia del estilo pianístico de Harlem marcó todo el primer período de la obra orquestal de Ellington. En una fecha tan tardía como 1927, su repertorio ofrece ejemplos de transcripciones bastante literales de las piezas para piano que tocaba Duke (*Washington Wobble*, por ejemplo). En cambio, Jelly Roll Morton no hacía orquestaciones que fueran meras transposiciones de una pieza dada de un instrumento, el piano, a otros, sino que las reelaboraba a fin de ajustarse a las exigencias de los instrumentos para los que estaba escribiendo. Sin embargo, el enfoque *pianístico* de Ellington tendría consecuencias de largo alcance en relación con sus armonizaciones orquestales, como veremos más adelante.

En abril de 1926, la banda de Ellington, llamada todavía los Washingtonians y a las que se habían sumado Bubber Miley y Charlie Irvis, grabó dos temas para el sello Gennett.[1] Esa casa discográfica era primordialmente una compañía de lo que en aquella época se conocía como *race recordings* y quería temas *blues*; Ellington les proporcionó *You've Got Those "Wanna Go Back Again" Blues* y *If You Can't Hold the Man You Love*, que, hablando en puridad, no eran *blues*, pero sí temas con un aire de *blues* y bastante pegadizos. En aquel momento, la banda estaba integrada por Bubber Miley (trompeta), Otto Hardwick (saxo alto y barítono), Charlie Irvis (trombón), Sonny Greer (batería), Fred Guy (banjo), Bass Edwards (tuba) y Duke al piano. Para la sesión de grabación, Duke amplió la banda a doce integrantes, con la incorporación de Jimmy Harrison al segundo trombón y como cantante; Don Redman, George Thomas y Prince Robinson (vientomadera); Leroy Rutledge y Harry Cooper (trompetas), este último en sustitución de Miley. Harrison acababa de comenzar su brillante y breve carrera, mientras que Cooper había tocado brevemente con Bennie Moten. Por supuesto, Redman estaba empezando a ejercer una considerable influen-

---

[1] Aunque la banda de Duke realizó dos registros acústicos, *Trombone Blues* y *I'm Gonna Hang Around My Sugar*, a finales de 1925 (según Aasland), son temas intrascendentes, que suenan como muchas otras bandas del período, y desde luego no están a la altura de lo que la banda de Henderson estaba haciendo en aquel entonces. Las dos piezas de Ellington son típicos temas de baile, con pequeños toques charlestón y muchos de los clichés sincopados de la época. Yo diría que los intérpretes eran Hardwick al saxo alto, Prince Robinson al clarinete y al saxo tenor (con un buen solo de saxo tenor en el segundo registro), Charlie Irvis al trombón, Ellington al piano y Fred Guy a la guitarra. La trompeta y la tuba resultan menos característicos y, por lo tanto, son más difíciles de identificar.

cia como arreglista. Y, sin embargo, pese a estar tachonados con esas celebridades en ciernes, los dos registros no son sino intentos parciales de imitar a la Creole Jazz Band, de King Oliver, con la que Gennett había cosechado un gran éxito tres años antes. Por ejemplo, *If You Can't Hold the Man You Love* tiene un dúo de trompeta (ejemplo 1) al estilo de Oliver y Armstrong, aunque carece de su gracia estilística y precisión. Asimismo, en los pasajes orquestales del *chorus* final, la banda consigue un sonido parecido al de la Creole Jazz Band, aunque sin su inconfundible sensibilidad y con un sentido del ritmo más bien mediocre.

Ejemplo 1. *If You Can't Hold the Man You Love*

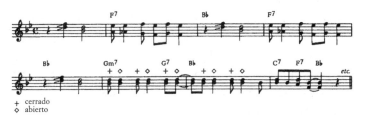

+ cerrado
◇ abierto

Si buscamos elementos embrionarios del estilo de Ellington, encontraremos muy pocos, aunque en ocasiones se da una separación característica del viento-madera y el viento-metal que marcó todo el primer período de Ellington. En *You've Got Those "Wanna Go Back Again" Blues* descubrimos también la primera de las nostálgicas imitaciones del silbido del tren[1] que se deslizarán de vez en cuando en la obra de Ellington, y en *If You Can't Hold the Man You Love* tene-

---

[1] En 1926 ese recurso era una tradición bien establecida entre las orquestas que tocaban el llamado jazz sinfónico. Se representaban musicalmente viajes en tren enteros, con un realismo considerable, por supuesto. Los esfuerzos de Ellington en ese género culminaron en la virtuosa grabación de 1934 de *Daybreak Express*.

mos una progresión armónica característica que—aunque en este caso no fuera de Ellington ni se tratara de una progresión del todo nueva—utilizaría continuamente en años posteriores: si$^\flat$ - sol$^{\flat 7}$ - si$^\flat$ - si$^{\flat 7}$. *You've Got Those "Wanna Go Back Again" Blues* presenta, además, a Hardwick al saxo barítono y la generosa contribución de Irvis al trombón, con sólo un toque de *growl* (en una nota). Sin embargo, en conjunto, esos registros iniciales recuerdan más a las bandas blancas del período que a los grupos de Jelly Roll Morton y King Oliver.

Animal Crackers y *Li'l Farina*, grabadas dos meses después, con Miley de vuelta y con las únicas incorporaciones de Charlie Johnson (trompeta) y Prince Robinson (saxo tenor y clarinete) a la banda original, son algo más refinadas, aunque los temas en sí son bastante deslucidos, típico material de *music-hall*. Aunque estas grabaciones demuestran que en aquel momento Duke tocaba el piano de una manera muy descuidada y atolondrada, característica de las *rent-parties*, y que tanto él como otros miembros de la banda tenían tendencia a acelerar los *tempi*, también revelan un trabajo mucho más nítido (posiblemente mejor preparado) de las partes orquestales y, por encima de todo, un solo de Miley de primera clase.

Se ha escrito mucho sobre la técnica del *growl* y de la sordina *plunger* de Miley. Es comprensible, pero esa circunstancia ha tendido a oscurecer el hecho de que la suma originalidad de los solos de Miley residía sobre todo en las *notas que tocaba*. Basta observar, en *Animal Crackers*, los audaces intervalos de sus dos compases iniciales, y más tarde, en el compás veinticinco de su solo, el re bemol (¡quinta rebajada!) y el si bemol (tercera menor que choca con la tercera mayor—si natural—en el acompañamiento; ejemplos 2A y 2B). En este solo, Miley apenas emplea el *growl* o la sordina *plunger*. Su tendencia a precipitar el *tempo* en exceso resulta desafortunada, pero confiere a ese pasaje una especie de sensación de total abandono que, en mi opinión, es menos molesta y falta de carácter que el resto de la grabación.[1] De los dos temas, *Animal Crackers* es el menos estable por lo que respecta al aspecto rítmico—se da la casualidad de que ambas piezas presentan el mismo *tempo*—, pues fluctúa entre pasajes orquestales que retrasan y solos que aceleran. De hecho, la cohesión rítmica y el *swing* del conjunto no eran los puntos fuertes de la formación de Ellington,[2] hasta que el bajista Jimmy Blanton se incorporó a la banda en 1939.

Ejemplo 2. *Animal Crackers*

Los siguientes dos registros nos presentan por primera vez (con la excepción de *Li'l Farina*) a Ellington en su faceta de compositor; ambos temas son suyos. *Rainy Nights* tiene, en los primeros tres compases, la progresión de acordes a la que ya hemos hecho referencia. También presenta dos *chorus* a

[1] Puede que el la natural que se aprecia en el segundo compás del solo de Miley fuera accidental. Es posible que Miley buscara la sexta del acorde (sol) y se pasara, porque la digitación que se utiliza en la trompeta para obtener el sol también puede dar un la. En el jazz, la historia de la improvisación de los instrumentos de viento-metal está llena de casualidades como ésta, con resultados a menudo muy afortunados.

[2] Uno de los intérpretes más sólidos desde un punto de vista rítmico en los primeros años de Ellington fue el tubista Bass Edwards (1926), que poseía no sólo un sonido bastante expresivo, sino también un ritmo firme e intenso. Por desgracia, su labor únicamente se aprecia bien en cuatro o cinco registros, algunos de los cuales, como *Immigration Blues* y *The Creeper*, resultan muy difíciles de conseguir.

cargo de Irvis y Miley, que constituyen improvisaciones de tipo paráfrasis.[1] El solo de Irvis tiene un carácter expansivo y una sonoridad plena, sin por ello dejar de ser sencillo y, en ocasiones, incluso muy tierno. El sostén de estos dos solos lo proporciona la sección rítmica, con acordes sobre el segundo y el cuarto tiempo de cada compás, dejando el primero y el tercero vacíos, lo que proporciona a toda esta sección cierto carácter vacilante y suspensivo. (Puesto que en aquellos años la forma de tocar de la banda era en mayor medida fruto del consenso colectivo que de una partitura escrita, atribuir esta idea únicamente a Ellington sería algo precipitado). La pieza termina con un acorde de novena, un recurso que se había puesto de moda a mediados de la década de 1920, toda vez que el abuso de los acordes de séptima empezaba a traducirse en su progresivo abandono.

Considerado en su conjunto, *Choo-Choo* es el mejor de estos seis registros tempranos. Se trata de una melodía de Ellington con una hermosa serie de acordes sobre los que Miley, una vez más, fiel a la melodía, elabora un solo en estilo *paráfrasis* de una fascinante sencillez, con pequeños toques de fantasía y nostalgia aquí y allá, y un uso muy discreto de la sordina y del *growl* (ejemplo 3). Como era de esperar, *Choo-Choo* concluye con la inevitable bocina de tren, a cargo de Greer.

Ejemplo 3. *Choo-Choo*

---

[1] Empleo este término en el sentido en que lo ha utilizado André Hodeir, a saber, en referencia a un tipo de improvisación basada primordialmente en el adorno o la ornamentación de la línea melódica original.

(Las rayas diagonales en las plicas indican el empleo del *growl*).

En resumen, estas primeras grabaciones nos ofrecen un material bastante corriente, un mínimo de organización, un tema delicioso y dos estupendos solos de Miley. Aunque el historiador de Ellington puede mirar con ojos benévolos esos tempranos esfuerzos y encontrar pequeños destellos de futuros desarrollos, ciertamente no resisten la comparación, ni en la orquestación ni en la estructura formal, con obras maestras contemporáneas como *Black Bottom Stomp*, de Jelly Roll Morton, o la grabación de *Froggie Moore* realizada por King Oliver.

Desde luego, Ellington tan sólo contaba veintisiete años, mientras que Morton y Oliver estaban entrando en la cuarentena y se encontraban en su mejor momento, lo que explica hasta cierto punto la diferencia de calidad. Sin embargo, también había diferencias fundamentales por lo que respecta a sus raíces musicales. Algunos de los músicos más veteranos, que maduraron a comienzos de la década de 1920, confirman la impresión de que la música negra del Sur (desde Texas hasta las Carolinas) tardó en llegar a Nueva York y por lo general lo hizo de modo indirecto, vía Chicago y San Luis. Asimismo, parece que los negros del nordeste se esforzaron más en integrarse con los blancos, especialmente en el ámbito de la música.

A resultas de ello, a comienzos de la década de 1920 había varias orquestas grandes, como las de Wilbur Sweatman y Sam Wooding,[1] que tocaban lo que entonces se llamaba *jazz sinfónico*. En un interesante proceso de intercambio de ideas, estas orquestas primero intentaron emular a los conjuntos blancos de grandes dimensiones (Whiteman, Hickman, etcétera); a su vez, a mediados y finales de la década de 1920, las orquestas blancas de gran tamaño hicieron lo propio e intentaron capturar la veta más negra, que empezó a infiltrarse en las bandas del Este con la difusión del estilo de Nueva Orleans (sobre todo gracias a Oliver y Armstrong). Asimismo, en aquella época muchas bandas de color tenían dos clases de música en su repertorio, una para Harlem (en

---

[1] La orquesta de Wooding era una de las mejores a mediados de la década de 1920. La popularidad casi increíble del jazz en Europa llevó a formar una serie de bandas neoyorquinas para hacer giras por el viejo continente. Una de ellas fue la de Sam Wooding. Entre sus intérpretes se contaban Tommy Ladnier, el trombonista Herb Fleming, Garvin Bushell (intérprete de viento-madera) y un excelente tubista llamado John Warren. Su gira los llevó por toda Europa, desde España hasta Rusia, y en 1925 grabaron en Berlín. Por desgracia, las grabaciones, pese a la calidad de la ejecución, no permiten formarse una idea correcta del verdadero potencial de la banda, pues la gira formaba parte del musical *Chocolate Kiddies*. La música era la típica de los musicales, una *sofisticada* mezcolanza de introducciones y modulaciones *sinfónicas*, intercaladas con los temas sensacionales del espectáculo y, de vez en cuando, algún solo improvisado. En cierto sentido, aquello era la respuesta de Harlem a Paul Whiteman. *Break Away* y *My Sin* (ambas con tríos vocales) son ejemplos típicos al respecto.

Es innegable que Ernst Krenek, cuya *Jonny Spielt Auf* fue la primera ópera en utilizar elementos de *jazz* y fue el mayor éxito operístico internacional de la década de 1920, debió de escuchar a la orquesta de Sam Wooding en Berlín. En cualquier caso, la concepción de Krenek del jazz se parece mucho a la ofrecida por la orquesta de Wooding en Berlín.

las afueras de la ciudad) y otra para Broadway (en el centro). Si se nos permite una generalización aproximada, podemos decir que las bandas de Nueva York, tanto pequeñas como grandes, eran grupos ostentosos y *de postín* que se dirigían en lo fundamental al público blanco y que tardaron tanto en deshacerse de los vestigios del *ragtime* como en adoptar elementos del estilo de Nueva Orleans. Aunque resulte paradójico, esos elementos sólo quedaron realmente incorporados después de que la tradición de Nueva Orleans entrara en declive.[1]

Lo interesante es cómo pudieron Ellington y sus músicos trascender esa tradición del Este a finales de la década de 1920 y principios de la siguiente, aun perteneciendo en gran medida a ella, y crear una clase única de *big band* de jazz. Bubber Miley fue en gran medida el responsable de dar los pasos iniciales al introducir un sonido más áspero en la banda. El propio Ellington ha dejado clara la influencia de Bubber: «Bubber se pasaba la noche tocando con *growl*, y su instrumento sonaba desgarrado. En aquel momento decidimos olvidarnos por completo de la *sweet music*».[2] Miley había escuchado a King Oliver en Chicago y a Johnny Dunn en Nueva York y empezó a utilizar el *growl* y la sordina *plunger*. A su vez, ayudó a enseñar las mismas técnicas a los trombonistas de la banda—Charlie Irvis y su sustituto a finales de 1926, Joe «Tricky Sam» Nanton—, influidos también por un trombonista de San Luis, Jonas Walker, que ha caído en el olvido pero de quien se decía que fue el primero en aplicar los sonidos *freak* de Nueva Orleans a su instrumento. Miley y Nanton fueron quienes desarrollaron los famosos efectos *jungle* de la banda mediante su utilización del *growl* y la sordina *plunger*.

---

[1] Para ejemplos al respecto, véase la sección del capítulo 6 dedicada a Nueva York.

[2] Nat Shapiro y Nat Hentoff (eds.), *Hear Me Talkin' to Ya*, *op. cit.*

De hecho, la influencia de Miley fue mucho más allá de esos efectos. No sólo era el solista más importante de la banda, sino que escribió, en solitario o con Ellington, muchas de las composiciones de su repertorio entre 1927 y 1929. Aunque el alcance de la contribución de Miley no se ha evaluado con exactitud, parece haber pocas dudas de que las composiciones en las que el nombre de Bubber aparece junto al de Ellington fueron, en lo esencial, creaciones de Miley. Entre ellas se incluyen las tres obras más importantes del período, grabadas a finales de 1926 y principios de 1927: *East St. Louis Toodle-Oo*, *Black and Tan Fantasy* y *Creole Love Call*.[1]

Miley tenía, además, un maravilloso don melódico, inextricablemente vinculado a su técnica de *growl* y de sordina *plunger*. Como sucede con los grandes intérpretes o compositores, las notas y el timbre proceden *simultáneamente* de la inspiración inicial. Si separamos aquí esos elementos, es sólo para señalar que la enorme contribución de Miley a la melodía clásica y pura en el jazz ha quedado, por desgracia, desatendida.[2] El tema de *East St. Louis Toodle-Oo* muestra la mejor faceta melódica de Miley. La línea melódica es tan apabullantemente sencilla que, salvo por el uso de la sordina y el *growl*, sonaría como una pura canción *folk*; y podría ser

---

[1] En el período de un año comprendido entre noviembre de 1926 y diciembre de 1927, sólo cuatro de las diecisiete piezas grabadas estaban escritas por compositores que no pertenecían a la banda, mientras que cinco de las piezas restantes, incluidas las mencionadas arriba, eran obra de Miley. Por su parte, Ellington escribió seis piezas, y Otto Hardwick, dos. En realidad, es posible que algunas piezas de Ellington pertenecieran a otros miembros de la banda, puesto que habitualmente—y la práctica se ha mantenido—el director de la banda acaparaba todo el crédito de obras creadas por el grupo y escritas por sus integrantes.

[2] Por lo que yo sé, sólo Roger Pryor Dodge ha intentado demostrar que la importancia de Miley va más allá de la creación de efectos extravagantes y extraños con la sordina: «Bubber Miley», *Jazz Monthly*, IV, mayo de 1958, p. 2.

que, como señala Roger Pryor Dodge, este material temático fuera de «conocimiento musical común» en la época. Sin
embargo, lo que más despierta nuestra atención es la llamativa forma en que la melodía se acompaña, ya que por debajo de la trompeta de Miley, Ellington (presumo) arregló un
pasaje para la sección de saxofones y la tuba a base de notas
tenidas con carácter de gemido que realza la línea de Miley
a la vez que proporciona un contraste con ésta (ejemplo 4).

Ejemplo 4. *East St. Louis Toodle-Oo* (acompañamiento del solo de
Miley)

Aquí tenemos un ejemplo espectacular de lo que se ha de-
nominado el «efecto Ellington».[1] A partir de lo dicho más
arriba resulta evidente que gran parte del mérito pertenece a Miley, como mínimo en sus primeras manifestaciones,
pese a que habitualmente se ha atribuido a Ellington en exclusiva. Como en el ejemplo 4, tal efecto quizá fuera a menudo creación conjunta de Ellington y sus músicos. No hay
duda de que él tuvo la oportunidad de promover o desalen-
tar esos desarrollos estilísticos. Que en aquel temprano período de la banda, cuando Ellington estaba aprendiendo a
utilizar los materiales que tenía entre manos, dejara que sus
músicos tomaran la iniciativa para formar el estilo del grupo da prueba de su talento y visión como director. Tanto las
grabaciones como las declaraciones de músicos contempo-

---

[1] Expresión atinada que debemos a Billy Strayhorn, *alter ego* de Duke
y colega suyo en las tareas de arreglista durante un cuarto de siglo a partir
de 1940.

ráneos ponen de manifiesto que Ellington dependía en gran medida de sus intérpretes en aquella etapa de su carrera, y que *éstos* lo sabían. Es mérito de Duke haber promovido en su banda un feroz orgullo y un espíritu común, de forma que el grupo tenía prioridad sobre las contribuciones y los sentimientos individuales de sus miembros. Mediante la colaboración de sus músicos, Ellington aprendería a utilizar la extraordinaria suma de sonidos contenida en la banda de una manera más puramente compositiva.

Ellington grabó muchas versiones de *East St. Louis Toodle-Oo* para diversos sellos y, cuando las comparamos, nos ofrecen la oportunidad de comprender mejor su enfoque musical, en la medida en que abarcan un período de trece meses. Las versiones de Vocalion y Brunswick, separadas por cuatro meses, tienen una calidad y un formato prácticamente idénticos. A diferencia de la versión para Brunswick, más conocida, la versión para Vocalion, grabada antes, tiene un *tempo* más animado y presenta el rico sonido de Bass Edwards.[1] Las versiones para Brunswick y Columbia se grabaron con ocho días de diferencia y, aunque no son idénticas, siguen siendo muy parecidas en cuanto a forma y contenido musicales. La última es, en líneas generales, un poco más apagada, fundamentalmente a causa de las diferencias en los equipos de grabación y los estudios. El *tempo* es un poco más rápido en el máster de Brunswick, y la tuba de Wellman Braud tiene menos empuje que la de Edwards en la versión

---

[1] En aquella época, Vocalion era una filial de Columbia, y como Columbia volvió a grabar a la banda de Ellington en *Ease St. Louis Toodle-Oo* cuatro meses después, supongo que la empresa madre pretendía que la nueva versión superara a la anterior; eso explicaría por qué los dos registros para Vocalion (la primera grabación de *Birmingham Breakdown* se encuentra en la cara B) nunca se reeditaron. Por lo tanto, la versión de *East St. Louis Toodle-Oo* para Vocalion resulta prácticamente inencontrable.

para Columbia. Hay un gran parecido entre los solos de clarinete de Hardwick y Jackson para Brunswick y Columbia, respectivamente, y, salvo por lo que respecta a ciertos errores, el solo de Nanton, un poco rígido pero entregado, también es el mismo, lo que indica que, una vez que se fijaban las *improvisaciones*, se mantenían sin cambios durante cierto tiempo.

Sin embargo, la versión posterior para Victor presenta algunas revisiones importantes. La forma ha cambiado (ejemplo 5), al igual que los solos y su secuencia. Lo más importante de todo es que la parte más débil de las versiones anteriores, a saber, la frase a modo de polka en el viento-madera, arreglada por Ellington (la primera parte de B^2), se ha eliminado, al convertir el pasaje arreglado de *tutti* de B^2 en una improvisación de Harry Carney al saxo barítono, insertada entre el tema de Miley y el solo de trombón de Nanton para establecer un contraste entre un instrumento de viento-madera y dos de viento-metal. El solo de clarinete, que en las versiones anteriores discurría en el registro agudo, se ha convertido en un solo de *growl* en el registro grave. Por desgracia, aunque la forma se ha mejorado, el nivel de la interpretación es muy inferior, a excepción de Miley. El *tempo* es más lento y arrastrado, la afinación y el equilibrio general de los planos sonoros son francamente desastrosos, y el contrabajo de Braud, tocado con arco, resulta demasiado aparatoso y lúgubre para la ocasión. Incluso el sonido de Carney, todavía por madurar (en ese momento no tenía más que diecisiete años), es demasiado tenue y su ritmo, con los apoyos sobre los tiempos fuertes, no deja de ser un poco anticuado. Miley nos priva de parte del humor del puente al tocar en *legato* una frase de su tema cuyas notas había tocado antes en *staccato*, aunque sus últimos ocho compases resultan más agresivos y *sucios* a causa del empleo del *growl*.

Ejemplo 5. *East St. Louis Toodle-Oo* (forma)

Vocalion &	*Intro.*	A	B	A¹	B¹	B²	A
Brunswick		32	18	16	18	8 + 10	8
& Columbia		(Miley)	(Nanton)	(Cl.)	(Viento-metal)	(Viento-madera + *tutti*)	(Miley)

Victor	*Intro.*	A	B	B¹	A¹	B²	A
		32	18	18	16	18	8
		(Miley)	(Carney)	(Nanton)	(Cl.)	(Viento-metal)	(Miley)

(Las cifras de los superíndices que acompañan a las letras indican las variaciones del material. El resto de las cifras indican el número de compases).

Mientras que la mayoría de las bandas de aquella época terminaban cada pieza con un pasaje de *tutti* (a veces consistente en una improvisación colectiva), Ellington—o Miley—optaron por un final tranquilo con una breve recapitulación del tema, un esquema al que Ellington sacaría un amplio partido en la siguiente década, y que en este caso salva, literalmente, *East St. Louis Toodle-Oo* del completo fiasco, después del mal gusto de los pasajes de *tutti*. Me parece que la importancia de este final no radica tanto en el hecho de que la recapitulación fuera una decisión acertada, sino en que tal opción fuese *posible*. Y lo fue porque *East St. Louis* no era una colección de solos de treinta y dos o de doce compases *tocados uno tras otro*, ni una pieza orquestal totalmente improvisada, sino que, pese a su carácter vacilante, era una *composición*, con una forma en dos partes (A y B) y una exposición del tema que hacía que la recapitulación de éste resultara lógica y agradable.

Lo mismo puede decirse sobre las otras dos obras maestras compuestas por Miley y Ellington en ese período, *Black and Tan Fantasy* y *Creole Love Call*. La primera es una nueva prueba de la diferencia de nivel artístico que existía entre Miley y Ellington en aquella época. La pieza consiste en un tema de doce compases escrito por Miley a partir de la progresión clásica de *blues*,[1] tres *chorus* basados también en ella (dos de Miley, uno de Nanton), un pasaje orquestal arreglado, un solo de piano de doce compases interpretado por Ellington y, por último, una recapitulación con el famoso añadido de la *Marcha fúnebre* de Chopin al final. De todos los segmentos, sólo dos pueden atribuirse a Ellington, y no sólo son los más débiles con diferencia, sino que distan mucho de encajar con el resto de la grabación. Mientras que el tema de Miley y sus dos solos—y, en menor medida, el de Nanton—vuelven a reflejar un clasicismo puro y sin ornamentos, las dos contribuciones de Ellington proceden del mundo de la música para espectáculos habilidosa y con ínfulas de modernidad.

Por fortuna, en *Creole Love Call*—famosa por ser el primer intento de Adelaide Hall de cantar sin palabras, como un instrumento—, el papel de Ellington se limitó estrictamente a la orquestación. La sencillez melancólica (una vez más, acordes de *blues*) conserva toda su pureza, aunque las partes orquestales no pueden compararse con los solos radiantemente melódicos, al estilo de Nueva Orleans, interpretados por Miley o por Rudy Jackson.

Si comparamos las tres grabaciones realizadas en 1927 de *Black and Tan Fantasy* en un lapso de siete meses, volveremos a constatar que los solos *improvisados* apenas cambiaban. Incluso cuando Jabbo Smith ocupa el lugar de Miley en la versión para Okeh, la forma general y el contorno de la parte de trompeta no cambian drásticamente, aunque en lo tocante a las particularidades, el rico sonido de Jabbo y su forma relajada de tocar otorgan a esta interpretación un carácter de fantasía más acentuado.[2] El solo de Miley en la ver-

---

[1] Roger Pryor Dodge explica que la melodía de *Black and Tan Fantasy* es una transmutación de parte de una canción sacra de Stephen Adams que la hermana de Bubber solía cantar.

[2] En una grabación posterior (1930) de *Black and Tan Fantasy*, Cootie Williams también se atiene a los *chorus* originales de Miley.

sión para Victor es una de sus interpretaciones grabadas más impresionantes. Hace un uso brillante de la sordina *plunger* y del *growl*,[1] pero a nuestros oídos resulta especialmente llamativa por su abundante uso de las *blue notes*, en especial la quinta rebajada en el primer compás del segundo *chorus* (ejemplo 6). También es un solo sumamente espectacular, a la altura de cualquier logro alcanzado en la época por los trompetistas de Nueva Orleans. Y es probable que ninguno de ellos fuera capaz de crear el extraordinario contraste que produce la intensa serenidad del si bemol agudo de cuatro compases de duración que estalla de repente, como si ya no pudiera contenerse por más tiempo, en una creación melódica magníficamente estructurada.

Ejemplo 6. *Black and Tan Fantasy* (solo de trompeta; Victor, 1927)

<hr>

[1] Ya hemos mencionado la influencia que Johnny Dunn ejerció sobre Miley. El solo de este último en *Black and Tan Fantasy* constituye un excelente ejemplo al respecto. Tanto el pasaje en tresillos del compás nueve (ejemplo 6) como el uso de una sordina *plunger* eran elementos básicos del estilo de Dunn, como puede apreciarse en las grabaciones de *Dunn's Cornet Blues* y *You've Never Heard the Blues* que realizó en 1923.

Blue notes:

a = tercera menor

b = quinta disminuida

c = séptima menor

d = novena menor

e = indica una inflexión del sonido que va de la octava disminuida hasta el sexto grado pasando por la séptima menor, anticipando de este modo el retorno del acorde de si bemol.

Sin embargo, la gran contribución de Miley como compositor e intérprete a la creación del *efecto Ellington* no se limitó a esas piezas concretas. Intervino en la composición de *Blue Bubbles* y *The Blues I Love To Sing* (ambas de 1927), *Black Beauty* (1928) y *Doin' the Voom Voom* y *Goin' to Town* en su último año con Duke (1929). Miley también dejó una huella indeleble en el estilo de la banda con grandes solos en algunos de los temas mencionados, así como en *Jubilee Stomp*, *Yellow Dog Blues*,[1] *Red Hot Band*, *The Mooche*, *Rent Party Blues* y las más antiguas *Immigration Blues* y *New Orleans Lowdown*. Además, Miley tocó centenares de improvisaciones nocturnas en el Cotton Club, forjando así (con Nanton) el estilo *jungle*, que fue la primera seña de identidad verdaderamente distintiva de la banda de Ellington.

Si Miley fue la inspiración musical fundamental de la banda en sus comienzos, Tricky Sam Nanton fue su voz singular. Como Miley, era un maestro en el uso del *growl* y de las sordinas *plunger* y *wah-wah*, y su estilo tenía una sencillez clásica

---

[1] El solo de Miley se basa en la estrofa inicial, cosa bastante inusual en aquellos tiempos.

similar. Pero, si Miley tendía a ser elegante y delicado, Nanton tenía una cierta tosquedad que en realidad abarcaba un abanico expresivo más amplio. El sonido que sacaba a la sordina *wah-wah*, con independencia de su carácter triste o cómico, tenía una cualidad inequívocamente humana. Cuando tocaba sin sordina, su sonoridad abarcaba una gama de matices que iban desde el timbre oscuro y sobrio hasta un sonido más desenvuelto y bucólico. Sin embargo, expresara lo que expresase, su timbre pleno y su distintivo *vibrato* otorgaban a sus interpretaciones una especie de intensidad explosiva y de belleza interior que hacían de cada solo de Nanton una experiencia inolvidable. Desde un punto de vista melódico o armónico (lo que en última instancia no deja de ser lo mismo), Nanton no era un músico tan avanzado como Miley, pero eso no le impidió crear, durante un período de veinte años con Ellington, un número interminable de hermosos solos, muchos de ellos marcados por giros melódicos completamente originales (ejemplos 7 A, 7 B y 7 C), tanto más memorables a causa de su sencillez. De hecho, el trabajo solista de Nanton, en su totalidad, es único y desconcertante. Aquí tenemos a un intérprete cuyos solos rara vez sobrepasan el ámbito de una octava, cuya técnica instrumental tiene algunas limitaciones (comparado, por ejemplo, con una clase distinta de virtuoso como Jimmy Harrison), y que, en cierto sentido, repite una y otra vez la misma idea básica, pero que, como por arte de magia, logra que cada solo sea una experiencia nueva y maravillosa.

Ejemplo 7 A. *Jubilee Stomp*

Ejemplo 7B. *Yellow Dog Blues*

Ejemplo 7C. *The Blues I Love To Sing*

En el período que estamos examinando de momento (1926-1927), los intérpretes de viento-madera no tenían tanta influencia en el *efecto Ellington* como esos dos intérpretes de viento-metal. Otto Hardwick, la mano derecha de Duke, aunque también era un estilista inconfundible, con un sonido inusual y un *staccato* flexible, influiría en el estilo de Ellington no directa sino *indirectamente*, a través de su influencia en los clarinetistas Johnny Hodges y Harry Carney, como se manifestaría algunos años después. Es evidente que el enfoque de Ellington no era del gusto de Rudy Jackson, un estupendo músico perteneciente a la tradición de Nueva Orleans e influido por Bechet. La ductilidad y evolución de Barney Bigard, quien reemplazaría a Jackson a principios de 1928, no era compatible con Jackson, y éste prefirió marcharse para tocar con Noble Sissle y en otras orquestas.

Sin embargo, este desequilibrio entre el viento-madera y el viento-metal no tardaría en experimentar cambios. El histórico éxito de la banda de Duke en el Cotton Club hizo que el grupo empezara a ampliarse y atraer a nuevos intérpretes, como Bigard y Hodges. Al cabo de poco tiempo volvió Arthur Whetsol (tras estar ausente desde 1924) para sustituir a Louis Metcalf a la trompeta, y a finales de 1928 el viento-metal se amplió a cuatro con la llegada de Freddy Jenkins. A partir de entonces, Ellington elegiría a cada intérprete por tener alguna cualidad única o distintiva, y fue en 1927 y 1928 cuando—inspirado por Miley y Nanton y alentado por el éxito de la banda—empezó a plantearse futuras posibilidades relativas a la composición y el color tonal. A partir de entonces *sus* ideas serían, cada vez en mayor medida, el factor dominante en el desarrollo de la producción de la orquesta.

Aunque las contribuciones de Miley y los demás eran notables, la influencia de Ellington, por supuesto, distaba de resultar insignificante. Duke tuvo un efecto negativo sobre ciertas piezas, pero de vez en cuando lograba aportar pequeños toques de suma calidad que anticipaban momentos similares en grabaciones posteriores (¡algunas de ellas registradas hasta doce años después!) o profetizaban desarrollos futuros.

Como las tempranas grabaciones de Ellington suelen desatenderse en favor de las obras maestras registradas entre 1939 y 1942, podría ser interesante señalar algunos de los primeros signos de lo que estaba por llegar. En su composición *Birmingham Breakdown* emplea por primera vez frases que no están basadas en la forma de canción de treinta y dos compases o en las diversas formas de *blues*. El tema principal, una frase vivaz de veinte compases, consiste simplemente en una sucesión de segmentos similares de dos y cuatro compases. Creo que esta extraña combinación de compases se produce porque el tema no tiene una melodía real, sino que es tan sólo una sucesión de acordes cromáticos con un determinado ritmo. Pese a ser atractivo, sobre todo en su exposición inicial, con el vivaz *obbligato* de piano de Ellington, resulta bastante estático desde un punto de vista temático y palidece después de varias repeticiones. Ellington tuvo el buen juicio de cambiar al *blues* de doce compases en los dos últimos *chorus* (de improvisación colectiva).[1] Con su estilo sencillo, *Birmingham Breakdown* desbrozó el camino para las frases de cinco compases de *Creole Rhapsody* o las líneas de diez y catorce compases de *Reminiscin' in Tempo*. Por supuesto, éstas a su vez condujeron con el tiempo a las estructuras asimétricas más amplias de *Black, Brown, and Beige* y otras obras largas.

Como ya ocurría con *East St. Louis Toodle-Oo*, las versiones para Vocalion y para Brunswick de *Birmingham Breakdown* son idénticas desde un punto de vista estructural. Sin embargo, pese a tener un final desastroso, la primera versión (la de Vocalion) resulta superior. En general, las partes orquestales son mejores, y Bass Edwards toca una línea de bajo más interesante (y más audible) que la de Braud. No obstante, lo que verdaderamente hace que la versión para Vocalion sea única es algo que, por lo que sé, no se produce en ninguna otra grabación de Ellington, a saber: una improvisación en dúo, en este caso a cargo de dos trompetas, Miley y Metcalf. Por supuesto, incluso las improvisaciones colectivas, con influencias de Oliver o de Nueva Orleans, de los *chorus* finales de ambos discos eran ya una rareza en 1926 y 1927. Aunque

---

[1] Sin embargo, es significativo que las estructuras de veinte compases no fueran inhabituales en el *ragtime*.

podemos lamentar la desaparición de la improvisación colectiva, con su impredecible excitación, es evidente que, si Ellington se hubiera aferrado a ese camino, nunca habría alcanzado sus posteriores cumbres creativas.

Immigration Blues, grabada en diciembre de 1926, contiene uno de los mejores solos de Miley, quien hace un uso simultáneo enormemente imaginativo del *growl* y la sordina *plunger*, y toca su *chorus* con un sonido penetrante y desagradable que casi crea la ilusión del habla. También hay una interesante sección inicial casi organística que en algunos momentos recuerda a *Dear Old Southland*, una grabación posterior de Ellington basada en el espiritual *Deep River*. Es bastante probable que *Immigration Blues* también estuviera basada en un material espiritual parecido, que vuelve a aparecer en la sección central de *The Blues I Love To Sing*. Nanton interpreta un solo conmovedor en *Immigration Blues* y Edwards toca la tuba de un modo intensamente lírico. La cara B del disco, *The Creeper*, es una pieza vivaz, basada en parte en *Tiger Rag*. De hecho, existe una versión previa, tocada a un ritmo bastante frenético, del *break* de cuatro compases en el viento-metal que ha llegado hasta nosotros gracias a la grabación de *Tiger Rag* que Duke registró con posterioridad y que, por cierto, era un préstamo de *Snake Rag*, de King Oliver. También volvemos a encontrar un buen solo de Nanton y un solo típico de Hardwick.

En *Hop Head*, una colaboración entre Ellington y Hardwick, podemos escuchar en forma embrionaria un *chorus* arreglado para viento-metal que, con la ampliación gradual de la sección, se convirtió en otra de las características distintivas de Ellington. En *The Blues I Love To Sing*, Wellman Braud abandona la línea de bajo habitual a dos tiempos y pasa a tocar a cuatro tiempos por compás.[1] Y, una vez que lo

---

[1] En *Washington Wobble*, Braud va un paso más allá y crea una línea de *walking bass* cuyo descubrimiento a menudo se atribuye sin demasiada

hemos escuchado, ¿quién puede olvidar la evocadora frase de ocho compases de Nanton, con sus errores incluidos, o también la perfecta evocación del ambiente de la década de 1920 que consigue esta grabación?

En los *chorus* finales de *Blue Bubbles* y *Red Hot Band*, Ellington vuelve a utilizar la sección de metales al completo en una frase a modo de lamento repetida con carácter de *riff* en la que observamos un empleo eficaz de la tercera menor de *blues*. En la versión orquestal de *Black Beauty*, una de las composiciones más bellas de Ellington,[1] éste interpreta lo que podríamos considerar su primer buen solo de piano. Por primera vez, su ejecución es pulcra y sin rastro de precipitación. La encantadora calma de la melodía, ornamentada casi a la manera de Willie «The Lyon» Smith, contrasta maravillosamente con las interpolaciones a *tempo* doble del bajo en *slaps* de Braud.

Jubilee Stomp (la versión para Victor, grabada el 26 de marzo de 1928, después de que Bigard y Whetsol se hubieran unido a la banda) es un clásico de la primera época de Ellington. Si exceptuamos el frenético piano de Duke, la pieza presenta una pulsación controlada y un impulso nada habitual en sus primeras grabaciones, y no sólo contiene unos solos sorprendentes (sobre todo, los dieciséis compases de Miley en tono jocoso), sino también unos pasajes orquestales francamente superiores. Presenta, asimismo, uno de los raros ejemplos de escritura para saxofones al unísono. Pero, por encima de todo, la interpretación se va *construyendo* por medio de los solos hasta que la solidez de Whetsol, a la pri-

---

precisión a Walter Page, pese a que éste admite su gran deuda con Braud. (Véase Walter Page, «About My Life in Music», *The Jazz Review*, 1, noviembre de 1958, p. 12. Véase también la sección dedicada a Johnny Dodds en el capítulo 5).

[1] En su biografía de Ellington, Ulanov afirma que Miley fue el artífice de la melodía (*Duke Ellington*, *op. cit.*, p. 94).

mera trompeta, conduce a la banda al *chorus* final con un dinamismo cada vez mayor, coronado en los últimos ocho compases por el *obbligato* de Bigard en el registro agudo, al estilo de Nueva Orleans.

En la introducción de *Got Everything But You* y *Tishomingo Blues*, de Spencer Williams, Ellington experimenta con armonías *modernas*. Gracias a la popularidad del estilo pianístico de Zez Confrey, Rube Bloom y otros, se había puesto de moda el empleo de acordes de novena por movimiento paralelo a distancia de semitono (ejemplo 8) en las introducciones y los puentes, y de hecho las partituras para «piano solo» al estilo de Tin Pan Alley están repletas de estos clichés. Ambas piezas comienzan con esos estereotipos. Sin embargo, en el quinto compás de *Tishomingo Blues* escuchamos por primera vez algo que, en mi opinión, es una de las características más llamativas de la disposición de las voces en Ellington. En el acorde de novena de do (ejemplo 9), el saxofón barítono no toca la fundamental del acorde, como cabría esperar, sino el si bemol que queda justo debajo de ésta. Para algunos, eso no dejará de ser un detalle sin importancia, pero se trata en realidad de una de las dos constantes que permiten diferenciar la sección de saxofones de Ellington de la del resto de las orquestas. Ellington evita ingeniosamente la duplicación y el desperdicio de la calidad sonora tan personal de Carney manteniéndolo alejado de la línea del bajo y dándole notas importantes del acorde, que determinan de modo específico la calidad de éste. Semejante detalle, en apariencia insignificante, de la disposición de las voces es lo que confiere ese color inusual, rico, ligeramente oscuro y, a veces, melancólico a la escritura de Ellington para los saxofones.

Ejemplo 8. *Tishomingo Blues* (introducción)

Ejemplo 9.

Saxofón barítono

El solo de trompeta con sordina de Miley se cuenta también entre los mejores momentos de *Tishomingo Blues.* Ellington cambia el viejo y conocido esquema de acordes que observamos en el ejemplo 10A, alterando el último acorde (véase el ejemplo 10B). Miley, desarrollando una frase basada en saltos interválicos cada vez más grandes, falla los dos primeros y, al intentar llegar a una nota más aguda que el sol del tercer compás, toca (tal vez por error) un si agudo (ejemplo 10C). De este modo, el acorde alterado de Ellington y el golpe de suerte de Miley se combinan para convertir en un momento muy especial lo que en otras circunstancias no habría sido más que un *break* corriente.

En esta grabación y en la de la otra cara del mismo disco, *Yellow Dog Blues*, el saxofón de Johnny Hodges aporta una nueva voz que amplía todavía más la paleta sonora de Ellington. La ejecución imprecisa de la sección de viento-metal[1] contrasta con la forma de tocar sorprendentemente pulcra y sólida de la sección de saxofones, dominada en ese momento por la rica sonoridad de Hodges. En *Yellow Dog Blues* po-

---

[1] Resulta obvio que Nanton tuvo problemas para mantener el *tempo* a medida que se alejaba del micrófono para unirse a Whetsol y Miley.

demos escuchar a Hodges al saxo soprano, lo que permite a Ellington (como en el caso de *Creole Love Call* y tantos otros temas) escribir un trío de viento-madera en el extremo agudo, con Bigard y Carney a los clarinetes. Además de los solos ya mencionados de Miley y Nanton, la interpretación es excelente y contiene un pequeño detalle que más tarde se convertiría en uno de los rasgos más destacados de la ejecución pianística de Duke. En el compás doce del solo de Miley, Ellington superpone sobre los tres clarinetes con notas tenidas un breve motivo que por un instante choca con ellos de una manera muy sutil (ejemplo 11), precursor de una larga serie de contrastes armónicos de este tipo, entre los que destacan, en especial, los de *Ko-Ko*.

Ejemplo 10. *Tishomingo Blues*

(Tal como se indica en el texto, Miley falla las notas de los dos primeros compases del ejemplo 10C. En aras de la exactitud, he transcrito las notas que de hecho tocó, dejando al margen sus intenciones).

Ejemplo 11.

Gracias a este examen relativamente breve de algunas de las numerosas grabaciones que la orquesta de Ellington realizó en la década de 1920, hemos podido identificar los elementos en los que se basó todo el desarrollo musical del grupo. En primer lugar, el proceso de escritura de Ellington (o de dictado de arreglos de cabeza a la banda)[1] por lo general abarcaba cinco clases de temas o composiciones: (1) números de baile; (2) números de estilo *jungle* y/o piezas escénicas para el Cotton Club; (3) piezas *blue* o *de ambiente*; (4) canciones populares (al principio escritas por otros, después, cada vez en mayor media, suyas), y (5) piezas que, pese a estar escritas para una ocasión concreta, resultaban ser simplemente *composiciones musicales* abstractas. (Ni que decir tiene que Ellington no cultivaba siempre de modo consciente esas categorías y que algunas piezas desafiaban una categorización exacta y podrían pertenecer a varios grupos). Y, en segundo lugar, *dentro* de esas categorías, Ellington desarrollaba ideas musicales específicas—una cierta progresión, una determinada disposición de las voces o una orquestación concreta—repitiéndolas en arreglos mediante un proceso de ensayo y error hasta haber encontrado la mejor solución al problema planteado. Después pasaba a abordar la siguiente idea o problema.

---

[1] En *The Hot Bach*, de Richard Boyer, reimp. en Peter Gammond (ed.), *Duke Ellington: His Life and Music*, Nueva York, Roy Publishers, 1958, pp. 36-37, se encuentra un relato bastante informativo sobre ese proceso.

El segundo de los aspectos que acabamos de comentar responde a mi pregunta inicial: ¿cómo se convirtió Ellington en uno de los compositores más importantes de Estados Unidos, cuando en sus comienzos era un músico con una clara inclinación a la *música de espectáculos*?[1] Precisamente debido a la circunstancia fortuita de trabajar cinco años en el Cotton Club. Allí, escribiendo y experimentando con toda clase de piezas escénicas descriptivas y de números de baile, la imaginación y el talento inherentes a Ellington pudieron desarrollarse adecuadamente. Un líder como Fletcher Henderson, que tocaba en exclusiva para bailes, tenía muy pocas oportunidades de experimentar con música descriptiva o abstracta, no funcional;[2] mientras que la necesidad que tenía el Cotton Club de contar con nueva música de fondo para unos números que no dejaban de cambiar *exigió* en cierto sentido a Ellington que investigara la composición (más que los arreglos) como medio de expresión, y, por fortuna, encontró en su banda músicos imaginativos que pudieron ayudarlo a desarrollar y poner en práctica sus ideas.

Así pues, desde principios de 1928 hasta 1931, la mayor parte de su período en el Cotton Club, las grabaciones de Ellington revelan una experimentación y una exploración intuitiva de largo alcance. Salvo algunos retazos de orquestación o de armonía procedentes de Will Vodery,[3] el arreglis-

---

[1]   La principal ambición de Ellington consiste en componer un musical de jazz o una *ópera* de jazz lograda.

[2]   Empleo esas dos últimas palabras en el sentido más amplio, sinónimo de no descriptivo o no representacional.

[3]   Gracias a Vodery, Ellington obtuvo un conocimiento indirecto de la orquestación y la armonía modernas, tal como las practicaban Ravel, Delius y otros compositores, muy favorecidas en la década de 1920, aunque pasadas por el tamiz comercial de Broadway. La idea, bastante extendida, de que a Ellington lo influyeron directamente Ravel y Delius es insostenible, dado que no escuchó ni estuvo interesado en escuchar a esos compositores hasta años después, cuando su propio estilo había cristalizado desde hacía tiempo.

ta jefe de las Ziegfeld Follies, Ellington desarrolló sus ideas de un modo bastante independiente *dentro* de su género, sin apenas tomar en préstamo nada que se saliera de su campo. Ciertamente, no hay huellas de influencia de la música clásica, salvo tal vez algunas vagas e inconscientes que, en cualquier caso, hacía mucho tiempo que formaban parte del jazz y la música popular. Fue en esos años cuando las personalidades de sus músicos y las sonoridades de su orquesta se convirtieron en el instrumento con el que Duke aprendió a tocar.

Su capacidad para tocar ese instrumento no podía aparecer de la noche a la mañana. Aunque Ellington realizó unas ciento sesenta grabaciones entre mediados de 1928 y mediados de 1931, todas ellas interesantes, muy pocas fueron logros artísticos completos. Sólo *Mood Indigo* puede compararse, en cuanto a originalidad de concepción, con *Black and Tan Fantasy*. El resto eran débiles desde el punto de vista temático, o contenían solos pobres o indiferentes, o estaban compuestas a toda prisa y mal tocadas; otras ofrecían buenos momentos, pero tenían una mala introducción o un puente desmañado. En algunos casos, los empalagosos materiales, al estilo de la música popular, empleados en los espectáculos del Cotton Club o impuestos a Ellington por los socios de Irving Mills, eran excesivos incluso para intérpretes tan fabulosos.[1] Sin embargo, lenta e incansablemente, mediante un proceso de reevaluación continua y de perfeccionamiento constante, las ideas musicales de Duke empezaron a cristalizar.

---

[1] Ellington no dejó de intentar introducirse en el mercado blanco con éxitos *populares* ya probados. Un temprano ejemplo a este respecto lo constituye *Soliloquy* (1927), un tema de Rube Bloom que se había convertido en un gran éxito con Whiteman. Ellington intentó aprovecharse del éxito de la melodía, no obstante, si no se sabe que es una grabación suya, resulta difícil reconocerla como tal.

Irving Mills no sólo fue el editor de las primeras composiciones de Ellington, sino también su representante e incluso su vocalista en algunas grabaciones.

En este revoltijo de números *pseudo-jungle* de baile o piezas escénicas—la clase de música que el *turista*, esperando verse transportado a las profundidades de la jungla africana, había ido a buscar al Cotton Club—, algunas interpretaciones destacan como hitos en el camino.

En la categoría de las piezas *blue* o *de ambiente*, Ellington escribió en 1928 *Misty Mornin'* y *Awful Sad*, dos temas que llevaron hasta la inmortal *Mood Indigo* de 1930. El principal artífice de la particular nostalgia que transmiten esas piezas fue Arthur Whetsol, con quien Duke había trabado amistad en Washington. Su conmovedor «estilo de trompeta» y la emotividad de su sonido—probablemente únicos en el jazz—eran el vehículo melódico perfecto para esas evocadoras estampas de tres minutos. Duke adoraba la melancolía, el sabor casi sentimental del modo de tocar de Whetsol, y en cierta ocasión señaló, a propósito de *Black and Tan Fantasy*, que su interpretación de «la marcha fúnebre» arrancaba «auténticos lagrimones» en el público. «Por eso me gustaba Whetsol».[1] En las dos piezas más tempranas, la sonoridad *blues* de Whetsol y el registro grave del clarinete de Bigard suenan aún por separado, pero en *Mood Indigo* Ellington combina sus sonidos y les añade el color sonoro todavía más único del trombón de Nanton, con lo que recupera la instrumentación clásica de Nueva Orleans, pero con un concepto del sonido totalmente novedoso. Como composiciones, las tres piezas tienen en común una característica que sería un elemento importante en el naciente estilo de Ellington: una especie de cromatismo sinuoso que *no* se encuentra en los números de danza más rápidos o *stomps*. Ellington descubrió de manera instintiva y lógica que las melodías cromáticas y la conducción cromática de las voces brindaban a estas piezas

---

[1] El autor de estas líneas recuerda una noche en vela—tras una única actuación en Quebec—en la que Ellington pronunció un elogio extenso y conmovedoramente sencillo de Whetsol, fallecido en 1940.

lentas el toque justo de tristeza y nostalgia. *Awful Sad*, grabada en octubre de 1928, va todavía más lejos en este sentido, sobre todo por unos cambios de acordes muy inusuales y dos de sus *breaks* de dos compases (ejemplos 12A y 12B).[1] El primero (a cargo de la trompeta) consiste en un esquema en el que se utilizan tonos enteros; y el segundo (con Bigard al saxo tenor) abandona por un momento la tonalidad (si bemol mayor) y se desplaza hacia una región ligeramente *atonal*, para modular enseguida a re mayor.[2]

Ejemplo 12. *Awful Sad*

Basada en una progresión de acordes de *blues* un poco modificada, *Misty Mornin'* presenta también el característico desplazamiento al sexto grado rebajado de la escala (de si bemol a sol bemol) que hemos encontrado tan a menudo. Y en los compases quince y dieciséis del solo de Whetsol se observa muy brevemente la disposición tan singular de las voces que contribuyó a hacer de *Mood Indigo* una composición excepcional (ejemplo 13). Se trata de una disposición poco ortodoxa e incorrecta, según los manuales de referencia, pero Ellington no conocía los manuales, ni le importaban en ab-

---

[1] Desafortunadamente, en estos *breaks* el *tempo* resulta siempre precipitado.

[2] El cromatismo de las piezas en clave de *blues* se convirtió en una de las contribuciones al jazz más originales del estilo de Ellington en maduración, que en última instancia lo llevó a elaborar armonías bitonales y obras maestras del género como *Dusk*, *Ko-Ko*, *Moon Mist*, *Azure* y *Clothed Woman*.

soluto. Su propia forma de tocar el piano le proporcionaba la respuesta más accesible e inmediata a los problemas relacionados con la conducción de las voces. Los ejemplos 13 y 14 ilustran el tipo de movimiento paralelo que utilizaría un pianista, y Ellington se limitaba a aplicar a la orquesta la conducción que utilizaba en el piano. No olvidemos que él era un músico casi completamente autodidacta y, como tal, el pensamiento contrapuntístico nunca formó parte de su lenguaje. Pero los bloques sonoros paralelos que tanto le gustaba emplear reflejan un tratamiento de tal variedad e ingenio que, como oyentes, nunca advertimos la falta ocasional de relieve contrapuntístico. Para el oído de Duke, que reaccionaba de forma intuitiva y no arrastraba ideas preconcebidas, el efecto que producía esta conducción *pianística* de las voces no dejaba de ser bueno, pese a resultar novedoso (ejemplo 14).

Ejemplo 13. *Misty Mornin'*

Ejemplo 14. *Mood Indigo*

En la categoría de música escénica o de espectáculo, Ellington produjo unas dos docenas de números, desde curiosidades anticuadas como *Arabian Lover* o su pieza complementaria, *Japanese Dream* (melodías pentatónicas, ominosos gongs chinos, etcétera),[1] hasta temas más originales, como *Jungle Jamboree* y *Rocky Mountain Blues*. Aunque es probable que esta categoría fuera la menos fructífera para el desarrollo de Ellington en este período (salvo por lo que respecta a las melodías abiertamente populares), inspiró en él ciertas ideas programáticas que de otro modo tal vez no se le hubieran ocurrido. Produjo, entre otras cosas, toda una serie de piezas con un marcado carácter *stomp* a cuatro tiempos, un género por el que Duke sentía especial predilección, sobre todo después del éxito de los prototipos *Black and Tan Fantasy* y *The Mooche*. En *Harlem Flat Blues*, *Rent Party Blues* y partes de *Saratoga Swing*, *Mississippi*, *Haunted Nights*, *Jazz Lips*, *Lazy Duke* y *Jolly Wog*, Ellington intentó volver a capturar el éxito de los *stomps* anteriores con un *tempo* moderado. Algunos de estos temas eran también intentos conscientes de evocar el género *jungle*: piezas como *Jungle Jamboree*, *Jungle Blues* o *Jungle Nights in Harlem*, esta última, una de las más patentemente anticuadas en el repertorio de la banda. Resulta fácil imaginar el modo en que semejante número complementaba los murales *primitivos* que colgaban en las paredes del Cotton Club.

Sin embargo, como hemos señalado, en casi todas las piezas—fuesen buenas o malas—Ellington y sus músicos trataron de elaborar nuevos sonidos y nuevas ideas musicales. *Saratoga Swing*, por ejemplo, fue un intento logrado y exitoso de emplear a un pequeño grupo dentro de la *big band*. Interpretada por un septeto formado por Hodges, Bigard y Cootie Williams, más los cuatro instrumentos rítmicos, *Saratoga Swing* se convirtió en la precursora de muchas grabaciones similares realizadas por grupos de menor envergadura, entre las que destaca la serie registrada a finales de la década de 1930 bajo el liderazgo de varios acompañantes de El-

---

[1] Inmutables, los créditos de Victor siguen consignando «Hot Dance Orchestra».

lington. Otros dos temas grabados con el formato del septeto—que se cuentan entre los mejores de ese período, aunque
por desgracia no sean tan conocidos como otros de menor
calidad—fueron *Big House Blues* y *Rocky Mountain Blues*.

Rocky Mountain Blues muestra con claridad meridiana
que la mente musical de Ellington no se conformaba durante mucho tiempo con lo que ya había demostrado su eficacia. En esta pieza, basada en lo esencial en la progresión armónica de *blues* de doce compases, Ellington encuentra una
alternativa muy original para el cuarto compás, que debería
haber sido un acorde de séptima de si bemol. Como puede
observarse en el ejemplo 15, un sutil cambio de dos notas (el
si bemol y el re que cabría esperar son sustituidos por un do
bemol y un mi bemol, respectivamente) para obtener una
sonoridad nueva que resulta maravillosa. Así pues, los tres
instrumentos de viento terminan en la tonalidad de la bemol
menor, mientras que el *walking bass* a *tempo* doble de Braud
se mantiene en el acorde de si bemol de base, lo que da lugar
a una deliciosa combinación bitonal.

Ejemplo 15. *Rocky Mountain Blues*

Ante todo, las piezas *jungle* ofrecían a Duke una excu-
sa más o menos legítima para experimentar con acordes y
sonidos *extraños*, como, por ejemplo, en *Jungle Blues*. De
modo parecido, *Harlem Flat Blues* brindó a Nanton su primera oportunidad para producir un extenso solo *parlante*.

Volvería a esa idea cientos de veces a lo largo de su carrera, pero esa fantasía temprana, que evoca un lenguaje no precisamente humano, destaca como una de las mejores. Durante ese período, Ellington también aprendió a usar el trombón de Nanton (por lo general con la sordina *cup*) junto con dos clarinetes en el registro grave, un sonido muy inusual; y cuando añadió un segundo trombón en la persona de Juan Tizol, que tocaba un trombón de pistones, Duke tuvo a su disposición no sólo otro color, sino un instrumento sumamente cromático que podía emplearse de modo indistinto con las trompetas o los instrumentos de viento-madera cuando la ocasión lo exigía. Uno de los primeros ejemplos en los que Ellington utiliza las líneas cromáticas en el trombón lo encontramos en el *tutti* final para siete instrumentos de *Jazz Lips* (ejemplo 16).

Ejemplo 16. *Jazz Lips*

En algunos de esos temas, el guitarrista Teddy Bunn aparecía como solista. Su estilo melódico, sencillo y austero contrastaba con la calidad sonora de la banda, que en aquel entonces se había enriquecido y presentaba un carácter cada vez más vertical. En *Haunted Nights* el contraste resulta de lo más evidente. En esta pieza—un intento evidente de producir otro *Black and Tan Fantasy*—sólo la guitarra de Bunn es capaz de recrear la sencillez expresiva de la interpretación de Miley.

Por lo general, las piezas más exitosas desde el punto de vista de la música de jazz fueron las procedentes de la categoría de la música de baile. Entre ellas, las mejores fueron una serie de *stomps* rápidos, encabezadas por *Old Man Blues* (especialmente en su primera versión grabada). Otras, casi igual de buenas, fueron *Double Check Stomp*, *Cotton Club Stomp*, *Stevedore Stomp*, *Wall Street Wail*, *Duke Steps Out*, *Hot Feet* y *Ring Dem Bells*, descendientes directas de anteriores *flag-wavers* como *The Creeper*, *Birmingham Breakdown* y *Jubilee Stomp*. Todas eran muy similares en cuanto a la intención y el contenido, y algunas—como *Double Check Stomp* y *Wall Street Wail*—incluso estaban basadas en las mismas progresiones de acordes. Casi todas eran arreglos de cabeza, bastante indefinidos desde un punto de vista temático. Sin embargo, sirvieron de inspiración para que los grandes solistas, sobre todo Carney y Nanton, crearan una profusión de excelentes solos improvisados. Curiosamente, una y otra vez Nanton y Braud tocan juntos en esas piezas. El gran trombonista parece sacar un excelente partido al impulso y la forma de tocar, al límite del *slap*, del contrabajo de su compañero, y juntos produjeron algunos de los momentos más *hot* y con mayor *swing* de esos registros. En aquella época, Bigard parecía estar madurando, aunque aún no había conseguido la fluidez de años posteriores; a menudo recurría a viejos clichés de Nueva Orleans que recordaba por piezas como *Tiger Rag*. Además, su *tempo* todavía era un poco inestable. Cootie Williams estaba mejorando con rapidez, especialmente en el uso del *growl* y la sordina *plunger*, un papel que había heredado tras la marcha de Miley. Sus mejores solos—*Saratoga Swing*, *Ring Dem Bells*, *Echoes of the Jungle*, por nombrar sólo unos pocos—muestran ya un dominio considerable de ese difícil estilo y, en ocasiones, incluso vislumbres de un uso más imaginativo que el de Miley. A Hodges se lo utilizaba sobre todo en solos llamativos y efervescentes; aún no había descubierto el estilo sutilmente quejumbroso que le daría fama unos años después. Como saxo alto primero, dotaba de una tremenda solidez a la sección de viento-madera, y sus solos, producidos por un flujo incesante de inspiración melódica, siempre resultaban, como mínimo, fiables. Sus interpretaciones tenían ya un carácter inevitable—que no predecible—y parecían garantizar que tocaría la nota precisa en el momento preciso. Por ejemplo, su solo en *Syncopated Shuffle*—por lo demás, un registro menor—tiene esa cualidad, y su *break* solista al final posee una libertad y un sentido del ritmo que están muy por delante de su tiempo.

El potencial de estos intérpretes como solistas a menudo quedaba considerablemente limitado por el material musical de los espectáculos o por los arreglos. Es probable que una serie de piezas basadas en el viejo estándar *Tiger Rag* estuviera concebida para dar a los músicos la oportunidad de realizar improvisaciones espontáneas y desinhibidas. La más sólida de todas ellas era la propia *Tiger Rag*, que constaba de dos partes. Con anterioridad, *Creeper* y *Jubilee Stomp* habían estado basadas—en parte, al menos—en esos mismos acordes familiares, y *Hot and Bothered* y *High Life* se añadieron entonces a ese repertorio. Todos ellos eran temas rápidos y agresivos, que contaban con el subrayado del infatigable—aunque a veces errático—contrabajo de Braud. *Tiger Rag* era un puntal del repertorio de jazz y, por supuesto, a lo largo de los años innumerables bandas la habían interpretado hasta la saciedad. Esta pobre pieza, en un principio popularizada por la ODJB, solía estar sobrecargada con una amplia selección de efectos instrumentales sensibleros o humorísticos. La versión de la banda de Ellington transformó de repente el panorama, al presentar una asombrosa sucesión de solos sumamente individuales y nada efectistas. Incluso el rápido pasaje cromático de Bigard—que en otras circunstancias habría sido una idea bastante chabacana—tiene en este contexto un impulso propulsor que lo convierte en un punto culminante de la grabación.[1] Los dos solistas que parecían sentirse más a gusto con esas piezas derivadas de *Tiger Rag* eran Bigard, quien de repente se vio transportado a un terreno que no podía resultarle más familiar, y Freddy «Posey» Jenkins, cuya inclinación por los solos llamativos y extrovertidos coincidía, por fortuna, con el manifiesto carácter ostentoso de las piezas. El solo de trompeta de Jenkins se convirtió en un puntal habitual de las piezas basadas en *Tiger Rag*. No sólo prácticamente lo repite en *High Life*, sino que, en una versión posterior de *Hot and Bothered* para el oscuro sello Velvetone, encontramos a Cootie Williams (según la discografía de Aasland, en todo caso) interpretando el mismo solo. Más adelante aún fue objeto de un arreglo para conjunto de trompetas.

Por cierto, la grabación original de *Hot and Bothered*, realizada en octubre de 1928 y publicada con posterioridad por el sello inglés Parlophone, fue la que tanto gustó a Constant Lambert, director y compositor británico que, además, era un entusiasta de Ellington. La comparó con lo mejor de Ravel y Stravinski, lo que no sólo parece un tanto exagerado, sino que deja en la penumbra otros registros de Ellington superiores tanto con respecto a su concepción como a la interpretación. De hecho, la interpretación deja un poco que desear, circunstancia que Lambert, en su entusiasmo, no advirtió. Ciertamente, la pieza resulta estimulante desde un punto de vista emocional, a causa en gran medida del nervioso contrabajo de Braud. Sin embargo, las entradas equivocadas de Miley, el vocalista Baby Cox y Braud, así como la descosida ejecución de la sección de saxofones en el *chorus final*—que a Lambert le parecía tan «ingenioso»—, indican que la pieza no estaba preparada para grabarse. Además, Bigard tie-

---

[1] Al escuchar esta grabación, uno se inclina a sospechar que Juan Tizol ya era miembro de la sección de trombones (o tal vez un invitado en el día de la grabación). De otro modo, me resulta difícil explicar el trino del trombón sobre el si bemol grave justo antes del famoso *chorus* de Freddy Jenkins.

ne problemas con el *tempo*, e incluso Hodges parece menos seguro de lo habitual. Lo importante, por supuesto, es que una llamativa pieza para virtuosos vale muy poco si no cuenta con llamativas interpretaciones de virtuosos.

Lambert fue también el primero, me parece, que comparó a Ellington con Frederick Delius, lo que a su vez llevó a formarse una especie de idea tácita relativa a la influencia del impresionista inglés en el músico estadounidense. Aparte de lo que he dicho con anterioridad acerca de la influencia *indirecta* de algunos compositores europeos sobre Duke (nota 26), no alcanzo a entender cómo es posible que el empleo de exuberantes acordes de novena y de undécima o la tendencia a un enfoque *impresionista* constituyan justificación suficiente para semejante pretensión. Parece que estemos ante una simplificación excesiva o ante la clase de esnobismo para el que una pieza de jazz no es lo bastante buena si no puede equipararse con algunas composiciones europeas que gozan de aceptación.

Lo cierto es que el lenguaje armónico de Ellington resulta bastante original y está a tanta distancia de Delius como *Jeux*, de Debussy, lo está de *Dafnis y Cloe*, de Ravel, o tal vez más. Por citar tan sólo dos diferencias obvias, la escritura armónica de Delius en sus mejores obras presenta constantemente acordes en primera, segunda e incluso tercera inversión. La sensación suspensiva que se produce como consecuencia de ello le permite aventurarse en una cadena ininterrumpida de modulaciones sin resolver. Es evidente que no ocurre lo mismo con Ellington, quien rara vez utiliza tales inversiones, y cuyos finales de frase quedan bastante claramente determinados por resoluciones de lo que quiera que haya pasado con anterioridad. Además, no creo que Ellington sea por completo un *impresionista*, como se deduce de la comparación con Delius. Sin duda, hay paisajes de ensueño como *Dusk* y *Misty Momin'*, y abstracciones atmosféricas como *Mood Indigo* y *Moon Mist*, pero ¿qué hay de los centenares de piezas vigorosas, sencillas y directas que forman el grueso del repertorio de Ellington?

Creo que el vínculo con Delius ha engendrado también la idea de que Ellington es un *rapsoda* y sobre todo se encuentra cómodo en la forma imprecisa de la rapsodia. Una vez más, se trata de una verdad a medias. Ellington tal vez sea un rapsoda desde el punto de vista de la expresión musical (aunque incluso eso es debatible), pero desde luego no lo es en lo tocante a la forma. A este respecto es un *clasicista* estricto, tal vez sólo superado por Jelly Roll Morton. Y ciertamente, las estructuras formales de Ellington son más concisas y simétricas que las de muchos compositores románticos del siglo XIX. De hecho, cuando se la compara con los grandes logros formales de un Beethoven—o incluso de un Chopin—, la forma de Ellington, en la mayoría de los casos, parece casi trillada e ingenua en su moderación. Por supuesto, tal circunstancia se derivaba necesariamente del principio de unir pequeñas estructuras de doce o treinta y dos compases en una sola forma más amplia. Que Ellington pudiera infundir semejante vida y—a finales de la década de 1930—tamaña continuidad en esas formas estereotipadas es uno de los aspectos que sirven para dar la medida de su talento como compositor. Precisamente al hecho de *no* ser un rapsoda en el sentido formal se debe que Ellington fracasara en gran medida al trabajar con grandes, extensas formas. En lo esencial era un miniaturista y carecía del control y la disciplina que un buen rapsoda tiene—y *debe* tener—para lograr que su inspiración se ajuste a una forma lógica.

Dos rarezas de este prolongado período *preparatorio* son *Oklahoma Stomp* y *Goin' Nuts*. En ellas, el número de instrumentos rítmicos supera al de los instrumentos de viento (Hodges, Cootie, Jenkins y Nanton). A la sección rítmica habitual, compuesta por cuatro músicos, se añadieron Teddy

Bunn a la guitarra y un intérprete a cargo de la tabla de lavar llamado Bruce Johnson. *Oklahoma Stomp* tiene un nombre muy apropiado porque, gracias a su moderno impulso rítmico y la acentuación del segundo y cuarto tiempos del compás, su sonoridad se asemeja mucho a la de la robusta música rítmica típica del Sudoeste. En este sentido, se trata de una grabación única en la discografía de Ellington. El inusual sentimiento rítmico resulta especialmente manifiesto durante los solos de Bunn. Aquí el grupo suena como una imaginaria banda de guitarras *hill-billy* de los Ozark, aunque con mucho más nivel. Por desgracia, el disco también contiene lo que debe de ser el solo de piano más ininteligible y de peor calidad que haya grabado Ellington.

Hot Feet es otro excelente registro de 1929. Después de un comienzo sincopado de carácter *jazzístico*, concebido para reclamar la salida a pista de los bailarines, escuchamos una intervención vocal de Cootie en un *scat* al estilo de Armstrong, que a su vez recibe la réplica de Freddy Jenkins con una especie de *chorus* dialogado. Un puente de dos compases, utilizado más tarde en *Reminiscin' in Tempo*, desemboca en un solo de Hodges, seguido por un *chorus* que ilustra la ardiente colaboración entre Braud y Nanton antes mencionada. Unos *riffs* de los metales, ornamentados con algunos pasajes de la sección de saxofones a tres, conducen a uno de los finales más sorprendentes de Ellington: una repentina pirámide sonora de los metales seguida por un acorde de séptima mayor sobre el sexto grado rebajado de la escala, del que ya hemos encontrado algunos ejemplos (ejemplo 17).

Ejemplo 17. *Hot Feet*

Ring Dem Bells es una pieza similar, un poco más lenta y en la que también asistimos a un *chorus* dialogado, en esta ocasión con la réplica vocal de Cootie a las intervenciones de Hodges. A continuación, Cootie toca un solo, con el acompañamiento de algunos increíbles motivos *sinuosos* a cargo de los saxofones.[1] Fluidos, aunque llenos de una especie de emoción controlada, estos motivos constituyen el contraste y el complemento perfectos del mordaz solo de Cootie. Tal como ocurre en *Hot Feet*, en el *chorus* final encontramos acordes de cinco notas distribuidas entre los instrumentos de la sección de viento-metal, entre los que se pueden escuchar pasajes rápidos del grupo de saxofones. Los motivos que ejecutan los metales son una prolongación de los *riffs* anteriores de las campanas chinas (de las que aquí, casualmente, se encarga Charlie Barnet, quien más tarde sería un destacado director orquestal de la era del *swing*).

Tal vez la mejor grabación de este período (entre 1928 y mediados de 1931), al margen de *Mood Indigo*, sea *Old Man Blues*, en especial su primera versión, grabada por Victor. La sesión se celebró en Hollywood, adonde la banda se había trasladado para aparecer en una película llamada *Check and Double Check* (de la que procede *Double Check Stomp*). Al escuchar los resultados, se tiene la impresión de que la visita tuvo un efecto estimulante en la banda. Ciertamente, *Old Man Blues* muestra un ímpetu y una excitación de los que carecían muchos temas anteriores. Desde un punto de vista musical, el registro sirvió para mostrar a Ellington, como nunca antes se le había revelado, en qué medida una composición—fuera un arreglo de cabeza o una pieza verdaderamente escrita—podía servir de infraestructu-

---

[1] Como ya he indicado, una idea musical como ésta se hallaba sujeta a repetida experimentación. Ellington la empleó por primera vez en *Stevedore Stomp* a comienzos de 1929, después en *Duke Steps Out* y, en 1931, en *It's Glory* y *Echoes of the Jungle*.

ra, de punto de partida para los talentos de su singular grupo de solistas.

Piezas anteriores, como *Black and Tan Fantasy*, llevaban la huella de un músico particular—Miley, en ese caso—y hemos visto que el talento de Bubber como solista hasta cierto punto no encajaba con el marco musical prefijado por Ellington. Se aprecia la falta de un concepto uniforme. El dominio de un único solista hizo que el equilibrio colectivo, que era parte fundamental del jazz, quedara momentáneamente perturbado, de modo que las costuras de la estructura empezaron a quedar al descubierto. Sin embargo, aquí, en *Old Man Blues*, vuelve a reinar la excitación colectiva y la sensación de que la interpretación era realmente la suma de todas sus partes, y a lograrse el equilibrio perfecto entre composición e improvisación. Por supuesto, este logro es, por encima de todo, la mayor contribución de Ellington al desarrollo del jazz. Francis Newton resumió con brillantez esa cuestión cuando escribió, en el *New Statesman*,[1] que Ellington «había resuelto el problema increíblemente difícil de llevar una música *folk* animada, cambiante e improvisada al plano de la *composición* sin perder su espontaneidad».

Aunque la forma de *Old Man Blues* (véase el esquema en el ejemplo 18) dista de ser revolucionaria, constituye un ejemplo excelente de cómo resolver la relación entre forma y contenido musical. Lo que quiero decir es que Ellington encontró un modo de que el músico preservara la libertad inherente al jazz, mientras que la pieza en su totalidad satisfacía las exigencias de la forma organizada o predeterminada. Por citar una vez más el artículo de Francis Newton, Ellington produjo una música que estaba «*tanto* creada por los intérpretes *como* plenamente moldeada por el compositor».

---

[1] 11 de octubre de 1958, p. 488.

Ejemplo 18. *Old Man Blues* (forma)

Vamp introductorio	A	B (marcha)	A¹
8	16 + 8 + 6 (Nanton, con *obbligato* de Bigard)	4 + 8 + 8 (Sec. rítmica, sax., tpts.)	16 + 8 + 8 (Tpts., Nanton, tpts.)

A²	A³	B	*Break*	A⁴
32 (Carney, con *obbligato* de piano)	16 + 14 (Hodges, Jenkins)	6 (saxofones)	4 (Viento-metal)	16 + 8 + 8 (Viento-metal, Nanton, *tutti* con *obbligato* de Bigard)

En *Old Man Blues*, los músicos no parecen verse limitados por esas exigencias aparentemente contradictorias. En realidad, es probable que no fueran conscientes de la forma general y, por lo tanto, no se sintieran inhibidos por ella. Para ellos no era más que otro *chorus*, que sería bueno, malo o indiferente. Lo cierto es que los solos tienen un gran nivel; tal vez el intérprete menos inspirado sea Bigard (que se apoya en exceso, una vez más, en los recursos que utilizaba en *Tiger Rag*). Ciertamente, Carney y Nanton dan lo mejor de sí: Carney con un excepcional estilo bullicioso y Nanton con tres intervenciones a solo separadas y contrastantes. Por lo que respecta a la toma, *Old Man Blues* permite saborear momentos de un fortuito equilibrio de planos sonoros como, por ejemplo, el puente del primer *chorus*, donde el trombón de Nanton se funde con los ornamentos en el registro grave del clarinete de Bigard de tal modo que ambos instrumentos empastan a la perfección en un único timbre, casi como si las dos partes fueran ejecutadas por un solo intérprete. El excelente acompañamiento que Ellington proporciona al piano bajo el solo de Carney y el *walking bass* a cuatro tiempos de Braud también son dignos de mención. En el plano armónico, *Old Man Blues* tiene también su toque de originalidad.

En el *break* de cuatro compases que precede inmediatamente al *chorus* final, tres trompetas y un trombón tocan un acorde (ejemplo 19) parecido al acorde final de *Hot Feet*, que se repite varias veces con un ritmo sincopado y que también aquí se trata del sexto grado rebajado de la escala.[1]

Ejemplo 19. *Old Man Blues (break)*

Durante este período de intensos experimentos, Ellington empezó a crear, con cierta regularidad, piezas que no eran *estrictamente* funcionales, sino que, pese a estar en origen destinadas a alguna función específica (por ejemplo, música de fondo para un número escénico del Cotton Club), tenían vida propia, *independiente* de ese propósito funcional. Dichas piezas pertenecen a la categoría que antes hemos llamado composición musical pura o abstracta. Las grandes obras maestras de 1927, como *Black and Tan Fantasy* y algunas de las mejores creaciones de Morton, ya habían demostrado que el jazz tenía esa capacidad. Entre 1928 y 1931 aparecieron varias composiciones de esa clase. No eran meros arreglos o cadenas de *chorus* amontonados de modo arbitrario, sino creaciones musicales disciplinadas que podían juzgarse por criterios de análisis y apreciación musical establecidos durante siglos en la música clásica, y que tanto por su

---

[1] Este acorde, que se convirtió en un lugar común, resultaba aún audaz en el jazz en la época de la grabación. Por lo que yo sé, el otro ejemplo temprano de su uso aparece en el *chorus* final de la versión de *I Found a New Baby*, registrada por Alphonse Trent en 1930. Por cierto, la avanzada escritura y la alta calidad técnica de esta gran banda del Sudoeste plantean la interesante cuestión de si los caminos de Trent y Ellington llegaron a cruzarse y se produjo alguna clase de influencia. Parece un asunto fascinante para la investigación.

carácter como por su calidad se distinguían del resto de la *Gebrauchsmusik* de jazz.

En realidad, a menudo es sólo el *carácter* de una pieza lo que la hace entrar en esa categoría de composición, puesto que temas como *Take It Easy*, *Dicty Glide*, *Drop Me Off in Harlem* e incluso *Creole Rhapsody* son a veces de una *calidad* discutible. Por otra parte, lo elevado de la calidad y la concepción puramente compositiva van de la mano en *Old Man Blues*, *Rocky Mountain Blues* y la incomparable *Mood Indigo*.

En cualquier caso, conforme fue creciendo el control de Ellington sobre su excepcional orquesta, logró crear más obras que alcanzaron una independencia ajena a su ímpetu original. Gracias a ello han perdurado en el tiempo. Este elemento compositivo aparece con mayor frecuencia a medida que el estilo de Ellington fue madurando y está representado en obras maestras posteriores como *Concerto for Cootie*, *Ko-Ko* y *Sepia Panorama*, y más adelante por *suites* orquestales y obras para los escenarios como *Jump for Joy* y *Beggar's Holiday*.

Tras perfeccionar la forma de los temas dentro del límite de los tres minutos de duración que tenían las caras de los discos de diez pulgadas con *Old Man Blues* y *Mood Indigo*, la mente musical de Ellington, incansable y entonces ya plenamente estimulada, se planteó a continuación el problema de las grandes formas. En enero de 1931 había creado dos versiones de *Creole Rhapsody* con seis meses de diferencia. La comparación entre ambas arroja luz sobre los métodos de Ellington. Me resulta difícil estar de acuerdo con la opinión generalizada de que la segunda versión (más extensa, para Victor) es inferior a la primera (para Brunswick). Ya he dicho que la pieza representa en general un paso adelante desde un punto de vista formal. En ella, Ellington experimentó además, entre otras cosas, con longitudes de frase asimétricas[1] y

---

[1] Véase un artículo de este autor titulado «The Future of Form in Jazz», impreso originalmente en *The Saturday Review of Literature* y reimpreso

un dúo de trombones (tal vez el primero del jazz). Sin embargo, hay que decir que la mayor parte de las *interpretaciones* en la *Creole Rhapsody* original son de segunda fila. A diferencia de *Old Man Blues*, la forma estaba hilvanada de un modo más bien caprichoso. Eso, sumado el hecho de que *Creole Rhapsody* era más una composición de Ellington que un arreglo de cabeza elaborado colectivamente, hizo que los músicos se sintieran incómodos y rígidos. Además, los anticuados interludios al piano de Ellington (por fortuna, transformados y reducidos al mínimo en la segunda versión) restan todavía más unidad a la pieza. Asimismo, los dispares materiales compositivos del original verdaderamente no se prestaban a una ejecución de principio a fin con el mismo *tempo*. En el medio año que transcurrió entre ambas versiones, Ellington debió de darse cuenta, pues en el registro para Victor cada sección se toca con un *tempo* diferente. Eso no significa una mejora en la composición, pero ciertamente sí en la interpretación. Por otra parte, es evidente que, entretanto, la banda había aprendido a tocar la pieza. El trabajo de conjunto es muy superior y los cambios de *tempo*—una rareza en el jazz de entonces— funcionan sorprendentemente bien. Los solos también son mejores, aunque no resulten memorables.

Por otra parte, casi toda la cara B de la primera versión se ha desechado en la segunda y se ha sustituido por material añadido que sigue la estela soñadora y lírica de *Mood Indigo*, lo que la convierte en la primera pieza de Ellington con forma ternaria. Esta nueva sección recibe un tratamiento formal libre y variado: Arthur Whetsol expone el tema de manera inimitable, antes de que volvamos a escucharlo en una mezcla increíblemente aterciopelada de saxofones y trombón de pistones con sordina (Tizol), y por último vuelve a aparecer en una versión a *tempo* libre de Bigard y Duke. Los tres sa-

en *The Saturday Review Treasury*, Nueva York, Simon and Schuster, 1957, p. 561.

xofones que acompañan a Whetsol logran un sonido de una calidad, tanto en términos de timbre como de conducción de las voces, a la que Ellington sólo volvió a aproximarse en sus coloristas obras maestras de la década de 1940, *Warm Valley*, *Moon Mist* y *Dusk*.

En la segunda versión de *Creole Rhapsody*, la expansión de lo que ya era una forma extendida demuestra ser demasiado para Ellington, y pese a (o, con mayor probabilidad, a causa de) algunos préstamos sutiles de *Rhapsody in Blue*, de Gershwin, aproximadamente el último minuto no es demasiado coherente. Incluso teniendo en cuenta este error de juicio, la mayor parte de la interpretación de Victor debe considerarse una mejora, y lo cierto es que Ellington, con su discreción característica, se benefició en composiciones posteriores de la experiencia adquirida con *Creole Rhapsody*.

Tras este poco conocido e innovador experimento, Ellington retornó a ideas más convencionales. En llamativo contraste con los cincuenta y tantos registros anuales del período precedente, su orquesta sólo grabó otros cuatro temas en 1931: *Limehouse Blues*, *Echoes of the Jungle*, *It's Glory* y *The Mystery Song*. Éstos no sólo representan la culminación de este período *preparatorio*, sino que son el comienzo de una larga etapa de consolidación y refinamiento. En estos cuatro registros de 1931, el sonido y el enfoque básicos de la gran época de Ellington de 1940-1942 ya no son embrionarios. Su estilo ha conseguido una autonomía plena, sólo necesitada de la posterior maduración con que la juventud se convierte en plena madurez.

Esos registros de 1931 pertenecen a la categoría *compositiva*. Tal vez el más limitado sea *It's Glory*, pues su anticuado ritmo de baile y la ejecución del contrabajo en *slap* menoscaban su valor como composición pura. Pero la calidad de la escritura para los instrumentos de viento-metal y viento-madera—con una rica sonoridad en la que empastan hasta ocho voces—casi nos hace olvidar que estamos escuchando básicamente otro *chorus* arreglado. Además, la grabación ofrece dos momentos inspirados. El primero de ellos lo encontramos en el puente del segundo *chorus*, donde Nanton toca la voz principal—con un empleo sutil de la sordina *wah-wah*—acompañado por un trío de dos clarinetes en el registro grave y un trombón de pistones con sordina,[1] lo que da lugar a una sonoridad de *blues* que debió de sorprender a más de un músico en 1931 y que, todavía hoy, resulta fascinante y conserva toda su frescura. El otro pasaje extraordinario se sitúa en el siguiente *chorus*, donde Ellington emplea una vez más los suaves motivos *sinuosos* de los saxofones para acompañar el solo de Cootie Williams.

En 1931, el talento de Ellington había alcanzado tal madurez que podía incluso transformar una composición ajena—un estándar estereotipado, por lo demás—en una pieza puramente ellingtoniana. Así pues, en *Limehouse Blues* escuchamos sonidos que nunca podríamos confundir con los de ninguna otra banda de la época. Los metales irradian un brillo de un amarillo intenso y la sonoridad de *blues* que encontramos en *It's Glory* funciona una vez más como elemento de contraste. Con buen criterio, Ellington evitó emplear orientalismos demasiado obvios (motivos pentatónicos en el registro agudo del piano, un tintineo que el resto de las bandas utilizaba en este tema y al que el mismo Duke ya había sucumbido en *Japanese Dream*). Sólo el ritmo anticuado y vertical a dos tiempos empaña el deleite de esta pieza, aunque se ve compensado con creces por la fluidez de las líneas melódicas de los pasajes orquestales.

---

[1] Ellington había utilizado esa combinación instrumental previamente en *Lazy Duke* y *Creole Rhapsody*, lo que vuelve a demostrar que probaba sus ideas muchas veces en diferentes contextos hasta que se convencía de haber agotado todas sus posibilidades.

Echoes of the Jungle, presumiblemente escrita por Cootie Williams, sin duda nació como una pieza escénica para el Cotton Club, destinada a ofrecer a los clientes una estampa de la África más negra. Sin embargo, tal como ha señalado el autor inglés Charles Fox,[1] se trata de una pieza de música que «paradójicamente es sofisticada en extremo». Su memorable originalidad, a la que contribuye una interpretación soberbia, la convierte en el menos anticuado de esos registros; de hecho, hoy parece tan fresca e intemporal como en 1931. Una vez más, no podemos por menos de maravillarnos frente al empaste extraordinariamente rico de los metales, en esta ocasión con sordina y ornamentados por la sonoridad plena del saxo alto de Hodges. Cootie toca dos solos: el primero sin sordina, con una precipitación sensual; el segundo con la sordina *plunger*, en una de sus improvisaciones más originales. Llegados a este punto volvemos a escuchar los sinuosos motivos cromáticos en un segundo plano, una combinación instrumental que, al parecer, Ellington nunca se cansó de emplear. El pasaje subsiguiente, en el que escuchamos a Bigard en el registro grave y la réplica de Fred Guy al banjo con unos *glissandi*, se asemeja a la calma amenazante antes de la tormenta. En los últimos tres compases, Ellington crea una sonoridad y una armonía de *big band* que anticipan los *chorus* finales de *Ko-Ko*.

Al no estar presentes en el Cotton Club en junio de 1931, resulta difícil visualizar qué escena o número inspiró la pura magia del comienzo de *The Mystery Song*. Una introducción al piano absolutamente convencional da paso de repente a un sonido inspirado, uno de esos momentos tan únicos que es imposible repetirlo o copiarlo sin caer en la pura imitación.[2]

---

[1] En Peter Gammond (ed.), *Duke Ellington: His Life and Music, op. cit.*, p. 83.

[2] Sin embargo, persiste la fastidiosa idea de que Ellington había escuchado un pasaje de viento-metal muy similar en *Sweet Sue* de Whiteman (1928) y lo estaba mejorando.

La mezcla de armonías con notas tenidas, el distante timbre con sordina y el incansable bajo de Guy, con su sutil insistencia, producen como por arte de magia un sonido memorable. Por desgracia, Ellington no logró mantener este nivel de inspiración más allá de la exposición (tal vez por razones funcionales relativas al número de baile). En cualquier caso, todo lo que sigue a ese comienzo glorioso resulta anticlimático y trillado. Es una lástima que Ellington nunca brindara a ese momento de inspiración el marco que merece.

La consolidación del estilo de Ellington a principios de la década de 1930 coincidió con una coalescencia parecida en el jazz en general. Es evidente que los comienzos de la década de 1930 representaron el final de una época y el comienzo de otra. La primera generación de grandes artistas de jazz estaba abandonando la escena, en el sentido de que ya no proporcionaba un estímulo innovador, y una generación más joven de intérpretes estaba empezando a tomar la delantera. Por otra parte, esos intérpretes más jóvenes procedían de un estrato social más elevado que sus predecesores inmediatos, un desarrollo que coincidió con cambios en el estatus social del jazz y en su relación con la sociedad estadounidense. El clima social del país estaba experimentando una reorientación drástica, precipitada por la Gran Depresión. Asimismo, el jazz estaba intentando alcanzar nuevos objetivos artísticos y una aceptación social más amplia. Sobrio y maduro por el crac de Wall Street y la Gran Depresión, el conflictivo público de la era del jazz, con sus ecos gansteriles, dio paso a un público caracterizado por un interés más personal y profundo en el jazz. Los bares clandestinos fueron reemplazados por los campus universitarios, y más gente vio en el jazz una forma de expresión *musical*, en lugar de simplemente una nueva forma *salvaje* de entretenimiento exótico. Aunque el jazz seguía asociándose ante todo con los bailes de sociedad, estaba empezando a aparecer una importante minoría de aficionados que lo consideraban una forma de arte. El impulso para ese cambio procedió en gran medida de Europa, donde cierto número de *intelectuales*, *críticos* y escritores empezó a publicar artículos de una erudición notable sobre el jazz, su historia y su naturaleza.

Por lo tanto, no es de extrañar que un número cada vez mayor de músicos de jazz—entre los que destacan la orquesta de Duke Ellington y la de Coleman Hawkins—partieran, a comienzos de la década de 1930, en busca de nuevas y, aparentemente más prometedoras, oportunidades en Europa. La consecuencia lógica fue que empezaran a surgir allí grupos de jazz autóctonos, como Hot Club de France, Spike Hughes Orchestra en Londres y pequeños grupos en Escandinavia y Checoslovaquia.

Sin embargo, lo más importante de todo es que, a comienzos de la década de 1930, el jazz se había desarrollado hasta el punto de tener una historia propia y poder señalar sus propias tradiciones. Y, en consecuencia, apareció por primera vez la división entre los *progresistas* avanzados, como Ellington y el saxofonista Lester Young, y los tradicionalistas, como los intérpretes «estilo Chicago».

Todas esas presiones estilísticas, sociales y económicas transformaron el jazz. Un público nuevo exigía una música nueva, de ejecución más armoniosa y dotada de un contenido musical más amplio y sofisticado. Los tallos de una forma musical propiamente estadounidense habían arraigado y buscaban un terreno más extenso. El primer período de florecimiento del jazz había pasado a la historia.

ENTREVISTA
CON GEORGE MORRISON

*A continuación presentamos una transcripción editada de la
entrevista del autor con George Morrison, violinista y director de banda. La entrevista se celebró en el estudio de Morrison en Denver, en junio de 1962.*

Nací en Fayette (Misuri), un pueblecito situado a unos dos-
cientos kilómetros al sudeste de Kansas City, en 1891.

Mi padre era músico. De hecho, hasta donde se puede seguir la pista de la familia Morrison, todos los hombres eran
fiddlers; en aquellos tiempos, en lugar de violinistas los llamaban *fiddlers*. Estaban el tío Jack, el tío Alfred y mi padre,
Clark Morrison. Él era el mejor *fiddler* del estado de Misuri.
Tocaba antiguos temas para violín, como *Arkansas Traveler*,
Devil's Dream y *The Fisher's Hornpipe*, para acompañar los
bailes tradicionales. En aquella época, lo único que conocían
eran los bailes tradicionales. No tocaban música de conciertos ni nada parecido. No sabían leer ni una nota; jamás supieron cómo era una nota, lo tocaban todo de oído. Pero tenían
el talento natural que Dios les había concedido.

Mi padre murió cuando yo tenía dos años. Mis padres tuvieron catorce hijos y, por lo que yo sé, sólo sobrevivieron
ocho; cinco chicos y tres chicas. Yo siempre quise aprender a
tocar el violín. Solía gatear hasta meterme debajo de la cama
de mis padres, donde estaba guardado el violín, y abría el
viejo estuche de madera y el viejo saco de harina en el que lo
metían, y cogía el arco y lo pasaba por las cuerdas. Un día,
mi padre me pilló y me dio una azotaina. Mi madre le dijo:
«No pegues al chico, algún día tocará el violín mejor que tú,
porque le encanta». Algunos años después, empecé a cons-

truirme mis propios violines. Me gustaba tanto el violín, que salía, cogía un tallo de maíz y lo vaciaba. Cogía un cuchillo y cortaba el tallo en cuatro tiras, y luego conseguía un pequeño trozo de madera y le ponía algunas cuerdas de pana. Las sujetaba mediante un clavo colocado en la parte superior y las tensaba todo lo que podía con la mano. Luego cogía alguna pequeña rama de sauce y la doblaba. Con eso tenía el arco. Después frotaba carboncillo sobre las cuerdas y producía un sonido. El carboncillo sustituía a la resina para que las cuerdas sonaran. Yo tenía unos cinco años. Más adelante, al ir creciendo, me hacía los violines con cajas de puros.

Recibí mis primeras clases oficiales de música después de que mi hermana me llevara a Boulder (Colorado). Yo tenía unos diez años. Pero antes de ir a Colorado ya habíamos formado una banda de cuerdas, a la que pusimos el nombre de Morrison Brothers String Band. En aquel entonces yo tocaba la guitarra y mi hermano, la mandolina. Mi hermano mayor tocaba el contrabajo y mi cuñado, la guitarra. Hacíamos muchos bolos por Fayette (Misuri). Salíamos a dar serenatas a la gente por la noche. Tocábamos para ellos y nos lanzaban dinero, lo que era una gran ayuda, porque en aquellos tiempos éramos *muy* pobres. De vez en cuando conseguíamos trabajo tocando para blancos en los bailes tradicionales. Tocábamos toda la noche, desde las seis de la tarde del sábado hasta las siete de la mañana del domingo, y nos daban un dólar por cabeza. Con ese dinero tal vez podíamos comprarnos un saco de harina o un saco de maíz y melaza. Y así sobrevivíamos. La vida era muy dura para nosotros en aquellos tiempos.

Tocábamos los viejos temas populares de la época y lo hacíamos de oído. No sabíamos leer una sola nota; ni siquiera sabíamos cómo eran. Tocábamos cosas como *After the Ball Is Over* (un vals), *The Double Eagle*, *Silver Threads Among the Gold* y otras por el estilo. En aquellos tiempos, eran piezas populares, lo que llamábamos *two-steps*. Los *two-steps* eran piezas en compás de 6/8. Los tocábamos sin muchas florituras. No sabíamos improvisar, nunca aprendimos a hacerlo. Nos conformábamos con tocarlos tal cual.

Mi hermana y mi cuñado se trasladaron a Boulder y, tras pasar allí un año, volvieron a Fayette (Misuri) y nos llevaron a mí y a mi hermano Lee (ya fallecido) a Boulder, porque mi cuñado veía que en Boulder la música tenía mucho futuro. En aquellos tiempos no había músicos que tocaran en las montañas, en los pueblos mineros. Así que mi hermano Lee y yo nos juntamos, practicamos e hicimos publicidad de la Morrison Brothers String Band en Boulder. Empezamos a tocar nuestros bolos en las montañas, en los campamentos mineros, como Cold Hill, Sunset, Rustle Gulch y pueblos así. Nos anunciábamos repartiendo pequeños folletos y al cabo de poco tiempo estuvimos muy solicitados. En aquellos tiempos allí no había bandas que tocaran en los bailes. Por lo general trabajábamos sólo los fines de semana. No tenían teatros ni nada por el estilo. Tocábamos en una pequeña sala de baile o en una choza de madera. Teníamos que llegar allí a caballo y en calesa, hasta las montañas, y a veces el camino era tan resbaladizo que el viejo birlocho se salía de él. De no ser por los caballos, nos habríamos pasado seis meses rodando ladera abajo antes de tocar el fondo del valle. Aquellos caballos sabían cómo avanzar por aquellos caminos. Llegábamos allí y tocábamos toda la noche. La gente venía de los otros pueblecitos, a kilómetros de distancia, para bailar toda la noche, desde las siete de la tarde hasta las ocho del día siguiente. Y así todo el año. Tocábamos valses, *two-steps* y foxtrots. De vez en cuando incluso intercalábamos un tema tradicional. Como lo que tocaba mi padre. Más adelante nos hicimos tan famosos que empezamos a trabajar en Boulder, y después también en la colina, en la universidad [la Universidad de Colorado, en Boulder], en las hermandades de estudiantes.

Pasé unos doce años en Boulder antes de trasladarme a Denver. Realmente me ganaba la vida como músico.

Cuando me trasladé a Boulder, yo era bastante inocente. Le contaré una historia. En el tren de Denver a Boulder (la primera vez, cuando fuimos desde Fayette), vi una montaña por primera vez en mi vida. Conforme nos acercábamos a Boulder, podía percibir las montañas con mayor claridad. Parecían *tan* grandes, *tan enormes*. Me dije: «¿Qué son esas cosas que hay ahí?». Ni siquiera me atrevía a preguntar al conductor. Creía que, al acercarnos tanto a esas montañas, se derrumbarían sobre mí, me escondí como un niño pequeño debajo del asiento y empecé a llorar. De modo que el conductor me dijo: «¿Qué ocurre, jovencito?». Yo dije: «Oh, me asustan esas cosas de ahí delante, me da miedo que se me caigan encima». Él dijo: «Oh, no se te caerán encima. Son montañas, llevan años ahí».

Bueno, logré llegar a Boulder y al cabo de poco tiempo me acostumbré a las montañas. En Boulder primero me puse a trabajar con mi hermano en una barbería, limpiando zapatos. Cuando salíamos del colegio sacábamos lustre a los zapatos y barríamos la barbería. Como digo, yo no era más que un joven inocente, y aquellos barberos me mandaban por toda la ciudad a buscar una llave inglesa para zurdos y una espiral para la picadora de la carne. Tardé como una semana en darme cuenta de lo que estaban haciendo.

Otra cosa que me pedían era que apagara de un soplo las luces eléctricas. En aquella época yo no sabía ni cómo era una bombilla; en casa, en Misuri, utilizábamos las viejas lámparas de queroseno. Y aquí me tenían, devanándome los sesos, soplándole a la luz para intentar apagar la bombilla. Sabe, yo no era más que un criado y hacía todo lo que me pidieran.

Con el dinero que ganaba trabajando en la barbería me compré un violín. Y un estuche, y un arco. Y empecé a tomar lecciones de violín. Mi primera profesora fue la señorita Nellie Greenwood, de Boulder; era una violinista que había estudiado en un conservatorio. Yo salía al callejón que había detrás de la barbería, donde se encontraban los contenedores de carbón, y utilizaba un trozo de carbón como atril. Iba allí y practicaba los *Estudios* de Kreutzer. Después, cuando estaba más avanzado con el violín, di clases con el profesor Howard Reynolds. Era natural de Boulder. Sus padres lo habían enviado al Conservatorio de Nueva Inglaterra y allí se había graduado. Para mí era el Leopold Auer estadounidense. Todavía vive en Denver. Era un gran profesor. Aunque ya tiene más de ochenta años, sigue enseñando. De hecho, muchos de sus alumnos son violinistas de la Sinfónica de Denver. Y su hija, Vida Reynolds, ha tocado durante años con la Sinfónica de Filadelfia de Eugene Ormandy. Estudié con el profesor Reynolds durante unos doce años. De hecho, le gustaba tanto enseñarme que hizo todo lo que estuvo en sus manos por mí. Me daba clases a lo mejor dos o tres veces a la semana, a 75 centavos la hora. Y, cuando me trasladé a Denver, solía viajar en el tren eléctrico para darme clases. En aquel entonces no tenía ningún otro alumno en Denver.

Yo avanzaba tan rápido con él que me hizo participar en un concurso con el resto de sus alumnos, todos violinistas; cuarenta y dos en total. Yo era su único alumno negro. El concurso estaba patrocinado por algún rico de Boulder y el ganador iría al Conservatorio de Nueva Inglaterra, en Boston. Y yo gané el primer premio.

Sin embargo, entretanto, yo bajaba a Denver para ir a los bailes; alguna distracción placentera tenía que tener en la vida. En un pueblo pequeño y tradicional como Boulder no había muchos negros, así que solía bajar a Denver. Una noche, en un baile, conocí a mi esposa. ¡Y así se acabó lo del Conservatorio de Nueva Inglaterra! Nos casamos en 1911 y me trasladé a Denver. En aquella época, empecé a trabajar en los prostíbulos, para Mattie Silks, una de las madamas más famosas. Fue en 1913 y 1914, por esos años. Yo tocaba el violín y la guitarra. Habrá quien piense que a mi mujer le molestaba que yo trabajase en burdeles. Pero lo importante era que tenía trabajo. ¡Santo cielo! Yo intentaba ganarme la vida como músico en lo que saliera, y cuando llevaba el dinero a casa, ella nunca lo rechazaba. Por supuesto, cuando tocábamos en los prostíbulos, preferían la música tranquila. Y no querían piezas largas, sólo temas breves, muy breves, a lo mejor de dos *chorus*. Y no parábamos en ningún momento. Querían que los clientes pidieran un trago. Casi nunca dejaban que las chicas bailaran, sabe usted. La música estaba para los amantes de la música a los que les gustaba escuchar algunos temas bonitos y tal vez bailar alguno de vez en cuando. Y no era una música estridente. Por ejemplo, nunca había batería. Sólo violín, piano y guitarra. Tocábamos piezas como *Blue Bell*, un vals, y *Red Wing*, un *two-step*. Nuestras especialidades eran *Silver Threads Among the Gold*, *Goodbye My Lady Love*, *Down on the Farm*, *Lady Lou*, *Call Me Back* y *Just a Dream*. Todos esos temas antiguos. También tocábamos piezas como *Darktown Strutters' Ball*, a un ritmo muy rápido y animado. La tocábamos como si se tratara de una pieza de jazz.

Oí por primera vez la palabra *jazz* hacia 1911. Sí, aquella palabra empezó a circular cuando me casé. Lo recuerdo bien, porque en 1911, cuando era un recién casado y tocaba en los bailes, tocábamos jazz. Yo llevaba un anuncio en mi pequeño Ford Modelo T con una clave y varias líneas, con notas y todo, en verde, oro y negro, y a cada lado del coche lucía un letrero sobre la carrocería: GEORGE MORRISON AND HIS JAZZ ORCHESTRA. Sí, señor. Justo en la época en que nos casamos. Música de jazz improvisada. No me refiero a piezas de *ragtime* como *Maple Leaf Rag* ni nada por el estilo. Cogíamos un tema e improvisábamos para imprimirle jazz. Tal como hice en la grabación de *I Know Why*, aunque eso era en 1920. Pero ya lo hacía cuando empecé con el violín.

De todos modos, oí improvisar a otros antes de hacerlo yo. De ahí me vino la idea. Como a Benny Goodman, a la orquesta de Benny Goodman. No el Benny Goodman que después se hizo famoso, sino uno que tenía una orquesta aquí en Denver. Ya ha fallecido. Era violinista e improvisaba al violín como lo hacía yo. Y teníamos pianistas que improvisaban al piano. Así era también como tocábamos en los pueblos mineros.

Sin embargo, en aquellos tiempos la gente pensaba que el jazz era música de baja estofa. Los padres no dejaban que sus hijos lo tocaran. Si tocabas la *Humoresque*, de Dvořák, perfecto, pero si tocabas *Darktown Strutters' Ball* era terrible. Esa actitud era algo muy común en aquel entonces. Cuando empecé mi carrera, si un muchacho blanco empezaba a tocar un instrumento, era una deshonra para la familia. Que un muchacho blanco tocara la batería y se ganara la vida así era una ignominia. Lo repudiaban. Sólo querían a negros que tocaran para ellos. Y mire cómo son las cosas hoy día: ahora los padres se parten el alma para comprar instrumentos a sus hijos y que se conviertan en músicos, y quieren que sigan esa carrera. Pero yo, personalmente, pienso justo lo contrario. Estoy contento de no haber obligado nunca a mi hijo a ser músico.

Otro de mis trabajos en aquella época era tocar para los espectadores del rodeo de Cheyenne, en Wyoming. Allí se celebra cada año el mayor rodeo del mundo. Llevo tocando allí, patrocinado por el *Denver Post*, cincuenta años. Recuerdo cuando empecé, en 1912: llevábamos cuatro vagones, un furgón de equipaje, y a unos ciento cincuenta hombres en el tren, todos invitados por los fundadores del *Denver Post*. Había unas quince chicas, comida y bebida; y mi banda, compuesta por unos seis o siete músicos, iba en un coche. Y tocábamos, y los invitados bailaban con las chicas. Cada año éramos más. Y pronto tuvimos ciento cincuenta chicas y dos furgones de equipaje, de modo que mi banda aumentó la plantilla hasta llegar a catorce músicos. Y yo dirigía las dos bandas, una en cada coche de equipaje, yendo de uno a otro, sin dejar de tocar desde Denver hasta Cheyenne. Ahora ya no traen a las chicas y únicamente acuden hombres solos. Pero nuestra banda se conserva igual, y en la actualidad llevamos veinticuatro vagones y mil cien hombres, todos patrocinados por el *Denver Post*. Y de regreso, tocamos sin parar hasta llegar a Denver. Se llama el Viaje del Millón de Dólares y acuden hombres de todo el mundo.

En aquella época yo también estaba estudiando teoría, composición y armonía con el doctor Horace E. Tureman. Por aquel entonces era el director de la Orquesta Sinfónica de Denver. Muchas veces me decía: «Lamento tanto, Morrison, no poder tenerte en mi orquesta. Ya sabes, por la cuestión racial». Decía: «Si fueras blanco, serías mi concertino». Bueno, la verdad es que nunca lo lamenté. Yo intentaba conseguir algo, aprender algo. Me decía: «Cuando aprenda eso, lo haré mío, y nadie podrá quitármelo salvo Dios, y en alguna parte obtendré reconocimiento. Algún día obtendré reconocimiento». De modo que seguí estudiando. Utilizábamos los manuales de George W. Chadwick.[1] En aquellos tiempos también asistía a los conciertos de la Sinfónica.

En Denver yo había tocado en una banda llamada la Orquesta de Emmett Webster. Era un pequeño grupo de tres músicos: violín, trompeta y piano. Emmett Webster tocaba el piano. Un tipo blanco, Charles Harris, era el corneta. Y yo era el violinista. Tocábamos en todos los bailes. Trabajamos así mucho tiempo, pero cuando me casé y me trasladé a Denver definitivamente, decidí crear una banda, también de tres integrantes: piano, violín y batería. Y tocamos por primera vez en la terraza ajardinada del hotel Adams. Fue hacia 1916.

Pocos años después, me trasladé a Chicago, porque quería estudiar en el Conservatorio de Columbia. Sabía que tenía que conseguir algún trabajo para poder pagarlo. No tenía dinero. Así que conseguí un trabajo para tocar en el Cabaret Panama, en las calles 34 y State. Y allí tocaba con una banda de jazz. También había un teatro llamado Grand Theatre, donde Dave Peyton era el director de la orquesta. Cuando Peyton me oyó en el Cabaret Panama, dijo: «Muchacho, me gustaría que te vinieras a tocar conmigo en el Grand Thea-

---

[1] Chadwick era el director del Conservatorio de Nueva Inglaterra.

tre». Yo dije: «Bueno, estoy trabajando aquí, señor Peyton. No veo cómo podría escaparme. Y estoy yendo al Conservatorio de Columbia». Y él dijo: «Bueno, creo que puedo arreglarlo». Fue a hablar con los propietarios del Cabaret Panama y los persuadió para que me dejaran tocar en el Grand Theatre hasta las diez y media o las once menos cuarto. Al terminar, me iba al Cabaret Panama y tocaba allí hasta las cinco de la mañana. Iba al Conservatorio por las tardes, dormía un poco y practicaba el violín. En Chicago estudié con el profesor Carl Becker.[1] Era hacia 1918.

Por cierto, tuve la gran suerte de aprender algunos detalles esenciales sobre los arreglos con Dave Peyton cuando trabajé con él en Chicago. En aquel entonces él hacía arreglos para los grandes espectáculos de Follies. Era difícil trabajar para él. No podías cometer ni un solo error; de lo contrario, se ponía hecho una furia y echaba pestes de ti. ¡Era muy severo!

Cuando regresé de Chicago, volví a tocar con mi banda de violín, batería y piano. En aquellos primeros tiempos había tres bandas blancas destacadas. Una era la de Benny Goodman, un violinista *hot* muy bueno. Luego estaba la de Joe Mann y, por último, la de Tony Loman, que era ya un veterano; tenía más edad que todos nosotros. Ésos eran mis competidores. Sin embargo, mi banda no tardó mucho tiempo en hacerse tan popular que todo el mundo nos quería. Empecé en el hotel Albany. Toqué allí con mi banda, primero en el Salón Rosa y después en el Salón de Baile Catedral. Acabamos tocando allí once años consecutivos. Gente de toda la ciudad clamaba por George Morrison. Logré tal reputación que la gente me pagaba cincuenta dólares para que tocara yo después de haber contratado a otra banda. Así podían decir que George Morrison tocaría allí esa noche. Y yo iba allí y tocaba dos o tres temas y después iba al siguiente local

---

[1] Profesor y lutier nacido en Chicago. Muchos violinistas destacados de principios del siglo XX tocaron sus instrumentos.

y hacía lo mismo. Mi banda estaba tan solicitada que no podíamos aceptar todas las propuestas. Al cabo de poco tiempo aumenté a cinco el número de integrantes: saxofón, piano, violín, trombón y batería. Más adelante añadí otros dos saxofones. Con eso fuimos siete músicos. Eugene Montgomery tocaba la batería, Jesse Andrews, el piano; Ed Carwell, el trombón; Ed Kelly, el saxofón, y mi hermano, Lee Morrison, el banjo. Después añadí un contrabajo, Emilio Gargas, un criollo francés. Luego añadí otro saxofón, Andrew Kirk, y más adelante otro más, Cuthbert Byrd, y una trompeta, Leo Davis. Todos en el hotel Albany, apretujados en el Salón de Baile Catedral. También tenía a Jimmie Lunceford en la banda. De hecho, durante cierto tiempo tuve dos pianistas; Mary, la mujer de Andy Kirk, también tocaba el piano para mí. Eso era antes de 1920.

Con esa banda tocábamos jazz. Desde luego, también habíamos tocado jazz cuando sólo éramos tres. Y yo improvisaba al violín. Los demás músicos tocaban las piezas en su mayoría tal cual, pero yo improvisaba. No teníamos arreglos escritos. Nos limitábamos a tocar la música. Más adelante, cuando éramos siete, ocho, nueve y diez intérpretes, contábamos con arreglos, por supuesto; arreglos sencillos. Yo ayudaba con los arreglos y los elaborábamos entre todos. Nunca los anotábamos, simplemente hablábamos de qué había que hacer; eran lo que llamamos «arreglos de cabeza». Los *riffs* que se nos ocurrían los practicábamos aquí, en esta sala. Los demás músicos, como el trombonista, a veces tocaban solos en temas como *Dardanella*, *Royal Garden Blues* y *Ja-da*.

Sabe usted, en aquella época me gustaba mucho la banda de Art Hickman, que tocaba en el hotel Fairmont, en San Francisco. Nunca tocó en Denver, pero yo escuchaba sus discos. Art Hickman grabó discos antes que yo para Columbia. De hecho, seguí sus pasos y me marché a Nueva York en 1920.

En aquella época, un tipo de aquí, de Denver—no recuerdo su nombre—, estaba tan interesado en mi banda que me dijo: «George, voy a llevarte a Nueva York con tu banda. Si Art Hickman puede tocar allí, también puedes hacerlo tú, ¡qué demonios!». Así que escribimos a Columbia. Enviaron a un representante al hotel Albany. Tras escucharnos, nos pidió que fuéramos a Nueva York. Así que nos pusimos a practicar nuestros temas hasta que nos salieron perfectos. Creíamos que eran los que íbamos a grabar, pero, cuando llegamos a Nueva York, vimos que no era así. ¡Grabamos lo que *ellos* nos dijeron, lo que quisieron que tocáramos!

Es una historia muy, muy vieja. Sí, señor, jamás tuvimos mayor desilusión en nuestra vida. Y en aquellos tiempos el contrabajo no se podía grabar. La batería tampoco; no se oía en disco. Así que tuvimos que prescindir del contrabajo y el batería tuvo que tocar todo el tiempo con unos *woodblocks*, como se puede apreciar en la grabación de *I Know Why*. El ingeniero dijo: «En las grabaciones no se oye ese maldito instrumento. ¿No tenéis una tuba u otra cosa?». Yo dije: «No, señor». Yo no sabía que no se podía grabar el contrabajo. De lo contrario, habría intentado darme aire y conseguir a un intérprete de tuba.

Por cierto, si yo tenía a un editor esperándome a mi llegada a Nueva York, apuesto a que tenía a cincuenta suplicándome de rodillas que tocara sus temas. Uno de ellos era Jack Robbins y, por alguna razón, la gente de Columbia dijo: «Vamos a grabar un tema de Jack Robbins, *I Know Why*». La otra cara del disco era una grabación de Ted Lewis. En aquellos tiempos, Jack Robbins apenas tenía para comer. Si podía encontrar un perrito caliente y un poco de agua, ya había comido para todo el día. Piense ahora en Jack Robbins, que llegó a hacerse millonario. Cuando estuve en Nueva York en 1945 y fui a su oficina, llamó a todos sus empleados y dijo: «Quiero que conozcan a este hombre. Fue quien me ayudó a arrancar, George Morrison, a quien debo tanto». En fin, me debe tanto que nunca ha publicado ninguno de mis temas.

¿Ha oído usted hablar alguna vez de Joe Smith y su orquesta? Bueno, W. C. Handy y Harry H. Pace acababan de trasladarse desde el Sur hasta Nueva York y tenían sus oficinas en el viejo edificio del Teatro Gaiety. Un día en el que yo estaba allí, el cartero le trajo el correo a W. C. Handy. Dijo: «Morrison, quiero enseñarte cuánto dinero da este negocio cuando tienes un éxito». Joe Smith había hecho una grabación para ellos, *Yellow Dog Blues*, y allí había un cheque de diez mil dólares en *royalties*. Era mucho, muchísimo dinero en aquella época; diez mil dólares en *royalties* sólo por *Yellow Dog Blues*, de Joe Smith. Y yo dije: «Dios mío, ojalá encontrara yo una mina como ésa». Y él dijo: «Bueno, persevera. Lo conseguirás».

Cuando grabé para Columbia, el señor King, del sello Victor, fue a mi hotel en Harlem y me preguntó si estaría interesado en grabar para ellos. Yo le dije que sí. No sé cómo se las había arreglado para escucharnos, pero lo había hecho. Esa gente de Nueva York—ya lo sabe usted, no tengo que decírselo—es la más lista que hay. No sé cómo se las arreglaron. Tal vez me escuchara en el Carlton Terrace [Broadway con la calle 100], donde yo estaba trabajando. De todos modos, el señor King nos invitó a Camden (Nueva Jersey) para una prueba de sonido. Después de la prueba nos ofreció un contrato para grabar para Victor. Nos ofreció un contrato de cien mil dólares. Los muchachos volvieron al hotel y dijimos: «¡No puede ser verdad! ¡Cien mil dólares!». Era un viernes por la tarde. Al día siguiente, sábado, llovía a cántaros. Sonó el teléfono. «¿El señor Morrison?». Yo dije: «¿Sí?». «Es el señor McDonald, de la compañía discográfica Columbia. Me gustaría que viniera a mi oficina enseguida». Y, amigo, me lancé a la lluvia; antes de que pudiera meterme en el metro, estaba empapado. Cuando llegué allí, hablamos sobre la lluvia. Él encendió un cigarrillo y dijo: «Morrison, le trajimos aquí con un contrato, ¿verdad?». «Sí». «Para grabar sólo para Columbia». Yo dije: «Sí». Él dijo: «¿Qué es eso de que fue usted ayer a Camden, Nueva Jersey, para hacer una prueba de sonido?». Amigo, en ese momento se me cayó la cara de vergüenza y pensé: ¡Tierra, trágame! «Bueno, ¿qué me dice? ¿Qué me dice? ¡Hable!». Y yo dije: «De acuerdo, es verdad, lo hicimos». «¿Quién le dio autorización? ¿Le autorizamos nosotros a hacerlo?». «No, señor». Él dijo: «Pues quiero que se entere usted de una vez por todas. No va a grabar para Victor ni para ningún otro sello discográfico mientras esté en Nueva York. Tiene un contrato con nosotros y vamos a hacer que lo cumpla. He dejado que viniera y tocara en el Carlton Terrace para ayudarlo, y usted se va a Camden, en Nueva Jersey, a hacer una prueba de sonido para ellos. Por Dios, si me entero de que ha hecho usted una prueba de sonido para cualquiera de todos ellos, le prometo que va a hacer algo más que arrastrarse de vuelta a Colorado». Dijo: «No quiero oír nunca que ha grabado usted para otra compañía. Si ha ido por ahí grabando, me enteraré». Se había enterado de que yo había ido a Camden, ¿qué le parece? ¡Son gente *muy lista*! Los de Nueva York son bien despiertos.

Luego estaba aquel tipo pequeñajo llamado Perry Bradford. Se presentó en mi hotel, en la época en la que yo estaba grabando, y dijo: «Morrison, ¿quiere usted ganar dinero? Tengo una apuesta segura, segurísima». Y yo dije: «Pero no tengo dinero». «Bueno, vamos, suba conmigo y tomemos el desayuno, así hablamos del asunto». Él pidió dos platos de huevos con jamón y yo unas tortitas. El tipo no tenía ni un centavo, así que yo tuve que pagarlo todo. Entonces dijo: «Bueno, estamos aquí porque tengo una apuesta segura. Es una maravilla, una cantante de *blues* extraordinaria, y sólo necesito su orquesta». «¿Mi orquesta?». No me dio la menor oportunidad de hablar. Así que me llevó a aquella casa, y allí estaba ella, en aquella vieja casa, a la luz de una vieja lámpara de queroseno, de día, dese cuenta. Era una estampa sencillamente horrible, horrible. ¿Y quién era ella? Mamie Smith. La primera cantante de *blues* [que hizo grabaciones]. Estaba planchando. Perry dijo: «Nena, ¡vamos a lograrlo! El señor Morrison va a financiarlo todo y vamos a lograrlo. Ahora quiero que te centres. Vamos a ponerte elegante». Creo que las medias que llevaba debían de picarla a rabiar.

Yo había estado ahorrando dinero antes de que mi mujer y mi hija llegaran a Nueva York, y lo tenía todo metido en un baúl en mi habitación. Así que fui, cogí ciento cincuenta dólares y le compré a Mamie un sombrero, un gran sombrero antiguo, algo de lencería y unos zapatos. La vestí de arriba abajo. Totalmente. Yo nunca había oído hablar de ella, nunca la había *visto*. Mamie dijo que me lo devolvería todo. Iba a grabar para el sello Okeh. Yo le dije a Perry: «Voy a dejar esto claro de buen principio. Le prestaré el dinero para vestir a Mamie, pero no puedo tocar para ella. Columbia no lo permitirá». «¡Dios mío!», dijo. «Tenemos que hacer algo y tiene que ser ya, ahora que la hemos vestido. ¿Qué hacemos?». Así que salimos, reunimos a un montón de muchachos blancos y de color y montamos una orquesta con todos ellos. Ése fue el primer disco que grabó Mamie Smith, con chicos blancos y chicos de color. Y yo fui con ellos y les ayudé con Mamie Smith en la grabación, y a ella también la ayudé con su parte. Mamie empezó a hacer aquellas grabaciones y pasaron unas tres semanas antes de que me llamara y me dijera que quería verme. Perry también estaba allí, y ella me devolvió mis ciento cincuenta dólares. Sí, me los devolvió. Y ésa fue la última vez que vi a Mamie y a Perry Bradford. No volví a tratar con ellos. Pero la ayudé a empezar.

Naturalmente, tuve que decirle al señor King que no podía grabar con él. Así que me dijo: «Bueno, Morrison, ¿conoce usted alguna banda del Oeste que toque buen jazz?». Yo le dije: «Sí, conozco a alguien; en su día estudiábamos y también tocábamos juntos. Es un chico blanco y su padre está en el Departamento de Música de un colegio de Denver. Es un músico excelente, se llama Paul Whiteman. Su padre, Wilberforce Whiteman, trabaja allí en el sistema educativo». Y el señor King dijo: «¿Cree que yo podría lograr que viniera a grabar para nosotros?». «Bueno, podría intentarlo». «¡Dios mío! Voy a coger un tren e ir a verlo». Así que firmó un contrato con Paul Whiteman, lo llevó a Nueva York y le dio cien mil dólares. Le dijo: «Ve y consigue a los mejores; vamos a vender más que Columbia». Columbia tenía a Art Hickman, Ted Lewis y George Morrison. Los discos se vendían a todo trapo. Así que Paul Whiteman se fue a Chicago, consiguió a un trombonista por aquí, a un músico por allí, a arreglistas y a todos los buenos intérpretes del país. Gracias a mí formó su banda para las grabaciones. Y él lo sabe y lo reconoce. Estuve en televisión y dije esto mismo, y no podría haberlo dicho si no fuera verdad. Por cierto, Matty Malneck, su violinista, se graduó en un instituto de aquí, de Denver. Se lo presenté a Paul Whiteman cuando tocaba aquí, en Lakeside. Paul se lo llevó aquella misma noche. Ahora Matty vive en Hollywood. ¡Directo al estrellato!

Tras mi sesión de grabación, me quedé en Nueva York unos nueve meses, trabajando en el Carlton Terrace. Conseguimos ese trabajo gracias a un tipo llamado Tim Brymn.[1] Era muy popular, y seguía los pasos de James Reese Europe, que acababa de morir. (Por desgracia, nunca conocí a Jim Europe). Tim Brymn tenía una banda, no una orquesta, una banda llamada los 70 Black Devils Overseas. Yo nunca he estado en el Ejército y no sabría distinguir la 150.ª División de Artillería de la 149.ª de Infantería. Pero en el Carlton Terrace necesitaban una banda y Brymn nos consiguió el trabajo. Aparte de liderar *su* banda, él era mi representante.

Por cierto, cuando yo estaba en el Carlton Terrace en 1920, tenía que tocar solos de violín todas las noches. Así

---

[1] Brymn estuvo al principio asociado con James Europe y la primera gran organización musical de Harlem, el Clef Club. Posteriormente, en 1918, Brymn formó, como Europe, una banda militar en Europa. Su fama casi rivalizaba con la de la Hell Fighters Band de Europe, y tuvo el honor de tocar para el presidente Woodrow Wilson en la conferencia de paz.

que una noche toqué *Tambourin Chinois*, de Kreisler. Una media hora después de terminar, se presentó un hombre y me dijo: «Joven, es usted un músico con mucho, mucho talento. Toca maravillosamente. ¿Aceptaría mi tarjeta?». Yo le dije: «Sí, señor». Y cuando la miré vi que ponía: «Fritz Kreisler». ¡Casi se me cae el violín, el arco y todo! ¡Empecé a sudar como si fuera las cataratas del Niágara! Le aseguro que no pude volver a tocar en toda la noche. Si hubiera sabido que estaba allí, probablemente no habría podido tocar mi solo. Pero me dijo: «Me encantaría que viniera a verme». Yo le dije: «Señor Kreisler, será para mí un gran placer». Él dijo: «Por cierto, ¿conoce usted a Will Vodery?». Yo lo había conocido gracias a W. C. Handy. Vodery era un músico y arreglista maravilloso. «Sí, conozco al señor Vodery». «Pues haga que el señor Vodery lo lleve a verme». Así que el señor Vodery me llevó a verlo y el señor Kreisler me dio seis clases gratis. Me ayudó a mejorar mi *staccato volante* en el *Concierto* de Mendelssohn. Me enseñó cómo conseguir un *pizzicato* hermoso y nítido, entre muchos otros detalles importantes de la técnica del violín. Nos carteamos hasta que resultó herido, cuando lo atropelló un camión.

Años después volví a ver al señor Kreisler en Albuquerque, cuando dio un concierto en la Universidad de Nuevo México. Yo estaba tocando en el hotel Franciscan. El mánager no se creía que yo conociera al señor Kreisler. Le dije: «Vamos a comprobarlo». E informaron al señor Kreisler de que George Morrison había venido a verlo. Se estaba afeitando. Yo entré y dije: «Disculpe, señor Kreisler. Sé que está ocupado afeitándose, pero soy George Morrison, me dio clases en Nueva York con el señor Will Vodery». «Oh, sí, sí, mi querido muchacho, sí, por supuesto, por supuesto. Me reuniré con usted en la comida». Él y su acompañante, el señor Lamson, me pidieron que tocara para él. «Mi querido muchacho», dijo, «¿a qué se dedica como músico?». Yo dije: «Pues tengo una orquesta y toco en bailes». «Oh, ¿no ha seguido usted una carrera como solista, como músico clásico?». Yo dije: «Bueno, estoy casado, tengo dos niños y debo ganarme la vida». Él dijo: «Bueno, lo entiendo perfectamente, hijo. En fin, me encantaría escucharlo tocar». Yo toqué *Nobody Knows the Trouble I've Seen*. Cuando terminé, dijo: «Vaya, toca usted tan maravillosamente como siempre». Y el periódico del día siguiente decía: «El señor George Morrison, famoso director de orquesta en el hotel Franciscan, tocó anoche para el señor Fritz Kreisler, y un maestro se inclinó ante otro maestro». Me pidió que asistiera a su interpretación del *Concierto* de Mendelssohn.

Hablando de Albuquerque, recuerdo que fue allí donde conocí a John Lewis.[1] Sabe usted, cuando yo vivía en Albuquerque, solíamos charlar con su familia. El vecino que vivía detrás de nosotros estaba emparentado con la familia del señor Lewis. En aquel entonces mi hija tenía unos doce años y John Lewis no era más que un muchacho.

Hablando sobre mi carrera en Denver, he dado clases a muchos músicos excepcionales, como, por ejemplo, Andrew Kirk, que trabajó conmigo muchos años hasta que lo alenté a ir al Sur y tomar a su cargo la banda de Terrence Holder. Ya he hablado de su mujer, Mary Kirk. Otro músico al que di clases fue Jimmie Lunceford. Le daba clases aquí, en esta casa, mientras ensayábamos, cuando empezó a tocar algunos bolos conmigo. Y yo lo animé a que fuera al Instituto Tuskegee para que completara su formación musical. Cuando estaba formando allí su banda, le envié algunos de mis arreglos.

¿Sabe usted que una vez tuve a Jelly Roll Morton en mi banda? Fue tras mi regreso de Nueva York. Desde luego, aquello no duró mucho. No lograba permanecer durante mucho tiempo en ninguna banda porque era demasiado excéntrico y temperamental, además de ser un hombre orques-

---

[1] Del Modern Jazz Quartet.

ta; quería hacerlo todo él. No hubo manera de sacarle partido. Lo intenté todo para controlarlo, pero no pude. Siempre se trataba de él, de él… No puedo explicarle cómo era. Ah, pero sabía sacarle todo el jugo al *blues*. Cuando empezaba a llevar el pulso con el pie, tocando el piano y con el puro en la boca, chico, ¡se salía! Pero no logré hacer nada con él. No pude retenerlo demasiado tiempo.

Alphonse Trent fue también mi pianista durante un tiempo. Era un pianista maravilloso, el mejor intérprete de música de baile que nunca tuve en mi banda. Corría el año 1932, tocábamos en la Casa Mañana, *después* de que él hubiera tenido su propia banda. Había tenido una banda *espectacular*. Y era una de las mejores personas con las que he trabajado, siempre tan considerado. Y no necesitabas un contrabajo cuando arrancaba aquella contundente línea de bajo. Era un verdadero músico de orquesta. Sabía lo que se hacía.

Otro famoso músico al que llegué a conocer fue Count Basie, que estaba tocando con la banda de Bennie Moten aquí, en Denver, en el Rainbow. Era a principios de la década de 1930. Bennie no pudo venir porque tenía que someterse a una operación de garganta. En fin, se operó y lamento decir que nunca se recuperó. Los muchachos estaban aquí, en Denver, entre ellos Count Basie y Buster, el hermano de Bennie, que se había hecho cargo de la banda.

Muchos de aquellos muchachos, como Eddie Durham y Eddie Barefield, se inspiraron en mi banda, cuando yo tocaba en el circuito de locales de Pantages, en Kansas City. Algunos estudiaban en el Lincoln High School y mi banda les impresionó tanto que empezaron a hacer música. La orquesta de George Morrison fue la que los inspiró.

Fundé aquí un local, el Rockrest, con un irlandés llamado Mulvihill. Organicé una banda de cinco músicos para que tocara en el local, y después la amplié a once. Hicimos un negocio tremendo durante la ley seca. Puse un cartel que decía: LA MÚSICA DE GEORGE MORRISON CALIENTA ESTE

LOCAL, porque no teníamos estufa. Seguimos tocando todo el invierno. Entre el licor ilegal y mi música, realmente manteníamos caldeado el local. Podíamos ver que todo el mundo salía corriendo después de bailar; había una botella debajo de un neumático, otra sobre un coche y otra debajo de la capota. Nadie preguntaba de quién era cada botella: les bastaba con encontrar alguna, tomar un trago, volver dentro y empezar a bailar, a diez centavos el baile. Gané mucho dinero.

En fin, en aquellos tiempos teníamos aquí al Ku Klux Klan. Solían reunirse en la vieja Table Mountain, en Golden (Colorado). Los martes por la noche los veías formando una cola de ocho kilómetros, un coche detrás de otro, ascendiendo a la Table Mountain. Una noche teníamos abiertas todas las ventanas mientras tocábamos y se acercaron un tipo alto y escuálido y otro bajito, que parecían Mutt y Jeff. Se quedaron junto a la ventana tras la que tocábamos. De repente, oí que el tipo alto le decía al bajito: «Éste es el primer puñetero lugar que vamos a hacer volar por los aires». Yo tocaba mi violín y los escuchaba. «¿Por qué?», preguntó el bajito. «Porque lo dirigen un maldito negro y un católico». ¡Lo oí perfectamente! Me dije: «Cuando alguien entra en esa organización, es porque no está bien de la cabeza. Si es lo bastante idiota para entrar en ella, lo será también para venir aquí y ponernos una bomba. Y yo no tengo miedo, ¡pero no quiero que me destrocen el violín! Creo que ha llegado la hora de marcharme».

Así que me fui. Entonces fue cuando entré en el circuito de Pantages. Reuní a mi banda y Hattie McDaniel y yo practicamos mucho nuestros papeles, siete u ocho horas diarias, todos los días, hasta que nos los aprendimos de memoria. El estreno fue en Minneapolis (Minnesota), con Hattie McDaniel como artista principal del espectáculo. Nos anunciamos como George Morrison, el Paul Whiteman de color, y Hattie McDaniel, la Bert Williams femenina, porque se parecía a él. Corría el año 1924. Interpretamos programas mixtos en el circuito, incluidos algunos clásicos. Abríamos con *Pagliacci*[1] a telón bajado—una gran introducción—, luego aquello se iba calmando y, al acabar *Pagliacci*—¡boom!—encadenábamos con *By the Waters of Minnetonka*.

En el circuito tocamos en Minneapolis; en Tacoma (Washington); en Seattle, Portland, San Francisco, Los Ángeles, Salt Lake City, Kansas City y muchas ciudades pequeñas. Nunca olvidaré lo que ocurrió en Los Ángeles, donde vivía el señor Pantages. Un día me pidió que fuera a verlo. Dijo: «¿Sabe usted qué? Tengo a muchos violinistas en mi circuito, pero nunca he tenido a uno que hiciera lo que ha hecho usted». Yo me dije: «Pero ¿qué he hecho?». «Yo quería que mi hija fuera violinista y le compré un instrumento excelente. A ella eso le dio igual y el violín anda por casa, estropeándose. Como toca usted tan bien, voy a regalárselo. Venga conmigo». Presionó entonces un botón y apareció su chófer. Me subí a aquel gran Cadillac y fuimos hasta su enorme casa de Los Ángeles. El violín estaba en un rincón, con las cuerdas y las cerdas del arco rotas. Su estado era deplorable. «Ese violín me costó diez mil dólares, señor Morrison. Voy a regalárselo. Quiero que lo conserve como recuerdo mío. En mi vida he escuchado a nadie tocar tan bien como usted». Así que el señor Pantages me entregó el violín y me envió a su yerno en Salt Lake City, un tal señor Landau, que reparaba violines. «Le dejará el violín como nuevo». Me han ofrecido tres veces diez mil dólares por él, pero aún lo conservo. Es el que toco siempre. Es un Giovanni Paolo Maggini.[2] Philip Rubin, el experto en violines, ha comido más de una vez en esta casa para intentar hacerse con él.

En 1934 gané el primer premio de violín en la Exposición

---

[1] Morrison se refiere a la famosa aria *Vesti la giubba*, de *I Pagliacci*, de Leoncavallo, un aria muy popular en el vodevil durante décadas.

[2] Famoso lutier italiano del siglo XVII, cuyos instrumentos se valoran casi tanto como los de Stradivari y Guarneri.

de Chicago, en un concurso nacional. Eubie Blake tocó con su banda en aquella Exposición, y el gran Sidney Bechet tocaba con ellos en aquel entonces. Era un concurso para violinistas, viento-metal, viento-madera, cantantes y toda clase de instrumentistas. Tuve que dar conciertos a lo largo de mi ruta hasta Chicago para ayudarme a pagar mis gastos. Cuando llegué, tardé una semana en poder tocar en el concurso, porque, como ya sabe usted, los del Este se creen que son los mejores del mundo, que el Oeste es un páramo, y no me hacían el menor caso. Todas las mañanas me presentaba allí, pensando que podría participar en el concurso, y me quedaba el día entero, sin resultado. Por fin, un viernes me llamaron. Para entonces, yo ya había escuchado a todos los violinistas, de modo que no estaba preocupado. Toqué el *Concierto n.º 7* de Vieuxtemps. La mujer del juez George—el primer juez negro de Chicago—era uno de los miembros del jurado. De modo que me subí al escenario—iba con mi hija— y toqué. Cuando terminé, aplaudieron a rabiar. No dejaban que me marchara, así que volví y toqué mi *Lullaby* como bis. Anunciaron al ganador: ¡El señor George Morrison! Iban a darme mil quinientos dólares por ganar el primer premio en la categoría de violín. ¡Estaba tan contento! Envié un telegrama a casa para decirles que iban darme mil quinientos dólares. De modo que empecé a gastar en Chicago el poco dinero que tenía. Me quedé con cinco dólares, esperando que me dieran el cheque por los mil quinientos. Pero dijeron: «Señor Morrison, le enviaremos su cheque por correo, ya que nuestros contables y auditores han de cumplir ciertos trámites y no podemos pagarle en este momento». Yo dije: «Por Dios santo, necesito mi dinero; tengo que regresar a Denver y sólo me quedan cinco dólares». Y me dijeron: «Pues lo sentimos, pero no podemos adelantarle nada». Así que tuve que pedir prestados cinco dólares a A. Raymond Ward, un pastor que había vivido en Denver y que era alguien importante en Chicago. Con eso tuvimos diez dólares para volver a casa.

Y, cuando llegué a Denver, creo que me quedaban cincuenta o setenta y cinco centavos. No hay semana en la que no espere que me llegue el cheque, señor Schuller, ¡porque todavía no ha llegado! ¡El cheque no ha llegado desde 1934! National Auditions, Incorporated. Esos granujas me escribieron una carta en la que me decían: «Lamentamos informarle de que nos hemos visto obligados a declararnos en quiebra» por no sé qué motivo. Y yo nunca me embolsé mi dinero.

Hablando de Chicago y otros violinistas negros, Eddie South y yo fuimos juntos al Conservatorio de Columbia. Solíamos reunirnos en un local llamado El. Eddie era un músico formado y uno de los mejores en el campo de la música popular. «El ángel del violín». Tocaba jazz maravillosamente.

Recomiendo a todos los estudiantes de la actualidad que asimilen todo el Bach, todo el Haydn y toda la técnica que puedan. A qué quieras dedicarte después, *una vez* que lo hayas asimilado, es asunto tuyo. Y si te dedicas a la música popular, vas a ser extraordinario, porque vas a tener la capacidad de hacer cosas desde un punto de vista técnico que no están al alcance de los demás. ¿Por qué era Eddie South un violinista tan excepcional? Porque tenía técnica. Así que, cuando tocaba jazz y música popular, podía hacer cosas increíbles. ¿Qué habría logrado Heifetz si se hubiera dedicado sólo al jazz? ¿Y Nathan Milstein y Yehudi Menuhin, si hubieran empleado su tiempo y su saber en dominar el *swing* de la música popular como dominaban la música clásica? Con la técnica que tenían, ¡sólo Dios sabe lo que habrían llegado a conseguir!

A quienes se limitan a copiar las grabaciones de algún músico de jazz con una gran técnica los vas a calar si los escuchas con frecuencia; tienen un estilo, una forma de tocar, pero cada uno de sus temas te va a recordar a todos los demás. Sin embargo, cuando das con un pianista formado, ves que tiene la capacidad de desplegar tantos conocimientos técnicos de tantas maneras, que no tiene que tocar sus piezas siempre del mismo modo. Lo que me ayudó tanto a la hora de tocar música popular era toda la técnica que adquirí con el violín. Y hoy día, llevo treinta y cinco años sin estudiar, por culpa de la artritis, pero si cojo mi violín, salgo y toco una melodía de baile, la gente se queda asombrada al escucharme.

GLOSARIO

Se indican con asterisco (*) los términos cuyo
significado se aclara en este glosario.

Accelerando: Aceleración del *tempo*.

Acentos cruzados: Véase *ritmos cruzados.

Acordes en bloque: Acordes formados por muchos sonidos, que
suelen proceder por movimiento paralelo.

Adorno: Ornamentación.

Altura: Identificación de un sonido musical según la frecuencia vi-
bratoria de las ondas sonoras. En la notación occidental, la altura
de los sonidos se define mediante una sílaba o letra del abeceda-
rio y un índice determinado, según su posición en el pentagrama.
Término más preciso para referirse a una nota o sonido musical.

Anacrusa (compás de anacrusa, notas de anacrusa): Término con
que se designan las notas iniciales o, con menor frecuencia, los
primeros compases que empiezan en un tiempo no acentuado
o débil.

Antífona, antifonal: Forma de diálogo musical, como el que se
produce cuando un coro responde a otro. Música caracterizada
por la alternancia de dos o más partes diferentes.

Arpegio: Emisión rápida de las notas de un acorde de manera su-
cesiva, es decir, no simultánea.

Arreglos: Adaptación, transcripción, armonización o instrumentación de una pieza para un dispositivo diferente del original. En
el ámbito del jazz consiste sobre todo en realizar una nueva versión de una pieza, lo que puede implicar cambios en la melodía,
la armonía, el ritmo y el *tempo*, el acompañamiento o incluso las
partes reservadas para la improvisación libre. Los arreglos que se
improvisaban o se desarrollaban de manera colectiva por todos
los miembros de la banda o del grupo se conocían popularmente
como *head arrangements* («arreglos de cabeza o memorizados»).
Estos arreglos no se solían escribir, sino que se memorizaban y
se tenían *en la cabeza*. Si bien lo más habitual eran los arreglos

comerciales editados (*stock arrangements*), que por lo general respondían a una forma simplificada y estandarizada.

Atonalidad, atonal: Ausencia de tonalidad. Música caracterizada por un método de organización que no hace referencia a una tonalidad o centro tonal, y que utiliza los sonidos de la escala cromática de manera imparcial y autónoma. Véase *cromatismo.

Bimétrica: Término que designa el empleo simultáneo de dos métricas diferentes. Véase *polimétrica.

Binario: Estructura métrica o rítmica donde cada compás o tiempo está formado por dos partes iguales, como el compás de 2/4 o el de 2/8.

Bitonalidad: Empleo simultáneo de dos tonalidades diferentes.

Blue note: Variante microtonal de una nota, por lo general más baja en relación con su entonación normal. Se asocia de manera casi exclusiva con los grados tercero, quinto y séptimo de la escala. Se utiliza ampliamente en el *blues* y el jazz.

Blues: Género de música popular desarrollado por los esclavos negros en Estados Unidos a lo largo del siglo XIX. Los *blues* se empezaron a transcribir a notación musical, armonizar y editar a partir de la segunda década del siglo XX. El texto típico del *blues* presenta una estrofa de tres versos, de los que el segundo es una repetición del primero. Habitualmente alude a estados de ánimo depresivos, desastres naturales o a la pérdida de un ser querido. A medida que el *blues* se introdujo en las ciudades, la temática se fue ampliando y con el tiempo llegó a incluir la evocación de estados de ánimo más alegres. Como consecuencia de este desarrollo, la forma del *blues* se plasmó en un patrón específico de acordes y de compases. La más común es la del *blues* de doce compases, que presenta la siguiente sucesión de acordes: I - IV - I - V - I. Los *blues* de ocho y dieciséis compases también son bastante habituales. En la actualidad, el término puede referirse a una canción de *blues* o simplemente a la estructura del *blues* de doce compases, que constituye la forma musical más básica del jazz.

Bolo: Concierto, actuación profesional.

Bombas: Término coloquial utilizado en Estados Unidos (*bombs*) para referirse a los acentos fuera de la pulsación que emplean los percusionistas. Este recurso fue muy utilizado en la etapa del *bop* y del jazz moderno, pese a que los percusionistas ya lo habían empleado con anterioridad.

Boogie-woogie: Forma *primitiva* de interpretar un *blues* al piano. Se caracteriza por un motivo firme que se repite en *ostinato* en la mano izquierda o en el bajo.

Book: Término utilizado para referirse al repertorio de una banda o combo.

Bop: Nombre que recibe cierto período de la historia del jazz y la música característica de éste (hacia 1943-1953). Se lo conoce asimismo como *be-bop* o también, aunque en mucha menor medida, como *re-bop*.

Break: Breve *cadencia melódico-rítmica producida por un instrumentista o vocalista e intercalada entre dos pasajes de conjunto.

Cadencia: Pasaje improvisado en una composición, en especial en un concierto, que permite al solista demostrar su virtuosismo.

Cakewalk: Baile que desarrollaron los afroamericanos a finales del siglo XIX.

Cambios de acordes: Expresión que se emplea para referirse a una progresión acórdica. En el jazz se suele utilizar el término *cambios* solo, como en la expresión «los cambios de una melodía».

Canon: Forma o técnica musical en la que una segunda (o tercera, cuarta, etcétera) voz imita a una primera parte o línea melódica. La imitación canónica se utiliza con frecuencia en la música contrapuntística.

Cante jondo: Canto gitano andaluz tradicional.

Cantor: En la música sacra, cantante que entona la llamada en un esquema de *llamada y respuesta.

Centro tonal: Véase *tónica.

Chacona: En su origen, danza española y centroamericana. Más tarde se adaptó como forma musical caracterizada por una serie de variaciones sobre un bajo.

Chalumeau: Antecesor del clarinete que cayó en desuso. Adicionalmente, y por extensión, el registro más grave del clarinete.

Charlestón: Tipo de baile muy popular en la década de 1920 que se caracteriza por la subdivisión del compás de 4/4 en grupos de 3 + 3 + 2 corcheas. Se refiere, por extensión, a este tipo de ritmo o a sus variaciones.

Chorus: Del inglés, 'coro'. En el jazz, una forma musical integrada por una estructura o sucesión de acordes que, en su conjunto, sirve de base para la improvisación, como la *progresión acórdica de doce compases del *blues*. Los músicos de jazz también utilizan el término para referirse a un solo improvisado. *Take a chorus* [coger un estribillo] significa improvisar basándose en la estructura del *chorus*. Parte central de una canción popular, en contraste con la *estrofa inicial. Sinónimo de *estribillo*.

Chorus disjuntos: Dos *chorus* diferentes o desconectados.

Chorus final: En una banda, suele ser el *chorus* culminante en que interviene todo el conjunto.

Coda: Del italiano, 'cola'. Sección final de una pieza, diferenciada y con una delimitación clara.

Conducción de las voces: Expresión que se refiere al modo en que el compositor o arreglista (o cada uno de los ejecutantes, si se trata de un *arreglo memorizado) dispone las diversas voces en una progresión armónica. Término habitualmente utilizado en todo tipo de música.

Contracanto: Melodía secundaria que acompaña a la voz o idea musical principal.

Contrapuntístico: Véase *contrapunto.

Contrapunto: Música formada por diversas partes independientes e interrelacionadas. Véase *polifonía.

Coon song: Canción relativa a los *coons*, término coloquial con cierto sentido peyorativo, hoy día obsoleto, con que se designaba a los negros. Las *coon songs* se desarrollaron en la época de los espectáculos de *minstrels*, hacia finales del siglo XIX, y se mantuvieron vivas hasta el advenimiento de las primeras grabaciones. Desde el punto de vista estilístico, eran una variante vocal del *ragtime* del piano.

Cromática, escala: Escala que contiene las doce notas (y, por lo tanto, todos los semitonos) de que consta una octava.

Cromatismo: Empleo de intervalos cromáticos y acordes alterados cromáticamente. En el ámbito musical, el término *cromático* se refiere a los sonidos extraños a una determinada tonalidad, y a la libertad en la utilización de notas alteradas y de semitonos de la *escala cromática.

Cuadrilla: Baile concebido en su origen para cuatro parejas que gozó de una gran popularidad en Francia y Nueva Orleans a lo largo del siglo XIX. Las cuadrillas están en compás de 6/8 o 2/4.

Cutting contest: Expresión referida a las *jam sessions* o bailes en los que distintas bandas—o, de forma menos habitual, diversos intérpretes solistas—competían entre sí por obtener el primer puesto.

Débiles, notas: Notas sin acentuación rítmica.

Décima rota: Intervalo de décima o acorde que despliega este intervalo ejecutado no de manera simultánea sino arpegiado en sucesión rápida. Los motivos de la mano izquierda que utilizan una serie de décimas para rellenar una sucesión de acordes fueron muy utilizados en la década de 1920. Su origen quizá se deba a los pianistas, cuyas manos no eran lo suficientemente grandes para abarcar una décima al teclado.

Democratización del ritmo: Igualación rítmica y dinámica de las unidades más pequeñas de un esquema rítmico o frase.

Diatónico: Perteneciente a las escalas mayores y menores habituales, y a la tonalidad que deriva de éstas.

Digitación alternativa: Efecto que se produce en los instrumentos de pistones o de llaves cuando se utiliza una digitación facultativa o *falsa* para producir un sonido.

Diodia: Término utilizado para referirse a la música o la composición en que una melodía o voz principal está acompañada por una segunda voz o melodía en intervalos consonantes. Armonía a dos voces, para diferenciarla de la *polifonía.

Discanto, línea de: El término *discanto* ha tenido muchos significados a lo largo de los siglos. En este contexto lo utilizamos para indicar una línea improvisada que se ejecuta en un registro más agudo que el ámbito en el que se sitúan los demás instrumentos.

Disposición: Colocación específica de las notas de un acorde. Véase *conducción de las voces.

Dobles cuerdas: Dos notas tocadas de manera simultánea en un instrumento de cuerda.

Dominante: Nombre que recibe el quinto grado de la escala diatónica. Acorde tríada que se forma sobre el quinto grado.

Embocadura: Término empleado para referirse a la forma y posición que adquieren los labios alrededor de la boquilla para producir el sonido en un instrumento de viento.

Enarmónico: Adjetivo referido a dos notaciones diferentes para un mismo sonido, como, por ejemplo, fa sostenido y sol bemol.

Espiritual: Forma de música vocal que desarrollaron los esclavos negros en Estados Unidos en el curso del siglo xix. Pese a que en su origen se trataba de una música popular de carácter más o menos religioso, los espirituales se empezaron a pasar a notación escrita, a publicar y a editar en las primeras décadas del siglo xx.

Estándares: Canciones populares o piezas instrumentales muy conocidas y difundidas que los músicos de jazz utilizan como base para la improvisación.

Estilo de trompeta: Estilo de ejecución pianística no acórdico relacionado inicialmente con Earl Hines, que imita el estilo más melódico del trompetista Louis Armstrong.

Estrofa inicial: Sección introductoria de una canción o balada popular, en contraste con el *chorus o estribillo. Este último consta por lo general de treinta y dos compases, mientras que la estrofa inicial suele tener un número irregular de compases y puede ser cantada o ejecutada con libertad en la elección del *tempo*.

Fermata: Pausa o reposo sobre una nota (o acorde).

Field holler: Precursor primitivo del *blues*. Un *holler* era un grito o alarido que los esclavos negros proferían mientras trabajaban en las plantaciones. En ocasiones, este tipo de grito constituía un medio secreto de comunicación entre esclavos.

Flag-waver: Del inglés, 'portabandera'. Término utilizado para referirse a un arreglo o una pieza muy rápida y de gran virtuosismo técnico. Las orquestas de jazz más famosas tenían sus *flag-wavers*, que a menudo interpretaban cuando competían con otras orquestas.

Flamenco: Estilo de canto y/o baile gitano andaluz.

Fours: Del inglés, 'cuatros'. Término referido a la alternancia o intercambio de improvisaciones de cuatro compases entre diferentes instrumentos o secciones.

Foxtrot: Danza social con un compás de cuatro tiempos y *tempo* moderado que se desarrolló en la década de 1910 en Estados Unidos. Con los años, dio lugar a variantes como el *quick-step*.

Fraseo: En el jazz, este término implica todo el abanico de idiosincrasias de inflexión personales que desarrollan los músicos y artistas de jazz, tales como la acentuación, los ataques, las notas más o menos tenidas, la modificación de la afinación o la alteración de las notas, y sus múltiples combinaciones. El fraseo característico del jazz constituye un requisito esencial del *swing*.

Frullato: En los instrumentos de viento, efecto sonoro producido al agitar o hacer vibrar la lengua contra el paladar.

Fundamental: Nota sobre la que se construye un acorde. La nota más grave de un acorde en estado fundamental.

Gebrauchsmusik: Término alemán atribuido al compositor Paul Hindemith (1895-1963) que denota una música utilitaria, más accesible a los aficionados y los no profesionales. *Gebrauch* significa 'uso habitual'.

Glissando: Efecto de deslizamiento entre dos sonidos en el que habitualmente la distancia entre éstos se cubre mediante una variación ininterrumpida de la altura en dirección ascendente o descendente, como el que se obtiene en un trombón de varas o en un violín.

Grabación acústica: Antiguo método de grabación mediante el cual los instrumentistas y cantantes grababan en un enorme pabellón acústico o un megáfono. El método cayó en desuso a mediados de la década de 1920, con la aparición de la *grabación eléctrica.

Grabación eléctrica: Método de grabación que implica el empleo de micrófonos. Los sonidos se transforman en impulsos eléctricos, son amplificados y se graban en un surco de un disco de cera, vinilo o metal. Compárese con *grabación acústica.

Growl: Del inglés, 'gruñido'. Efecto vocal rasposo utilizado en los instrumentos de viento, sobre todo en los metales, que recuerda los efectos obtenidos por ciertos cantantes de *blues*. Se utiliza a menudo en combinación con la sordina *plunger*.

Heterofonía: Término que designa una independencia armónica y rítmica de cada uno de los participantes de una agrupación todavía mayor que en el caso de la *polifonía.

Heterorritmia: Estructura musical que se caracteriza por la total independencia métrica y rítmica de cada una de las partes que la integran.

Hokum: Término de uso coloquial con el que se designaba un espectáculo cómico que utilizaba elementos de los espectáculos de *minstrels*. Por extensión, género musical prominente en la década de 1920 en Estados Unidos que contenía efectos extramusicales escenificados, como la risa, imitaciones de sonidos de animales, silbatos de tren y diálogos hablados. Las formaciones que interpretaban piezas de este género solían incluir instrumentos como el banjo, la guitarra, el mirlitón, jarras e incluso tablas de lavar en sustitución de la batería.

Homofonía: Música en la que una línea melódica principal es acompañada por partes armónicas secundarias. Término opuesto de *polifonía. Por lo general se refiere a la escritura musical que presenta una textura acórdica.

Hot: Término con que se designa un estilo de jazz que se desarrolló en la década de 1920 en Estados Unidos, caracterizado por el predominio de la improvisación, las intervenciones solistas y una gran intensidad rítmica y emocional.

House hop: Sinónimo de *rent party*, que procede de la expresión «*the houses really hopped*» [las casas botaban] en referencia a aquellas fiestas.

Improvisación: Ejecución musical espontánea, sin el soporte de la música escrita. Aunque la improvisación no es absolutamente imprescindible en el jazz, la mayoría de los músicos y entendidos del jazz la consideran el centro neurálgico de esta música. Sería comparable a componer en el instante mismo de la interpretación.

Improvisación de forma extendida: Término ambiguo que se emplea para referirse a una improvisación en la que una estructura formada por acordes con muy pocos cambios armónicos (por ejemplo, uno o dos acordes) es *extendida* o alargada a voluntad por la persona que improvisa.

Jam session: Reunión informal de músicos que, en su tiempo libre, tocan e improvisan, a menudo hasta agotar todas las posibilidades, sobre la base de una o dos piezas. Las *jam sessions* comenzaron como un entretenimiento espontáneo de los músicos de jazz, quienes, tras finalizar sus *bolos, se sentían liberados desde el punto de vista musical de las limitaciones que acarreaban sus compromisos profesionales. A finales de la década de 1930 se organizaron *pseudo-jam sessions* en las que los empresarios contrataban a músicos para que se dedicasen exclusivamente a improvisar. En las décadas de 1950 y 1960, las verdaderas *jam sessions* eran cada vez más escasas.

Jungle music: Del inglés, 'música de la selva'. Término que se empleaba para referirse a ciertas piezas (y el estilo que deriva de éstas) interpretadas por la banda de Duke Ellington hacia finales de la década de 1920. Recibe esta denominación a causa de los sonidos e imitaciones de los ruidos de la selva, sobre todo en los metales.

Lick: Frase o pasaje musical corto que a menudo presenta una connotación de estereotipo o cliché.

Líder: Director o cabeza de un sección, agrupación u orquesta. A menudo se utiliza para referirse al primer trompeta de una banda de jazz.

Llamada y respuesta, esquema de: Forma musical común en una gran cantidad de música de jazz y africana, en la que una llamada, por lo general a cargo de un cantante o instrumentista, recibe una respuesta, habitualmente a cargo del conjunto o, en el caso de la música africana, de los participantes reunidos en un ritual. Patrón que se da en las ceremonias religiosas, en las que la congregación responde a la llamada del predicador.

Melismático: Adjetivo referido a la ornamentación abundante de la melodía.

Melos: Término que se emplea para designar el movimiento ascendente o descendente de los sonidos, especialmente en los antiguos modos griegos. Richard Wagner (1813-1883) lo utilizó como sinónimo de *melodía* y, por extensión, para referirse a las características interválicas y musicales que la melodía genera.

Microtono, microtonal: Término utilizado para referirse a los intervalos más pequeños que el semitono, como los cuartos de tono o los sextos de tono.

Minstrels, espectáculos de: Forma de entretenimiento que desarrollaron los artistas negros del espectáculo. Predecesor del *vodevil.

Modulación: Proceso de pasar de una tonalidad a otra.

Modulación métrica: Modulación consistente en tomar la unidad métrica de un *tempo* como punto de referencia común al pasar a un *tempo* diferente. En la modulación métrica ♪ = ♪̄ , si el primer *tempo* es de ♩ = 90, el *tempo* nuevo será de ♩ = 60. (En el primer *tempo*, la pulsación de una ♪ sería de 180, de modo que si una ♪̄ = 180, la negra correspondería entonces a una pulsación de 60 en el nuevo *tempo*).

Monodía, monódico: Término que designa la música compuesta por una sola voz o parte instrumental.

Música serial: Estilo musical y escuela compositiva en los que la organización de las alturas se basa en la ordenación de las doce notas de la escala cromática, formando una serie o sucesión concreta, también conocida como *serie de alturas*. El primero en aplicar este método de composición de una manera generalizada fue Arnold Schoenberg (1874-1951), en la década de 1920. Hacia 1950, el sentido del término se amplió más allá de la técnica de Schoenberg para integrar nuevos parámetros musicales, tales como las dinámicas, el timbre y el ritmo, a los que también se les aplicaron los procedimientos seriales o la serialización.

Nota de paso: Nota o notas extrañas a la armonía que enlaza dos acordes sucesivos.

Notas fantasma: Notas que el intérprete sugiere sin que apenas lleguen a sonar. Se las utiliza habitualmente en el jazz en todos los instrumentos, sobre todo en los de viento, y a menudo se las asocia con notas de paso o auxiliares.

Novelty: Estilo musical que gozó de una gran popularidad en las décadas de 1920 y 1930 en Estados Unidos, consistente en canciones en las que se mezclaban efectos cómicos, melodías con un carácter predominantemente rítmico, discurso hablado y elementos de absurdo.

Obbligato: Acompañamiento o melodía semiindependiente. Ornamentación de una melodía.

One-step: Tipo de baile de compás binario y *tempo* moderado cuyo origen se remonta a la década de 1910 en Estados Unidos.

Organum: Parte vocal o instrumental que acompaña una melodía o voz principal en movimiento paralelo. Véase también *diodia.

Pantonal: Término en ocasiones considerado sinónimo de *atonal*, que designa una música en la que resulta imposible distinguir una tonalidad concreta.

Passacaglia: Danza de origen español, de ritmo ternario y de *tempo* moderado, cuya forma se asemeja a la de la *chacona.

Pedal: Nota tenida por lo general en el bajo, situada por debajo de una serie de acordes o líneas melódicas que siguen avanzando.

Pentatónico: Que contiene cinco notas. Una escala formada por cinco notas.

Pizzicato: Del italiano, 'pinzado'. Se emplea en los instrumentos de cuerda frotada para indicar que se debe tocar sin el arco, pulsando las cuerdas con los dedos, habitualmente con el índice de la mano derecha.

Platillo charles o *hi-hat*: Elemento esencial de la batería de jazz consistente en dos platillos de tamaño medio que se golpean uno contra el otro mediante un pedal.

Platillo suspendido o *ride*: Platillo que se utiliza desde la década de 1930 en la batería de jazz para marcar los principales contornos rítmicos.

Polifonía: Del griego, 'diversas voces'. Término que designa una estructura musical que se caracteriza por la independencia de las partes que la componen. Se puede utilizar para referirse al empleo simultáneo de varias líneas melódicas o contrapuntísticas.

Polimétrica: Relativo al empleo simultáneo de tres o más métricas.

Polirritmia: Superposición de tres o más figuras rítmicas dentro de un mismo compás.

Progresión acórdica: Una serie de acordes sucesivos.

Puente: Nombre que recibe la tercera sección de ocho compases de una estructura de treinta y dos; dicho de otro modo, la parte b de un esquema formal de tipo A A B A.

Quick-step: Del inglés, 'paso rápido'. Paso o baile animado con un *tempo* de marcha rápido.

Quinta disminuida: Variante rebajada del quinto grado. Intervalo que se forma entre la tónica y el quinto grado rebajado. En la tonalidad de do mayor, la quinta disminuida correspondería a la nota sol bemol. Véase *tritono.

Race recordings: Del inglés, 'discos raciales'. Término utilizado en la década de 1920 para designar las grabaciones específicamente destinadas al público negro.

Ragtime: Música caracterizada por una melodía sincopada sobre la base de un acompañamiento rítmico regular y acentuado. En el sentido estricto del término, el *ragtime* designa un estilo de música para piano que se desarrolló a finales del siglo XIX.

Relaciones horizontales, horizontalidad: Los aspectos melódicos o lineales de una estructura musical en contraste con los armónicos o acórdicos. Relaciones que resultan de la notación musical y la lectura de la partitura en sentido horizontal, es decir, de izquierda a derecha. Véase *relaciones verticales.

Relaciones verticales, verticalidad: El aspecto armónico o acórdico de una estructura musical, en contraste con el melódico o lineal. Relaciones que resultan de la notación y la lectura vertical de la partitura, es decir, tanto hacia arriba como hacia abajo. También puede referirse a los aspectos rítmicos de una estructura musical. Por ejemplo, una simultaneidad rítmica, es decir, un acorde, aparecerá alineada verticalmente en la partitura, mientras que los elementos rítmicos no simultáneos no aparecerán alineados verticalmente. Véase *relaciones horizontales.

Rent party: Término que se empleaba para referirse a las fiestas informales que se celebraban en la década de 1920 y principios de la de 1930 entre la población negra, a las que se invitaba a tocar a músicos, sobre todo pianistas. Por lo general, los invitados pagaban una pequeña entrada o un dinero por la bebida y la comida que se destinaba a costear el alquiler de los anfitriones. Las *rent parties* eran populares entre los músicos porque para ellos la comida y la bebida eran gratis.

Riff: Breve frase rítmica que se repite. Véase el capítulo 1, pp. 51-53.

Ring-shout: Forma de canto acompañada de baile en la que los bailarines se mueven en círculo y en sentido contrario a las agujas del reloj, al tiempo que cantan siguiendo el esquema de *llamada y respuesta.

Rip: Forma de *glissando* ascendente rápido, por lo general producido en los instrumentos de viento-metal al presionar la embocadura sin utilizar las digitaciones correctas, lo que produce básicamente sonidos de la serie de armónicos.

Ritardando: Ralentización gradual del *tempo*.

Ritmo aditivo: Concepto de métrica musical en el que las unidades de mayor duración se forman como consecuencia de la yuxtaposición de diversas agrupaciones de la unidad rítmica más pequeña en un contexto dado. Compárese con *ritmo divisivo.

Ritmo divisivo: Concepto de métrica musical en el que las unidades de mayor duración se dividen en unidades más pequeñas, tal como sucede en un compás de 4/4, que se puede dividir en dieciséis semicorcheas. Compárese con *ritmo aditivo.

Ritmos cruzados: Empleo simultáneo de dos o más ritmos diferentes cuyas acentuaciones no coinciden. Utilización de notas acentuadas o acentos cruzados.

Rondó: Forma instrumental en la que se alternan dos temas de carácter contrastante. En su forma más simple: A B A B A Coda.

Rubato: Del italiano, 'robado'. Término que se emplea para designar un *tempo* libre.

Samba: Danza brasileña de origen africano con un ritmo similar al del *charlestón.

Scat: Modo de cantar empleando sílabas vocales sin sentido.

Sensible: En la música tonal, séptimo grado de la escala que se conduce y resuelve en la *tónica.

Shake: Efecto producido en los instrumentos de viento-metal que suena como un trino, pero que suele abarcar un rango interválico más amplio. Se obtiene literalmente al hacer temblar la boquilla contra los labios mediante un movimiento lateral. En general no se utilizan los pistones, por lo que, en los metales, el *shake* produce un batimiento entre los sonidos de la serie de armónicos.

Shout: Forma de cantar el *blues* con intensidad, 'gritando'. El término también se utiliza para designar a ciertos instrumentistas, como los pianistas James P. Johnson y Fats Waller, a los que se califica de *shout* por su manera de tocar.

Síncopa: Desplazamiento o modificación pasajera de la acentuación métrica regular. Énfasis sobre una nota débil o no acentuada que provoca un desplazamiento del pulso regular.

Slap: Efecto sonoro que afecta a la articulación en los instrumentos de cuerda y a la emisión en los de lengüeta simple, como el clarinete o el saxofón. En el contrabajo es una variante más agresiva del *pizzicato*, mientras que en los instrumentos de lengüeta consiste en producir un ataque seco y violento que se obtiene al pegar la lengua a la caña a modo de ventosa y separarla bruscamente.

Sordina *plunger*: Sordina con forma de émbolo de goma similar a un desatascador de baño que se utiliza para modificar el sonido de las trompetas y los trombones.

Stomp: Término sinónimo de *blues* que además designa una música con un mayor carácter de danza o un *tempo* más marcado.

Stop-time: Tipo de ritmo discontinuo que se emplea para acompañar a los bailarines de claqué y, por extensión, a los instrumentistas y cantantes. Un ejemplo típico de *stop-time* en el jazz es la ejecución de únicamente el primer tiempo de cada dos compases.

Stride: Estilo virtuoso de ejecución pianística a solo característico de los comienzos del jazz. Toma su nombre de la técnica de acompañamiento de la mano izquierda del pianista, cuya función era la de una sección rítmica, y que consistía en numerosos saltos o zancadas (*strides*) ascendentes y descendentes entre el registro grave del piano y el medio. Sobre los tiempos fuertes (1 y 3 del compás 4/4) se tocaban los bajos—por lo general en octavas, décimas u otros intervalos—y en los débiles (el 2 y el 4) los acordes.

Subdominante: Nombre que recibe el cuarto grado de la escala diatónica. Acorde tríada que se forma sobre el quinto grado.

Sweet music: Término con que se designaba, por oposición a *hot*, la música melódica, comercial y con poco espíritu de jazz en las décadas de 1920 y 1930 en Estados Unidos.

Swing: 1. Elemento rítmico y manera de ejecutar e imprimir una inflexión al ritmo típica del jazz. Véase el capítulo 1, pp. 21-23. 2. Período en la historia del jazz (1935-1945) caracterizado por la aparición de orquestas de *swing* que gozaron de una popularidad de ámbito nacional. Por extensión, se habla de la etapa del *swing*.

Tempo doble: Término empleado cuando un *tempo* se ejecuta el doble de rápido que el *tempo* original. En un compás de 4/4, el hecho de tocar ocho corcheas como si éstas formaran dos compases de negras el doble de rápidas es un ejemplo de *tempo* doble.

Tercera corriente: Término que, en su sentido más amplio, se refiere a una música o estilo que combina las características y técnicas esenciales del jazz y de la música clásica.

Ternario: Estructura métrica o rítmica en la que cada compás o tiempo está formado por tres partes iguales, como el compás de 3/4 o el de 3/8.

Tetracordio: Serie de cuatro notas que se asocian habitualmente con la escala diatónica y cuyo ámbito definido por las notas extremas corresponde a un intervalo de cuarta justa.

Timbre: Cualidad del sonido que permite diferenciar un instrumento de otro. Las propiedades acústicas de un instrumento definen su *color sonoro* (en alemán, *Klangfarbe*).

TOBA: Acrónimo de Theatre Owners Booking Association, organización que montaba espectáculos a cargo de artistas negros, entre los que se incluían las bandas y grupos de jazz.

Tónica: El primer grado de la escala. Acorde tríada sobre el primer grado y la tonalidad que se identifica con éste.

Trío: Sección central contrastante de las marchas, scherzos y minuetos.

Tritono: Intervalo de cuarta aumentada. En la afinación temperada del piano, es también idéntico a la quinta disminuida.

Turnback: Término empleado por los músicos de jazz para referirse a la parte de un *chorus* improvisado en la que la sucesión de acordes vuelve al acorde inicial del tema o al de tónica. Por lo general, un *turnback* se suele dar en los últimos dos compases de una estructura de ocho o doce compases. La mayoría de los músicos de jazz dominan un cierto número de frases *improvisadas* de *turnback* que se corresponden con las diversas series de acordes de los *turnback* habituales en las melodías de jazz.

Two-step: Tipo de baile rápido de compás binario y ritmo vivo y sincopado que se desarrolló en Estados Unidos hacia 1890 en paralelo al **ragtime*.

Unísono: Dos o más instrumentos o voces que producen un mismo sonido. El intervalo de una primera justa.

Vamp: Serie de duración indefinida de dos o tres acordes que se repite como acompañamiento o transición hasta que un solista esté listo para comenzar o continuar.

Vibrato: Oscilación artificial de un sonido, consistente en ligeras fluctuaciones periódicas de su frecuencia.

Vibrato terminal: *Vibrato* que se utiliza al final de una nota tenida.

Vodevil: Del francés *vaudeville*. Género de canción popular francesa (siglo XV) y, más adelante, espectáculo teatral cómico con música intercalada. Hacia finales del siglo XIX se difundió en Estados Unidos, donde coexistió con el cine en algunos teatros hasta la segunda mitad del siglo XX, cuando cayó gradualmente en declive.

Walking bass: Del inglés, 'bajo caminante'. Término que se emplea para referirse a una línea de bajo en *pizzicato* construida sobre un ritmo regular de negras y con un esquema interválico que no se limita a las notas del acorde, es decir, que incluye notas de paso.

DISCOGRAFÍA SELECTA

La siguiente lista incluye los discos de larga duración cuya escucha considero esencial en relación con el presente volumen. Por desgracia, muchas de las grabaciones examinadas en este libro no se han reeditado en forma de LP en el momento de redactar estas líneas.

Por otra parte, en esta edición en lengua castellana se han incluido las referencias en formato CD junto a las de los LP siempre que ha sido posible localizarlas.

Las grabaciones con el símbolo † están especialmente recomendadas por el autor.

I. LOS ORÍGENES

† *African Drums*, Folkways FE 4502
African Music Recorded by Laura C. Boulton, Folkways 8852
† *Anthologie de la Vie Africaine*, Ducretet-Thomson 320C 126-128
Been Here and Gone, Folkways FA 2659
† *The Blues Roll On*, Atlantic 1352
The Birth of Big Band Jazz, Riverside RLP 12-129
Denis-Roosevelt Expedition to the Belgian Congo, General Album
    G10
The Golden Age of Ragtime, Riverside RLP 12-110
Music from the South, vols. 1-10, Folkways FP 650-659
Negro Church Music, Atlantic LP 1351
Sounds of the South, Atlantic LP 1346

Nota: El extracto de *Early Autumn* interpretado por Stan Getz puede escucharse en *The Three Herds*, Columbia CL-683. El extracto de *Toby* puede escucharse en *Count Basie in Kansas City: Bennie Moten's Great Band of 1930-1932*, RCA Victor LPV 514.

2. LOS INICIOS

Louis Armstrong:

† *Louis Armstrong: 1923*, Riverside RLP 12-122
† *Young Louis Armstrong*, Riverside RLP 12-101
Sidney Bechet Memorial, Fontana 682 055 TL
† *This Is Bunk Johnson Talking*, American Music 643
King Oliver, Epic LN 3208

Antologías:

† *History of Classic Jazz*, vol. 4, Riverside SDP 11
† *Jazz*, vol. 3, Folkways FJ 2803
† *Jazz*, vol. 11, Folkways FJ 2811
† *Jazz Odyssey*, vol. 1: The Sound of New Orleans, Columbia C3L 30, disco 3
† *Jazz Odyssey*, vol. 2: The Sound of Chicago, Columbia C3L 32, disco 1, cara 1
New Orleans Horns, London AL 3557
New Orleans Jazz: The Twenties, RBF RF 203 (2 vols.)

3. EL PRIMER GRAN SOLISTA

Louis Armstrong:

† *Louis Armstrong: 1923*, Riverside RLP 12-122
† *Young Louis Armstrong*, Riverside RLP 12-101
† *The Louis Armstrong Story*, vols. 1-4, Columbia CL 851-854
Sidney Bechet Memorial, Fontana 682 055 TL
The Perry Bradford Story, PB 101

Fletcher Henderson:

The Birth of Big Band Jazz, Riverside RLP 12-129
† *Fletcher Henderson*, Riverside RLP 1055
† *A Study in Frustration: The Fletcher Henderson Story*, Columbia C4L 19 [en formato CD: Columbia C3K 57596]
Jazz Odyssey, vol. 2: The Sound of Chicago, Columbia C3L 32, disco 1, cara 1

4. EL PRIMER GRAN COMPOSITOR

Jelly Roll Morton:

The Incomparable Jelly Roll Morton, Riverside RLP 12-128

† *Jelly Roll Morton and His Red Hot Peppers*, EMI Records, DLP 1071‡

Jelly Roll Morton: Hot Jazz, Pop Jazz, Hokum and Hilarity, RCA Victor LPV 524

Jelly Roll Morton: Stomps and Joys, RCA Victor LPV 508

The King of New Orleans Jazz, Jelly Roll Morton, RCA Victor LPM 1649‡

† *Jelly Roll Morton Classic Piano Solos*, Riverside RLP 12-111

† *Jelly Roll Morton, The Library of Congress Recordings*, vols. 1-12, Riverside RLP 1001-1012 [en formato CD: ROUNDER 11661-1888-2]

NORK, *New Orleans Rhythm Kings with Jelly Roll Morton*, Riverside RLP 12-102

‡ Nota: hay considerables duplicaciones entre esos dos registros. La reedición de RCA Victor contiene temas que no están en la reedición británica de EMI, pero la calidad de esta última es muy superior y justifica el esfuerzo adicional que supone encontrarla.

Antologías:

The Golden Age of Ragtime, Riverside RLP 12-110

† *History of Classic Jazz*, vol. 2, Riverside SDP 11

† *Jazz*, vol. 3, Folkways FJ 2803 (incluye *Mournful Serenade* de Morton)

† *Jazz*, vol. 11, Folkways FJ 2811

5. VIRTUOSOS DE LA DÉCADA DE 1920

Sidney Bechet Memorial, Fontana 682 055 TL

Bix Beiderbecke:

Bix Beiderbecke and the Wolverines, Riverside RLP 12-123

† *The Bix Beiderbecke Story*, vols. 1-3, Columbia CL 844-846

The Perry Bradford Story, PB 101

Johnny Dodds:

The Immortal Johnny Dodds, Milestone 2002
Johnny Dodds and Kid Ory, Epic LA 16004
Johnny Dodds, New Orleans Clarinet, Riverside RLP 12-104

James P. Johnson:

James P. Johnson: Rare Solos, Riverside RLP 12-105
Yamekraw, Folkways FJ 2842

Ma Rainey:

The Immortal Ma Rainey, Milestone 2001
Ma Rainey: Classic Blues, Riverside RLP 12-108
† *Young Louis Armstrong*, Riverside RLP 12-101
† *The Bessie Smith Story*, vols. 1-4, Columbia CL 855-858
† *Jabbo Smith*, vols. 1-2, Melodeon MLP 7326, 7327

Fats Waller:

Young Fats Waller, Riverside RLP 12-103
Fats Waller, Fractious Fingering, RCA Victor LPV 537

Dixieland y otros grupos blancos de jazz:

The Original Dixieland Jass (sic) *Band*, RCA Victor "X" LX 3007
The Original Dixieland Jazz Band, Riverside RLP 156/157
NORK, *New Orleans Rhythm Kings*, Riverside RLP 12-102
Chicago Style Jazz, Columbia CL 632

«*Big bands*»:

A Study in Frustration: The Fletcher Henderson Story, Columbia
C4L 19 [en formato CD: Columbia C3K 57596]
Charlie Johnson's Paradise Band, RCA Victor "X" LVA 3026

Antologías:

† *A History of Jazz: The New York Scene*, RBF RF 3 (incluye pistas de
la ODJB, Jim Europe, Louisiana Sugar Babes, The Missourians,
Mamie Smith, Charlie Johnson, etcétera) [en formato CD: RBF
RF 3]
† *History of Classic Jazz*, vols. 3, 4, 6-9, Riverside SDP 11 [en formato
CD: 3RBCD- 005-2]

† *Jazz*, vol. 2, Folkways FJ 2802
† *Jazz*, vol. 11, Folkways FJ 2811
† *Jazz Odyssey*, vol. 1: The Sound of New Orleans, Columbia C3L 30, discos 1, 2
† *Jazz Odyssey*, vol. 3: The Sound of Harlem, Columbia C3L 33, discos 1, 2
New Orleans Styles, RCA Victor "X" LVA 3029
Thesaurus of Classic Jazz, vols. 1-4, Columbia C4L 18

6. LAS «BIG BANDS»

Fletcher Henderson:

Fletcher Henderson, Riverside RLP 1055
† *A Study in Frustration: The Fletcher Henderson Story*, Columbia C4L 19 [en formato CD: Columbia C3K 57596]
† *Fletcher Henderson Memorial Album*, Decca DL 6025

Bennie Moten:

Bennie Moten's Kansas City Orchestra, 1923-1924, Historical Recordings, vol. 9
Bennie Moten's Kansas City Jazz, 3 vols., RCA Victor "X" LVA 3004, 3005, 3038
† *Count Basie in Kansas City: Bennie Moten's Great Band of 1930-1932*, RCA Victor LPV 514

Don Redman:

McKinney's Cotton Pickers, RCA Victor LPT 24
Don Redman-Master of the Big Band (McKinney's Cotton Pickers), RCA Victor LPV 520

Otras bandas:

The Bix Beiderbecke Story, vol. 3: The Whiteman Days, Columbia CL 846
Charlie Johnson's Paradise Band, RCA Victor "X" LVA 3026
The Missourians, French RCA Victor 430.385s

Antologías:

The Birth of Big Band Jazz, Riverside RLP 12-129

† *History of Jazz: The New York Scene*, RBF RF 3 (incluye ejemplo de Jim Europe) [en formato CD: RBF RF 3]

Jazz, vol. 8, Folkways FJ 2808 (incluye Henderson, Moten, Ellington, McKinney's Cotton Pickers, Luis Russell, Chocolate Dandies)

† *Jazz Odyssey*, vol. 2: The Sound of Chicago, Columbia C3L 32, disco 3, cara 1

New Orleans Jazz: The Twenties, RBF RF 203 (2 vols.)

The Original Sound of the Twenties, Columbia C3L 35, discos 1, 2

Rare Bands of the Twenties, Historical Records n.º 3 (incluye *Nightmare*, de Alphonse Trent)

7. EL ESTILO ELLINGTON: SUS ORÍGENES Y TEMPRANO DESARROLLO

The Birth of Big Band Jazz, Riverside RLP 12-1 29

The Duke-1926, London AL 3551

† *Duke Ellington: The Beginning*, vol. 1: 1926-1928, Decca 9224

Early Ellington, Brunswick LP 54007

† *The Ellington Era: 1927-1940*, vol. 1, Columbia C3L 27; vol. 2, Columbia C3L 39

ÍNDICE ANALÍTICO

Los números en cursiva remiten a las
páginas de las ilustraciones.

ESTA EDICIÓN, PRIMERA, DE
«LOS COMIENZOS DEL JAZZ», DE GUNTHER
SCHULLER, SE TERMINÓ DE IMPRIMIR
EN CAPELLADES EN EL
MES DE OCTUBRE
DEL AÑO
2023